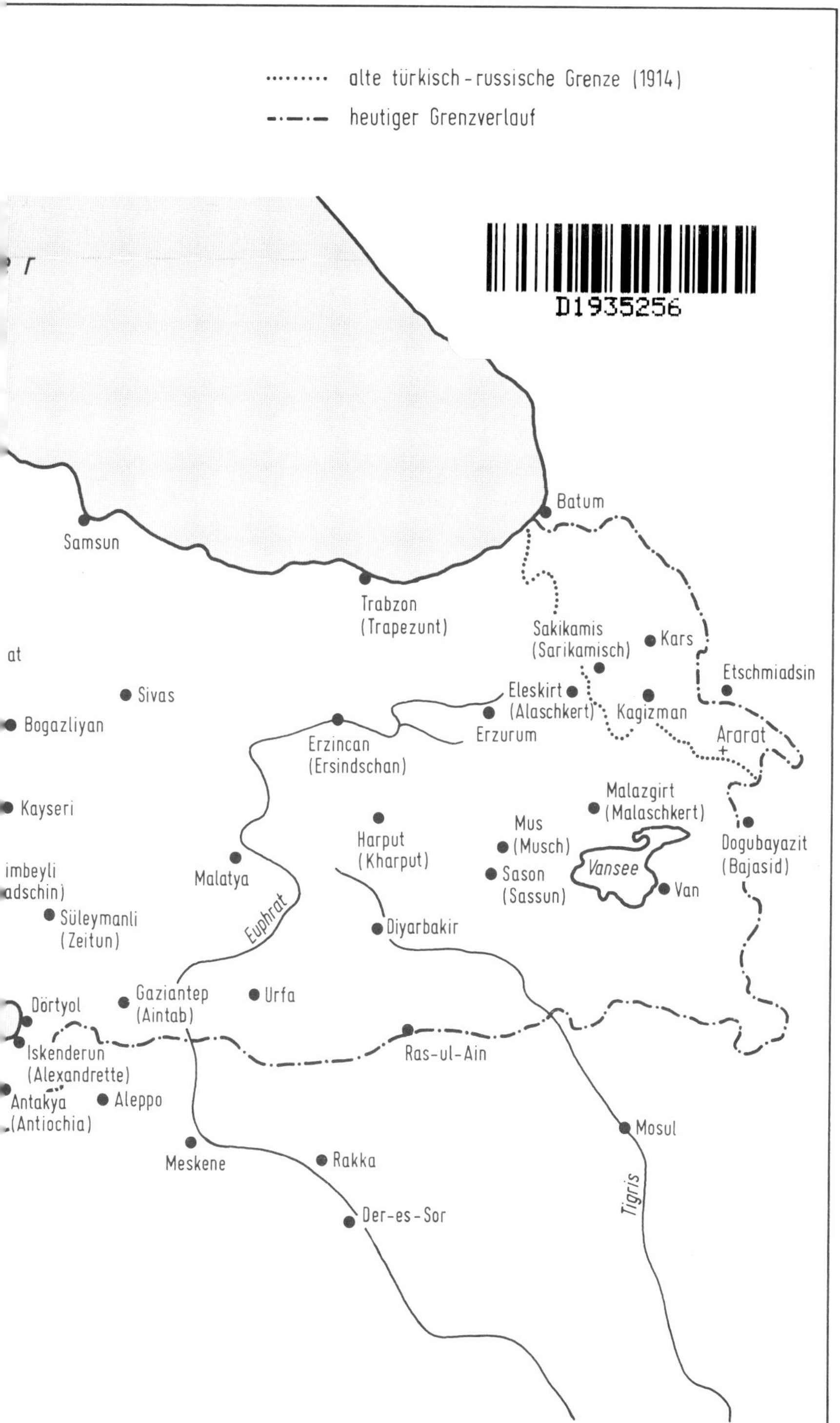

alte türkisch-russische Grenze (1914)
heutiger Grenzverlauf
Batum
Samsun
Trabzon (Trapezunt)
Sakikamis (Sarikamisch)
Kars
Etschmiadsin
Sivas
Bogazliyan
Eleskirt (Alaschkert)
Kagizman
Erzurum
Erzincan (Ersindschan)
Ararat
Kayseri
Malazgirt (Malaschkert)
Harput (Kharput)
Mus (Musch)
Dogubayazit (Bajasid)
Malatya
Sason (Sassun)
Vansee
Van
Süleymanli (Zeitun)
Euphrat
Diyarbakir
Dörtyol
Gaziantep (Aintab)
Urfa
Iskenderun (Alexandrette)
Ras-ul-Ain
Antakya (Antiochia)
Aleppo
Mosul
Meskene
Rakka
Der-es-Sor
Tigris

Wolfgang Gust

Der Völkermord an den Armeniern

Die Tragödie des ältesten Christenvolkes der Welt

Carl Hanser Verlag

1 2 3 4 5 97 96 95 94 93

ISBN 3-446-17373-0

Satz: Utesch Satztechnik, Hamburg
Druck und Bindung: Franz Spiegel Buch GmbH, Ulm
Printed in Germany

Inhalt

Vorwort

Das wohl schrecklichste Ereignis der Weltgeschichte, der Völkermord an sechs Millionen Juden, hat uns Deutsche, die Täter, nicht immun gemacht gegen den Virus Intoleranz in seinen zahlreichen Formen – vor allem Mißachtung von Minoritäten aller Art, ob Ausländern oder Behinderten. Die braune Pest, von der die meisten von uns hofften, sie sei für alle Zeiten gebannt, geht wieder um.

Ein paar Tausend unendlich stupider und dreister Nazis, beklatscht und angestachelt von ein paar Hunderttausend ahnungs- und instinktloser Bundesbürger, haben wenige Jahre nach der Wiedervereinigung die Angst vor einer neuen »Kristallnacht« wachgerufen. Wieder einmal packen Juden ihre Koffer, um frühzeitig zu entkommen, und manche Türken tun es auch.

Das Unglück will es, daß dieses Buch zu einem Zeitpunkt erscheint, in der türkische Mitbürger um ihr Leben bangen müssen oder es bereits verloren haben. Vielleicht war das Drama von Mölln ein trauriger Höhepunkt der Hatz gegen Fremde, Andersartige, Andersdenkende, vielleicht steht uns auch noch Schlimmeres bevor.

Ein materialreiches Buch braucht Jahre der Vorbereitung, und niemand kann wissen, welche Ereignisse zum Zeitpunkt des Erscheinens die Tagespolitik bestimmen. Es sollte aber eine Botschaft vermitteln, die unabhängig vom aktuellen Geschehen ist: Intoleranz schlägt schnell um in Rassenwahn, zumal wenn demagogische Führer ihn schüren oder auch nur träge und kurzsichtige Politiker nicht gegen ihn einschreiten. Und auch dies sollte bedacht werden: Humanität, so scheint es, ist den Menschen nicht angeboren. Es bedarf großer Mühen und auch solider Kenntnisse, um gegen die Dämonen des Rassismus gefeit zu sein, und einer Tradition des fairen Miteinanderumgehens. Die mag sich in England, Frankreich und den Vereinigten Staaten herausgebildet haben. In Deutschland gibt es sie wohl noch nicht und wohl auch nicht in der Türkei.

Hätten die Deutschen den Mut gehabt und das Verlangen, beizeiten den Völkermord an den Armeniern zu begreifen und zu verurteilen, vielleicht wäre die Hürde für die Nazis höher gewesen, zumal eine deutsche Mitschuld am ersten Genozid dieses Jahrhunderts wahrscheinlich ist. Hätten die Türken diesen Völkermord zu verarbeiten versucht, vielleicht wäre ihre Intoleranz gegenüber den Kurden geringer, ihre Wachsamkeit vor einer Wiederholung der grausigen Ereignisse von 1915 größer.

In der Bundesrepublik lebt eine große türkische Minderheit, wie einst in der Türkei eine große armenische Minderheit lebte. Und die hatte damals keinen Staat, der mit Mahnungen oder auch Druck den Landsleuten Hilfe bringen konnte, wie auch heute die Kurden keinen Staat besitzen, der sich für sie einsetzt. Und was alle beunruhigen sollte: In Europa werden wieder Menschen verfolgt, vertrieben und vernichtet, ob in Deutschland, in Bosnien oder auch in der Türkei, wo Lautsprecherwagen der Stadtverwaltung durch die Straßen fahren und zum Boykott gegen Kurden aufrufen oder paramilitärische Trupps wieder unschuldige Dorfbewohner töten, weil ihnen deren Gesinnung nicht paßt.

Für den Schutz der moslemischen Minderheit in Bosnien ruft die Türkische Republik zu den Waffen gegen mordende und schändende Serben. Das ist sicher keine Lösung, aber verständlich ist es schon. Als einst die bedrängten Armenier die Europäer zu Hilfe riefen oder ihre eigene Verteidigung organisierten, reagierten die Herrschenden im Osmanischen Reich mit Massenmord.

Manchmal rächt sich die Geschichte, manchmal wiederholt sie sich, immer können wir aus ihr lernen.

1

Dieses Schauspiel hätte Felsen zu Tränen gerührt

Die Vernichtungsaktionen

»Ich will an diesen Tag nicht mehr erinnert werden«, wand sich der Armenier Soghomon Tehlerjan vor Gericht, »lieber will ich jetzt sterben, als diesen schwarzen Tag noch länger schildern.«

Es war im Juni 1921 vor einem Berliner Schwurgericht, und die meisten Zuhörer erfuhren zum erstenmal von einem Völkermord, den sechs Jahre zuvor Deutsche zwar nicht veranlaßt, aber gedeckt hatten: der Vernichtung der Armenier in der Türkei. Es war der erste Genozid dieses Jahrhunderts, der schlimmste, den die Geschichte bis zu jener Zeit kannte. Erst der deutsche Holocaust an den Juden sollte ihn übertreffen.

Dem in den Gerichtsakten als »Salomon Teilirian« geführten Armenier wurde zur Last gelegt, am 15. März 1921 den früheren türkischen Innenminister, Großwesir und Hauptverantwortlichen für die Ausrottung der Armenier, Mehmed Talaat Pascha, in Berlin auf offener Straße erschossen zu haben – eine Tat, die Tehlerjan bei seinen Landsleuten zum Helden gemacht hatte. Am Ende des Prozesses befanden die Geschworenen auf »nicht schuldig«, obwohl der junge Armenier die Tat freimütig eingestand. So sehr war das Hohe Gericht von dem erschüttert, was es in den nur zwei Verhandlungstagen gehört hatte.

Tehlerjan war Anfang Juni 1915, als er in die Fänge eines der Mordkommandos Talaats geriet, gerade 18 Jahre alt und lebte mit seiner Familie in der nordosttürkischen Stadt Ersindschan (dem heutigen Erzincan). Seine Eltern waren wohlhabende Kaufleute, er hatte fünf Geschwister im Alter von 15 bis 26 Jahren. Seine älteste Schwester hatte ein kleines Kind.

Zusammen mit anderen Armeniern wurden sie aus ihren Häusern getrieben und zu einem Deportationszug zusammengestellt. Über das Ziel hatte ihnen niemand etwas gesagt. »Als sich die Kolonne eine Strecke von der Stadt entfernt hatte«, berichtete Tehlerjan den Richtern, »wurde Halt geboten. Die Gendarmen fingen an zu plündern und versuchten, das Geld und die Wertsachen der Kolonne zu bekommen. Bei der Plünderung bekamen wir Gewehrfeuer von vorn. Einer der Gendarmen schleppte dann meine Schwester weg, und meine Mutter schrie: ›Ich will mit Blindheit geschlagen werden.‹« Der Angeklagte stockte.

Mühsam holte der Gerichtsvorsitzende weitere Details aus Tehlerjan heraus: Seine 15jährige Schwester wurde vergewaltigt und kam nicht zurück. Dem jüngeren der beiden Brüder wurde vor seinen Augen der Schädel mit einem Beil gespalten. Seine Mutter stürzte, »ich weiß nicht, wovon, ob durch eine Kugel oder von etwas anderem«. Er selbst erhielt einen Schlag auf den Hinterkopf und war zwei Tage lang bewußtlos. Als er erwachte, lag sein älterer Bruder tot auf ihm, und »ich sah die Leiche meiner Mutter auf dem Gesicht liegen«. Sein Vater hatte sich weiter vorn im Zug befunden und war verschollen, von den Schwestern und dem Kind hörte er nie wieder etwas.

»Ich bin dann in ein Dorf ins Gebirge gegangen«, berichtete Tehlerjan, »da hat mich eine alte Frau, eine Kurdin, beherbergt. Und als die Wunden wieder geheilt waren, hat man mir gesagt, daß man mich nicht weiter behalten könne, weil es die Regierung verboten habe und weil diejenigen, die Armenier bei sich hätten, mit dem Tode bestraft würden. Es sind sehr gute Leute gewesen, und die Kurden haben mir geraten, nach Persien zu gehen. Ich habe alte kurdische Kleidung bekommen, weil meine bisherigen Kleider mit Blut befleckt waren.«

Tehlerjan gelang die Flucht. Der Zeugin Christine Tersibaschjan gelang sie auch. Sie war aus Erzurum, ebenfalls im Nordosten der Türkei gelegen, mit einem Zug deportiert worden, dem insgesamt etwa 500 Familien angehörten. »Unsere Familie bestand aus 21 Köpfen«, berichtete sie vor dem Schwurgericht, »mit eigenen Augen habe ich den Verlust von allen gesehen. Nur drei sind übriggeblieben.«

»Als wir die Stadt verlassen hatten und vor den Toren der Festung Erzurum waren«, so die zur Zeit der Massaker 20jährige Zeugin, »kamen die Gendarmen und suchten nach Waffen, Messern und Schirmen, die uns weggenommen wurden. Von Erzurum kamen wir nach Bayburt. Als wir an dieser Stadt vorbeigingen, haben wir haufenweise Leichen gesehen, und ich habe mit den Füßen über sie hinweggehen müssen. Dann kamen wir in Ersindschan an, aber wir durften dort nicht bleiben, man erlaubte uns auch nicht, Wasser zu trinken. Als wir weitergingen, wurden 500 junge Leute herausgesucht. Auch einer meiner Brüder. Es gelang ihm aber, zu entfliehen und zu mir zu kommen. Ich habe ihn als Mädchen verkleidet, so daß er bei mir bleiben konnte. Die übrigen jungen Leute wurden zusammengebunden und ins Wasser geworfen.«

»Woher wissen Sie das?« fragte der Vorsitzende Richter. »Ich habe es mit eigenen Augen gesehen«, antwortete die Zeugin und berichtete weiter: »Die Strömung war so reißend, daß alle von ihr weggerissen worden sind. Wir haben geschrien und geweint, aber man hat uns nicht einmal das Weinen erlaubt.« Die 30 Gendarmen und Soldaten hätten sie dann »mit Stichen weitergetrieben« und geschlagen. »In den Bergen von Malatya hat man die Männer von den Frauen getrennt. Die Frauen sind ungefähr zehn Meter weiter entfernt gewesen und konnten mit eigenen Augen sehen, was mit den Männern geschah. Man hat sie mit Beilen totgeschlagen, und man hat sie ins Wasser gestoßen.« »Sind die Frauen und Männer wirklich auf diese Weise massakriert worden?« fragte ungläubig der Vorsitzende Richter, und die Zeugin korrigierte: »Nur die Männer sind auf diese Weise ums Leben gekommen. Als es ein wenig dunkel war, kamen die Gendarmen und suchten sich die schönsten Frauen und Mädchen heraus und nahmen sie als Frauen zu sich. Diejenigen, die nicht gehorchen wollten, die nicht nachgeben wollten, wurden mit dem Bajonett durchstochen und die Beine auseinandergerissen. Sogar schwangeren Frauen wurden die Rippen durchschnitten und die Kinder herausgenommen und weggeworfen.« »Große Bewegung im Saal«, vermerkte das Protokoll, die Zeugin erhebt die Hand: »Ich beschwöre das.«

»Auch meinem Bruder wurde der Kopf abgeschlagen. Als das meine Mutter sah, fiel sie um und war auf der Stelle tot. Nachher kam auch ein Türke zu mir und wollte mich zu seiner Frau machen, und da ich nicht darauf einging, nahm er mein Kind und warf es weg. Ich habe dann meinen Bruder und die Frau meines Bruders gefunden, die schwanger war und entbunden werden sollte. Da wurde gesagt, daß wir noch an demselben Abend den Ort verlassen mußten, und wir waren gezwungen, die Frau meines Bruders zurückzulassen. Der Vater wurde krank, und da kam der Befehl, daß die Kranken nicht mitgenommen werden dürfen, sondern ins Wasser geworfen werden müßten. Man hat den Vater aus dem Zelt geholt. Nachher hat der Bruder ihn aber wieder zurückgebracht, er ist aber an demselben Abend gestorben.«

»Und ist das alles wirklich wahr?« fragte der Vorsitzende Richter, »ist das nicht Phantasie?« Christine Tersibaschjan: »Was ich erzählt habe, ist noch viel weniger als die Wirklichkeit. Es war noch viel schlimmer.«

Das ungeheuerlichste Verbrechen aller Zeiten
Der Genozid

Es war wirklich noch viel schlimmer. »Das ungeheuerlichste Verbrechen aller Zeiten« nannte es der amerikanische Generalmajor James G. Harbord 1919 in seinem Bericht an die amerikanische Friedensdelegation in Versailles, »das bestorganisierte und erfolgreichste Massaker, das dieses Land jemals gesehen hat«, der amerikanische Konsul und Augenzeuge, Leslie A. Davis. Der spätere britische Premier Winston Churchill sprach von »einem schändlichen Massenmord« und Frankreichs Ministerpräsident Georges Clemenceau von »schlimmeren Massakern als allen zuvor«.

Innerhalb kürzester Zeit brachten die Türken etwa eine Million Armenier um, wobei bis heute über die Zahl gestritten wird: Der türkische Innenminister und Hauptorganisator des Verbrechens Talaat selbst sprach im Herbst 1915 dem deutschen Türkeifreund Ernst Jäckh gegenüber von 300 000 Opfern, die deutsche Botschaft schätzte die Zahl der Opfer auf eineinhalb Millionen. Unstrittig ist, daß es nach den Untaten in den eigentlichen Siedlungsgebieten Zentral- und vor allem Ostanatoliens kein armenisches Volk mehr gab.

Die Armenier starben, so der deutsche Schriftsteller Armin Theophil Wegner, der als Sanitätsoffizier Augenzeuge des Völkermords wurde, »von Kurden erschlagen, von Gendarmen beraubt, erschossen, erhängt, vergiftet, erdolcht, erdrosselt, von Seuchen verzehrt, ertränkt, erfroren, verdurstet, verhungert, verfault, von Schakalen angefressen. Kinder weinten sich in den Tod, Männer zerschmetterten sich an den Felsen, Mütter warfen ihre Kleinen in die Brunnen, Schwangere stürzten sich mit Gesang in den Euphrat. Alle Tode der Erde, die Tode aller Jahrhunderte starben sie.«

»Ich habe Wahnsinnige gesehen«, schrieb Wegner in einem offenen Brief an den Präsidenten der Vereinigten Staaten von Amerika, Woodrow Wilson, »die den Auswurf ihres Leibes als Speise aßen, Frauen, die den Leib ihrer neugeborenen Kinder kochten, Mädchen, die die noch warme Leiche ihrer Mutter sezierten, um das aus Furcht vor den räuberischen Gendarmen verschluckte Gold aus den Därmen der Toten zu suchen.«

Wegner, der später in einem Konzentrationslager der Nazis die Barbarei seiner eigenen Landsleute miterleben mußte, machte sich zum Anwalt der Opfer. Es sei »der Mund von tausend Toten, der aus mir redet«. Und über die Täter schrieb er: »Beamte, Offiziere, Soldaten, Hirten wetteiferten in ihrem wilden Delirium des Blutes, schleppten die zarten Gestalten der Waisenmädchen zu ihrem tierischen Vergnügen aus den Schulen, schlugen mit den Knüppeln auf hochschwangere Weiber oder Sterbende ein, die sich nicht weiter schleppten, bis die Frau auf der Landstraße niederkommt und verendet und der Staub sich unter ihr in einen blutigen Schlamm verwandelt.«

War dem Dichter die Feder entglitten? Hatte der engagierte Pazifist, der mit dem deutschen General Colmar von der Goltz im Herbst 1915 nach Mesopotamien gereist war und mit der Plattenkamera einige der Ungeheuerlichkeiten ablichtete – was streng verboten war –, die Bilder literarisch überzeichnet? Es war wirklich alles noch viel schlimmer, und nicht nur Wegner war fassungslos.

»Diese Verfolgungen der Armenier«, empörte sich der Leiter des berühmten amerikanischen Anatolia College in der zentralanatolischen Stadt Mersowan (dem heutigen Merzifon), Theodore A. Elmer, der während der Schreckenszeit die Schule geleitet hatte, »übersteigen in ihrer Proportion alles, was den ersten christlichen Märtyrern von den grausamsten Herrschern Roms zugefügt wurde.«

Ebenso wie die Amerikaner waren die Italiener damals noch neutral, ließen sich also nicht vom Berufshaß auf feindliche Politiker leiten. »Wenn man die Schrecken, diese Quälereien, das alles einen Monat lang mitansehen mußte«, sagte der Italiener G. Gorrini, der sein Land während des Völkermords als Generalkonsul in der Schwarzmeer-Hafenstadt Trapezunt (dem heutigen Trabzon) vertrat, »dann fragt man sich, ob hier nicht alle Kannibalen und wilden Tiere der Welt aus ihren Verstecken herausgetreten sind, die Urwälder Afrikas, Asiens, Amerikas und Ozeaniens verlassen haben, um sich ein Rendezvous zu geben. Wenn die noch neutralen christlichen Mächte wüßten, was ich mit meinen eigenen Augen gesehen und mit meinen eigenen Ohren gehört habe, dann würden sie sich gegen die Türkei erheben und auch gegen die Alliierten der Türkei, die das alles tolerieren und mit ihrem starken Arm diese scheußlichen Verbrechen auch noch decken, Verbrechen, die nicht ihresgleichen in der neuen und alten Geschichte haben. Schande über sie!«

Das betraf in erster Linie Deutschland und Österreich-Ungarn, auf deren Seiten das Osmanische Reich in den Weltkrieg gezogen war. Die Bürger in den Ländern der beiden Verbündeten wußten so gut wie nichts, weil strenge Pressezensur herrschte, die Berufsdiplomaten und Politiker wußten so gut wie alles, hielten sich aber sehr zurück. Nur in der Korrespondenz mit seinen Wiener Vorgesetzten nannte der k.u.k. Botschafter Österreich-Ungarns in Konstantinopel (das erst seit 1930 amtlich Istanbul heißt), der Ungar Johann (János) Markgraf Pallavicini, die Ereignisse einen »Schandfleck für die türkische Regierung«. Und der österreichische Geschäftsträger in der Hauptstadt des Osmanischen Reichs, Karl Graf zu Trauttmansdorff-Weinsberg, sah – ebenfalls nur intern – in den Taten der regierenden Türken einen »Beweis unerhörter Roheit und asiatischer Unkultur«.

Der deutsche Botschafter in Konstantinopel, Paul Graf von Wolff-Metternich, hängte seine Empörung noch eine Stufe tiefer, als er seinem Reichskanzler Theobald von Bethmann Hollweg kabelte: »Von einer Clique, die sich mit Schlagworten wie ›liberté, droit civil pour tous, constitution‹ brüstet und daneben Hunderttausende von unschuldigen Menschen hinschlachten läßt, halte ich nicht viel.« Dabei war Wolff-Metternich der mit Abstand kritischste aller deutschen Botschafter am Goldenen Horn.

Deutsche und Österreicher mußten sich von osmanischen

Politikern beschämen lassen, freilich von jenen aus der entmachteten Opposition. »Wenn man bedenkt«, schrieb einer ihrer Führer, Scherif Pascha, über die Armenier, »daß ein so hochbegabtes Volk, das das wohltätigste Ferment in der Erneuerung des Osmanischen Reichs hätte werden können, dabei ist, aus der Geschichte zu verschwinden, so muß das Herz auch des Unempfindlichen bluten. Ich möchte dieser sterbenden Nation mein unendliches Mitleid aussprechen.«

Und Ismail Hakki (aus dem Ort Gümüşane), ein anderer Führer der türkischen Liberalen, schrieb: »Gegen die Armenier werden die schrecklichsten Verbrechen begangen. Die menschliche Sprache und Feder sind unvermögend, auch nur den hundertsten Teil der Tatsachen wiederzugeben.«

Es war nicht leicht für die Zeitgenossen, auf Anhieb das Monströse der Armeniervernichtung zu erkennen. »Alle Armenier von Besitz, Bildung und Einfluß sollen beseitigt werden«, meldete der kaiserlich-deutsche Konsul Walter Rößler bereits am 10. Mai 1915 aus Aleppo an den damaligen deutschen Botschafter in Konstantinopel, Hans Freiherr von Wangenheim, »damit nur eine führerlose Herde zurückbleibt.« Zweieinhalb Monate später ahnte der oberste Geistliche der Armenier im Osmanischen Reich das ganze Ausmaß des Genozids. »Es handelt sich um einen lautlosen Ausrottungsplan für das ganze armenische Volk«, schrieb das Konstantinopler Patriarchat am 26. Juli 1915 an den armenisch-gregorianischen Metropoliten in Bulgarien.

Was 1915 in Kleinasien geschah, war ein organisiertes Verbrechen, wenngleich die türkische Regierung das bis heute leugnet und alles tut, die Suche nach den Organisatoren zu erschweren. Zwar versuchen sich die Politiker der modernen Türkei damit zu exkulpieren, daß die Ereignisse im Osmanischen Reich stattgefunden hätten, dem ungeliebten Vorgänger der heutigen Republik. Aber der Unterschied zwischen osmanisch und türkisch hatte sich zu Anfang unseres Jahrhunderts schon so verwischt, daß beide Begriffe oft synonym verwendet wurden. Und schon die Türken des Osmanischen Reichs von 1915 versuchten den Völkermord mit den gleichen Argumenten zu vertuschen wie die Türken der heutigen Republik. Immer behaupteten sie, es handelte sich allenfalls um Übergriffe örtlicher Behörden. Vieltausendfache Übergriffe mit Methode.

Die Methode war simpel: Während die armenischen Soldaten in türkischen Diensten zumeist kompanieweise erschossen wurden, sperrten die Organisatoren des Völkermords die Intellektuellen und Honoratioren der Armenier ein, um sie erst zu foltern und dann umzubringen. Armenische Männer, die von diesen Maßnahmen noch nicht betroffen waren, traten die Deportationsreise mit ihren Familien an, wurden aber unter fadenscheinigen Vorwänden von ihren Angehörigen getrennt und ebenfalls getötet. Auch Frauen und Kinder wurden oft noch in ihrer Heimat getötet, die übrigen mußten so lange marschieren, bis ein Großteil von ihnen verhungert oder verdurstet war oder von Einheimischen verschleppt wurde. Wer trotzdem die Deportationsziele – hauptsächlich die syrische und mesopotamische Wüste – erreichte, fand dort Lebensbedingungen vor, die für die zumeist aus hochgelegenen Bergregionen stammenden Armenier tödlich waren. Ganz abgesehen davon, daß die osmanische Regierung so gut wie nichts für die Aufnahme der Deportierten in den Wüstenstädten vorbereitet hatte, weil überhaupt keine ernste Absicht bestand, die Armenier erneut anzusiedeln.

Wenn trotzdem einige Hunderttausend überlebten, dann durch die Hilfe anderer: zumeist von Armeniern, soweit sie noch nicht selbst betroffen waren, oft von ebenfalls unterdrückten Völkern wie den Arabern, vereinzelt auch von Türken, selten von Deutschen. Auch Kurden retteten Armeniern das Leben, aber Kurden töteten auch. Sie spielten sogar eine äußerst unrühmliche Rolle, weil sie sich als Mordkommandos verdingten.

Über die wirkliche Lage im Land war keine europäische Regierung so gut informiert wie die deutsche. Das Deutsche Reich hatte in allen wichtigen Städten des Ostens – von Van abgesehen – größere Konsulate. Und nur die deutschen Verbündeten durften ihre Depeschen chiffrieren, was nicht einmal den ebenfalls verbündeten Österreichern erlaubt war. Hinzu kam, daß deutsche Offiziere die türkische Armee ausgebildet hatten und während des Kriegs in den wichtigsten Stäben saßen, wenn sie nicht sogar osmanische Armeen kommandierten.

Neben diplomatischen Quellen standen den Deutschen noch die Aussagen von Ärzten, Pflegern und Krankenschwestern zur Verfügung, die nach früheren Armeniermassakern Waisen- und Krankenhäuser eingerichtet hatten und betrieben. Das galt auch für die Amerikaner, die im Land neben Waisen- und Krankenhäusern viele Schulen unterhielten. Wie noch heute in mehreren orientalischen Ländern galten amerikanische Privatschulen (und Universitäten) als die besten des Landes, und besonders die Armenier besuchten sie.

Oft waren die Träger Missionsgesellschaften, denn ursprünglich hatten die Amerikaner vor, die Moslems zu bekehren, gaben aber sehr bald ihren Plan auf und versuchten allenfalls noch, den orthodox-gläubigen Armeniern die Vorteile der protestantischen Glaubensrichtung schmackhaft zu machen. Die Amerikaner verstanden sich bald hauptsächlich als Pioniere der westlichen Denkungsart, während bei den deutschen Helfern die praktische Hilfe im Vordergrund stand und sie hauptsächlich Spitäler aufgebaut und Waisenhäuser eingerichtet hatten, in denen die überlebenden armenischen Kinder früherer Massaker aufgezogen wurden.

Deutsche und Amerikaner waren während der Zeit des Völkermords fast die einzigen Ausländer in den von Armeniern besiedelten Gebieten. Ihr Zeugnis ist deshalb von so großer Wichtigkeit, weil es den Türken in der Folgezeit fast gelungen war, die Ereignisse der Jahre 1915 und 1916 totzuschweigen. Die türkische Regierung unternahm alles, eine Diskussion über den Armeniermord zu unterbinden – auch im Ausland und besonders in Deutschland.

Ein ganzer Stab von ausgesucht nationalistischen türkischen Historikern warf in der Vergangenheit Nebelgranaten auf die geschichtliche Wahrheit. Viele westliche Historiker gingen den türkischen Kollegen auf den Leim und spielten den Völkermord herunter oder ließen ihn einfach aus. Praktisch kein deutsches Schulbuch der Gegenwart bringt Details über den unheimlichen Vorläufer des Holocausts an den Juden. Erst in allerjüngster Zeit setzte eine neue Auseinandersetzung mit dem Genozid ein, angeregt besonders durch armenische Forscher, die neben den angelsächsischen und französischen zunehmend auch deutsche, sowjetische und türkische Quellen heranziehen. Besonders die Auswertung der in deutschen Archiven noch ruhenden Unterlagen und der zumeist sehr versteckten türkischen Quellen wird die Frage nach den Schuldigen des Völkermords an den Armeniern neu stellen, und einiges spricht dafür, daß auch die Deutschen keineswegs die machtlosen Zuschauer waren, als die sie sich jahrzehntelang beschreiben ließen.

Die Geschichte des Völkermords an den Armeniern war aus deutscher Sicht fast eine Ein-Mann-Schau, und ihr Protagonist war der Pfarrer Johannes Lepsius. Seine Bücher über die Armenier wie auch die von ihm herausgegebenen diplomatischen Akten sind bis heute praktisch die wichtigste Quelle für den Völkermord geblieben. Der 1858 in Berlin geborene Lepsius hatte nicht nur Theologie studiert, sondern auch Mathematik, Philosophie, Literatur- und Kunstgeschichte. Angeregt hatte ihn sein gelehrter Vater Karl Richard Lepsius, Linguistik-Professor, Begründer der wissenschaftlichen Ägyptologie und Generaldirektor der Preußischen Staatsbibliothek. Über seinen Vater war Johannes Lepsius im Orient an die besten Adressen gekommen, und die waren oft die von Armeniern.

Schon 1896 war Lepsius als Teppichfabrikant getarnt durch Anatolien gereist, weil der damalige Sultan Abdul Hamid II. in den Monaten zuvor erstmals versucht hatte, die armenische Bevölkerung des Osmanischen Reichs durch systematische Massaker zu schwächen und zu entmachten. Armenien blieb fortan für Lepsius eine Herzensangelegenheit, und seine Recherchen gehören bis heute zu den gründlichsten.

Wie Pferde mit Nägeln beschlagen
Verhaftungen und Folter

Mit vorbereiteten Listen waren am Sonnabend, dem 24. April 1915, um neun Uhr abends türkische Polizisten durch Konstantinopel gezogen und hatten die ganze Nacht Armenier verhaftet. Es war das Gotha der armenischen Intelligenz, das in die Gefängnisse geschleppt wurde: alle Politiker von Rang, bekannte Publizisten, Ärzte, Apotheker, Priester, Schriftsteller, Drucker und führende Künstler der Theaterwelt, die von den Armeniern beherrscht wurde. Hunderte weiterer armenischer Intellektueller folgten in den nächsten Tagen, insgesamt etwa 600 Personen, von denen nur wenige überlebten. Zusammengestellt hatte die Liste ein armenischer Kollaborateur.

Sogleich nach den Verhaftungen durchsuchten die Türken

die Wohnungen der Verhafteten, um belastendes Material zu finden, mit dem nachträglich die Nacht-und-Nebel-Aktion begründet werden konnte. »Aber es fand sich nichts«, schreibt Lepsius, der gleich nach Beginn des Völkermords nach Konstantinopel gereist war, »das Resultat aller Nachforschungen war gleich Null.« Auch ein eilends gebildetes Kriegsgericht in Angora (der heutigen Hauptstadt Ankara) fand kein Belastungsmaterial gegen die armenische Elite, die daraufhin weiter ins Innere Anatoliens und in den Südosten verschleppt wurde.

Schon vor der Verhaftungsaktion am 24. April, ein Datum, dessen seither die Armenier in aller Welt als Beginn des Völkermords gedenken, waren in den besonders stark von Armeniern bewohnten Provinzen Van, Erzurum und Bitlis sowie der Region um Sivas die armenischen Honoratioren verhaftet worden, erst die politischen Führer, dann auch Lehrer, Händler, Rechtsanwälte und Geistliche. Anfang Juni wurden schließlich noch alle armenischen Ärzte verhaftet, auch diejenigen, die in türkischen Militärlazaretten Dienst taten.

Mit den Verhaftungen wollten die Osmanen angeblichen armenischen Aufständen vorbeugen. Sie fahndeten nach umstürzlerischen Schriften, worunter sie freilich schon normale Geschichtsbücher verstanden oder Liedertexte, in denen die Armenier ihr Volk besangen. Hauptsächlich aber suchten sie nach Waffen und Munition, deren Besitz auf Befehl des Sultans verboten war.

»Es war keineswegs erstaunlich«, schrieb der amerikanische Schulleiter Elmer, »daß die Armenier Waffen besaßen. Das war so Sitte in einem Land, in dem die Unsicherheit des Lebens und des Eigentums groß war. Es wurde aber schnell klar, daß dieser Befehl nur gegen die Armenier gerichtet war, denn nur sie mußten ihm nachkommen, während ihre muslimischen Nachbarn, die mindestens genausoviel Waffen besaßen, diese behalten durften.« Der Entwaffnungsbefehl, berichtete Elmer, sei von den Armeniern mit großer Sorge aufgenommen worden, denn sie hätten sich daran erinnert, daß die Türken alle früheren Massaker gegen die Armenier mit einer Entwaffnung begannen. Deshalb hätte die Regierung sich besondere Mühe gegeben, den Armeniern Sicherheit und Schutz zu versprechen, wenn sie ihre Loyalität mit der Waffenabgabe bewiesen. Daraufhin hätten einige Armenier der Regierung sogar geholfen, widerspenstige Landsleute zu entwaffnen.

»Viele Waffen wurden abgegeben«, schrieb die deutsche Missionsschwester Klara Pfeiffer aus der ostanatolischen Stadt Kharput (dem heutigen Harput nahe der Stadt Elazig), »und viele wurden versteckt.« Der deutsche Lehrer Johannes Ehmann, der seit mehr als 20 Jahren als Missionar in Kharput tätig war und von den Armeniern »Hairig« (Väterchen) genannt wurde, nutzte seinen Einfluß, um seine armenischen Schäfchen zur Waffenabgabe zu überreden. Mit bestem Gewissen, denn der türkische Gouverneur hatte, wie sich Ehmanns Vorgesetzter, der Chef des »Deutschen Hilfsbundes für christliches Liebeswerk im Orient«, Friedrich Schuchardt, später verteidigte, »für alle Armenier vollkommene Straflosigkeit versprochen für den Fall, daß es ihm gelänge, die Armenier zu veranlassen, alle Waffen abzuliefern«. Als die meisten Armenier das daraufhin auch taten, wurden sie ins Gefängnis geworfen – es war nicht der einzige Wortbruch in jener Zeit. Den Türken gefiel Ehmanns Verhalten so gut, daß der Deutsche sogar die Armenier in den Gefängnissen aufsuchen durfte, »um den einzelnen zuzureden, ja alles auszuliefern«, wie Schwester Klara berichtete.

Einen typischen Ablauf der Waffensuche beschrieb die Amerikanerin Edith M. Cold aus der Stadt Hadschin:

Der Militärrichter Alai Bey, berichtete sie, sei aus Aleppo gekommen und habe sich drei Tage lang mit örtlichen Geheimdienstlern besprochen. Dann habe er eine Konferenz mit den Honoratioren der Stadt abgehalten und sie »sehr höflich« aufgefordert, alle Waffen abzugeben sowie Deserteure und andere außerhalb des Gesetzes stehende Personen auszuliefern, wofür er ihnen drei Tage Zeit gab »und sein Ehrenwort, daß alles zum Besten für die Bevölkerung liefe, wenn diese Bedingungen erfüllt würden«.

»In den nächsten Unterredungen«, so Edith Cold weiter, »wurde die Haltung von Alai Bey immer drohender und die Honoratioren sehr unruhig. Die Alten und die geistigen Führer der Armenier wußten nicht mehr, welchen Rat sie geben sollten. Wenn sie die Waffen auslieferten und dann verraten würden, könnten sie alle massakriert werden. Wenn sie die Waffen behielten, wäre das eine offene Rebellion gegen die Regierung.« Einige der Chefs hätten daraufhin sogar sie, die Ausländerin, um Rat gebeten, und Amerikaner wie Armenier »waren der Meinung, sie sollten sich der Regierung unterwerfen«.

Daraufhin seien alle Deserteure mit Ausnahme von drei oder vier ausgeliefert worden sowie ungefähr 70 Gewehre. »Die Türken schienen befriedigt über das Ergebnis zu sein«, berichtete die Amerikanerin, »und die Leute wurden wieder ruhiger.« Nachmittags seien dann 2000 Soldaten in die Stadt gezogen. In den folgenden Tagen habe es immer wieder Requisitionen gegeben, »immer härtere, was die Suche nach Munition und Deserteuren anbelangt.« Dann sei »eine große Anzahl von armenischen Führern ins Gefängnis geworfen« worden, »und jeden Tag wurden es mehr«.

»Die Angst der Bevölkerung wurde so groß«, schrieb Edith Cold, »daß keiner mehr essen und schlafen konnte.« Viele Armenierinnen, deren Männer im Gefängnis waren, hätten sie um Hilfe gebeten, woraufhin die Amerikanerin den Kommandanten aufsuchte: »Alai Bey versuchte uns zu erklären, daß es für uns, die wir aus einem freien Land kämen, schwer zu verstehen sei, warum die türkische Regierung zu solchen Maßnahmen gezwungen würde, daß es armenische Verschwörer gäbe, und wir zu blauäugig seien und uns diese Leute täuschen würden.«

Schließlich, so die Augenzeugin, »wurde der letzte Deserteur ausgeliefert und insgesamt 91 Gewehre. Aber Alai Bey behauptete, es seien noch viel mehr Waffen versteckt. Deshalb würden die Soldaten alles durchsuchen. Mit Ausnahme von etwas Pulver waren die Ergebnisse unbedeutend.«

Die Suche nach Waffen und Bomben im ganzen Land führte zu absurden Ergebnissen. Ein armenischer Krämer hatte aus der Zeit der Eroberung Konstantinopels durch die Osmanen ein halbes Jahrtausend zuvor noch alte Eisenkugeln, die ihm als Gewichte dienten. Die türkische Polizei verhaftete ihn wegen Bombenbesitzes. Ein Armenier in Mersowan, der für die dortige amerikanische Schule eine eiserne Kugel für Turnspiele angefertigt hatte, wurde »entsetzlich geschlagen«, so Schulleiter Elmer, »um ihn zur Aussage zu bringen, auf dem College würden Bomben angefertigt«.

Auf dem armenischen Friedhof von Mersowan hatten die Türken eine vergrabene Bombe entdeckt, die freilich aus dem vergangenen Jahrhundert stammte und verrostet war. Sie gab den Behörden Anlaß, mit Übereifer nach Waffen zu suchen. »In allen Wilajets (den Provinzen des Osmanischen Reichs) wurde die Entwaffnung systematisch durchgeführt«, schrieb Lepsius, »sie ging in der Weise vor sich, daß die Dörfer von Gendarmen umzingelt und nach Belieben 200 oder 300 Feuerwaffen von der Bevölkerung gefordert wurden.«

In Mersowan, wo 17 000 Armenier lebten, boten die Amerikaner der Regierung an, ein Komitee zu bilden, das alle Waffen auskundschaften sollte. »Die Regierung war damit einverstanden«, berichtete eine amerikanische Zeugin, »und gab dem Komitee die Anzahl der Gewehre vor, die abzuliefern seien. Sie behauptete zu wissen, wer die meisten habe. Die Komiteemitglieder sprachen in den Kirchen zu ihren Leuten, und die Anzahl der Waffen war bald erreicht, dennoch kam bald danach der Deportationsbefehl.«

Vorgaben waren damals nicht unüblich für die osmanische Verwaltung. Es gab sie beispielsweise auch für die Ergreifung von Deserteuren – auch türkischen. So berichtete der Chef der deutschen Militärmission in der Türkei, Otto Liman von Sanders, daß der Präfekt von Sivas sich verpflichtet hatte, insgesamt 30 000 Deserteure aufzugreifen. »Die Bewohner beschuldigten die Soldaten«, schrieb Edith Cold, »selbst Gewehre und Munition in den Gebäuden zu verstecken, um dann Beweise zu schaffen.« Einige der türkischen Beamten, die die Waffen einsammelten, sollen ihrerseits Waffen an die Armenier verkauft haben. »Ganze Dörfer wurden von Soldaten eingeschlossen«, berichtete die Deutsche Klara Pfeiffer, »viele von den männlichen Dorfbewohnern angebunden und aufs entsetzlichste geschlagen, weil man nicht glaubte, daß alle Waffen abgegeben seien. Was einzelne Personen gelitten haben, läßt sich nicht mit Worten ausdrücken.«

Besonders die Folterungen erschreckten die europäischen und amerikanischen Augenzeugen.

»Wen die Türken verdächtigten, noch Waffen zu verstekken«, schrieb Schulleiter Elmer aus Mersowan, »dem verabreichten sie die Bastonade« – eine damals noch im ganzen Orient verbreitete Foltermethode durch Schläge auf die Fußsohle. »Zu Zeiten der Römer«, so ein deutscher Missionar, »war die Anzahl der Stockhiebe auf 40 begrenzt. Hier wurden

200 und sogar 800 verabreicht. Trotz geschwollener Füße und abgerissener Haut wird der Gefangene dann in der nächsten Nacht wieder der Bastonade unterzogen.«

Nach der Bastonade, bezeugte die amerikanische Zeugin Gage, die einige der Opfer nach der Tortur gesehen hatte, »wurde ihnen kochendes Wasser über ihr offenes Fleisch gegossen. Wenn sie sich weigerten, die Verstecke der Waffen bekanntzugeben, wurde ihnen Mist in den Mund gesteckt. Dann stach man ihnen die Augen aus und riß ihnen die Nägel raus. Einige starben, andere wurden wahnsinnig. Einige wurden entlassen, viele verschwanden.«

»Damit man die Schreie der Gepeinigten nicht hören sollte«, berichtete die schwedische Schwester Alma Johansson von der Organisation des »Deutschen Hilfsbundes für christliches Liebeswerk im Orient«, »ließ man rings um das Gefängnis mit Trommeln und Pfeifen aufspielen.« Als die Opfer dann starben, berichtete Schwester Alma, hätten die Soldaten sie verhöhnt: »Nun bittet mal schön euren Christus, daß er euch hilft.«

In Ewerek, einem Dorf südlich der Stadt Kayseri, hatte ein junger Armenier, der kurz vor Ausbruch des Krieges aus den Vereinigten Staaten zurückgekommen war, im Februar 1915 eine Bombe basteln wollen und kam dabei ums Leben. Der Landrat wollte es dabei bewenden lassen, weil der junge Mann keine Verbindungen zu den Armeniern des Ortes hatte. Der Regierungspräsident Kayseris hingegen setzte den Landrat ab und schickte Seki Bey, »einen wahren Unmenschen« (Lepsius). Der unterzog die Armenier nicht nur der Bastonade, wie die deutsche Augenzeugin Frieda Wolff-Hunecke berichtete, sondern übergoß die Füße mit Schwefelsäure und verbrannte ihnen mit glühenden Eisen die Brust. Ein junger Armenier hielt die Prozedur nur fünf Minuten aus, ein Priester hingegen wurde drei Tage mit schwersten Verletzungen liegengelassen. 30 der insgesamt 640 Armenier in den Gefängnissen hatten derart zerfetzte Füße, daß ebenfalls inhaftierte Ärzte ihnen die Füße amputieren mußten. Frieda Wolff-Hunecke durfte anfangs nicht nach Deutschland abreisen, weil sie, so der Regierungspräsident von Kayseri, »das Land mit schlechten Eindrücken verlassen würde«. Erst auf Intervention der deutschen Botschaft kam sie frei.

Besonders auf Lehrer, die Stützen der politischen Aufklärung, und Priester, die Säulen des geistlichen Widerstands gegen die moslemische Umwelt, hatten es die Folterer abgesehen. Den Lehrern, berichtete Elmer, seien die Augen ausgestochen oder ausgebrannt worden. Fünf oder sechs armenische Priester, hatte die deutsche Schwester Laura Möhring in Diyarbakir erkundet, wurden »völlig entkleidet und geteert durch die Straßen der Stadt geschleift«.

In Malatya bekam Priester Mikael Der Asduasaturian aus Berknik, berichtete die Zeitung *Armenien*, »in einer Nacht 2000 Stockschläge und wurde anschließend gekreuzigt«. Der armenische Bischof von Sivas, berichtete Lepsius, sei mit Hufeisen beschlagen worden, denn man könne doch, habe der türkische Gouverneur scherzhaft gesagt, »einen Bischof unmöglich barfuß gehen lassen«.

Mit Folterungen preßten die Türken den Armeniern Geständnisse ab, die sie sodann als Schuldbeweis ausgaben. »Sie zwangen die gefolterten Armenier einzugestehen«, schrieb Elmer, »daß sie gegen die Regierung konspiriert hätten. Um die Foltern zu beenden, sagten die meisten schließlich, was von ihnen verlangt wurde.« Einen alten Priester hätten sie so grausam gefoltert, berichtete Alma Johansson, daß er glaubte, seinem Leiden ein Ende zu bereiten, indem er ausrief: »Wir sind Revolutionäre!« »Er hat es selbst gesagt«, hätten die Folterknechte daraufhin gespottet und die Folterung fortgesetzt.

In der heimlichen Hauptstadt der Kurden, Diyarbakir, sind 1600 Armenier in den Gefängnissen erwürgt worden. Zwei armenische Ärzte seien gezwungen worden, berichteten Deutsche aus der Stadt, allen zu bescheinigen, daß die Todesursache Typhus sei. »Mit höhnischem Grinsen«, berichtete der deutsche Militärarzt Georg Mayer, »erzählt man im Kriegsministerium davon, wie all die Tausende eines natürlichen Todes oder durch Unfall starben, wie den offiziellen Arztberichten zu entnehmen sei.«

Pulver sparen
Systematische Tötung der armenischen Soldaten

Nachdem das Osmanische Reich 1914 an der Seite des Deutschen Kaiserreichs und der österreichisch-ungarischen Monarchie in den Ersten Weltkrieg gezogen war, hatte es alle Soldaten zu den Waffen gerufen, neben den moslemischen auch die christlichen (die erst seit der Entmachtung des Sultans 1908 dienen durften) und damit auch die armenischen – wenn die sich nicht loskaufen konnten, was nach dem Gesetz möglich war. Doch ab Mitte Januar 1915 wurden die armenischen Soldaten, die ohnehin keine höheren Offiziere stellten, entwaffnet und in Arbeitsbataillone gesteckt, die zumeist zum Wegebau eingesetzt wurden. Wer konnte, türmte, darin unterschieden sich die armenischen Rekruten nicht von den türkischen, nur flohen sie, nach Schätzungen von Lepsius, fünfmal weniger als Kurden und Türken.

Das Schicksal der armenischen Soldaten hing sehr davon ab, wo sie dienten. Waren sie in die arabischen Provinzen des Osmanischen Reichs einberufen, hatten sie eine Überlebenschance. Mußten sie in Anatolien ihren Dienst antreten, und das betraf die große Mehrzahl, wurden sie systematisch umgebracht.

Schon mehrmals hätten sie mitbekommen, meldeten die beiden Schwestern Thora von Wedel-Jarlsberg, eine Schwedin, und Eva Elvers, eine Deutsche, die beide sehr gut Türkisch sprachen und für das Deutsche Rote Kreuz arbeiteten, wie etwa hundert Männer solcher Trupps auf ein Feld geführt und getötet wurden. Im Missionshospital der zentralanatolischen Stadt Sivas trafen sie dann einen Entkommenen »mit einer furchtbaren Wunde im Nacken«, der ihnen erzählte, er sei »mit 95 anderen Wegearbeitern in eine Reihe aufgestellt worden. Dann erschossen die zehn beigegebenen Gendarmen so viel wie sie konnten, die übrigen wurden mit Messern oder Steinen getötet.«

Ein junger türkischer Pionier erzählte dem amerikanischen Konsul in Trapezunt, Oskar S. Heizer, etwa 180 armenische Arbeiter seiner Truppe seien abgeführt worden. Dann habe er Gewehrfeuer gehört und sei kurze Zeit darauf damit beauftragt worden, die völlig nackten Leichen zu vergraben.

»Wir hatten schon erfahren«, berichtete die Britin M. W. Frearson, Leiterin des Amerikanischen Waisenhauses von Aintab (dem heutigen Gaziantep), »daß man die Männer eine Straße bauen ließ. Gleich nach Fertigstellung wurden sie entlang der Straße aufgestellt und getötet – zumeist mit Messern, weil der befehlshabende Offizier seinen Soldaten gesagt hatte, ihr Pulver nicht für Armenier zu verschwenden.« Diese systematischen Tötungsaktionen zogen sich über den ganzen Sommer 1915 hin. »Meist benutzte man dazu das Messer«, bestätigte auch der Schweizer Jakob Künzler, der in Urfa ein Spital leitete: »An einem Ort ließ man die Leute der Reihe nach über einen hohen Felsen in die Tiefe springen, nachdem man vorher noch jedem einige Messerstiche beigebracht hatte.«

Ein Überlebender konnte sich in die deutsche Teppichfabrik in Urfa flüchten. Sie hätten etwa zwei Stunden von der Stadt entfernt zusammen mit Türken und Kurden gearbeitet, erzählte er dem deutschen Waisenhausleiter Bruno Eckart, dann hätte der Offizier 50 Armenier für dringende Arbeiten an einem anderen Ort ausgesondert und mit Stricken gefesselt, »damit wir nicht desertieren könnten«. Sie seien in ein Talkessel geführt worden, und der Offizier habe eine drohende Rede gehalten. Bei den Worten »Nieder mit den Verrätern« hätten die Gendarmen dann einen nach dem anderen erschossen. Zusammen mit seinem Kameraden sei er niedergestürzt, ohne selbst getroffen worden zu sein. Später seien Kurden gekommen und hätten sich die Kleider genommen. »Heute kommen noch mehr solcher Christenhunde«, hätte ein Kurdenanführer gesagt, »zankt euch nicht, wir kriegen noch alle genug.«

»Einige armenische Soldaten mußten sich ihr Grab selbst schaufeln, bevor sie erschossen wurden«, berichtete der amerikanische Botschafter in Konstantinopel, Henry Morgenthau. Andere wurden in Schluchten geworfen, und »es gab etliche darunter«, so Künzler, »die noch lebten«. Noch Jahre später, berichtete der Schweizer, hätten die Knochen der durch winterliche Regengüsse ins Tal beförderten Kadaver dort »bleich und ausgebrannt von der Sonne« vom Mord an den armenischen Soldaten gezeugt.

Nur ein türkischer General bestrafte die Schuldigen: Vehib Pascha, der Heerführer der III. Armee. Als er erfahren hatte, daß 2000 Armenier seiner Truppe, die er zum Wegebau abgestellt hatte, auf dem Marsch erschossen worden waren, ließ er, gegen den heftigsten Protest Talaats, die beiden verantwortlichen Gendarmerieoffiziere hinrichten.

Die Berichte sind zu schrecklich
Die Tötung der Männer

Punkt drei im Mordplan gegen das armenische Volk war die Vernichtung der Männer, die sich weder unter der Führungsschicht noch unter den Soldaten befanden. Anfangs hätten die Behörden nicht gewußt, schrieb der Schweizer Jacob Künzler, »wie die Deportationen vorzunehmen seien«. Doch dann sei schließlich der Befehl ergangen, »daß bereits auf der Deportation sich befindliche Männer, wenn sie nicht schon Greise waren, umgebracht werden müßten«.

»Alle Leute mußten den Ort verlassen, zusammen etwa 600 Familien«, erzählte die Armenierin Maritza Kedschedschian. »Unterwegs wurde uns mitgeteilt, daß wir die Reise abkürzen könnten, dazu müßten sich allerdings die Männer in einem Ort einschreiben lassen. Naiv begaben sie sich dorthin, und keiner kehrte zurück.«

Unweit der mittelanatolischen Stadt Sivas war die Amerikanerin Mary Louise Graffam, Leiterin der dortigen Mädchenoberschule, Augenzeugin: »Die Männer wurden beiseite geführt, angeblich, weil der Bürgermeister ihre Namen notieren wollte. Der Bürgermeister sagte uns dann, daß sie nach Sivas zurückgeschickt wurden, aber wir erfuhren von den Dorfbewohnern, daß sie sofort getötet wurden.«

Die Britin Frearson wußte von einem Deportationszug, der am Euphrat entlang führte. »Als sie die Nebenflüsse überqueren mußten, wurden alle wehrhaften Männer ertränkt und ihre Leichen mit dem Fluß weggeschwemmt.«

Der deutsche Augenzeuge und Ingenieur der Bagdadbahn-Gesellschaft, Spieker, berichtete dem Oberlehrer der deutschen Schule in Aleppo, Martin Niepage, »wie Türken armenische Männer zusammenbanden, mit Vogelflinten eine Reihe von Schüssen in das Menschenbündel hineingaben und lachend davongingen, während ihre Opfer in schrecklichen Zuckungen langsam verendeten. Andere Männern hatte man die Hände auf den Rücken gebunden und ließ sie steile Hänge hinabrollen. Unten standen Frauen, die die Herabrollenden mit Messern bearbeiteten, bis sie tot waren.«

Der Tod ereilte die armenischen Männer landein, landab. Aus Trapezunt meldete der deutsche Wehrmachtsoffizier Stange: »Die Männer wurden abseits ins Gebirge geführt und unter Mithilfe von Militärs abgeschlachtet.« Die meisten armenischen Männer der Schwarzmeerküste wurden jedoch auf Boote geladen, die nach wenigen Stunden leer zurückkamen. Zwei Tage nach den ersten Todesfahrten tauchte ein Überlebender am Strand von Trapezunt auf, der trotz einer schweren Kopfverletzung noch die Worte herausbrachte: »Bum! Bum!« Er wurde festgenommen, in ein Krankenhaus gebracht, wo er am Tag darauf vom türkischen Direktor der Gesundheitsbehörde, dem Arzt Ali Saib, vergiftet wurde, wie ein Prozeß nach dem Krieg ergab. Ein Türke, so US-Konsul Heizer, habe ihm gesagt, die Boote würden auf See andere Boote mit Gendarmen kreuzen, die sodann die Armenier töteten und über Bord warfen; mit verbundenen Händen, wie der Polizeichef Mehmed Reschid später vor Gericht gestand.

Was das Leben eines Armeniers in diesen Tagen wert war, erfuhr die Armenierin Victoria Khatschadur Barutdschubaschian aus Bayburt, die von einem Treck türkischer Kriegerwitwen aufgenommen wurde. »Eine dieser Frauen gab einem Gendarmen einen Wink und zeigte auf einen Armenier, den er töten solle«, berichtete sie. »Der Gendarm fragte, ob sie ihn nicht selbst töten wolle, worauf sie antwortete: Warum nicht? Sie zog einen Revolver aus der Tasche und erschoß ihn.«

»Überall die Gerippe, der entsetzliche Gestank der Leichen«, schrieb die deutsche Schwester Paula Schäfer nach einem sieben Wochen langen Ritt durch Anatolien: »Männer mit Bajonettstichen in Brust und Leib lagen am Weg und verbluteten. Ich bot ihnen an, sie auf mein Tier zu nehmen, aber sie flehten mich an, ihnen Brot und Wasser zu geben und sie an ihrem Ort sterben zu lassen. Die ganze Strecke war eine Leidens- und Sterbestraße. Er war schrecklich.«

Oft stellten die Verantwortlichen zur Ermordung der armenischen Männer ganze Berufsstände ab. Die Gerber und Schlächter Angoras, berichtete die Amerikanerin Gage, hätten sich mit ihren Messern zum Fluß Assi Yozgat begeben müssen, wo ihnen die Armenier ausgeliefert worden seien. So hätten sie die Männer mit den Instrumenten töten können, mit denen sie umzugehen gewohnt seien. »Die Berichte sind zu schrecklich«, fügte Frau Gage hinzu, »um sie wiederzugeben.«

Der arabische Rechtsanwalt Faiz El-Ghassein, der selbst einmal einen hohen Funktionärsposten im Osmanischen Reich, das damals noch viele arabische Gebiete umfaßte, eingenommen hatte und wegen angeblicher Verschwörung eingekerkert wurde, war besonders von der Gelassenheit der Armenier im Angesicht des Todes beeindruckt. Im Bezirk Sivas sei ein Arzt Zeuge einer Tötungsaktion geworden. »Er fand vier Metzger an der Richtstätte«, so El-Ghassein, »jeder mit einem langen Messer. Die Gendarmen teilten die Armenier in Gruppen von je zehn Mann ein und schickten einen nach dem anderen zu den Metzgern. Der Metzger befahl dem Opfer, den Hals zu strecken und schlachtete es ab. Der Arzt war entsetzt über die Standhaftigkeit der Unglücklichen; wortlos, ohne das geringste Zeichen von Furcht, ließen sie sich den Tod geben.«

Um hundert Jahre gealtert
Vernichtung ganzer Deportationszüge

Die Deportation der Armenier wurde mit militärischer Notwendigkeit begründet: Eine den Russen freundlich und damit den Osmanen feindlich gesinnte Bevölkerung sollte evakuiert werden. Das hatten die Osmanen mit einigen Tausend ihrer griechischen Untertanen vorexerziert. Den Armeniern gegenüber aber zeigten die Organisatoren des Genozids von Anfang an ihre klare Mordintention, indem sie ganze Deportationszüge direkt in den Tod schickten oder die armenischen Bewohner ganzer Landstriche systematisch umbrachten.

Einen ersten Eindruck von der Entschlossenheit der türkischen Machthaber erhielt der deutsche Kriegsfreiwillige Carl Schlimme. Er hatte vom deutschen Vizekonsul in Erzurum, Max Erwin von Scheubner-Richter, den Auftrag bekommen, eine armenische Familie der Stadt, darunter die Schwester des Bischofs, bis Ersindschan zu begleiten. »In Bayburt wurde von uns verlangt«, berichtete Schlimme, »daß wir die Familie herausgeben sollten. Als wir merkten, daß man uns die Armenier gewaltsam entreißen wollte, machten wir die Gewehre zum Schuß fertig. Die uns begleitenden Gendarmen machten uns mehrfach den Vorschlag, die Armenier niederzumetzeln.«

Ende Mai 1915 war einer der unbarmherzigsten Türken, der Gouverneur von Van, Dschewdet Bey, mit 8000 Soldaten, die er selbst »Kassap Tabouri«, das »Henker-Bataillon« nannte, in die Stadt Siirt gezogen, wo er die Mehrzahl der Armenier umbringen und ihre Bischöfe öffentlich verbrennen ließ. Sodann marschierte er nach Bitlis südlich des Vansees. Dort erhob er erst einmal eine Abgabe von 5000 Pfund (umgerechnet knapp 100 000 Mark) von den wohlhabenden Armenier der Stadt und ließ sodann 21 prominente Führer, darunter mehrere Ärzte, die in Militärlazaretten arbeiteten, aufhängen. Am 25. Juni 1915 riegelten die Türken Bitlis ab und erschossen gleich außerhalb der Stadt alle männlichen armenischen Einwohner, derer sie habhaft werden konnten. Die Opfer mußten zuvor ihr Massengrab selbst ausheben.

Die jungen Frauen und Kinder ließ Dschewdet Bey an die moslemische Bevölkerung verteilen und die übrigen in den Süden vertreiben, wo die meisten wohl im Tigris ertränkt worden sind. Lediglich einige Familien erfahrener Handwerker nahmen die Türken vorerst aus, um sie in ihre Dienste zu stellen.

Die Armenier von Bitlis waren nicht die einzigen, die nahe ihrer Ortschaften oder auf der Deportation völlig vernichtet wurden. Im Juli 1915 war ein solcher Elendszug an einer armenischen Pionierkompanie vorbeigezogen. »Es waren mindestens 5000, zumeist Frauen, Alte und Kinder«, berichtete der armenische Soldat Merkertisch Tadewosjan, der seit acht Monaten Straßen gebaut hatte. Tags darauf habe einer der die Soldaten bewachenden Gendarmen gesagt: »Kinder, heute müßt ihr euch doppelt anstrengen, euch steht eine Knochenarbeit bevor.« Sie seien über einen Berg geführt worden und hätten im Tal den Deportationszug vom Tag zuvor gesehen, der umringt war von speziell für die Ausrottung der Armenier zusammengestellten Milizen. Tadewosjan: »Die Rohlinge amüsierten sich damit, die Alten zu peitschen, die Frauen auszuziehen und die jungen Mädchen zu schänden.«

Gegen ein Uhr habe das Massaker begonnen. »Wir schlossen die Augen«, berichtete Tadewosjan, »aber dann ließen uns die trockenen Säbelschläge auf die Schädel vor Schrecken erstarren. Die schweren Äxte der Türken ließen die Köpfe der unschuldigen Opfer fliegen. Dieses fürchterliche Schauspiel hätte Felsen zu Tränen gerührt, aber wir waren so entsetzt, daß unsere Augen trocken blieben. Auf der anderen Seite des Hügels standen junge und hübsche Armenierinnen, die die Türken für ihre Harems ausgesucht hatten. Sie waren zusammengebunden und wie versteinert. Die Leichname häuften sich, und nach vier Stunden dieser grausamen Metzelei, nach vier vollen Stunden waren die 5000 Armenier tot.«

Als Tadewosjan und seine Landsleute Gräben ausheben mußten, stießen sie auf die Leichen von armenischen Soldaten. »Diese Unglücklichen hatten also einige Tage vor uns die Gräben ausgehoben«, berichtete er, »und wurden dann ihrerseits massakriert. Man sah noch die furchtbaren Verletzungen.«

Tadewosjan: »Unter der Drohung der türkischen Säbel mußten wir unsere schauerliche Arbeit verrichten. Wir hoben die auf dem Schlachtfeld verstreuten Körper auf. Viele atmeten noch, und ihre Augen fixierten uns mit einer unsagbaren Angst. Ihre verkrampften Hände zeigten auf ihre klaffenden Wunden, aus denen das Blut floß. Als einer unserer Kameraden es wagte, darum zu bitten, die verletzten Alten und Kinder nicht zu beerdigen, streckte ihn ein Revolverschuß nieder. Langsam füllten sich die Gräben, und aus dieser Ansammlung von zitterndem Fleisch stieg ein beißender Blutgeruch auf. Manchmal schaffte es einer der Sterbenden noch, einen Arm nach uns auszustrecken. Nach dem Appell banden uns die Gendarmen zu zweit zusammen, und wir setzten uns in Marsch. Unsere Augen gingen noch einmal zu den Gräbern unserer Brüder, als sich – welch ein Schrecken – die Erde, die sie bedeckte, noch bewegte. Die ganze Nacht sangen unsere Wächter am Lagerfeuer und feierten.«

Als am nächsten Tag die armenischen Soldaten getötet werden sollten, stürzten sich Tadewosjan und einige Landsleute auf die nächsten Gendarmen und entwaffneten sie. Doch nur wenigen gelang die Flucht. Tadewosjan rettete sich über die russischen Linien nach Russisch-Armenien. »Ich war frei«, sagte er, »aber um hundert Jahre gealtert.«

Wurde der Tigris zum Schicksalsfluß der überlebenden Armenier aus der Bitlisregion, so war es der Euphrat für die Armenier aus dem Norden und Nordosten. Männer und Frauen mußten sich völlig entkleiden, berichtete die Armenierin Saruhi, die aus Erzurum über Bayburt nach Ersindschan deportiert wurde, wurden zusammengebunden, erschossen und in den Euphrat geworfen. Die Leichenberge hätten solche Dimensionen erreicht, daß der Fluß in der Nähe von Ersindschan auf mehrere hundert Meter seinen Lauf geändert habe.

Als die Armenier des Nordens und Nordostens nach Ersindschan kamen, lag die eigentliche Todesstrecke noch vor ihnen, aber nicht wenige ahnten, was sie dort erwartete. »Der Jammer war unbeschreiblich«, beschrieben die beiden Krankenschwestern von Wedel-Jarlsberg und Elvers einen Deportationszug, »es waren nur zwei Männer übriggeblieben, von den Frauen waren einige geisteskrank geworden. Eine rief: ›Wir wollen Moslems werden, wir wollen Deutsche werden, was ihr wollt, nur rettet uns. Jetzt bringen sie uns nach Kemah und schneiden uns die Hälse ab.‹«

Der Weg von Ersindschan nach Kemah führte über 55 Kilometer durch »jenes Tal des Fluchs mit dem Namen Kemah-Boghasi«, so die Schwestern. »Die Armenier von Ersindschan«, hatte Oberstleutnant Stange seinen Vorgesetzten in Konstantinopel gemeldet, »wurden allesamt ins Kemahtal getrieben und abgeschlachtet.« Nach einem Bericht des amerikanischen Missionars Robert Stapleton in Erzurum wurden fast alle Männer erschossen und in den Fluß geworfen, aber auch viele Kinder und Frauen. »Alle werden zusammengebunden vom hohen Felsen in die Fluten des Euphrat gestürzt, so mache man es jetzt, sagte unser griechischer Kutscher«, berichteten die Schwestern Wedel-Jarlsberg und Elvers: »Unser Gendarm erzählte, er habe eben einen solchen Zug von 3000 Frauen und Kindern nach Kemah gebracht. ›Alle weg‹, ›hep gitdi bitdi‹, sagte er.« Noch Hunderte von Kilometern flußabwärts hatte die deutsche Schwester Laura Möhring jeden Tag die Körper treiben sehen: »Die Leichen der Männer waren oft verstümmelt. Die Körper der Frauen waren oft aufgeschlitzt.«

Durch die Kemahschlucht wurden mindestens 15 000 Armenier geführt. Nur wenige überlebten das Tal des Fluches und konnten berichten. Eine war die Armenierin Zarouhi. Auch sie wurde in den Fluß geworfen, der bereits voller Leichen war, konnte sich aber an einem Felsen festhalten, der unter einem Busch versteckt war. Sie wartete, bis die Gendarmen abgezogen waren. Ein kurdischer Schäfer gab ihr eine Decke und führte sie zu einem Türken, den sie kannte. Dieser Türke brachte sie zurück nach Erzurum und versteckte sie in seinem Haus.

Vor dem Berliner Schwurgericht, das Tehlerjan aburteilte, trat als Zeuge ein Mitglied der Synode im Konstantinopler Patriarchat auf – der armenische Bischof Krikoris Balakian, der später Bischof von Marseille werden sollte. Der Geistliche berichtete in gebrochenem Deutsch von einem Massenmord in der Nähe der zentralanatolischen Stadt Yozgat. Seine Erzählungen wären von türkisch-nationalistischer Seite sicherlich auch ins Fabelreich verbannt worden, hätte nicht einer der wenigen Nachkriegsprozesse gegen die Schuldigen des Völkermords gerade diese Ereignisse untersucht. Dabei wurden die Angaben des Bischofs bestätigt und ergänzt.

Krikoris Balakian war einer der am 24. April 1915 in Konstantinopel verhafteten und anschließend verschleppten armenischen Honoratioren. Mit 190 anderen Armeniern aus der Hauptstadt wurde er nach Tschangere (heute: Çankiri) nordöstlich von Ankara verbannt, doch überlebten nur 16 von ihnen den Transport, die anderen waren erschlagen worden. Diese 16 nun wurden auf etwa 40 Häuser von Armeniern in Tschangere verteilt. Die Armenier der Ankararegion hatten ihr Armenisch verlernt und sprachen nur noch Türkisch. Viele von ihnen waren auch zum katholischen Glauben übergetreten und galten offiziell gar nicht mehr als Armenier.

Die 16 bestachen die türkischen Verantwortlichen mit Gold im Wert von etwa 15 000 Mark und blieben so bis Februar 1916 verschont. Dann traten auch sie den Weg in die Deportation an. Allein auf den knapp 100 Kilometern zwischen Yozgat und Bogazliyan, berichtete Balakian, seien zuvor 43 000 Armenier hingemetzelt worden. »In einem Tal sahen wir ein paar Hundert Köpfe mit langen Haaren, also Köpfe von Frauen und Mädchen«, berichtete der Bischof.

Bewacht wurde die armenische Gruppe um den Bischof von einem Gendarmeriehauptmann namens Schükri. Er habe gehört, sagte der Bischof zum Hauptmann, man schlüge nur die Männer tot, nicht aber die Frauen. Daraufhin Schükri: »Wenn wir nur Männer totschlagen, dann gibt es nach 50 Jahren wieder ein paar Millionen Armenier.«

»Ich kann das ja ruhig erzählen«, habe der Hauptmann zu ihm gesagt, bezeugte Balakian in Berlin, »weil Sie ja doch in die Wüste kommen und dort vor Hunger sterben werden und keine Gelegenheit haben, diese Wahrheit ans Licht zu bringen.« Keiner, so Balakian, »sollte übrigbleiben, damit kein Zeuge vor Gericht käme. Aber Gott sei Dank, es gibt noch welche.« Ihn zum Beispiel, der fliehen konnte und dann als deutscher Soldat verkleidet nach Konstantinopel zurückkehrte und dort überlebte.

Erst hätten sie 14 000 Männer aus Yozgat und Umgebung in den Tälern totgeschlagen, habe ihm Schükri berichtet, dann den Familien gesagt, die Männer seien gut in Aleppo angekommen. Nun bäten sie darum, daß auch die Familien nachkämen. Die Regierung, hätten die türkischen Beamten nun gesagt, sei damit einverstanden, und alle dürften ihre Habe mitnehmen. Insgesamt 6400 Frauen und Kinder hätten daraufhin alle Wertsachen auf Pferdegespanne und Ochsenwagen gepackt und seien losgefahren.

»Ich fragte nun den Hauptmann: Warum haben Sie das getan?« berichtete Balakian vor dem Berliner Gericht. »Da sagte er: Wenn wir die Frauen und Kinder in den Städten totgeschlagen hätten, dann hätten wir auch nicht gewußt, wo die Reichtümer geblieben sind, ob sie in der Erde steckten oder irgendwo vernichtet worden seien.«

Die Gendarmen nahmen 25 bis 30 türkische Frauen mit, und vier Wegestunden von Yozgat entfernt, so Balakian über die Erzählungen des Hauptmanns, »fingen diese nun an, die Kleider der armenischen Frauen und Mädchen zu untersuchen und ihnen die Schmucksachen und das Geld wegzunehmen«. Vier volle Tage seien sie damit beschäftigt gewesen, dann habe der Hauptmann den Frauen gesagt, die Regierung habe sie begnadigt, und sie dürften wieder in ihre Heimat zurück. Die Wagen wurden schon weggeschickt, denn »sie brauchten ja keine Wagen mehr, weil es nur vier Stunden bis Yozgat ist«.

»Als nun die Frauen nach Yozgat zurückkehren wollten«, habe Hauptmann Schükri ihm erzählt, »schickte man viele Gendarmen in die Dörfer und ließ die Bauern einladen zum ›Heiligen Krieg‹. Es kamen ungefähr 12 000 bis 13 000 Bauern mit Holzbeilen und anderen eisernen Geräten. Es wurde ihnen erlaubt, alles totzuschlagen und nur die schönsten Mädchen mitzunehmen.« Er selbst, habe Schükri seine Erzählung beendet, hätte etwa 40000 Armenier zwischen Yozgat und Bogazliyan totschlagen lassen. Wenn ein Soldat im Kriege jemanden totschlüge, sei er nicht schuldig, habe sich Schükri exkulpiert: »So habe ich auch gehandelt und nach der Hinschlachtung ein Gebet abgehalten, dann war ich unschuldig.«

Das Schicksal der Armenier von Yozgat teilten die meisten ihrer Landsleute aus der Provinz Angora, wie Ankara damals noch hieß. »Schon wenige Meilen von der Stadt entfernt«, berichtete der griechische Lehrer Xenidhis von der amerikanischen Schule von Mersowan, der über Ankara nach Konstantinopel gereist war, »wurden die Deportierten getötet. Bei einem Zug erschossen die Türken die Männer, bei den anderen sparten sie die Munition und töteten mit Äxten und Dolchen. Einige dieser Mörder erzählten in den Cafés Angoras Einzelheiten ihrer Erfolge. Ein Albanier brüstete sich damit, persönlich 50 Armenier getötet zu haben.«

Die Massentötungen gaben nach dem Krieg die Angeschuldigten des Prozesses auch zu. Einer der militärischen Chefs der Region, Major Mehmed Salim, nannte die Aktionen »ohne Beispiel in der Menschheitsgeschichte«. Den Armeniern seien »Arme und Hände« gebunden worden, und dann sei der Mob angerückt, der sie mit »Hacken, Messern, Sicheln, Sensen, Äxten und Hämmern« ermordete.

Nicht einer von tausend wird ankommen
Die Vertreibungen

Maximale Dezimierung durch Deportation, das war die Endlösung der türkischen Machthaber für die Armenier. »Der offizielle Name war Deportation«, brachte es Balakian im Berliner Prozeß auf den Punkt, »aber in Wirklichkeit war es organisierte Vernichtungspolitik.«

Auch die ausländischen Beobachter waren sich sehr bald darüber einig, daß die Deportationen nicht nur Bevölkerungsverschiebungen großen Stils waren. »Wenn es sich einfach darum handelte, von hier fort nach einem anderen Ort zu ziehen«, schrieb der amerikanische Konsul Leslie A. Davis aus Kharput, einer der großen Relaisstationen für die Armenier aus dem Nordosten, »so wäre das erträglich. Aber jedermann weiß, daß es sich bei den jetzigen Ereignissen darum handelt, in den Tod zu gehen.«

Als der amerikanische Chirurg Fred D. Shepard, Chef des ärztlichen Missionsinstituts in Aintab einen türkischen Beamten fragte, ob er den Deportierten Hilfe bringen könne, lehnte der seine Bitte ab. Shepard: »Dann werden sie sterben«. Daraufhin der türkische Beamte: »Was glauben Sie denn, weshalb wir sie deportieren?«

Der mit der Deportation der Armenier aus der zentralanatolischen Stadt Mersowan betraute Kommandant der Gendarmerie habe gesagt, berichtete der amerikanische Schulleiter Elmer, »daß nicht einer von tausend in Mossul ankommen würde und auch der nicht überleben könnte, weil die nomadische Bevölkerung dieser Gegend den Armeniern feindlich gesinnt sei und sie keinerlei Möglichkeit hätten, ihren Lebensunterhalt zu verdienen«.

Die deutschen diplomatischen Vertreter hatten anfangs nicht mit Deportationen großen Stils gerechnet, mußten sich aber sehr schnell korrigieren. Wie schnell, belegen die Depeschen der Deutschen. Vizekonsul von Scheubner-Richter kabelte noch am 15. Mai 1915 aus Erzurum an seine Vorgesetzten in Konstantinopel: »Der Ausbruch eines Massakers ist hier kaum anzunehmen.« Noch am gleichen Tag mußte der deutsche Reichsverweser ein zweites Kabel hinterherschicken: »Aus den umliegenden Dörfern werden die Armenier ausgewiesen.« Am folgenden Tag meldete Scheubner-Richter: »Diese Maßnahme grausamer Ausschließung ist unbegründet und ruft Verbitterung hervor.« Wieder einen Tag später, am 17. Mai 1915, kabelte er: »Das Elend unter den vertriebenen Armeniern ist fürchterlich.«

»Die armenischen Bewohner aller Ebenen, wahrscheinlich auch Erzurums, sollen bis Der-es-Sor geschickt werden«, berichtete Scheubner-Richter dann am 2. Juni nach Konstantinopel. »Diese Aussiedlung ist gleichbedeutend mit Massaker, da mangels jeglicher Transportmittel kaum die Hälfte ihren Bestimmungsort lebend erreichen wird.« Nach einer späteren Reise durch die mesopotamische Wüste gestand der deutsche Vizekonsul ein, daß seine Schätzung bei weitem zu optimistisch war.

Innerhalb weniger Wochen verwandelte sich Kleinasien in ein Leichenhaus, durch das ausgemergelte Gestalten zogen. Alle Deportierten waren schutzlos ihren Peinigern ausgeliefert. »Jeden Tag zehn, zwölf Männer getötet und in die Schluchten geworfen«, so ein Gendarm zu den beiden Schwestern von Wedel-Jarlsberg und Elvers, »den Kindern, die nicht mitkommen können, die Schädel eingeschlagen, die Frauen bei jedem Dorf beraubt und geschändet. Ich selber habe drei Frauenleichen begraben lassen, Gott möge es mir zurechnen.«

Die deutsche Schwester Paula Schäfer sah unterwegs »übel zugerichtete Männer- und Frauenleichen, die alle nur so hingeschlachtet waren, zerhackte Arme und Beine, so lagen sie da in ihrer Blutlache. Ich fand Männer und Frauen schwer verwundet, die Leiber aufgeschlitzt, die Schädel eingeschlagen, auch sonst mit Messerstichen entsetzlich zugerichtet.«

Jeder Zug wurde von Gendarmen begleitet, angeblich zum Schutz der Deportierten. Zwar gab es türkische Polizisten, die sich um Protektion bemühten und auch mehrere, die Mitleid mit den Vertriebenen hatten, aber die meisten beteiligten sich an den Mordaktionen und bereicherten sich.

Neben den sie begleitenden Gendarmen mußten die Deportierten vor allem organisierte oder spontan gebildete Banden fürchten, die ihnen auflauerten, oder auch schlicht die Bewohner der Regionen an den Deportationsstrecken. Denn es hatte sich schnell herumgesprochen, wenn es nicht gar propagiert wurde, daß Überfälle auf die Armenier nicht nur gestattet, sondern erwünscht waren. US-Konsul Leslie A. Davis aus Kharput beschrieb das Tötungssystem so: »Man läßt Kurdenbanden die Deportierten unterwegs abfangen, um besonders die Männer und beiläufig auch Frauen und Kinder zu töten.« Nach einem Bericht der Amerikanerin Mary Graffam waren manche Hügel »weiß vor Kurden, die Steine auf die Armenier warfen«.

Das Schicksal eines Deportationszugs von Kharput nach Syrien schilderte ein Augenzeuge dem amerikanischen Konsul Davis:

3000 Armenier, hauptsächlich Frauen und Kinder, hätten am 1. Juli Kharput verlassen, begleitet von 70 Gendarmen und einem einflußreichen Türken. Am Tag darauf hätte sich der Einflußreiche von den Deportierten »für ihre Sicherheit« 400

Pfund aushändigen lassen und versprochen, sie bis Urfa zu begleiten. Kaum habe er das Geld von den Armeniern erhalten, sei er verschwunden.

Am dritten Tag hätten die Gendarmen kurdische Bergstämme aufgefordert, die Deportierten auszurauben, zu töten und ihre Frauen zu entführen. Nachdem sie sich 200 Pfund für den angeblichen Schutz ausbezahlen ließen, verließen die Gendarmen die Kolonne und übergaben sie einem Clanchef der Kurden, der als besonders brutal galt. Am 15. Tag hätten die Kurden 150 Männer umgebracht. Die schönsten Mädchen seien entführt worden, einige nach ihrer Vergewaltigung zurückgekehrt. Wer das Tempo nicht mithalten konnte, sei niedergemacht worden. Am 25. Tag wurde der Konvoi erneut beraubt. Am 40. Tag habe er den Fluß Murad erreicht, einen Nebenfluß des Euphrat. Dort hätten die Deportierten die toten Körper von etwa 200 Männern im Fluß gesehen, und der Chef eines nahen Dorfes habe von ihnen ein Pfund dafür erhoben, daß er sie nicht auch in den Fluß werfen ließ.

Am 52. Tag hätten Kurden den Deportierten auch die Unterwäsche abgenommen, so daß sie weitere fünf Tage nackt durch die sengende Sonne marschieren mußten, ohne Nahrung und ohne Wasser. Als sie dann an eine Quelle kamen, hätten die Begleiter das Trinken nur jenen gestattet, die noch bezahlen konnten. Seien sie an Brunnen vorbeigekommen, hätten sich die Frauen hineingestürzt, obgleich viele dabei ertranken und andere sich am Wasser der mit Leichen angefüllten Brunnen vergifteten. Am 64. Tag seien alle Männer sowie alle kranken Frauen und Kinder getötet worden. Die Überlebenden mußten noch eine Tagesreise bis zur Bahnstation Rasul-Ain gehen. Der Gouverneur des Ortes verlangte drei Pfund pro Person für sich und ein Pfund für das Eisenbahnticket. Am 70. Tag kam der Konvoi dann in Aleppo an. Von den 3000 Deportierten aus Kharput waren 35, von den insgesamt 18 000 Vertriebenen des gesamten Zuges 150 Frauen und Kinder übriggeblieben.

Um die Verluste noch zu erhöhen, ließen die Genozid-Organisatoren die Armenier oft die Wege mehrmals gehen. Der deutsche Konsul Walter Rößler aus Aleppo berichtete von einem Deportationszug aus dem Landesinnern, »der 14 Tage lang an einer Stelle im Kreise herumgeführt wurde, (und zwar) in der Weise, daß die Deportierten tagsüber kein Wasser hatten«. Ein Treck mußte die fast 90 Kilometer lange wasserlose Wüstenstraße von Tell Abiyad südlich von Urfa nach Rakka (dem heutigen syrischen Ar Raqqah) am Euphrat gleich dreimal gehen.

Je nach Region, und das hieß in erster Linie je nach Laune der örtlichen Machthaber, konnten sich die Armenier auf die Deportation vorbereiten. Manchmal durften sie ihre Sachen verkaufen und sogar mit Karren losziehen, doch die wurden ihnen unter den fadenscheinigsten Vorwänden wieder genommen. Am Ende waren alle Konvois nur noch eine Ansammlung schwerleidender Menschen.

»Manche Züge humpeln schreiend vor Schmerz dahin«, berichtete ein österreichischer Reisender, »sobald sie eines Menschen ansichtig werden, fallen viele dieser Unglücklichen auf die Knie und erbitten Hilfe und Rettung oder legen ihre Kinder zur Annahme hin. Bei diesen Märschen bei 65 Grad Celsius und bei Wassermangel erliegen viele vor Erschöpfung.«

»Das Grausamste für diese Unglücklichen war«, schrieb die Engländerin Frearson, »daß sie niemals an das Ende ihrer Reise gelangten. Wann immer sie glaubten, am Ort ihrer Bestimmung angekommen zu sein, anfingen, sich zu installieren und sich an die Arbeit zu machen, brachte man sie plötzlich an einen anderen Ort.«

Besser hatten es da, freilich auch nur sehr relativ, die Deportierten aus dem Westen, weil sie einmal nicht durch Kurdengebiete ziehen mußten, zum anderen wenigstens teilweise die von den Deutschen gebaute Bagdadbahn benutzen konnten. Sie führte von Konstantinopel bis zum Euphrat entlang einer alten Handelsstraße, an der es viele armenische Siedlungen gab. Die Eisenbahnstrecke war aber zur Zeit des Völkermords noch nicht ganz ausgebaut. Es fehlten zwei Streckenstücke durch das Gebirge, eines im Taurus nördlich der kilikischen Ebene, das andere im Amanus zwischen Alexandrette und Aleppo.

In der Regel wurden die Armenier in Viehwaggons transportiert, in die sie »trotz der großen Hitze reingepfercht wurden«, wie die Amerikanerin H. E. Wallis schrieb, oftmals »doppelt so viele, wie eigentlich hineinpaßten«, so ihre Landsmännin Holt. Nur wenigen Reichen wurde gestattet, die Fahrt ins Ungewisse in normalen Personenwagen anzutreten. Die meisten Armenier mußten aber auch den langen Weg entlang der Eisenbahnlinie zu Fuß zurücklegen. »Die ganze Strecke lang sahen wir sie vorbeiziehen«, berichtete die amerikanische Augenzeugin Harlowe Birge, »wie Schafe, die zum Schlachthaus geführt wurden.«

Immerhin hatten die Armenier auf der südlichen Route weit größere Überlebenschancen als die aus dem Norden und Nordosten, besonders jene aus den an Syrien angrenzenden Gebieten, beispielsweise der »Kilikien« genannten Ebene von Adana. »In Kilikien vollzog sich die Deportation noch unter verhältnismäßig günstigen Bedingungen«, schrieb der Chirurg Shepard, »zwar wurden alle Verbannten von Banden geplündert, aber Raub und Mord nahmen nicht so großen Maßstab an wie in den hocharmenischen Provinzen.«

Einen solchen Zug beobachtete die Waisenhaus-Leiterin Frearson in der Nähe von Aleppo. Sie traf auf einen »sehr langen Zug mit Ochsenkarren, Maultieren, Eseln und Pferden, die Frauen, Kinder und einige Alte transportierten. Unser Kutscher stieg ab und unterhielt sich mit einigen der Deportierten. Sie kamen aus Adana und Mersin und schienen in jeder Hinsicht besser ausgerüstet als die anderen, die wir gesehen hatten. Sie sahen kaum wie Deportierte aus. Unter ihnen waren auch weit mehr Männer als üblich.«

»Im Amanusgebirge trafen wir Leute von Hadschin und Umgebung«, schrieb die deutsche Schwester Laura Möhring, »sie lebten in vergleichsweise glänzenden Verhältnissen, führten Wagen mit Hausrat, Pferde mit Fohlen, Ochsen, Kühen und sogar Kamele mit sich. Endlos war der Zug, der sich da das Gebirge raufzog.«

Sie waren möglicherweise die Vorzeige-Deportierten für die westlichen Beobachter. Wie auch immer, sie waren die wenigen »glücklichen« Deportierten in einer Zeit großen Unglücks. Doch nach einiger Zeit ließen die türkischen Behörden auch die Reichen nicht mehr mit Gespannen losziehen. »An einem einzigen Vormittag«, schrieb die Schweizer Schwester Beatrice Rohner, »war die in verhältnismäßigem Wohlstand lebende christliche Bevölkerung von Marasch zu einer Schar wandernder Bettler geworden.«

Spätestens einige Monate nach Beginn der Deportationen

gab es in den Städten des Ostens, ihrer ureigenen Heimat, keine Armenier mehr. Aus Erzurum zog als letzte Gruppe die der Handwerker, Ärzte und Apotheker, die, nach dem Bericht des deutschen Verwesers von Scheubner-Richter, zum Teil bei Bayburt erschossen worden seien. Bis zum 28. Juli 1915 hatten praktisch alle Armenier Erzurum verlassen. Ausgenommen waren rund 20 Handwerkerfamilien, die für die Regierung arbeiteten, sowie etwa 50 unverheiratete armenische Maurer, die aus den Grabsteinen des armenischen Friedhofs ein Klubhaus für ihre Henker errichteten. Sie wurden erst im Februar 1916 nach Ersindschan geschickt, dort eingekerkert und erschossen.

Eine andere alte armenische Stadt war Kharput, in der nunmehr schwer mitgenommene Deportiertenzüge ankamen. »Einen jammervolleren Anblick«, schrieb US-Konsul Davis, »kann man sich schlechthin nicht vorstellen.« Als Davis sie beim Empfang der kärglichen Rationen beobachtete, befand er, »wilde Tiere hätten nicht gieriger sein können«. Der Konsul wunderte sich, »warum all die Leute nach hier gebracht werden, um dann in dieser Provinz abgeschlachtet zu werden«. Die schwedische Schwester Alma Johansson nannte Kharput »den Friedhof der Armenier«. »Die Leichname lagen wie Kot auf der Gasse herum«, berichtete Katharina Mader, die deutsche Leiterin des Mädchenwaisenhauses in Mesereh, der Unterstadt von Kharput, und ihre Kollegin Klara Pfeiffer ergänzte: »Oft wurden ganze Herden von Ausgewiesenen direkt auf dem Friedhof eingeschlossen. Tag und Nacht mußten sie zwischen den Gräbern zubringen, bis der Tod ihrem Elend ein Ende machte.«

Auschwitz im kleinen und für Kleine
Leiden und Tod der Kinder

Am meisten erschütterte die Zeugen das Schicksal der Kinder. Viele Acht- oder Neunjährige, so die Amerikanerin Kate E. Ainslie, irrten auf den Straßen herum, obgleich sie sich »vor Müdigkeit kaum auf den Beinen halten konnten. Dabei trugen sie noch ihre kleine Schwester oder ihren kleinen Bruder, weil die Mütter ihnen, als die Soldaten sie wegführten, noch zugerufen hatten: ›Paßt auf das Baby auf und verlaßt es nie.‹«

»Manche Mütter ließen ihre Kinder mit etwas Nahrung am Straßenrand zurück«, berichtete Kate Ainslie, »um sich mehr um die anderen kümmern zu können. Oft hörte man die verzweifelten Schreie: ›Wollen Sie nicht meine Tochter nehmen, um sie vor den Schrecken der Straße zu bewahren? Sie ist in Ihren Schulen erzogen worden. Sie können sie retten, wenn Sie sie nehmen.‹ Oder ›Nehmen Sie mein Kleines, meinen Liebling! Wie kann ich mich jeden Tag so dahinschleppen über Felsen und durch brennenden Wüstensand und dabei meinen Liebling noch tragen und ernähren?‹« Wenn ihnen jemand helfen wollte, riskierte er sein eigenes Leben. »Ich sah«, schrieb die Engländerin Frearson, »wie eine alte Frau geschlagen wurde, weil sie versuchte, Wasser für ein krankes Kind zu besorgen.«

Hunderte von Kindern, berichtete der amerikanische Konsul von Mersin, Nathan, »werden ständig von ihren Eltern verlassen, weil die es nicht mehr ertragen, sie leiden zu sehen oder nicht mehr die Kraft haben, sie zu bewachen. Viele werden zurückgelassen.« »Mitten im Weg« fand die deutsche Krankenschwester Paula Schäfer »wenige Wochen alte Babys nackt im Straßenstaub, noch lebend! Auch unter den Sträuchern lagen sie und schrien vor Hunger und Durst.«

Auf der Bagdadbahnfahrt in den Osten, berichtete die Amerikanerin Harlowe Birge, hätten Armenierinnen mehrere Babys in Flüsse geworfen, weil sie das Jammern ihrer Kleinen nach Nahrungsmittel nicht mehr ertragen konnten. Eine Frau hätte im Waggon Zwillinge zur Welt gebracht, dann erst ihre Kinder in den Fluß geworfen und sich selbst hinterhergestürzt.

»Ein besonderer Kummer«, so ein anderer Zeuge, »war, daß die Armenier unterwegs ihre Toten nicht beerdigen konnten.« Viele Mütter hätten ihre toten Kinder tagelang auf dem Rücken mitgeschleppt, »in der Hoffnung, sie irgendwo bestatten zu können und nicht Hunden und Geiern zu überlassen«.

In Trapezunt sollen insgesamt etwa 3000 armenische Kinder umgebracht worden sein. Viele hätten sich auf den Booten befunden, mit denen die Armenier auf offene See gebracht und dort ertränkt wurden, meldeten die Amerikaner. Was sie nicht wissen konnten, brachte erst ein Nachkriegsprozeß an den Tag: Kinder wurden auf Anordnung des für die Gesundheit zuständigen türkischen Arztes Saib mit vergiftetem Milchpulver umgebracht oder im Keller des Rotkreuzkrankenhauses vergast. Türkische Frauen hatten sie in die Gaskammern gebracht, angeblich, um sie zu desinfizieren. Dann hätten die Kinder kurz geschrien, und alsbald sei Ruhe eingekehrt, berichteten türkische Zeugen. Ihre schwarzgefärbten Leichname seien sodann in Körben im Meer versenkt worden – Auschwitz im kleinen und für Kleine.

Auf andere grausige Funde waren die Europäer in der mesopotamischen Wüste gestoßen. Nach der Schilderung des deutschen Konsuls von Mossul, so der Lehrer Martin Niepage, lagen auf manchen Wegstrecken von Mossul nach Aleppo »soviel abgehackte Kinderhände, daß man die Straße damit hätte pflastern können«. Auch Armin T. Wegner war über Straßen gekommen »bedeckt mit abgehackten Kinderhänden, die sie flehentlich zu ihren Peinigern erhoben hatten«. Im deutschen Hospital von Urfa läge eine kleines Mädchen, schrieb Niepage, dem beide Hände abgehackt worden seien. Vielleicht, vermutet der armenische Arzt Armenag S. Baronigian, »damit sie sich nicht rächen können«.

Siebenjährige auf die schamloseste Art vergewaltigt
Das Schicksal der Frauen und Mädchen

Kriege waren immer und überall Leidenszeiten für Frauen. »Jeder Deportiertenzug brachte uns neue Schreckensberichte«, schrieb die Britin Frearson, »von ganz wenigen abgesehen, wurden die jungen Frauen und Mädchen entführt, viele von ihnen entehrt, andere brutal behandelt.« Sie seien alle »vogelfrei« gewesen, schrieb der Schweizer Künzler und hätten nur Rettung finden können, »solange die Trecks noch über Geld verfügten, denn Geld war auch dem Wüstling noch lieber als Fleisch«. Mütter hätten all ihr Geld ausgegeben, berichtete die Amerikanerin Wallis, »nur um ihre Töchter vor Vergewaltigungen zu retten, aber das reichte nur für eine bestimmte Strecke«.

In Urfa hatten die türkischen Machthaber die Kirche in ein Bordell umfunktioniert, in das sie die armenischen Flüchtlingsfrauen trieben. »Von den Nachbarhäusern aus war zu sehen«, schrieb der deutsche Waisenhausleiter Bruno Eckart, »wie Stadttürken die schönsten Frauen und Mädchen aussuchten und sie nachts in ihre Häuser schleppten.« Aus dem Zimmer des – inzwischen ermordeten – Bischofs seien des Nachts oft gellende Schreie gedrungen.

In der Schlucht von Bogas Kemin in der Nähe der Stadt Yozgat wurden, wie ein türkischer Beamter nach dem Krieg aussagte, »300 junge Frauen, siebenjährige Mädchen eingeschlossen, von den Gendarmen auf die schamloseste Art vergewaltigt«. Die türkischen Männer hätten sich »grausamer als wilde Tiere« benommen, schrieb Theodore A. Elmer.

Schon vor der Abreise waren vielerorts die schönsten Mädchen für die Vergnügungen der Organisatoren zurückgehalten worden. In Trapezunt machte der Gouverneur Dschemal Asmi nicht nur ausgesucht hübsche Armenierinnen seinen Chefs in Konstantinopel zum Geschenk, sondern holte sich, nach dem Zeugnis des türkischen Warenhändlers Mehmet Ali, auch 15 junge Armenierinnen aus dem Rotkreuzkrankenhaus der Stadt, wo der Gouverneur auch sonst »seine Wollust und sexuelle Gier befriedigte«, wie Zollinspektor Besim nach dem Krieg zu Protokoll gab. Das Gericht stellte ferner fest, daß besonders »jungfräuliche Armenierinnen unter Anwendung vielfältiger Folter vergewaltigt« wurden.

Europäer in Aleppo hätten manches armenische Mädchen gerettet, indem sie »die Unglücklichen für wenige Mark dem türkischen Soldaten abgekauft hatten, der sie zuletzt geschändet«, schrieb Lehrer Martin Niepage. »Alle diese Mädchen sind wie geistesgestört«, so Niepage, »viele hatten zusehen müssen, wie die Türken ihren Eltern die Hälse durchschnitten. Ich kenne solche armen Geschöpfe, aus denen monatelang kein Wort herauszubringen ist.« Der deutsche Lehrer berichtete von einer 14jährigen Armenierin, die von einem deutschen Bagdadbahn-Magazinverwalter aufgenommen worden sei: »Das Kind war von türkischen Soldaten in einer Nacht so oft genotzüchtigt worden, daß es vollständig den Verstand verloren hatte. Ich sah, wie es sich mit heißen Lippen im Wahnsinn auf seinem Kissen herumwälzte, und konnte ihm nur mit Mühe Wasser zu trinken geben.«

Viele Armenierinnen überstanden die sexuellen Torturen nicht. »Die Räuber fügten den jungen Frauen und Mädchen die grausamsten Dinge zu, und deren Schreie drangen bis in den Himmel«, erzählte eine Armenierin aus Bayburt. Unterwegs hätten die verstümmelten Leichen der Mädchen und Kinder alle Deportierten erzittern lassen. Der deutsche Beamte Greif von der Bagdadbahn berichtet, daß am Bahndamm bei Tell Abiyad und Ras-ul-Ain »geschändete Frauenleichen massenhaft nackt herumlagen. Vielen von ihnen hatte man Knüttel in den After hineingetrieben.«

Aus Aleppo, berichtete die Amerikanerin Wallis, habe einer geschrieben: »Ertränkt lieber die Mädchen, als sie nach hier kommen zu lassen.« So versuchten viele armenische Frauen, durch Freitod der Schmach zu entgehen. »Die Leiterin der Mädchenschule in Mersowan, Frau Willard, dachte sogar einen Augenblick daran«, schrieb Schulleiter Elmer, »die jungen Armenierinnen im Garten der Schule zu erschießen, um sie nicht diesen Wüstlingen ausliefern zu müssen.« Einige der jungen Mädchen hätten sich Gift eingesteckt, berichtete die Amerikanerin Holt, mehrere »stürzten sich in Flüsse, um der Schande zu entgehen«, so die Amerikanerin Ainslie, »aber andere unterwarfen sich, um ihre Kinder zu retten«.

Selbst schwangere Frauen konnten nur selten Mitleid erwarten. »Sie wurden mit Peitschenhieben vorangetrieben«, erzählte der amerikanische Arzt Fred Shepard, »einige von ihnen gebaren unterwegs, wurden aber von ihren rauhen Wächtern sofort zum Weitergehen getrieben und verbluteten.« In der Nähe von Aintab, berichtete der deutsche Ingenieur Ernst Pieper, »bekam eine Frau nachts Zwillinge, am Morgen mußte sie weiter. Die Kinder mußte sie bald unter einem Busch liegenlassen, und etwas später brach sie selbst zusammen. Eine andere kam während des Marsches nieder, mußte sofort weiter und brach auch tot zusammen.«

»In einem Fall ist mir allerdings bekannt geworden«, berichtete Shepard, »daß die Wächter ein menschliches Herz zeigten, den gebärenden Frauen einige Stunden Ruhe gönnten und ihnen dann für die Weiterfahrt einen Wagen zur Verfügung stellten.« Von einem anderen Fall – relativer – Menschlichkeit erzählte M. W. Frearson. Nach dem Befehl zum Aufbruch habe der Gendarm eine Frau, die in der Nacht niedergekommen war, erst mit Peitschenhieben vorangetrieben. Als eine armenische Krankenschwester daraufhin protestierte und einen Wagen für die Wöchnerin verlangte, habe der Gendarm einen Alten von seinem Esel gestoßen und die Frau daraufgesetzt. Sie sei aber noch vor Verlassen der Stadt gestorben.

»Was schön war unter Kindern und Mädchen, haben sich die Türken schon ausgewählt«, schrieb der Kharputer US-Konsul Davis, »sie werden als Sklaven zu gelten haben, wenn sie nicht noch zu Schlimmerem benutzt werden.«

In den Monaten der Deportationen blühten besonders in der Osttürkei längst vergessen geglaubte Sklavenmärkte. Die Frauen und Mädchen ihres Trosses, so eine junge Armenierin, mußten sich »vor dem Bürgermeisteramt jeder Stadt aufstellen, durch das wir zogen. Sodann hat man den Dorfbewohnern der Umgebung mitgeteilt, daß jeder sich bedienen könnte.«

»Viele Türken«, schrieben die Schwestern von Wedel-Jarlsberg und Elvers aus Ersindschan, »kamen geritten und holten sich Kinder oder junge Mädchen. Hier war es der reine Sklavenmarkt, nur daß nichts gezahlt wurde.« Oder sehr wenig. Einmal gingen zwei Mädchen für etwa vier Mark weg, ein andermal für ein Schaf. Die dänische Schwester Karen Jeppe: »Der Preis für einen Knaben war eine Handvoll Tabak.«

Die Türken hatten eigene Ärzte abgestellt, berichtete US-Konsul Davis, »um die Mädchen, die ihnen gefielen, zu untersuchen«. Was aus diesen Mädchen, unschuldig sicherlich und vor allem gesund, nach vier Jahren geworden war, das beschrieb ein Landsmann von Davis, der von US-Präsident Wilson auf Erkundung durch das Osmanische Reich geschickte amerikanische Generalmajor James G. Harbord: »Verstümmelung, Vergewaltigung, Folter und Tod haben ihre beklemmenden Spuren in hundert schönen armenischen Tälern hinterlassen, Frauen und Kinder sind mit Geschlechtskrankheiten infiziert«, kurzum: »ein Schrei des Elends, Nachwirkungen einer hemmungslosen und bestialischen Brutalität«.

Besonders erschüttert war Harbord über den Bericht von etwa 150 »sogenannten Bräuten«. »Viele von ihnen waren nichts anderes als Kinder«, schrieb er, »und die Geschichten der Behandlung dieser Mädchen im zarten Alter wäre in jedem anderen Teil der Welt als völlig unglaubwürdig« abgetan worden.

Etwa 100 000 Armenierinnen wurden, nach dem Bericht des Völkerbunds, in die türkischen Harems gesteckt oder mußten Türken oder Kurden heiraten. Nur eine Minderheit von ihnen tauchte nach dem Krieg wieder auf.

Unersättliche Habgier der Türken
Die Bereicherungen

Deportation und Tötung der Armenier führten im ganzen Land zu einer Welle von Enteignungen, Erpressungen und Diebstählen. An ihnen beteiligten sich nicht nur die Räuber, die überall den durchziehenden Armeniern auflauerten, sondern auch Bauern und Beamte, Soldaten und Schergen der Vernichtungsaktion, Politiker und Parteifunktionäre. Ob Gauner oder Gouverneur, jeder versuchte, auf Kosten der Armenier reich zu werden.

In Trapezunt wurden beispielsweise alle Wertsachen der Armenier in Lagerräume gebracht, »um die Schulden der Armenier zu bezahlen«, wie die boshafte Begründung hieß. »Wie eine Schar Geier«, schrieb der amerikanische Konsul Oskar Heizer, hätten türkische Frauen und Kinder die Raubaktion begleitet, »um sofort alles an sich zu bringen, was sie greifen konnten«. Aber auch die offiziellen Stellen machten mit. Der deutsche Unteroffizier Carl Schlimme, meldete sein Chef, Oberstleutnant Stange, habe »selbst in Trapezunt gesehen, wie Polizeimannschaften den an der Polizeiwache vorüberziehenden Armeniern ihre ärmlichen Bündel abnahmen«. »Beamte und Polizeiorgane«, so der deutsche Konsul Heinrich Bergfeld, »bereichern sich bei der Räumung der armenischen Häuser auf das schamloseste.«

In vielen Städten durften die Armenier vor ihrer Deportation Sachen verkaufen, worauf sich die Straßen füllten von »Türken aus den benachbarten Dörfern, die auf ein gutes Geschäft erpicht waren«, wie Lepsius schrieb. Frau Christie, die Ehefrau des dortigen amerikanischen Schuldirektors, berichtete aus Tarsus, »die Straßen seien voller moslemischer Frauen gewesen, die alles kaufen und mit Gewalt in die Häuser jener Armenier eindringen, die nichts verkaufen wollten«.

Und selbst wenn sie bezahlten, war es ein Spottpreis, etwa ein Zehntel des wirklichen Wertes, wie Lepsius meint, oft noch weniger. So kostete beispielsweise eine Ziege nur etwa 90 Pfennige, große kupferne Kasserollen und Behälter wurden für ein Stück Brot verkauft. Eine ihm bekannte Armenierin, berichtete ein deutscher Beamter der Bagdadbahn, habe ihre 90 Schafe für den Preis eines Schafs verkaufen müssen.

»Bis eines Tages zwei Juden erschienen und bessere Preise bezahlten«, wie M. W. Frearson meldete. Aber nach drei Tagen seien sie ins Gefängnis geworfen worden, »damit die Türken weiterhin alles zu billigeren Preisen kaufen konnten«.

Als die ersten Armenier deportiert wurden, schrieb die Engländerin Frearson, sei ihnen gesagt worden, es sei nur für kurze Zeit und sie könnten alles in ihren Häusern lassen, die versiegelt würden. Kaum waren sie draußen, gingen die Häuser der Armen an die einheimischen Türken. »Die besten Häuser«, schrieb die Amerikanerin Gage, »wurden sofort von türkischen Beamten in Besitz genommen.«

Wie der Präsident der Osmanischen Bank in Angora der Amerikanerin Gage erzählte, hätten sich die Armenier beim Magistrat melden müssen, der ihnen bestätigte, »daß sie ihr Haus einem Moslem verkauft hätten«. Dann sei ihnen ein Bündel Geldscheine aushändigt worden. Direkt vor der Tür hätten Polizisten ihnen das Geld gleich wieder abgenommen und zurück ins Amt gebracht, das somit »Hunderte von Malen mit dem gleichen Geld den gleichen Schwindel durchführen konnte«.

Auf ihren Deportationszügen konnten die Armenier Hilfe nur erwarten, solange sie zahlen konnten, ob für einen schattigen Baum oder die Benutzung eines Brunnens. Weil sie ihr Geld zumeist in ihrer Habe versteckt hatten, mußten sie die oft am Wegesrand zurücklassen. Die Gendarmen trösteten die Deportierten, die Sachen würden nachgeschickt, »aber wir wußten«, bezeugte M. W. Frearson, »daß die Gendarmen sie meistbietend verkauften.« Hatten sich die Armenier Eselstreiber gemietet, was in einigen Fällen möglich war, brachten die, wie ein deutscher Bagdadbahn-Beamter beobachtet hatte, »diejenigen Lasttiere, in deren Gepäck sie Geld oder wertvollere Sachen vermuteten, direkt in ihre Dörfer«.

Die Stehlereien beschäftigten auch die türkische Armee. In einem Telegramm der in Kayseri stationierten XV. Division an die V. Armee ist die Rede von »Ausplünderungen ohne Gnade«, an denen »Gendarmen, Tscherkessen und eine große Zahl Moslems teilnimmt. Der Fiskus hat dadurch große Einbußen.«

»Ich sah auch zwei arme alte Frauen, die keine Haare mehr auf dem Kopf hatten«, berichtete Pierre Briquet, Mitglied des amerikanischen St. Pauls Institute in Tarsus, »sie waren einst reiche Frauen, aber weil sie nichts mitnehmen durften, versteckten sie fünf oder sechs Goldstücke in ihren Haaren. Aber während des Marsches sah ein Gendarm das Metall in der Sonne blitzen und verlor seine Zeit nicht mit langem Suchen, sondern riß den alten Frauen einfach die Haare runter.« Sie hatten noch Glück. »Oft ritt ein Gendarm neben irgendeiner Unglücklichen her, drohte und schlug mit der Peitsche«, bezeugte der Deutsche Bruno Eckart, »wenn sie kein Geld herausgab, erschoß er sie vom Pferde herunter.«

Der Präsident der Osmanischen Bank in Angora hatte der Amerikanerin Gage Banknoten gezeigt, die voller Blut und von einem Messer durchstochen gewesen seien. Der Rand des Durchstichs sei ebenfalls mit Blut getränkt gewesen. All diese Billetts hätten türkische Offiziere eingelöst, die die Tötung der armenischen Männer Angoras durch Metzger und Gerber am Fluß Assi Yozgat überwacht hatten.

Nicht nur Offiziere bereicherten sich, sondern auch höchste Regierungsbeamte. Den reicheren Armeniern in Der-es-Sor, schrieb Bruno Eckart, habe der Regierungspräsident »besseres Land und größeren Besitz versprochen« und sie damit zum Weitergehen überredet. Er selbst begleitete »die nichts Böses ahnenden Opfer seiner Habgier zur Richtstätte, wo Gendarmen und Tscherkessen das blutige Werk vollbrachten. Während er sich alles bare Geld und die Wertsachen der Ermordeten aushändigen ließ, schleppten die Mordbuben die übrige Habe in ihre Häuser. Die Hütten der Tscherkessen waren, wie ich selbst gesehen habe, mit armenischen Gütern angefüllt. Wie überall im türkischen Reich waren auch hier die Armenier der unersättlichen türkischen Habgier zum Opfer gefallen.«

Meist machten es sich die höheren Beamten leichter. Auf Fürsprache eines türkischen Freundes hatten die Amerikaner in Mersowan anfangs durchgesetzt, daß die armenischen Lehrer und die im Internat wohnenden Schüler der amerikanischen Schule in den Räumen der Mission bleiben durften. Die Milde berechnete ihnen der zuständige Beamte mit umgerechnet 5000 Mark. Eine dauernde Befreiung von Deportationen stellte er in Aussicht, wenn die Amerikaner nochmals die gleiche Summe auf den Tisch legten, doch die durchschauten die Absicht. Im Ort Tokat zahlten die Armenier dem Regierungspräsidenten 1600 türkische Pfund (umgerechnet 30 000 Mark) und wurden trotzdem vertrieben.

Auch Deutsche bereicherten sich an den deportierten Armeniern, berichtete Elmer: »Auf meinem Weg nach Konstantinopel habe ich mindestens 50 000 Deportierte gesehen, die wie die Schafe in Eisenbahnwaggons gepfercht wurden. Die Funktionäre der deutschen Eisenbahn handelten im Einvernehmen mit den korrupten Beamten der türkischen Regierung, um aus diesen unglücklichen Massen alles Geld zu pressen, was nur irgendwie möglich war.« Noch schlimmer trieben es die deutschen Militärs. Der österreichische Konsul in Aleppo, Alois Graf Dandini de Sylva, konstatierte ein »schwunghaft betriebenes Geschäft« der deutschen Offiziere mit Gold, Uhren, Wertpapieren, Juwelen und sonstigen Waren, die offensichtlich aus dem Besitz vertriebener Armenier stammten.

Besonders die regierende Partei der Jungtürken, schrieb der österreichische Militärattaché in Konstantinopel, der Pole Joseph (Józef) Pomiankowski, sei »von einem förmlichen Bereicherungstaumel ergriffen. Es war geradezu die Parole ausgegeben worden, daß es patriotische Pflicht der Mohammedaner sei, sich während des Krieges auf Kosten der Andersgläubigen zu bereichern.«

Und auch Lepsius schrieb nach seiner Reise im Herbst 1915 nach Konstantinopel, die deutschen Kaufleute in der osmanischen Metropole meinten, die Jungtürken seien »nur von dem einen Gedanken beseelt, die Kriegszeit in der schamlosesten Weise zu ihrer eigenen Bereicherung auszubeuten«. Die Ereignisse hätten diesen trüben Prophezeiungen recht gegeben.

Als der für die Deportationen in Mesopotamien verantwortliche Seki Bey im November 1916 nach Konstantinopel zurückkehrte, brachte er »mehrere Eisenkisten mit Zehntausenden von Goldstücken aus der Ausplünderung der Armenier mit«, wie ein Gericht nach dem Krieg feststellte. Einer, der selbst abkassierte, schrieb von dem hohen Funktionär Ajub Sabri: »Er gebraucht all seine Energie, um zu töten und zu stehlen. Er hat ein riesiges Vermögen angesammelt.«

Nur die Armenier, die über sehr, sehr viel Geld verfügten, konnten sich ihr Leben erkaufen. Bischof Krikoris Balakian berichtete, daß nur deshalb ein Teil seiner Gruppe von 16 Armeniern überleben konnte, weil sie über fast 300 000 Mark verfügten. »Wir hofften, alles, was wir nicht mit anderen Mitteln machen konnten, würden wir mit Gold machen können«, sagte Balakian vor dem Berliner Schwurgericht, »und wir haben uns nicht geirrt. Wenn ich hier lebendig vor ihnen stehe, so wegen des Bakschisch.«

Ehre verteidigt
Die Zwangsislamisierungen

Kämpfe gegen Minderheiten waren im Orient oft Kämpfe gegen die Religion der Minderheit. Schon bei früheren Massakern hatten sich Armenier retten können, indem sie zum Islam übertraten.

Von den Mullahs dazu aufgefordert, versuchten auch 1915 viele Armenier, ihr Leben durch Übertritt zum Islam zu retten. Manchmal wurde einzelnen armenischen Familien erlaubt, in rein moslemische Dörfer umzuziehen und dort zu konvertieren. Oft jedoch traf der Wunsch auf Religionswechsel auf Widerstand. Im Ort Hadschin, berichtete ein deutscher Missionar, seien sechs Familien zum Übertritt bereit gewesen, bekamen aber zur Antwort, »es müßten sich mindestens 100 Familien dazu bereit finden«.

Besonders zahlreich waren die Wünsche zum Übertritt in der Provinz Sivas. Allein in der Stadt Mersowan sollen es 1000 Familien versucht haben. Allerdings hatte der Regierungspräsident angekündigt, daß sie nur für den Augenblick in Sicherheit seien, so ein amerikanischer Zeuge, »er werde sie schon noch kriegen«.

Einige dieser Konvertiten halfen, um ihren Eifer zu beweisen, den Henkern ihrer Landsleute. »Einer unserer Schüler, der Sohn des reichsten Mannes vom Platz«, schrieb Schulleiter Elmer, »war konvertiert und erschien am Tag der Deportation unserer Lehrer und Schüler vor der Tür unserer Schule. Er machte die Gendarmen darauf aufmerksam, daß einer der jungen Leute, ein Klassenkamerad von ihm, fehlte. Die Gendarmen kehrten erneut zurück und entdeckten ihn.«

Wie mit dem Leben versuchten die Türken auch mit dem Glauben der Armenier Geld zu machen. Allein in der Stadt Mersowan, schätzte Elmer, mußten die Armenier insgesamt

20 000 türkische Pfund (etwa 360 000 Mark) aufbringen, um den Islam annehmen zu dürfen. Obgleich »die Frauen all ihren Schmuck den türkischen Beamtenfrauen geschenkt hatten«, schrieb die Amerikanerin Gage, seien von den 1000 Familien nur wenige akzeptiert worden. Insbesondere die Schwiegermütter, »die einen Einfluß in diesem Land haben, gingen zum Gouverneur und riefen: ›Um unser Leben zu retten, haben wir all unsere Perlenkolliers Ihrer Frau gegeben. Wir haben Euch unsere Seelen verkauft, jetzt verlangt Ihr unser Leben. Wir werden nicht gehen.‹«

Eine Armenierin sei auf einen Karren gestiegen und habe alle Koranverse rezitiert, die sie inzwischen gelernt hatte, trotzdem wurde sie deportiert. Denn sie hatte nur Söhne. Die Polizei hatte aber Befehl erhalten, alle Mütter von Jungen zu deportieren, ganz gleich, wie alt die Kinder waren. Das betraf etwa 300 bis 400 Frauen, die an etwa 60 Ochsenkarren gebunden wurden und losziehen mußten. »Schon auf den Bergen hinter der Stadt wurden sie alle getötet«, berichtete die Amerikanerin.

Im allgemeinen erlaubten die türkischen Behörden nur Frauen und jungen Mädchen, den Islam anzunehmen. Nur als Msleminnen durften sie türkische Männer heiraten. In der Stadt Gemerek zwischen Kayseri und Sivas wurden, nach dem Zeugnis der Schwestern von Wedel-Jarlsberg und Elvers, »30 der hübschesten Mädchen zusammengeholt, und man sagte ihnen: ›Entweder ihr werdet Moslems oder ihr sterbt.‹ Dann wollten sie sterben, antworteten die Armenierinnen. Daraufhin gab der Wali von Sivas die Weisung, diese tapferen Bekennerinnen, von denen viele in amerikanischen Schulen erzogen worden sind, an Moslems zu verteilen.«

In der Nähe von Mersowan wurden die deportierten Armenierinnen eine Stunde von der Stadt entfernt in ein armenisches Kloster geführt. Türken versammelten sich dort, um Frauen und junge Mädchen, die zum Islam übertreten würden, in ihre Harems aufzunehmen. Auch in Kharput wurden Frauen nur dann von der Deportation ausgenommen, wenn sie einen Moslem beibrachten, der sie ehelichte.

Vielen Armeniern, die um eine Konvertierung baten, berichtete Niepage, hätten türkische Beamte aber geantwortet: »Die Religion ist kein Spielzeug«, und daraufhin die Bittsteller töten lassen. Auf Anraten des religiösen Lehrers waren die Armenier des Ortes Karabejek zum Islam konvertiert. Auf Anordnung des Regierungspräsidenten von Yozgat, Mehmed Kemal, sollten sie dennoch deportiert werden. Daraufhin stellte sich der islamische Geistliche gegen den Spitzenbeamten und erinnerte ihn daran, daß Töten ein Verstoß gegen die Gesetze des Islam sei. Kemals Antwort: »Sie haben sie nach der Scharia zum Islam konvertiert, ich werde sie meiner Politik folgend verschwinden lassen.«

Doch die meisten Armenier hatten sich ohnehin gewehrt, zum Islam überzutreten. »Oftmals hat man uns vorgeschlagen oder uns zwingen wollen, den Islam anzunehmen«, berichtete die Armenierin Maritza Kedschedschian. »Wir haben geantwortet, daß wir uns lieber ins Wasser stürzen und sterben wollen.« Auch der Absolventin des amerikanischen Colleges von Mersowan, Fräulein Sirpuhi, der Tochter des Geistlichen Tufendschian aus dem Dorf Herek, wurde das Angebot gemacht, zum Islam überzutreten und einen Türken zu heiraten. Die Armenierin antwortete, daß es ein Verbrechen sei, ihren Vater zu töten und ihr gleichzeitig vorzuschlagen, einen Türken zu heiraten. Sie hätte nichts gemein mit einem Mördervolk, das keinen Gott kenne. Zusammen mit 17 weiteren Mädchen, die sich ebenfalls weigerten, zum Islam überzutreten, wurde sie vergewaltigt und anschließend getötet.

Die Deportation und Islamisierung brachte den Moslems nicht nur neue Gläubige, sondern auch neue Gotteshäuser ein, weil nahezu alle armenischen Kirchen in Moscheen umgewandelt wurden. Die von den Amerikanern unterhaltene Kirche von Karahissar hatten die Türken in die »Moschee der Geduld« umgewandelt und diesen Namen damit begründet, daß sie so lange darauf hatten warten müssen.

Buchstäblich die Hölle durchquert
Die Vernichtungslager

Aleppo war die größte und bedeutendste Stadt im Südosten Kleinasiens. Obgleich dort kaum Armenier siedelten, wurde die nordsyrische Metropole für viele Armenier zur Schicksalsstadt – als zeitweiliger Zufluchtsort und als Durchgangsstation auf dem Weg in die mesopotamische Wüste oder in die südlichen Regionen Syriens.

Insgesamt hat wohl eine halbe Million Armenier Aleppo erreicht und durchquert – eine Ansammlung zerlumpter, verhungerter, von Flecktyphus und Ruhr geschwächter Kinder, alter Frauen und Greise. »Unsere Kleider waren verfault, und wir waren durch all die Leiden fast wahnsinnig geworden«, berichtete Maritza Kedschedschian, »viele wußten, als man ihnen neue Kleider reichte, nicht mehr, wie sie die anziehen sollten. Als sie das erste Mal wieder badeten und sich von allem Schmutz reinigten, bemerkten viele, daß sie die Haare verloren hatten.«

Nur »die alten, häßlichen und ganz kleinen« armenischen Deportierten seien in der syrischen Großstadt angekommen, schrieb der deutsche Oberlehrer Martin Niepage. Seiner Realschule direkt gegenüber lag eine alte Karawanserei, in der etwa 400 »ausgemergelte Gestalten« vegetierten, darunter etwa 100 Kinder zwischen fünf und sieben Jahren. »Tritt man in den Hof«, schrieb Niepage, »so hat man den Eindruck, in ein Irrenhaus zu kommen. Bringt man ihnen Nahrung, so merkt man, daß sie das Essen verlernt haben. Der durch monatelangen Hunger geschwächte Magen vermag keine Speise mehr aufzunehmen. Gibt man ihnen Brot, so legen sie es gleichgültig beiseite. Sie liegen still da und warten auf ihren Tod.«

»Seit dem 1. August (1915) sind etwa 20 000 Deportierte angekommen«, meldete der amerikanische Konsul in Aleppo, Jesse Jackson, »die Züge werden weiter gen Süden geschickt, wo ihre menschliche Ladung unter Arabern und Drusen verteilt wird.«

Für jeden der in Hama südlich von Aleppo kampierenden Armenier stellte die Verwaltung vier Pfennig für Verpflegung zur Verfügung, aber nicht etwa täglich, sondern für die beiden Monate September und Oktober 1915. So starben allein in dieser Region etwa 30 000 an Hunger und 2000 an Seuchen. Danach stellte die osmanische Regierung auch die Minimalzahlung ein. In einem Dorf der Umgebung Hamas, meldete das »Deutsche Hilfswerk«, starben wöchentlich etwa 100 Armenier.

Dabei gehörten die Flüchtlinge in Hama zu den Glücklichen, denn »man läßt sie in Ruhe«, wie die Schweizer Schwester

Beatrice Rohner berichtete, »und sie können sehen, wie sie zu ihrem Lebensunterhalte kommen«. Ähnlich erging es den Armeniern, die die syrische Kapitale Damaskus erreichten. Nach einem Bericht des amerikanischen Konsulats in Damaskus durchquerten bis August 1915 etwa 8000 bis 10 000 Deportierte die Stadt. Von Damaskus versuchten viele Armenier den Libanon zu erreichen. Denn dort war die Macht der osmanischen Herrscher sehr begrenzt. Und im Libanon hatten sich große christliche Minderheiten erhalten, bei denen Armenier Unterschlupf fanden.

Richtig schlimm, so Beatrice Rohner, war es östlich von Aleppo, wo die Überlebenden »von Ort zu Ort getrieben, ausgeraubt und mißhandelt werden«. Ingenieure der Bagdadbahn mochten nach ihrer Rückkehr von den Wüstenstädten entlang des Euphrats »tagelang nichts essen, so Entsetzliches hatten sie gesehen«, schrieb Niepage in einer Eingabe an die deutschen Parlamentarier in Berlin, die freilich völlig folgenlos blieb.

Sie sahen die Vernichtungslager in der syrischen und mesopotamischen Wüste. Ihre Orte Meskene (Maskana), Rakka, Der-es-Sor (Dayr az-Zor) am Euphrat oder Ras-ul-Ain an der heutigen Grenze zwischen der Türkei und Syrien bekamen für die Armenier einen Klang wie später etwa Majdanek, Treblinka oder Auschwitz für die Juden.

Sibirien galt in Europa als eine Landschaft des Schreckens, als der Verbannungsort schlechthin. »Was aber ist Sibirien gegen die mesopotamische Wüste?« fragte der Literat Wegner, der sie zur Zeit der Deportationen durchschritten hatte. Kein Gras, keine Bäume, kein Vieh, keine Menschen und abseits der beiden Flüsse Euphrat und Tigris kein Wasser. »Die wenigen kleinen Dörfer«, schrieb er, »reichen kaum aus, um eine Handvoll arabischer Beduinen zu ernähren, die in ihrer kümmerlichen Armut jeden Fremden als ein willkommenes Wild betrachten.« Die dort angekommenen Deportierten aber waren, nach den Worten des deutschen Pfarrers Johannes Lepsius, nur noch »ein hilfloses, dem Elend preisgegebenes Bettlervolk, das in den mesopotamischen Wüsten und Sumpfgebieten durch Hunger und Krankheit zugrunde geht«.

Von »entsetzlichen Eindrücken« sprach der amerikanische Missionar William W. Peet, der die Wüstenstraße von Aleppo nach Mossul bereiste. Wie Vieh seien die Armenier in Lagern zusammengepfercht, »ohne Schutz gegen Hitze und Kälte, beinahe ohne Kleidung, völlig unzureichend ernährt. Wer noch Kraft hat, gräbt sich in Erdlöcher ein.« Wem es gelungen sei, den Wächtern zu entkommen, sei trotzdem dem Tod geweiht. Er sei einigen begegnet, »nun waren sie von ausgehungerten Hunden umgeben, die auf die letzten Zuckungen ihres Todeskampfes warteten, um sie zu verzehren. Ich glaubte buchstäblich die Hölle zu durchqueren.«

In der Ebene von Meskene seien etwa 60 000 Armenier begraben, und unter den überlebenden Kindern wüte eine schreckliche Ruhr. Peet: »Diese unglücklichen Kleinen essen in ihrem Hunger Gras, Erde und selbst Exkremente. Ich sah unter einem Zelt auf fünf zu sechs Meter im Quadrat ungefähr 400 Kinder am Verhungern.« Frauen, die »aus dem Kot der Pferde die wenigen unverdauten Gerstenkörner raussuchten, um sie zu essen«, bot Peet Brot: »Sie zerrissen es in grauenhafter Gefräßigkeit unter Zuckungen und epileptischen Konvulsionen. Mit heiserem Geschrei und Schluchzen streckten sie mir ihre Skelette von Armen entgegen.«

»Viele Lebende warfen sich in ein Massengrab«, berichtete ein Vertrauensmann des »Deutschen Hilfswerks« aus der Meskene-Ebene, »mit der Bitte, mitbegraben zu werden, um so dem furchtbaren Leid zu entgehen.« Ein Prediger habe erzählt, daß in dem Ort Sepka »Eltern ihr Kind schlachteten und mit anderen zusammen aßen«. Auch Sterbende seien getötet worden, um aufgegessen zu werden.

Selbst der kaiserlich-deutsche Konsul in Aleppo, Walter Rößler, ein erklärter Freund der Armenier, hatte anfangs die Berichte über die Leiden der Armenier als Greuelgeschichten abgetan, schickte aber einen Beobachter den Euphrat entlang, nachdem ihm der deutsche Oberstabsarzt Schacht von einer Reise nach Bagdad aus Der-es-Sor geschrieben hatte: »Ich habe unterwegs viel Böses gesehen. Es ist schon wahr, was man erzählt hat.«

Rößlers Beobachter fand in Meskene nur noch »einen kleinen Trupp Zurückgelassener, dabei ein sitzender Toter in Verwesung, eine sterbende Frau und zwei Kranke«. An einer anderen Stelle machte er »einen riesigen menschlichen Düngerhaufen, Millionen Fliegen, eine richtige Stätte des Todes« aus.

»An diesem Unglücksort«, schrieb er, »saß verlassen ein abgehungertes Mütterlein. Sie jammerte irre nach ihren Kindern. Vielleicht ein Sonnenuntergang, dann ist sie ihrer Befreiung sicher.«

In der Wüstenstadt Der-es-Sor, wo mindestens 15 000 Armenier zusammengedrängt waren, wurden die armenischen Frauen, nach einem Bericht des amerikanischen Chirurgen Shepard, von den Arabern sehr gut behandelt, und der menschenfreundliche türkische Regierungspräsident Ali Suad Bey stellte 50 000 Pfund zur Verfügung. »Er ist wie ein Vater zu uns«, hätten die Armenier nach deutschen Missionsberichten gesagt. Als die Regierung davon erfuhr, wurde er versetzt.

Es kam der Landrat von Severek, der Tscherkesse Seki Bey, der, so der Vertrauensmann Rößlers, »schwor, keinen Armenier am Leben zu lassen. Er versammelte alle in einem riesigen Zeltlager bei Murad am Euphrat und ließ dann einen Transport nach dem anderen an den Ufern des Flusses Chabur niedermetzeln.« Nachdem sie zusammengeschossen worden waren, hätten die Schlächter »höhnisch einen Generalpardon verkündet«.

Am 9. Oktober 1916 ließ der Polizeichef von Der-es-Sor, Mustafa Sidki, einen Scheiterhaufen aus 200 großen Holzscheiten aufbauen und 200 Kanister Petroleum darauf gießen. Dann, bekundete der armenische Rechtsanwalt Sahag Mesrob, »zündete er ihn an und ließ 2000 an Händen und Armen zusammengebundene armenische Waisenkinder auf ihn werfen«.

Über »große Mengen von ausgebleichten Menschenschädeln und Gerippen, zum Teil Schädeln mit Schußlöchern« berichtete später der deutsche Hauptmann Hans-Joachim von Loeschebrand-Horn, der mit dem Unteroffizier Langenegger das Ufer des Flusses Chabur, der unterhalb von Der-es-Sor in den Euphrat mündet, gen Norden abgeritten war. »An einigen Stellen fanden wir Scheiterhaufen, ebenfalls mit menschlichen Knochen und Schädeln. Gegenüber der Kischla Scheddade (Jisr ash Shadadi) waren die größten Anhäufungen. Die Bevölkerung sprach von 12 000 Armeniern, die hier allein niedergemetzelt, erschossen und ertränkt seien.« Noch heute suchen Kinder nach Goldzähnen oder Eheringen in Gebirgsverliesen, die sie »Armeniergrotten« nennen.

In einer einzigen Woche seien in der Gegend von Der-es-Sor

60 000 Armenier umgebracht worden, teilte der amerikanische Konsul Jesse Jackson in einem Resümee im März 1918 seiner Regierung mit, insgesamt sollen dort 300 000 Armenier den Tod gefunden haben.

Ein anderes Todeslager war die Stadt Ras-ul-Ain, eine Tschetschenen-Siedlung in der mesopotamischen Wüste und damaliger Endpunkt der Bagdadbahn. Als der Deutsche Bruno Eckart im Juni 1917 als Beamter der Bagdadbahn-Gesellschaft »diese liebliche Oase« besuchte, fand er von einstmals 14 000 Armeniern, die sich bis dorthin geschleppt hatten, »nur noch einige zerlumpte Frauen, eine Schar verwahrloster Kinder und zwei armenische Töpfer« vor. Die beiden abseits in einer Lehmhütte hausenden Handwerker seien nur deshalb am Leben geblieben, »weil sie verstanden, die lebensnotwendigen Wasserkrüge herzustellen«.

Anfangs hatte der Regierungspräsident den Armeniern Bau- und Gartenland angewiesen, »und es entstanden bald ausgedehnte Gemüsegärten und eine große Karawanserei«. Dann ließ die örtliche Regierung die Armenier ein großes Krankenhaus bauen, »das sich, neben den armseligen Lehmhütten der Tscherkessen, wie ein Lustschloß« ausnahm, so Eckart, der die Tschetschenen für Tscherkessen hielt. Doch als die Bauarbeiten bis zur ersten Fensterreihe gediehen waren, seien die Armenier »in Trupps von 400 bis 500 Seelen weggeführt und zwei Stunden östlich von Ras-ul-Ain abgeschlachtet« worden. Als der Verantwortliche für die Ausrottung in Ras-ul-Ain und Der-es-Sor, Seki Bey, von einem Reporter der türkischen Zeitung *Tasfir Efkiar* gefragt wurde: »Stimmt es, daß du 10 000 Armenier umgebracht hast?«, antwortete Seki: »Ich bin ein Ehrenmann. Ich gebe mich nicht mit 10 000 zufrieden. Also geh mal höher.«

»Das letzte Ausrottungsmanöver sollte ich im Mai 1918 in Ras-ul-Ain erleben«, schrieb Bruno Eckart. Gendarmen seien bei der Bagdadbahn-Gesellschaft erschienen und hätten einen schriftlichen Befehl vorgezeigt, daß alle armenischen Handwerker der 3. Bauabteilung nach Mossul abtransportiert werden sollten. »Daraufhin drohte der deutsche Werkstattmeister mit vorgehaltener Pistole jeden niederzuschießen, der sich an seinen Arbeitern vergreifen würde.« Zwar sei gegen den Deutschen eine gerichtliche Untersuchung angestrengt worden, doch hätten die »Herren Regierungsmänner« sie verhindert, weil sie zuviel »auf dem Kerbholz hatten und ihrerseits lieber unbehelligt bleiben wollten«.

»Selbst wenn das armenische Volk jenen niedrigen Charakter hätte, dessen es seine Feinde bezichtigen«, schrieb der Augenzeuge Armin T. Wegner, »ja noch schlimmere Taten begangen hätten, als sie ihm zuschreiben, ich sage, daß selbst dann noch dieses Volk für alle Zeiten geheiligt wäre, allein durch die zermalmende Wucht des unendlichen Schmerzes, den es ertragen mußte.«

Der erste Völkermord dieses Jahrhunderts hatte bei den Betroffenen ein solches Maß an Schrecken hinterlassen, daß sie die makabersten Schlüsse zogen. Die Armenier, stellte US-Konsul Jackson aus Aleppo fest, hätten einen schnellen Tod diesen Deportationen vorgezogen. »Selbst ein organisiertes Massentöten«, habe einer der Deportierten gesagt, »wäre eine sehr viel menschlichere Maßregel gewesen.«

Tod als Befreiung, Massaker als die bessere Lösung – angesichts des Grauens, das die Armenier erlebten, konnten sie nicht ahnen, daß nur ein Vierteljahrhundert später die besten Verbündeten ihrer Schinder ein noch gigantischeres Verbrechen begehen würden, wenn denn Massenmorde dieser Größenordnung überhaupt noch zu vergleichen sind.

2
Kriminelle Gleichgültigkeit der Menschheit

Die Armenier im Osmanischen Reich

Die Armenier: Was war das für ein Volk, das jahrhundertelang noch dem schwersten Assimilierungsdruck standgehalten hatte, darin nur dem jüdischen Volk vergleichbar, und nun ausgerottet wurde? Wie war der offensichtliche Vernichtungswille der Türken zu erklären? Hatten die Armenier ihn provoziert? Hatten Fleiß und Bildung, durch die sich die Armenier überall im Osmanischen Riesenreich Machtpositionen verschafft hatten, den Neid der türkischen Herrscher hervorgerufen? Oder waren die Armenier die Fünfte Kolonne der europäischen Mächte im Orient, der christliche Stachel im islamischen Fleisch? Hatten sich die Armenier mit der Rolle der loyalen Minderheit im Vielvölkerstaat abgefunden oder planten sie unter dem Einfluß der Europäer gar einen Aufstand gegen ihre Herrscher? Was war das für ein Gespenst, das jahrzehntelang als »armenische Frage« die Kabinette Europas und Konstantinopels beschäftigte?

Selten sind die Urteile über ein Volk so unterschiedlich und widersprüchlich wie die über die Armenier. Die einen überhäuften sie mit Lob, die anderen haßten sie abgrundtief. Die einzige Konstante in ihrer Beurteilung ist ihre herausragende Rolle in der Wirtschaft. Und auch die brachte ihnen sowohl Bewunderung als auch Verachtung ein.

»Sie sind die angenehmsten Menschen, die es gibt«, lobte der französische Botanik-Professor Joseph Pitton de Tournefort die armenischen Kaufleute Ende des 17. Jahrhunderts, als er ihre Heimat bereiste, »ehrlich, höflich, verläßlich und vernünftig. Sie kümmern sich einzig und allein um ihren Handel, dem sie sich mit aller Aufmerksamkeit widmen.«

»Arbeitsam, fortschrittlich, genügsam, kernig und schwer zu assimilieren«, nannte sie der Amerikaner Stanley K. Hornbeck, der sie nach dem Völkermord für die Versailler Friedenskonferenz zu beurteilen hatte, »sie werden von anderen gehaßt und schwer verfolgt.« Paradoxerweise seien die Armenier zugleich das solideste und lästigste Element im Nahen Osten.

Als »eine ungemein kräftige, zähe, intelligente Rasse«, die ihrem Volkstum und ihrer Religion »fanatisch anhängt«, charakterisierte sie der »k.u.k. Feldmarschalleutnant und Militärbevollmächtigte in der Türkei«, wie sein offizieller Titel war, der polnisch-österreichische Militärattaché Joseph Pomiankowski, der sie jahrelang im Nahen Osten erlebte. Und Englands liberaler Premierminister William Ewart Gladstone verkündete sogar: »Armenien zu dienen heißt der Zivilisation zu dienen.«

Ganz anders Gladstones deutscher Widerpart Reichskanzler Otto Fürst von Bismarck, der die Armenier gar nicht aus eigener Anschauung kannte, über sie aber zu wissen meinte, »daß sie überhaupt kaum etwa tun, ohne pekuniären Gewinn«.

Als »eine verachtenswerte Rasse«, bezeichnete der englische General und Kommandeur der Schwarzmeerarmee, George Francis Milne, die Armenier, die er nach dem Ersten Weltkrieg zu beschützen hatte. Und sein Landsmann, der Orientpolitiker Mark Sykes, allerdings ein eingefleischter Antisemit, behauptete: »Selbst Juden haben einige gute Seiten, Armenier haben keine.«

»Die Türken haben Recht gethan, als sie die Armenier totschlugen«, schrieb der deutsche Pastor, Publizist und Politiker Friedrich Naumann, von den Liberalen als geistiger Vater verehrt, »anders kann sich der Türke vor den Armeniern nicht schützen, von denen seine Noblesse, Trägheit und Oberflächlichkeit auf das unverschämteste ausgenutzt wird. Der Armenier ist der schlechteste Mensch der Welt.«

Das älteste Christenvolk der Welt
Die Geschichte Armeniens

Die so gelobten oder gescholtenen Armenier besiedelten Kleinasien lange vor den türkischen Einwanderern. Der griechischen Historiker Herodot zählte sie zu den Phrygiern, die um 1200 v. Chr. nach Kleinasien einwanderten. Mitte des letzten

Jahrtausends v. Chr. waren sie vermutlich aus dem heutigen Anatolien in ihre Siedlungsgebiete um ihren heiligen Berg, den Ararat, gezogen, in dem einst die Urartäer siedelten. Unter dem Namen »Arminya« treten sie urkundlich erstmals im Jahre 521 v. Chr. in der Stele des Perserkönigs Darius des Großen auf, der ihren vergeblichen Aufstand gegen die Herrschaft der Achämeniden verzeichnet. In seinem Werk *Anabasis* schildert der griechische Geschichtsschreiber Xenophon, wie die Armenier im Jahr 401 v. Chr. die führerlosen griechischen Söldner auf ihrem Weg vom persischen Schlachtfeld zum Schwarzmeerhafen Trapezunt sehr freundschaftlich empfingen.

Nachdem Alexander der Große das Perserreich erobert hatte, gründete der armenische Satrap Erwand III., den die Griechen Orontes nannten, ein armenisches Königreich, das ein Jahrhundert später von den Seleukiden erobert wurde, aber unter der Herrschaft des Armeniers Artaches blieb. Neben diesem »Großarmenien« genannten Gebiet gab es ein weiteres, »Kleinarmenien« genanntes Königreich im Westen.

Als die Seleukiden den Römern unterlagen, errichteten Artaches in Großarmenien und sein Landsmann Zariades in Kleinarmenien, beide Male mit römischem Einverständnis, je ein Königreich. Die von Artaches I. gegründete Dynastie hielt sich 190 Jahre an der Macht. Seine größte Entfaltung erlebte das Königreich Armenien unter Tigran dem Großen, der sein Reich in den fünfziger Jahren v. Chr. sogar von Rom unabhängig machte. Von seiner Hauptstadt Tigranokerta (der heutigen Ruinenstätte Farkin bei Siiert südlich des Vansees; das einfache armenische Volk bezeichnet allerdings die heutige Stadt Diyarbakir als Tigranokert) aus herrschte er über ein Reich, das sich von Nordsyrien und Mesopotamien bis zum Mittelmeer und zum Kaspischen Meer erstreckte.

Im Jahr 301 n. Chr. taufte der Mönch Gregor der Erleuchtete den armenischen König Tiridates, womit die Armenier, bis dahin zum Kulturkreis Zarathustras gehörend, als erstes Staatsvolk der Welt das Christentum annahmen – ein Jahrzehnt vor den Römern. Nachdem der armenische Mönch Mesrop Maschtoz aus Taron im Jahr 404 ein modernes Alphabet aus 36 Buchstaben entwickelt hatte, übersetzten er und seine Schüler die Bibel, bis heute für die sehr frommen Armenier wahrhaft das Buch der Bücher.

Immer wieder von Persern und Byzantinern bedroht, wurde Armenien 640 von den Arabern erobert und 661 als Provinz dem Kalifat einverleibt. Aschot I. errichtete im Jahr 885 nochmals ein unabhängiges Königtum, das die Byzantiner aber 1045 zerstörten. Doch gleichzeitig rückten mit den Seldschuken erstmals Turkvölker aus dem Innern Asiens ins heutige Anatolien ein. Als die byzantinischen Truppen am 19. August 1071 den Eindringlingen in der Nähe der heutigen Stadt Malazgirt (das historische Manzikert) nördlich des Vansees unterlagen, endete die relative Unabhängigkeit der Armenier in ihren traditionellen Siedlungsgebieten. Nochmals gab es ein eigenständiges Königreich in Kilikien (in etwa mit der heutigen Provinz Adana identisch), das aber 1375 unterging. Erst am 28. Mai 1918 sollte die erste, freilich nicht lebensfähige Republik Armenien im Kaukasus ausgerufen werden, und im August 1990 die zweite, deren Schicksal jedoch so ungewiß ist wie das der Armenier im Laufe ihrer ganzen Geschichte.

Seit dem 11. Jahrhundert lebten die Armenier in Kleinasien und im Kaukasus unter Fremdherrschaft. Ihr Unglück war es, an einer der großen Einfallstraßen für asiatische Heere nach Südeuropa, Arabien und Afrika zu siedeln. Ihre Herrscher waren Mongolen und Turkmenen, Perser, Seldschuken und besonders deren Nachfolger, die Osmanen, die nach dem Fall von Byzanz am 29. Mai 1453 endgültig das Erbe des Byzantinischen Reichs antraten.

Besonders die Mongolen und die Truppen des sich als Nachfolger von Dschingis-Khan verstehenden Timur-Leng hatten viele Armenier aus ihren traditionellen Siedlungsgebieten in den Westen oder ans Mittelmeer getrieben, weshalb sie seit dem 11. Jahrhundert weit verstreut lebten. Sie siedelten im Transkaukasus, im Norden Persiens um die Stadt Täbris und den Urmiasee herum sowie im Osten Anatoliens. Dort bildeten sie in den osttürkischen Provinzen um die Städte Kars, Van und Erzurum die größte Minderheit in einem Reich, in dem kein Volk die Mehrheit hatte. In der fruchtbaren Ebene von Musch westlich des Vansees waren praktisch alle Bauern Armenier. Ihr Siedlungsgebiet zog sich im Westen bis zur Stadt Sivas hin, in der sie fast die Mehrheit bildeten, sowie nach Kilikien um die Städte Adana, Alexandrette (das heutige Iskenderun) und Aintab, wo sie einen bedeutenden Anteil der Bevölkerung stellten. In den Bergen nördlich der Stadt Marasch und südlich von Musch hielten sich sehr wehrhafte armenische Urgemeinden, die ihren halbautonomen Status bis ins 20. Jahrhundert hinüberretteten.

Aber sie waren auch weiter gen Westen gezogen, bis nach Bulgarien. In vielen westtürkischen Städten bildeten sie zum Teil einflußreiche Minderheiten, wie in Smyrna, dem heutigen Izmir, in Angora, dem heutigen Ankara, und natürlich in der osmanischen (und byzantinischen) Hauptstadt Konstantinopel.

Und schon früh waren einige von ihnen in die europäischen Länder ausgewandert und selbst nach Amerika. In Südfrankreich konzentrieren sie sich um Marseille und in den USA im Bundesstaat Kalifornien, wo sie vor wenigen Jahren sogar den Gouverneur stellten. Die armenische Diaspora war nie so bedeutend wie die jüdische, weil sich die Armenier leichter assimilierten. Wohl deshalb gab es in den Gastländern auch nie einen dem Antisemitismus vergleichbaren kollektiven Haß gegen sie, wohl aber in ihrer Heimat.

In Kleinasien bildeten die Armenier mit den ebenfalls christlichen Griechen und den moslemischen Kurden die größte ethnische Minderheit, wobei zur Zeit des Völkermords die von den Deutschen erbaute Bagdadbahn von Konstantinopel nach Aleppo die Siedlungsgebiete zwischen den Armeniern im Norden und Osten und den Griechen im Süden und Westen trennte, während sich die Siedlungsgebiete der Armenier und Kurden oft überschnitten.

Geduldig das Joch getragen
Das Milletsystem

Das Osmanische Reich erreichte den Höhepunkt seiner Ausdehnung Mitte des 17. Jahrhunderts. Es umfaßte den Norden Afrikas von Marokko bis Ägypten, große Teile der Arabischen Halbinsel bis zum Jemen und zum Persischen Golf, grenzte in Mesopotamien ans Persische Reich und schloß im Norden das Schwarze Meer ein, die »reinste aller Jungfrauen«, wie ein Sultan das Mare nostrum der Osmanen einmal nannte. In Europa schließlich waren die Osmanen bis nach Wien vorgedrungen und bis zur polnischen Grenze.

In diesem größten abend- und morgenländischen Reich seit dem Zusammenbruch des byzantinischen lebten Albaner, Serben und Walachen, Araber, Berber und Tataren, christliche, jüdische und moslemische Minderheiten, doch keines dieser Völker siedelte so sehr im Zentrum des Osmanischen Reichs wie die Armenier.

Christen spielten im Osmanischen Reich eine überragende Rolle, wenngleich weniger als Anhänger ihrer Religion denn als Renegaten, die entweder zwangsweise den Islam angenommen hatten oder aus Opportunität. Fast alle Großwesire, die Regierungschefs der Sultane, waren Renegaten, und auch in der Verwaltungsspitze verdrängten sie jahrhundertelang die Türken, denen nur die religiösen Angelegenheiten vorbehalten waren. Dieses Renegatensystem, für das sich bei uns der Ausdruck »Knabenlese« eingebürgert hat, war einer der Stützpfeiler des Osmanischen Reichs: Nach islamischem Recht standen dem Sultan ein Fünftel aller gefangenen Christen zu, die er in den besten Schulen seines Landes zu Beamten ausbilden ließ oder in die Elitetruppe der Janitscharen steckte, die Infanterie des Sultans, gegen die auch die besten europäischen Heere jahrhundertelang nichts ausrichten konnten.

Besonders Albaner, aber auch Bosniaken, Serben und Griechen bildeten den Kern dieser Renegaten, doch nur äußerst selten Armenier. Daran hinderte sie ihre gregorianische Glaubensrichtung, die keineswegs, wie die Europäer jahrhundertelang behaupteten, nur in orientalischem Ritus erstarrt war, sondern Zement war für eine Gemeinschaft, die sich auch nach katastrophalen Einfällen fremder Truppen immer wieder aufraffte. So in Van, wo Timur-Leng vom Tatarenclan der Barlas alle Armenier der Stadt die Mauern hinabstürzen, oder in Sivas, wo er mehrere Tausend von ihnen lebendig eingraben und durch seine Reiterei tottrampeln ließ.

In all den Jahrhunderten nach dem Zusammenbruch ihres Königreichs waren die Armenier zwar ein unterdrücktes Volk, aber welches Volk war zu jenen Zeiten nicht unterdrückt? Unter den Osmanen lebten die Armenier bis zum Ende des vergangenen Jahrhunderts sogar in relativer Ruhe, solange sie bereit waren, das patriarchalische Prinzip zu akzeptieren, das damals im Orient vorherrschte.

Ihr relatives Glück verdankten die Armenier einer der bedeutsamsten gesellschaftlichen Erfindungen der Osmanen: dem »Millet« genannten System der christlichen Glaubensgemeinschaften, das, so der in Wien geborene amerikanische Historiker Gustave Edmund von Grunebaum, »die grundlegende organisatorische Einheit der nichtmuslimischen Untertanen des Sultans« war.

Millet hieß im Arabischen »Religion«, doch die Osmanen nannten das Millet eine »Nation«. Jede Religionsgemeinschaft unterstand direkt ihrem religiösen Oberhaupt, dem Patriarchen, der vom Sultan bestätigt werden mußte. Er bürgte für die Erfüllung der Pflichten des Millets, in erster Linie der pünktlichen Zahlung von Steuern. Und die waren für Osmanen von großer Bedeutung, denn schon bald nach der Eroberung Konstantinopels füllten die Armenier mit jährlich etwa zwei Tonnen Gold die Kassen des Sultans. Im Gegenzug sicherte der Sultan den Millets die freie Ausübung der Religion und die Administration der geistlichen Angelegenheiten zu, ferner eine weitgehende Autonomie im Schulwesen sowie die Rechtsprechung in persönlichen Dingen wie Eheschließung, Scheidung und Erbschaftsfragen.

In seiner Größe und Bedeutung war das armenische Millet nur noch dem griechischen vergleichbar. 1863 wurde es sogar in den Status eines »Milleti Sadigha« erhoben, einer »treuen Nation«, »denn die Armenier trugen geduldig ihr Joch«, wie der österreichisch-armenische Buchautor Artem Ohandjanian schreibt.

Trotz aller Eigenständigkeit blieben die »Rajahs« (vom arabischen Wort für »Vieh«) genannten Christen im Osmanischen Reich Menschen zweiter Klasse. Sie mußten sich anders kleiden als die Moslems und waren gehalten, keinerlei Zeichen des Luxus zu zeigen. Sie durften keine teuren Pferde halten und mußten vor Moslems absteigen, »die ihnen das Pferd oft einfach fortnahmen«, wie der rumänische Historiker Nicolae Jorga schreibt. Ihre Gebäude mußten niedriger sein als die der Rechtgläubigen, und nicht nur für den Neubau von Kirchen brauchten sie eine Genehmigung, sondern auch für deren Reparatur. Sie durften keine Moslemin heiraten, während christliche Frauen als Konkubinen moslemischer Männer sehr begehrt waren.

Kam es zu Konflikten mit Moslems, dann sprach der (moslemische) Kadi (moslemisches) Recht. Und das hieß beispielsweise, daß das Zeugnis eines Christen nichts galt, wenn ein Moslem ihm widersprach. »Der Türke kam als Eroberer«, schrieb noch 1912 der deutsche Botschaftsrat Gerhard von Mutius aus Konstantinopel an den Reichskanzler in Berlin in einer Einschätzung, »die unterjochten Völker fühlen sich ihrem Beherrscher gegenüber auch heute noch fremd. Der islamische Staatsgedanke schließt die Gleichberechtigung nichtmuselmanischer Völker aus.«

Das Patriarchat eines jeden Millets (im Laufe der Zeit kamen auch andere Religionsgemeinschaften wie die Syrisch-Orthodoxen oder Abspaltungen wie die katholischen Armenier hinzu) haftete dem Sultan nicht nur für seine Herde, sondern sühnte auch für sie. Als sich die Griechen 1821 gegen die Osmanen erhoben, wurde der Patriarch nach der Ostermesse in vollem Ornat an der Pforte seiner Kirche im Konstantinopler Griechenviertel Phanar aufgehängt.

Die angebliche Toleranz der Moslems ging nie so weit, die Christen als ebenbürtig anzusehen. Zwar zählen die Moslems Christen und Juden als sogenannte »Völker des Buches« nicht zu den Heiden, sahen sie aber immer als minderwertige Gläubige an. »Giaur« war eines der häufigsten Worte für die Christen, was »Ungläubiger« heißt, in seinem täglichen Gebrauch aber mehr einer Schmähung wie »Christenhund« entspricht – und noch heute werden westliche Besucher im Osten der Türkei oft von Kindern so beschimpft.

Durch das lange Glück übermütig geworden
Armenier und Türken

Erst wenige Jahre vor ihrem Untergang durften die Armenier, wie auch die übrigen Christen im Osmanischen Reich, in der Armee dienen. Bis dahin war das Kriegshandwerk eine ureigene Domäne der Moslems, wie auch die Verwaltung, besonders die höhere. Christen zu töten, zählte viel in Allahs Augen, mit ihnen Handel zu treiben, nichts. Als der Sultan 1882 eine Handelsschule für Moslems gründete, mußte er sie kurze Zeit darauf mangels Schüler wieder schließen.

In der Wirtschaftsnische siedelten sich die Christen an, besonders Armenier und Griechen. Armenier waren in den Städten praktisch die einzigen Handwerker und beherrschten – neben Griechen, Juden und Levantinern – Handel und Geldwesen. Von der Mitte des 18. bis zum Ende des 19. Jahrhunderts stellte die armenische Familie Dusian (oder Dusoglu) fast durchgehend den Chef der osmanischen Münze, deren Bücher nur in Armenisch geführt wurden, während die Familie der Dadians bis zur Mitte des 19. Jahrhunderts fast alle Fabriken im Reich gründete und die Kawafians die Schiffswerften beherrschten. Die Armenier »waren immer zu haben«, schreibt der britische Historiker Christoffer Walker, »wenn es galt, den Fortschritt einzuführen oder etwas zu verbessern«. Aber auch Architektur und Theater waren eine Domäne der Armenier. Einer von ihnen, Krikor Balian, hatte sogar das Amt eines »Reichsarchitekten« inne.

In den Provinzen bildeten die Armenier die Mittelklasse und arbeiteten auch als Beamte in unteren Positionen, wie in den Förstereien oder später dem Postwesen. »Die Armenier«, schrieb der deutsche Publizist Paul Rohrbach zu Anfang unseres Jahrhunderts, »sind im Orient die Strebsamsten und Gelehrtesten, und haben Geld und Handel völlig in ihren Händen und eine solch seltene Energie und Ausdauer, daß es im Widerspruch steht zu dem, was man im allgemeinen hier von den Orientalen denkt.«

In der Provinz Sivas (wo die Armenier etwa ein Drittel der insgesamt halben Million Einwohner stellten) waren 1912 von 166 Großimporteuren 141 Armenier, 13 Türken und 12 Griechen. Von 37 Bankiers waren 32 Armenier und 5 Türken, von 9800 Läden und Handwerksbetrieben gehörten 6800, von 153 Fabriken 130 Armeniern, aber auch 14 000 der insgesamt 17 700 Arbeiter dieser Fabriken waren Armenier, darunter sämtliche technischen Führungskräfte.

Vor dem Ersten Weltkrieg sollen, nach Berechnungen des deutschen Armenierkenners Johannes Lepsius, 90 Prozent des osmanischen Binnenhandels, 60 Prozent aller Importe und 40 Prozent der Exporte von Armeniern abgewickelt worden seien. Aber die Händler bildeten nicht die Mehrheit dieses Volkes. Fast 90 Prozent aller Armenier trieben Ackerbau und Viehzucht oder übten handwerkliche Berufe aus. »In Van haben die Armenier 98 Prozent des Handels und 80 Prozent der Landwirtschaft in den Händen«, berichtete Rohrbach in einer vor dem Ersten Weltkrieg herausgegebenen Schrift, »die Goldschmiede, Graveure, Tischler, Schneider, Schuster, Schmiede, Schlosser, Ingenieure, Maurer und Architekten sind nur Armenier, wie auch die Ärzte, Apotheker und Advokaten.« Er habe in seiner Heimatstadt Van allerdings einen türkischen Advokaten gekannt, fügte der armenische Arzt Armenag Baronigian hinzu, »aber kein Mensch ging zu ihm«.

Ein wesentlicher Grund für die weit bessere Ausbildung der Armenier war ihre hohe Schulbildung. So gab es bereits 1903 mehr als 800 armenische Schulen mit etwa 82 000 Schülern und Schülerinnen im Vergleich zu 150 türkischen Schulen mit 17 000 Schülern. Bei Ausbruch des Ersten Weltkriegs besuchten 120 000 Armenier Volks- und Oberschulen, vergleichsweise fünfmal mehr als Türken. An europäischen, amerikanischen und russischen Universitäten studierten etwa 15 000 Armenier, aber nur wenige hundert Türken.

Von einer armenischen Kultur, »die viel älter, aber auch viel höher ist als die der Türken« sprach der kaiserlich-deutsche Vizekonsul in Erzurum, Max Erwin von Scheubner-Richter, inmitten der ersten Deportationen von 1915 in einem Telegramm an das Berliner Auswärtige Amt, wenngleich er zumindest gegen die Händlerkaste gewisse Vorbehalte hatte. »Durch ihren ausgeprägten Erwerbssinn«, schrieb er, »machen sie oft keinen angenehmen Eindruck. Der türkische Händler gibt ihnen allerdings wenig nach, ist ihnen aber in bezug auf kaufmännische Fähigkeiten weit unterlegen. Der hohe Bildungsgrad der Armenier sowohl in der Stadt wie auch auf dem Lande befähigte sie, sich mit europäischer Kultur und Technik bekannt zu machen und die Einführung derselben in ihrem Wohnsitz zu fördern.« In der dem normalen Europäer völlig unbekannten Osttürkei hielten die Armenier den Schlüssel zur Moderne in ihren Händen.

Ganz anders die Türken, die vor allem darauf bedacht waren, ihre Vorherrschaft zu konservieren. Und das hieß nach ihrem Selbstverständnis vor allem, sie militärisch zu sichern. »Wir sind ein Volk von Kriegern«, hatte noch 1991 nach dem Golfkrieg der türkische Staatschef Turgut Özal verkündet. Bis zum Niedergang ihres Imperiums waren die Osmanen nicht nur Krieger, sondern vor allem Sieger. Und die Siegermentalität grub sich tief in den türkischen Nationalcharakter ein. Sie und die islamische Überlegenheitsdoktrin sind der Hauptgrund dafür, warum jeder Osmane zweierlei Recht für gottgegeben ansieht, ein oberes Recht für sich und ein minderes für die Christen. »Das lange Glück hat dieses Volk so übermütig gemacht«, schrieb bereits Ende des 16. Jahrhunderts der flämische Gelehrte Ogier Ghislain de Busbecq, der als erster Konsul für den deutschen Kaiser (damals noch) Römischer Nation nach Konstantinopel gegangen war, »daß es nichts für unrecht hält, was es will, und nichts für recht, was es nicht will.«

Ans Siegen gewöhnt, fanden sich viele Türken nicht damit ab, daß ihnen die Europäer immer mehr Territorien abnahmen. Dabei war das Muster dieser Eroberungen immer das gleiche: Die – fast ausschließlich christliche – Bevölkerung der eroberten Gebiete stand gegen die osmanischen Herrscher auf, und die christlichen Europäer halfen ihr dabei. Die unterlegenen Türken suchten immer häufiger Sündenböcke für ihr unfaßbares Schicksal und fanden sie in Arabern, Griechen, vor allem aber in den Armeniern.

Jede Großmacht hielt sich ihre Klientel
Die Europäer

Dank ihrer besseren Technologie und militärischen Organisation eroberten die europäischen Großmächte den Orient. Sie gaben vor, den Fortschritt zu bringen, wie Napoleon, als er im Namen der Französischen Revolution, von Aufklärung und Zivilisation ins damals noch osmanische Ägypten einfiel. Andere schoben die Moral vor oder auch – ehrlicher – wirtschaftliche Gründe. Ihr Ziel war stets das gleiche: sich möglichst viel vom zerfallenden Osmanischen Reich anzueignen.

In Englands Weltschach residierte der König wie immer im Buckingham-Palast, und die Dame war bis zum Zweiten Weltkrieg die Perle des Empire: Indien. Dem sicheren Weg in die Kronkolonie galt Englands vorrangiges Interesse, und der führte übers Mittelmeer durch das osmanische Palästina oder über das Schwarze Meer zum Norden Kleinasiens, von wo aus die Armenier den Transport über Persien sicherstellten.

Frankreichs Interesse am Osmanischen Reich konzentrierte

sich auf Nordafrika, Ägypten – bis die Briten es nach der Fertigstellung des Suezkanals okkupierten, um den erheblich verkürzten Seeweg in die Kronkolonie Indien zu kontrollieren – und den Libanon, allenfalls noch Syrien. Nach dem Krieg von 1870/71 mit den Deutschen wurde der Besitz einer Kolonie in Nordafrika für die Franzosen fast zur Obsession, um den Verlust Elsaß-Lothringens auszugleichen. Die Armenier spielten für sie nur als Bewohner nordsyrischer Gebiete eine Rolle, aber nur eine winzige.

Deutschland, solange es das Heilige Römische Reich Deutscher Nation war, blickte gebannt nach Italien, Frankreich und allenfalls noch nach Spanien. Die Abwehr der Osmanen besorgten aufs beste die Ungarn, manchmal auch die Polen. Die deutschen Fürsten stellten ab und zu Soldaten bereit und manchmal auch Geld. Ansonsten begnügten sie sich damit, auf ihren Reichstagen mit besonders starken Worten die Türkengefahr zu geißeln.

Die Habsburger-Monarchie mußte sich zwangsläufig während ihrer ganzen Existenz mit den Osmanen auseinandersetzen, denn die waren stets Nachbarn Österreich-Ungarns. Zweimal wehrte Wien eine Belagerung durch die Osmanen ab, und als das Türkenreich langsam zerfiel, fraß sich die Monarchie in die europäischen Gebiete der Osmanen – wo nur wenige Armenier lebten – und stieß immer häufiger auf die Russen, die es auf die gleichen Gebiete abgesehen hatten.

Rußland hatte sich kontinuierlich gen Süden ausgedehnt und dem Osmanischen Reich Region für Region abgenommen, bis Briten und Franzosen Mitte des vergangenen Jahrhunderts im Krimkrieg die Russen besiegten, wozu die geschwächten Osmanen nicht mehr in der Lage gewesen waren. Doch das hielt die Zaren und Zarinnen nur wenige Jahrzehnte auf. Ihr Ziel war es, die Meerengen in ihre Gewalt zu bekommen, und ihr Nebenziel, übers Land ans Mittelmeer zu gelangen. Und auf diesem Landweg lag das Siedlungsgebiet der Armenier. Die Russen waren die einzigen, die sich frühzeitig für die Armenier interessierten, was nicht unbedingt hieß, für das Wohl der Armenier. Aber Rußland wurde für die Armenier zur Schicksalsmacht.

Furchtbare Invasion
Moslemische Flüchtlinge aus Rußland

Das traditionelle Siedlungsgebiet der Armenier verteilte sich auf drei Staaten: das Osmanische, Persische und Russische Reich. Während die sunnitischen Osmanen die Autorität streng handhabten, ließen die gegenüber Minderheiten toleranteren schiitischen Perser den Armeniern mehr Freiheiten. Einzig in Rußland lebten die Armenier unter ebenfalls christlich-orthodoxen Herrschern, was nicht immer zu ihrem Vorteil war.

Nach einem sechsjährigen Krieg hatte die russische Herrscherin Katharina die Große Küstenstriche des bis dahin von den Osmanen beherrschten Schwarzen Meeres erobert. Im Friedensvertrag, den beide Länder am 21. Juli 1774 in der nordostbulgarischen Stadt Kütschük-Kainardsche nach nur vier Verhandlungsstunden unterzeichneten, räumten die Osmanen den Russen das Recht ein, eine orthodoxe Kirche im Konstantinopler Stadtteil Galata zu erbauen und sich um die Mitglieder der russisch-orthodoxen Kirche zu kümmern. Ferner verpflichtete sich der Sultan, den Christen der beiden zurückerhaltenen Fürstentümer Moldau und Walachei besonderen Schutz angedeihen zu lassen.

Daraus leiteten die Russen ähnliche Rechte für die orthodoxen Christen im Osmanischen Reich ab, wie Frankreich sie durch die sogenannten Kapitulationen für seine Staatsbürger und die Katholiken im Osmanischen Reich bekommen hatte. »Sicher eine Anmaßung«, schreibt der britische Historiker Christopher J. Walker, »aber der Vertrag gab den Ton an für die Beziehungen zwischen Rußland und der Türkei bis 1914 und schrieb das Prinzip der ausländischen Einmischung ins Osmanische Reich fest.«

In den folgenden Jahrzehnten eroberten die Russen die Gebiete südlich des Kaukasus und drangen bis zur osmanischen Zitadelle Erzurum vor, die sie aber gegen Zugeständnisse des Sultans an den Nordufern des Schwarzen Meers wieder aufgaben. Immerhin kämpften erstmals Armenier auf seiten der Russen und erhielten in einem Gebiet südlich des Kaukasus weitgehende Autonomie. Ihre Landsleute aus dem Osmanischen wie dem Persischen Reich strömten in die 20 000 Quadratkilometer große »Armjanskaja oblast«, was soviel wie »armenisches Gebiet« hieß. Die Armenier im (aus Moskauer Sicht) Transkaukasus durften zeitweise sogar ein Wappen führen, das an das Königsbanner des mittelalterlichen Armeniens erinnerte. »Sie nährten daraus die Hoffnung«, schreibt der deutsch-armenische Ethnologe Gerayer Koutcharian, »daß das Oblast Ausgangspunkt für die politische Wiederherstellung ganz Armeniens sein werde.«

Brachte der Vorstoß des Zaren den Russisch-Armeniern gewisse Freiheiten, so verschlechterte er die Lage der Türkisch-Armenier durch aus dem Zarenreich zuströmende Moslems. Denn viele der Kaukasusvölker waren nach der russischen Eroberung ins Osmanische Reich ausgewandert: die Hälfte aller Abchasen (ein zumeist sunnitisches Volk im Westkaukasus), die meisten Lasen (einst orthodoxe Christen, dann sunnitische Moslems südlich des georgischen Hafens Batum), viele Adscharen (georgische Moslems), fast 400 000 Tscherkessen, alle etwa 30 000 Ubychen (ein den Tscherkessen verwandter Stamm am Nordufer des Schwarzen Meers), ein Achtel aller etwa 200 000 Kabardiner (den Tscherkessen verwandte Sunniten) und fast alle der etwa 30 000 Tschetschenen (sunnitische Viehzüchter aus dem Nordkaukasus) vom Arstchwoi-Stamm, die so dem Schicksal ihrer Landsleute entgingen, von den Russen nach Kasachstan und Kirgisien ausgesiedelt zu werden.

Die geflohenen Moslems verdoppelten in manchen der von den Armeniern bewohnten Distrikte die Bevölkerung. Etwa die Hälfte der Tscherkessen siedelte an der Schwarzmeerküste zwischen Samsun und Trapezunt. »Eine furchtbare Invasion«, nannte der deutsche Orientreisende Amand Freiherr von Schweiger-Lerchenfeld den Flüchtlingszug, »nur notdürftig bekleidet und ohne alle Proviantvorräte, anfangs vom Bettel, später von Diebstahl und Raub lebend, okkupierten sie gleich riesigen Heuschreckenschwärmen provisorisch alles Land umher.« Etwa 100 000 der zwischen Frühjahr und Herbst 1864 eingewanderten Tscherkessen starben, zumeist an Hungertyphus, berichtete Schweiger-Lerchenfeld.

Die übrigen Tscherkessen – ein wehrhaftes Volk, das selbst auf Raubzüge ging oder sich von kurdischen oder türkischen Großgrundbesitzern anwerben ließ – setzten den Armeniern oft mehr zu als Kurden. Den Armeniern jedoch war (bis 1908) der Besitz von Waffen untersagt, wie sie sich auch von dem ihnen ebenfalls vorenthaltenen Kriegsdienst mit einer Steuer loskaufen mußten, die von der Geburt eines männlichen Kindes bis zu dessen 60. Lebensjahr zu zahlen war und nach den Berechnungen des deutschen Publizisten Paul Rohrbach etwa dem doppelten Jahresverdienst eines – damals allerdings schlechtbezahlten – Arbeiters entsprach.

Der rote Sultan sah überall Armenier am Werk
Abdul Hamid und die Reformen

Um die Mitte des 19. Jahrhunderts schien sich das Osmanische Reich zu einem Staat westlicher Prägung zu entwickeln, als äußerst reformwillige Sultane der sogenannten Tansimat-Zeit das Riesenreich durch die Übernahme europäischer Organisationsformen zu modernisieren versuchten. Weil die Osmanen finanziell immer abhängiger vom Abendland wurden – 1875 machte der Schuldendienst die Hälfte sämtlicher Einnahmen des Reichs aus –, drängten die Europäer besonders auf Reformen zugunsten der christlichen Minderheiten, und davon hofften die Armenier zu profitieren.

Bereits im Friedensvertrag von Adrianopel (dem heutigen Edirne) hatte sich Sultan Mahmud II. am 22. Februar 1829 verpflichtet, die Lebensbedingungen seiner christlichen Untertanen zu verbessern. Sein Nachfolger Abdul Madschid I. sicherte in einer Verfassungscharta von 1839 sogar die Gleichstellung aller Bürger ungeachtet ihrer Religion zu, die jedoch erst 17 Jahre später in einem kaiserlichen Edikt ausgeführt wurde, was auch noch nicht hieß, daß sich die Verwaltungsbehörden daran hielten.

Die Botschafter Rußlands, Englands, Frankreichs und Österreich-Ungarns in Konstantinopel hatten sich am 23. Dezember 1876 gerade zu ihrer ersten Sitzung getroffen, auf der sie über die beschlossenen Reformen für die Christen des Osmanischen Reichs diskutieren wollten, als gewaltiger Kanonendonner sie aufschreckte: Mit Artilleriesalven ließ Sultan Abdul Hamid II. die Verabschiedung einer liberalen Verfassung feiern. In ihr wurden sämtlichen Bürgern des Reichs die

Grundrechte garantiert und das Recht auf freie Religionsausübung, wobei der Islam freilich Staatsreligion blieb. Damit, so der Sultan, sei das Palaver über Reformen nicht mehr vonnöten. Allerdings hatte sich der Sultan das Recht vorbehalten, die gerade verabschiedete Verfassung wieder außer Kraft zu setzen, falls »irgendwo auf dem Territorium des Reichs Anzeichen eines Aufstandes bemerkt werden«.

Solche Anzeichen auszumachen fiel dem Sultan nicht schwer. Nur knapp 14 Monate nach ihrer Verkündigung setzte er die Verfassung wieder außer Kraft und löste das Parlament auf. Grund oder vielmehr Vorwand: Rußland hatte dem Osmanischen Reich den Krieg erklärt. Einmal jährlich wurde fortan der Verfassungstext veröffentlicht, fast 30 Jahre lang. Der junge Sultan kehrte zurück zum Absolutismus seiner Vorfahren in den Jahrhunderten zuvor – für die Europäer um so enttäuschender, als sie große Hoffnungen in Abdul Hamid II. gesetzt hatten.

Der Sultan hatte als junger Mann in der Hauptstadt durchaus auch Kontakt mit Ausländern gesucht, was in früheren Jahrhunderten keineswegs alltäglich war, und sprach ein wenig Französisch. Allerdings merkten die Europäer sehr bald, daß Abdul Hamid offenbar an Verfolgungswahn litt. Er ließ sich bis spätnachts Krimis übersetzen – auf sein Betreiben hin erhielt Sherlock-Holmes-Erfinder Arthur Conan Doyle eine der höchsten Auszeichnungen des Osmanischen Reichs – und lebte immer in der Furcht vor Attentätern. Als einmal der bereits hochbetagte General Fuad Pascha bei einer der obligaten drei Verbeugungen über seinen Säbel stolperte, glaubte der Sultan an ein Attentat, zog seinen Revolver und schoß auf ihn.

Im Laufe seines Lebens baute Abdul Hamid einen einzigartigen Überwachungsstaat auf. »Man kann ohne weiteres sagen«, schrieb der Chefdolmetscher der russischen Botschaft, Andrej Nikolajewitsch Mandelstam, »daß das Wort ›Denunziation‹ das Symbol der Ära Abdul Hamids ist.« Besonders die Armenier sollten Opfer seines krankhaften Mißtrauens sein. Wegen des dabei vergossenen Blutes nannte ihn der französische Botschafter Paul Cambon »le sultan rouge«, den »roten Sultan«.

Überall sah der Sultan Armenier am Werk. Wenn er über sie sprach, berichtete der ungarische Turkologe Hermann Weinberger, der sich Arminius Vámbéry nannte und beim Osmanen-Herrscher ein gerngesehener Gast war, habe Abdul Hamid vor Zorn immer seinen Fez gelüftet und sei in äußerste Erregung geraten. »Was ist schon die armenische Frage«, sagte er zu Vámbéry, »es genügt ein Schlag, um das Feuer dieser Bewegung auszutreten.« Die Armenier, das waren für ihn nur Agenten der verhaßten Russen, nur Rebellen und Verschwörer.

Um sich gegen die ihn angeblich bedrohenden Armenier zur Wehr zu setzen, baute Abdul Hamid auf eine Zusammenarbeit mit den Kurden, die seine Vorgänger noch bekämpft hatten. Denn die Kurden waren so etwas wie die natürlichen Feinde der Armenier, weil sich ihr Siedlungsgebiet in großen Teilen Südostanatoliens mit dem der Armenier überschnitt und es stets Händel zwischen den beiden Völkern gegeben hatte. Die nomadisierenden Kurden durchstreiften als Hirten das Land und holten sich von den seßhaften Armeniern, was sie für ihr – sehr bescheidenes – Leben brauchten.

Allerdings hatte sich zwischen Armeniern und Kurden bis zum Machtantritt Abdul Hamids II. eine Symbiose besonderer Art herausgebildet, die der französische Autor S. Zarzecki so beschrieb: »Die Armenier arbeiteten, die Kurden beschützten sie. Seit Jahrhunderten an diesen Zustand gewöhnt, kamen die Armenier gar nicht auf die Idee, daß es auch anders sein könnte, und beklagten sich nicht.«

Die von den kriegerischen Kurden beherrschten Armenier mußten Tribute an ihre kurdischen Herren entrichten, die oft die Steuern an die Türken übertrafen. Kurdischen Stammesfürsten stand ferner die Hälfte der Morgengabe einer armenischen Braut zu. Besonders in den Winterlagern, wenn die Armenier die kurdischen Hirten bis zu sechs Monaten bewirten mußten, kam es oft zu Übergriffen, die in der Regel schlecht für die Armenier ausgingen. Doch auch im Sommer, besonders zur Zeit der Ernte und der Schafschur, bei Märkten oder Hochzeiten, zogen Kurden in die Täler der Armenier, plünderten die Ortschaften und raubten die Frauen. Denn die kurdischen Herren sahen die Einwohner der von ihnen beherrschten Dörfer zumeist als ihr Eigentum an – eine feudalistische Einstellung, die sich in manchen Gegenden bis heute gehalten hat.

Kam es zu Prozessen mit Armeniern, dann siegten fast immer die Kurden, schon weil das Zeugnis von Moslems mehr galt. Allerdings litten auch die türkischen Einwohner unter den kurdischen Überfällen und machten oft zusammen mit ihren armenischen Nachbarn Eingaben bei den Behörden. Mit Strafexpeditionen versuchten die Türken von Zeit zu Zeit, die Kurden zu domestizieren, was ihnen allenfalls in den Städten gelang.

Überfälle, Raub und gelegentlicher Mord, das war, wenn sie sich in Grenzen hielten, im ganzen Orient eine von allen mehr oder weniger akzeptierte Begleiterscheinung des Lebens. In der Regel gelang es auch den Honoratioren der beiden Völker immer wieder, Frieden herzustellen, wenn gewisse Grenzen überschritten wurden. Auch fiel den wenigen europäischen Reisenden im entlegenen Osten auf, daß die Dörfer der Kurden in der Regel weit ärmlicher waren als die der Armenier, die darin eine Art ausgleichender Gerechtigkeit sahen. So funktionierte die Symbiose leidlich, solange die alten Wertvorstellungen vorherrschten.

Das alles sollte sich ändern, als die Moderne in Form von Ideen über Freiheit, Gleichheit und Gerechtigkeit auch in entlegene Regionen des Osmanischen Reichs einzog.

Morgen werden wir eine Nation von Denkern sein
Armenier und westliche Ideen

Nichts hielt die Armenier mehr zusammen als ihre gregorianische Kirche. Mit den Franzosen und Angelsachsen (mehr Amerikanern als Engländern) kamen für die Identität der Armenier höchst gefährliche Missionare ins Land. Denn die hatten schnell erkannt, daß Moslems zu konvertieren an der Intransigenz des Islam scheiterte, und sich deshalb auf die orthodoxen Christen gestürzt, also auch auf die Armenier. Mit aller Macht versuchten die Franzosen (und etwas später auch die Österreicher), aus guten Gregorianern noch bessere Katholiken zu machen, und die Amerikaner (und hernach die Preußen) trachteten danach, sie zu den vielfältigen Formen des Protestantismus zu bewegen.

Die Kirchenkämpfe der Gregorianer gegen die von Katholiken und Protestanten abgeworbenen Armenier verhinderten lange Zeit in Türkisch-Armenien das Entstehen nationalistischer Strömungen. Erst 1848, sozusagen als armenische Antwort auf die europäische Reformbewegung, fand in Konstantinopel die erste Demonstration fortschrittlicher Armenier gegen die Allmacht der Konstantinopler armenischen Bankiers, Händler und Regierungsbeamten statt, die das Sagen innerhalb des Patriarchats hatten. 1860 erstritten sich die durch die Ideen der Französischen Revolution beeinflußten und westlich ausgerichteten, zumeist in Frankreich ausgebildeten Armenier innerhalb des Patriarchats eine armenische Verfassung, nach der eine gewählte Generalversammlung die Verantwortung übernehmen sollte – allerdings nur für Schulfragen und den Neubau von Kirchen, nicht jedoch für die den Osmanen vorbehaltene Politik. Freilich wurde das armenische Parlament auch weiterhin von den reichen Armeniern der Hauptstadt Konstantinopel beherrscht, die mit 80 Vertretern doppelt so viele Mitglieder stellte wie die weitaus zahlreicheren Armenier der Provinz.

Es war der Beginn einer armenischen Nation, die sich nicht mehr als ein dem Sultan ergebenes Millet verstand. »Gestern waren wir eine Glaubensgemeinschaft«, schrieb 1872 der armenische Journalist Grigor Ardrzuni, »heute sind wir Patrioten, und morgen werden wir eine Nation von Arbeitern und Denkern sein.« Die Bildung, schreibt die armenische Historikerin Louise Nalbandian, »war ein wichtiger Schlüssel für die nationale Entwicklung«.

Lehrer wurden immer mehr zu Propagandisten des entstehenden Nationalismus – und Journalisten. Und immer häufiger stellten sich auch die Geistlichen hinter die neuen Ideen aus dem Westen, allen voran Bischof Mekertisch Khrimjan, den Armeniern bekannter unter dem Namen Khrimjan Hairig, »eine der bemerkenswertesten Persönlichkeiten in der armenischen Geschichte«, so Louise Nalbandian. Von 1869 bis 1873 war er Patriarch der Armenier in der Türkei und wurde später der Katholikos aller Armenier im kaukasischen Zentrum der gregorianischen Kirche, dem Kloster Etschmiadsin. Der Bischof hatte Zeitungen auch im Osten der Türkei herausgegeben, und eine von ihnen, die in Van erscheinende *Ardzvi Vaspurakan* (Der Adler von Vaspurakan), prangerte nicht nur das Elend der Armenier im Osmanischen Reich an, sondern brachte auch 1862 die ersten Aufrufe zum Widerstand: »Laßt uns aufhören zu jammern«, schrieb einer der Autoren, »und laßt uns kämpfen.«

»Patriotismus und Nationalismus sind heilige Pflichten für jeden von uns«, schrieb der damals bekannteste armenische Dichter, Hakob Meli-Hakobian, bekannt unter seinem Künstlernamen »Raffi«, und: »Der Krieg für die Freiheit und das Vaterland ist ein heiliger Krieg.« Derlei Parolen fanden ihre Resonanz.

Geschenke aus dem ganzen Land
Die Rebellenstadt Zeitun

Zeitun (die armenische Bezeichnung für die Olive) liegt im Taurusgebirge, etwa 15 Kilometer nördlich von Marasch (dem heutigen Kahraman Maraş), und bezeichnete früher eine ganze Region mit etwa 30 Dörfern, in denen in den siebziger Jahren des 19. Jahrhunderts rund 27 000 Armenier lebten sowie 8000 Moslems, die sich den Armeniern zugehörig fühlten und in der Regel auch Armenisch sprachen. Die fast ausschließlich von Armeniern bewohnte Stadt Zeitun war in vier Stadtteile aufgeteilt. Jeder hatte seine eigene Kirche und Schule und wurde von einem armenischen Fürsten regiert, »dessen Hauptbeschäftigung darin bestand«, wie der britische Historiker Christopher Walker schreibt, »gegen die anderen drei zu intrigieren«. Zeitun war von Marasch aus nur in einem etwa zwölfstündigen Fußmarsch durch tiefe Schluchten zu erreichen; es liegt wie ein Amphitheater in einem Bergmassiv, dessen höchste Erhebung der zumeist schneebedeckte Berg Astwadsaschen (»der von Gott Geschaffene«) ist.

Nach der Legende sollen die Ureinwohner Zeituns (heute: Süleymanli) die Überlebenden der alten armenischen Königsstadt Ani sein, die sich 1064 den Seldschuken ergab, doch das mag wirklich nur Legende sein. Historisch ist, daß die Zeituner von jeher ein nahezu unbesiegbares Bergvolk waren, dem der Sultan in einem kaiserlichen Erlaß am 17. Februar 1618 praktisch völlige Steuerfreiheit gewährte und das in vielen Schlachten gegen die Osmanen diese Unabhängigkeit verteidigte. Wie die Christen nach Jerusalem, sandten die Armenier aus allen Teilen Kleinasiens Geschenke nach Zeitun.

1858 hatten Türken in Marasch das Haus des proarmenischen englischen Konsuls angezündet, der darin mit seiner Frau verbrannte. Die Zeituner schickten daraufhin im Dezember 1858 eine Strafexpedition nach Marasch und töteten viele Türken. Im Gegenzug entsandte die osmanische Regierung im Juni 1859 mehr als 12 000 Soldaten gegen Zeitun, die aber die Bergfeste nicht einnehmen konnten und schwere Verluste erlitten.

Im Winter 1861 trat in Zeitun ein Armenier namens Parsek Sakarian auf, der sich Lewon nannte und behauptete, ein Nachfahre der kleinarmenischen Könige in Kilikien zu sein. Er machte sich anheischig, den französischen Kaiser Napoleon III. dazu zu bringen, einen armenischen Prinzen als Herrscher über Zeitun einzusetzen und die Unabhängigkeit der Bergfeste zu garantieren. Lewon persönlich trug dem französischen Kaiser vor, in Zeitun stünden 70 000 Mann zum Kampf für die Unabhängigkeit bereit. Die Franzosen wurden bei der osmanischen Regierung vorstellig, die Lewon maßlose Übertreibungen nachweisen konnte, und ließen den armenischen Hochstapler fallen.

Erzürnt über die Unbotmäßigkeit, suchten die Osmanen einen Vorwand, dem Rebellennest endgültig den Garaus zu machen. Der ergab sich im Jahr darauf, als zwei zerstrittene türkische Familien den armenischen Bürgermeister des Nachbardorfes Alabas um einen Schiedsspruch baten, die Mitglieder einer dieser beiden Familien ihn aber auf dem Weg zum Schiedsgericht töteten. Daraufhin ließ der für Alabas zuständige armenische Fürst in Zeitun die Angehörigen der beiden Parteien hinrichten. Lediglich ein Türke – der Mörder des armenischen Bürgermeisters – entkam und informierte den türkischen Bezirksvorsteher in Marasch. Der Sultan schickte eine Armee von 40 000 Soldaten, die zwar das Dorf Alabas und andere armenische Dörfer niederbrannten, das von etwa 5000 armenischen – und moslemischen – Kämpfern verteidigte Zeitun aber nicht einnehmen konnten.

Der Sultan stockte seine Armee auf über 100 000 Mann auf, und die Zeituner schickten Emissäre zu den Armeniern Konstantinopels, die ihrerseits einen Vertrauten nach Paris beorderten. Napoleon III., der ein besonderes Interesse an Kilikien mit seiner bedeutenden armenischen Minderheit hatte, denn es grenzte an Frankreichs Interessengebiet Syrien, machte sich daraufhin für die Zeituner stark, und der Sultan zog – nach Vermittlung der Deutschen – seine Streitmacht ab. Zwar ließ er die vier Zeituner Fürsten nach Konstantinopel vorladen und für drei Wochen inhaftieren. Aber Frankreich setzte durch, daß sie wieder in ihre Heimat zurückkehren durften, obgleich sie sich dem Wunsch Napoleons, zum Katholizismus überzutreten, verweigert hatten.

Durch die Aufstände hatte Europa erstmals mitbekommen, daß Armenien nicht nur aus den nicht immer gut beleumundeten Händlern von Istanbul bestand. »Nun hat Europa entdeckt«, schrieb der französische Historiker Charles Victor Langlois, »daß es dort ein großes Volk, ja eine echte Nation gibt.« Genau das mißfiel der osmanischen Führung. »Türkischerseits soll der geheime Wunsch gehegt werden«, meldete der deutsche Botschafter Johann Anton Freiherr Saurma von der Jeltsch an seine Berliner Vorgesetzten, »das numerische Übergewicht der Bewohner von Zeitun, welches gegenwärtig zugunsten der Armenier besteht, durch entsprechende Massentötungen zugunsten des türkischen Elements umzuwandeln.«

Doch noch konnten sich die Zeituner dagegen wehren. 1878 stimmten sie als Gegenleistung für regionale Reformen dem Bau einer türkischen Kaserne auf einem Hügel über der Stadt zu. Als der Sultan im Oktober 1895 im ganzen Reich die Massenmorde an den Armeniern organisierte, überrumpelten die Zeituner die osmanische Garnison und steckten 500 Soldaten ins Gefängnis.

Vor den Massakern waren viele Armenier der Umgebung in die Feste geflüchtet. Etwa 20000 türkische Soldaten und weitere 30000 kurdische und tscherkessische Hilfstruppen begannen Mitte Dezember 1895 die Belagerung von Zeitun, das von etwa 2000 bewaffneten Armeniern verteidigt wurde, doch sie konnten die Stadt nicht erobern. Anfang 1896 erreichten dann die Westmächte einen Kompromiß: Die Zeituner gaben ihre Waffen ab, und vier aus Europa angereiste Mitglieder armenischer Revolutionskomitees reisten nach Frankreich aus. Dafür wurden die Bewohner der Rebellenstadt amnestiert.

Wie groß das Mißtrauen der Türken gegenüber den Zeitunern auch in der Folgezeit blieb, erlebte der deutsche Pastor

Ferdinand Brockes, der im Winter 1898/99 in der evangelischen Kirche von Zeitun predigte und dabei das Wort »Erlösung« gebrauchte – wahrlich nichts Ungewöhnliches für einen evangelischen Geistlichen. Ungewöhnlich aber für den türkischen Spitzel, der seinen Chefs meldete, der Deutsche habe den Armeniern Autonomie versprochen. Selbst das Berliner Auswärtige Amt stellte sich hinter die türkische Version, und Brockes wurde des Landes verwiesen. Sofort mußten die Deutschen eine nahe gelegene Missionsstation schließen und 150 armenische Waisen auf die Straße schicken.

Die Zeituner Rebellion hatte große Bedeutung für junge Armenier, die mit revolutionären Ideen aus Europa zurückgekehrt waren und selbst vor Aufständen nicht mehr zurückschreckten. Koordiniert, so scheint es, wurden die Aktivitäten der entstehenden armenischen Opposition anfangs von der mit Genehmigung der osmanischen Regierung eingerichteten Konstantinopler Loge »Haik«, einem Zweig der englischen »Odd Fellows«-Loge von Manchester, deren Korrespondenz wegen der britischen Schirmherrschaft frei im Land zirkulieren durfte. Wie überhaupt die Logen für die Opposition – auch die osmanische – eine entscheidende Rolle spielen sollten.

Eine dieser Logen war die der französischen »Grand Orient« angeschlossene Loge »Ser« (Liebe), die sich besonders um Kilikien kümmerte. In der in Sankt Petersburg erscheinenden armenischen Zeitung *Hiussiss* (Norden) wurden die in Persien ansässigen Armenier aufgefordert, in der Region von Zeitun zu siedeln, um dort am Aufbau eines späteren armenischen und möglichst unabhängigen Kilikien mitzuwirken.

Die müssen dort weg
Rußland und die armenischen Reformen

Zeitun hatte nicht nur den Europäern vor Augen geführt, daß es im Osten eine unterdrückte armenische Nation gab, sondern auch den armenischen Führern in Konstantinopel klargemacht, daß die Zeit gekommen sei, sich gegen Willkür und Unterdrückung zu wehren. Die Chance dazu gab ein neuer russisch-osmanischer Krieg.

Ausdrücklich im Namen der Sicherheit der christlichen Bevölkerung (die Türken hatten etwa 60 bulgarische Dörfer zerstört und 12 000 bis 15 000 Zivilisten umgebracht, davon 1200 in einer Kirche lebendig verbrannt) hatte der russische Zar Alexander II. am 24. April 1877 dem Osmanischen Reich den Krieg erklärt. Er stützte sich dabei auf die angebliche Interventionsklausel des Friedensvertrags von Kütschük-Kainardsche zum Schutz orthodoxer Christen im Osmanischen Reich. In Wahrheit wollten die Russen eine Stärkung des Osmanischen Reichs verhindern, das die Serben geschlagen hatte, und ein großbulgarisches Reich errichten, das die immer stärker werdenden Panslawisten zufriedenstellen würde.

Russische Truppen unter dem Oberkommando des in Tiflis geborenen Armeniers Generalleutnant Mikajel T. Loris-Melikoff rückten in die Osttürkei ein, massiv unterstützt von der armenischen Bevölkerung beiderseits der Grenze. Die Kurden hatten die armenischen Dörfer überfallen und ausgeplündert, so daß die türkische Armee sich nicht mehr versorgen konnte und Hunger leiden mußte. »Es gab nicht ein einziges christliches Dorf«, schrieb die Londoner *Times* aus der Region um die Stadt Kars, »das nach den verübten Grausamkeiten nicht verlassen war.«

Je mehr die Osmanen auf die Verliererstraße gerieten, desto mehr witterten die Armenier eine Chance für mehr Freiheiten. Nur Rußland, so glaubte die Mehrheit von ihnen, könne sie ihnen verschaffen. Denn England unterstützte den Sultan bei seinem Feldzug hauptsächlich gegen die Christen auf dem Balkan bedingungs- und skrupellos, »selbst wenn bei Unterdrükkungsmaßnahmen 10 000 oder 20 000 Menschen draufgehen«, so Botschafter Sir Henry Elliot am 4. September 1876 in einem Schreiben an seine Londoner Chefs. Der konservative Regierungschef Benjamin Disraeli sprach im Zusammenhang mit den Ereignissen auf dem Balkan nur von »sogenannten Grausamkeiten« und tat die Berichte über die Massaker als »Kaffeehausgeschwätz« ab.

Im Oktober 1877 ging der Große Nationalrat der Armenier erstmals offen auf Kurs gegen die Osmanen. In einer Bittschrift an den russischen Zaren verlangte er, Rußland möge die eroberten Gebiete nicht wieder an das Osmanische Reich zurückgeben, sondern als Teil seiner kaiserlichen Herrschaft ansehen und mit der Provinz am Ararat vereinen. Sollte der Zar aber keine territorialen Gewinne beanspruchen, so möge er doch die Armenier wie die Bulgaren »durch den Schutz und die Garantien des Kaisers aller Russen« decken. Auf keinen Fall sollten russische Soldaten das Land verlassen, bevor nicht Reformen durchgeführt worden seien, die den Armeniern den Zugang zur Polizei sowie wichtigen Staatsfunktionen in Armenien verschaffen würden. Kurden sowie Tscherkessen sollten entweder ganz zum Verlassen Armeniens aufgefordert oder zumindest in Dörfern und Städten seßhaft gemacht werden.

Der Vorschlag zum ersten Punkt, so fügten die Armenier hinzu, entspreche nicht »unserem Herzenswunsch«, doch machten sie durch ihn klar, daß sie im Zweifel Rußland dem Osmanischen Reich vorziehen würden.

Sechs Monate nach Kriegsbeginn standen russische Truppen vor Konstantinopel und hatten große Teile Armeniens bis Bitlis und Van im Süden, Ersindschan im Westen und die Schwarzmeerküste mit Trapezunt bis Samsun besetzt. Im Januar 1878 verhandelten die Russen dann in Adrianopel (dem heutigen Edirne) mit den Osmanen über einen Waffenstillstand. Die Russen verlangten Unabhängigkeit oder Autonomie für die Balkanstaaten, nicht aber für Armenien. Daraufhin modifizierten die Armenier in einer Bittschrift an den Zaren ihre Forderungen und verlangten für die armenischen Provinzen nur noch einen armenischen Gouverneur, während der Sultan weiterhin die übrigen Spitzenbeamten bestellen könne, sowie einen armenischen Vorsitzenden für die Gerichte, die nicht mehr nach dem islamischen Recht, sondern nach westlichem Recht urteilen dürften. Ferner forderten sie, in den Polizeidienst ihrer Region hauptsächlich Armenier aufzunehmen, die türkischen Zivilisten zu entwaffnen und den Kurden die Privilegien zu nehmen.

Zwar verlangten die Russen im Artikel 16 ihres Friedensvorschlags, daß der Sultan dem Zaren gegenüber garantieren solle, »die dem Kaukasus angrenzenden, armenisch besiedelten Provinzen mit einer verwaltungsmäßigen Selbstregierung« auszustatten, aber die Türken lehnten ab. Ermutigt dazu hatten sie die Engländer, die jedes weitere Vordringen der Russen verhindern wollten. Schon die Anwesenheit der Russen im Marmarameer hatte die englische Königin Viktoria (seit April 1876 auch »Kaiserin von Indien«) zu der Forderung veranlaßt:

»Die müssen dort weg.« Die russischen Siege machten, so der britische Historiker Walker, »einen anglo-russischen Waffengang wahrscheinlich«.

Den Armeniern gegenüber ließen die Briten durchblicken, sie würden sich auch für sie einsetzen, zumal sie mit ihren zahlreichen christlichen Missionen ihr Interesse ja bekundet hätten. In Wahrheit ging es ihnen aber darum, so der Historiker Hans Ludwig Wegener, »systematisch den religiösen Gegensatz in der Türkei zu schüren und in den Armeniern das Nationalbewußtsein so stark zu entwickeln, daß sie sich zu staatsfeindlichen Betätigungen hinreißen ließen«. Auch ein schwaches Osmanisches Reich war für die Briten noch immer Konkurrent genug, um seinen weiteren Zerfall zu wünschen.

Im Vertrag vom 3. März 1878, den die Osmanen mit den Russen im Vorort von Konstantinopel, San Stefano (dem heutigen Yeşilköy nahe dem Flughafen), abgeschlossen hatten, setzten die Russen ihre Hauptforderung durch: die Bildung eines großbulgarischen Reichs unter Einschluß Mazedoniens und des Rumelien genannten europäischen Teils der Türkei. Im Falle der besetzten osttürkischen Gebiete begnügten sie sich aber mit einer Klausel, die ihnen ein Interventionsrecht gab. »Die Evakuierung der von den Russen besetzten Gebiete in Armenien, die an die Türkei zurückerstattet werden müssen«, hieß es nun in Artikel 16 des Vertrags, »könnte die Beziehungen der beiden Länder beeinträchtigen. Darum treibt die osmanische Regierung die Verbesserungen und Reformen in den von den Armeniern bewohnten Gebieten voran und garantiert ihre Sicherheit gegenüber den Kurden und Tscherkessen.« Bis zum Abschluß dieser Reformen würden die russischen Truppen in der osttürkischen Stadt Erzurum stationiert bleiben.

Das orientalisches Geschwür offenhalten
Der Berliner Kongreß

Dem Vordringen Rußlands im Balkan stemmten sich die Engländer entgegen, aber auch Österreich-Ungarn fühlte sich bedroht. Der deutsche Kanzler Bismarck sah eine Chance, die Stellung seines Landes nach Reichsgründung und Krieg gegen

Frankreich zu konsolidieren, und bot sich in einer Reichstagsrede als »ehrlicher Makler« an. Als am 13. Juni 1878 der Berliner Kongreß eröffnet wurde, betraten zwei Völker erstmals das Parkett der großen Welt: die Deutschen als gleichberechtigte Partner der europäischen Großmächte und die Armenier, von deren Existenz die Welt praktisch zum erstenmal erfuhr.

Freilich sollten die beiden Neuen eine ungleiche Rolle spielen: Bismarcks Deutsche als glanzvolle Gastgeber und zurückhaltende Vermittler, die selbst keinerlei Gebietsansprüche stellten; die Armenier als Bittsteller, die schlechte Karten hatten im Poker der Europäer.

Noch vor der Konferenz hatten sich Engländer und Russen auf einen Grenzverlauf in Armenien geeinigt. Danach sollten die Provinzen Kars, Ardahan und Batum den Russen zugeschlagen werden, nicht aber die Gebiete um die Städte Alaschkert (heute Eleşkirt) und Bajasid (heute Dogubayazit), die nördlich des Vansees und am Landweg von Trapezunt nach Täbris (und damit Indien) lagen. Auch mit dem Sultan hatten die Briten am 4. Juni 1878 ein geheimes Verteidigungsbündnis abgeschlossen, in dem sie militärische Hilfe zusagten »für den Fall, daß Rußland seine Annexionen ausdehnen würde«. Dafür trat der Sultan »das Recht zur Besetzung und Verwaltung der Insel Zypern« ab. Immerhin ließen auch die Briten, mit Rücksicht auf die Opposition in ihrer Heimat, Reformen im Osmanischen Reich festschreiben, wenngleich ohne Druckmittel.

Auf dem Berliner Kongreß sollte es dann den Osmanen mit britischer Hilfe gelingen, die Reformen für die Armenier weiter hinauszuschieben, wenn nicht ganz zu verhindern. Weder Briten noch Deutsche waren an wirklichen Reformen interessiert. Bismarck ging es nur darum, »das orientalische Geschwür offenzuhalten und dadurch die Einigkeit der anderen Großmächte zu vereiteln und unseren eigenen Frieden zu sichern«. Und auch der damalige britische Staatssekretär für Indien und spätere Außenminister Lord Salisbury glaubte »weder an die Reformen in der Türkei noch an irgendeinen wirksamen Schutz der Christen« im Osmanischen Reich. Sein Ziel war »einzig und allein, Rußland mit allen Mitteln von der Besetzung des türkischen Armeniens abzuhalten«. »Nirgends in der Welt«, wetterte der liberale britische Politiker George Douglas Campbell

Herzog von Argyll, »ist unsere Politik jemals von so unmoralischen, wahnwitzigen Überlegungen bestimmt gewesen.«

Für den deutschen Reichskanzler war das zerfallende Osmanische Reich »eine ohnehin unhaltbare Einrichtung« und »nicht die Knochen eines pommerschen Grenadiers wert«, wie er in einer Reichstagsrede am 5. Dezember 1876 sagte. Ihn interessierten nur die Großmächte. »Die Frage, ob wir über die orientalischen Wirren mit England, mehr noch mit Österreich, am meisten aber mit Rußland in dauernde Verstimmung geraten«, so faßte er seine Politik zusammen, »ist für Deutschlands Zukunft unendlich viel wichtiger als alle Verhältnisse der Türkei zu ihren Untertanen und zu den europäischen Mächten.« Die Armenierfrage, wies er seine Diplomaten an, solle »in dilatorischer Weise« behandelt und die Autorität des Sultans nicht untergraben werden.

Die Europäer sicherten sich auf dem Kongreß einen Großteil des zerfallenden Osmanischen Reichs in Europa, nachdem die Briten Zypern erhalten hatten: Österreich bekam Bosnien und die Herzegowina, Griechenland Thessalien und einen Teil von Epireus, Serbien und Rumänien wurden unabhängig. Das von den Russen gebildete Großbulgarien wurde wieder reduziert und blieb, wenn auch mit einer Selbstverwaltung, weiterhin unter osmanischer Herrschaft. Die Armenier gingen auf dem Kongreß ganz leer aus.

Die armenischen Unterhändler waren zu den sie betreffenden Aussprachen nicht einmal zugelassen. »Wir gingen oft am Sitzungssaal vorüber«, erinnerte sich das armenische Delegationsmitglied Stepan Papasian, »und flehten zu Gott, er möge sich des Blutes von Tausenden unschuldiger Opfer und der Verzweiflung von Millionen von Armeniern erbarmen, und hierauf kehrten wir mit Tränen in den Augen nach Hause zurück.« Zwar sei Armenien »weder der Glaubens- noch Stammesgenosse einer Großmacht«, schrieben die Delegierten in einem Brief an die Großmächte, seien aber »trotzdem in demselben Maße christlich wie die anderen christlichen Völkerschaften der Türkei« und hätten deshalb den gleichen Schutz erhofft. Doch »die Armenier haben verstanden, daß sie betrogen wurden«.

Briten und Türken – deren Geheimvertrag erst einen Tag nach Konferenzeröffnung durch die britische Zeitung *Globe* bekannt wurde – hatten auf dem Kongreß eine Vereinbarung analog der von San Stefano vorgeschlagen. Allerdings sollten nach dem von ihnen formulierten Artikel 61 die Reformen nunmehr von der Regierung des Sultans selbst durchgeführt werden, die »die Mächte regelmäßig von den getroffenen Maßnahmen unterrichten« muß. Auch sah der neue Passus kein Faustpfand mehr vor, mit dem die Durchführung der Reform erzwungen werden konnte. Von den europäischen Staaten unter Druck gesetzt, gab der Zar nach.

Kam im russisch-türkischen Vorfriedensvertrag von San Stefano noch die Bezeichnung »Armenien« vor, so war im Artikel 61, den Bismarck nur als »eine Zierde der Protokolle der Kongreßverhandlungen« ansah, davon nicht mehr die Rede. Alles war also wieder beim alten, das heißt beim Sultan. Denn »was alle angeht, geht niemanden was an«, kommentierte der Herzog von Argyll die Umkehrung des Artikels 16 von San Stefano.

Es war in Wahrheit alles noch schlimmer für die Armenier geworden. »Die Armenier wären weit besser gefahren«, schrieb der Polarforscher und spätere Hochkommissar des Völkerbundes für Flüchtlingsfragen, Fridtjof Nansen, dem auch die Armenier anvertraut werden sollten, »wenn sich die europäischen Völker und ihre Regierungen ihrer Sache niemals angenommen hätten. Die Türken konnten ungestört blutige Rache an ihren armenischen Untertanen nehmen, um derentwillen man so unwillkommener Kritik ausgesetzt war und so demütigende Versprechungen abzugeben sich gezwungen sah.« Die einzuhalten war denn auch der Sultan nicht bereit. »Eher sterbe ich«, vertraute Abdul Hamid II. dem deutschen Botschafter in Konstantinopel an, »als daß ich den Paragraphen 61 anwende.«

Als die Russen Bajasid und die Ebene von Alaschkert räumten, schlossen sich etwa 25 000 Armenier der russischen Armee an und zogen hinter die revidierten Grenzen in den Transkaukasus. Entgegen kamen ihnen moslemische Flüchtlinge. »Bajasid ist heute eine Ruine«, schrieb der den Armeniern gar nicht zugetane britische Reisende C. B. Norman, »Frauen und Kinder laufen nackt herum, ihrer Ehre beraubt und bar sämtlicher Habe.« Als noch eine schlechte Ernte hinzukam, starben nach den Konsularberichten im aufgegebenen Gebiet 20 000 bis 30 000 Armenier.

Allerdings hatte der Berliner Vertrag den gedemütigten Russen noch die Gebiete um Kars, Ardahan und Batum belassen. Waren 1878 im Regierungsbezirk Kars noch etwa drei Viertel der Bevölkerung Moslems, so zogen in den folgenden Jahren etwa 75 000 von ihnen ins Osmanische Reich, während ihre Ländereien an russische religiöse Dissidenten oder geflohene Armenier fielen.

Die im Berliner Vertrag vage versprochenen Reformen sollte Sultan Abdul Hamid, einer der fintenreichsten Türkenherrscher aller Zeiten, mit immer neuen Tricks zu verhindern wissen. Einer der Tricks war die Veränderung der Verwaltungsgrenzen. Nach den Statistiken des armenischen Patriarchats lebten zur Zeit des Berliner Kongresses im sogenannten Großarmenien insgesamt 1,33 Millionen Armenier und hatten dort damit weitgehend die Mehrheit. Die Regierung des Sultans veränderte daraufhin die Grenzen der insgesamt sechs neugeschaffenen Provinzen Erzurum, Bitlis, Van, Diyarbakir, Mamuret el-Asis (Kharput) und Sivas dergestalt, daß in keiner neuen Verwaltungseinheit die Armenier die Mehrheit bildeten.

Dafür mußte die Durchschnittsgröße eines »Wilajet« genannten Regierungsbezirks in den armenischen Landen auf etwa 35 000 Quadratkilometer reduziert werden im Vergleich zu 100 000 im anatolischen Kernland. Weil die Armenier nun in keiner Region mehr die Mehrheit stellten, so die Argumentation des Sultans, gäbe es auch keine »von Armeniern bewohnte Provinzen« und folglich keine Notwendigkeit für Reformen mehr. Er verschwieg, daß auch die Türken in keiner dieser Regionen die Mehrheit bildeten, was die Statistiken der Konstantinopler Regierung stets damit zu kaschieren suchten, daß sie die Armenier und andere christliche Gruppen gesondert auswiesen und sie den Moslems gegenüberstellten, zu denen stets auch die Kurden gezählt wurden.

Nach dem russisch-türkischen Krieg von 1877/78 waren weitere 200 000 Tscherkessen ins Osmanische Reich geströmt. Die Regierung verteilte die kriegerischen Zuwanderer bis nach Jordanien (wo sie heute die Leibwache von König Hussein stellen), siedelte sie aber vorrangig dort an, wo Aufstände die osmanische Herrschaft bedrohten, hauptsächlich also in den von Armeniern bewohnten Gebieten. Im Bezirk Dudscheh beispielsweise kamen zu 37 000 Einheimischen 25 000 Zuwanderer, im anatolischen Adapazari verdoppelten sie die Einwohnerzahl.

Den hereinströmenden Zehntausenden von Tschetschenen begegneten sogar die kampferprobten Kurden »nur mit einem gewissen Schrecken«, wie ein französischer Reisender berichtete. Zu ihnen gesellten sich nach der Eroberung des Schwarzmeerhafens Batum durch die Russen noch etwa 60 000 moslemische Georgier. Insgesamt sollen zwischen 1878 und 1904 nach den Angaben des Leiters der osmanischen Einwanderungsbehörde 850 000 »Mohadschirs« genannte moslemische Zuwanderer in die Wohngebiete der Armenier geströmt sein, neben den von den Russen aus den Kaukasusregionen Vertriebenen auch die aus dem Balkan ausgewiesenen Türken.

Die osmanische Regierung hatte den Flüchtlingen Brot für ein Jahr und gutbezahlte Arbeit auf Staatsgütern sowie Geld für Häuser, Schulen und Moscheen versprochen. In Wahrheit kümmerte sie sich kaum um sie. Ein Sekretär der englischen Botschaft besuchte im Oktober 1880 ein Flüchtlingslager mit 7000 Georgiern, von denen schon 200 verhungert waren. Sie wären nur auf Grund der türkischen Versprechungen gekommen, erzählten sie, politische Gründe hätten sie nicht gehabt. Jetzt aber verbiete die türkische Regierung ihnen die Rückkehr in ihre Heimat.

»Statt eine Politik zu betreiben, die durch Einigung der verschiedenen ethnischen Gruppen das Osmanische Reich hätte stärken können«, schrieb der Chefdolmetscher der russischen Botschaft, Andrej Mandelstam, »wollte der Sultan die nichttürkischen Volksgruppen schwächen, indem er sie gegeneinander hetzte.«

Patriotische Sehnsucht
Die Gründung der armenischen Parteien

Bevölkerungsdruck durch die Flüchtlinge – besonders im ländlichen Osten – sowie Ideologieimport – besonders unter den akademischen Armeniern in den Städten – sollten dem armenischen Millet sehr schnell eine brisante Mischung aus Unzufriedenheit und Verzweiflung einerseits, Hoffnungen und falschen Versprechungen andererseits bescheren. Die Mixtur war explosiv, weil die Führung des Osmanischen Reichs, allen voran der Sultan, um so härter reagierte, je mehr sich die fortschrittlichen Armenier organisierten.

Die von den europäischen Reformideen stark beeinflußten jungen armenischen Intellektuellen nahmen sich vor, den Widerstand gegen die Osmanen im Land zu stärken und die Europäer zum Eingreifen zu zwingen.

Im März 1872 gründeten 46 Armenier in Van, der einzigen Stadt, in der es mehr Armenier als Moslems gab, mit der »Heilsunion« die erste revolutionäre Gesellschaft in Türkisch-Armenien. »Wenn die Alternative zu unserer derzeitigen Lage die Russifizierung ist«, schrieben sie in einem Brief, »dann wollen wir russifiziert werden, ist sie die Auswanderung, dann wollen wir auswandern, wenn sie der Tod ist, dann wollen wir sterben, nur laßt uns frei werden.«

Armenische Gesellschaften in Rußland sammelten Geld, um Waffen für die Armenier in Van zu kaufen. In einer 1878 gegründeten Geheimgesellschaft mit dem Namen »Schwarzes Kreuz« hatten sich junge Armenier dazu verpflichtet, ihre unbewaffneten Landsleute zu beschützen. Auf Geheimhaltung vereidigt, riskierten ihre Mitglieder die Brandmarkung mit einem schwarzen Kreuz und die anschließende Hinrichtung, wenn sie gegen den Eid verstießen.

Auch in Erzurum gründeten Armenier 1881 mit der Gesellschaft »Beschützer des Vaterlands« einen Bund, der die Bewohner mit Waffen zu versorgen und gegen die Übergriffe der Kurden, Türken und Tscherkessen zu verteidigen gelobte. Schon drei Monate später hatte die Geheimgesellschaft Hunderte von Mitgliedern, die sich untereinander nicht kennen durften. Der Bischof von Erzurum wurde eingeweiht und informierte seinerseits den Patriarchen in Konstantinopel. Um unter den Russisch-Armeniern Gelder zu sammeln, hatte die Gesellschaft, die ansonsten auf jede schriftliche Mitteilung verzichtete, eine kleines Flugblatt hergestellt, das mit den Worten endete: »Freiheit oder Tod.« Ein Druck fiel in die Hände der osmanischen Regierung, die daraufhin etwa 400 Armenier verhaftete, 40 von ihnen verurteilte, die meisten aber bald wieder auf freien Fuß setzte, wohl auch, weil sie eine europäische Intervention fürchtete.

Doch bald schon wurde den jungen armenischen Rebellen

klar, daß sie mit Geheimbünden nichts gegen die Osmanen ausrichten konnten. So entschlossen sich mehrere Gruppen, nach europäischem Muster Parteien zu gründen, die auch vor einer Revolution nicht zurückschreckten. »Man hat den Armeniern so lange eingeredet, daß sie Aufruhr planten, bis sie das wirklich taten«, meldete der französische Botschafter Paul Cambon später seiner Regierung. »So organisierten sich innerhalb weniger Jahre geheime Gruppierungen, die sich die Fehler und Übergriffe der türkischen Behörden zunutze machten, um in ganz Armenien die Idee nationaler Identität und Unabhängigkeit wachzurufen.«

1885 hatten Lehrer und Schüler in Van die Armenakan-Partei gegründet und das Selbstbestimmungsrecht propagiert, wobei sie europäische Hilfe nicht ausschlossen. Die Partei forderte, eine »allgemeine Bewegung vorzubereiten«, und der russische Vizekonsul von Van – der armenische Major Kamsaragan – instruierte die ersten Freiwilligen in dem für alteingesessene Armenier ungewohnten Umgang mit Waffen.

»Die Armenakan-Partei«, schreibt der Ethnologe Koutcharian, »war die ›armenischste‹ der drei frühen Parteien in dem Sinne, daß ihre Gründer nicht von den zeitgenössischen internationalen sozialistischen Vorstellungen und Themen beeinflußt waren.« Militärisch war sie wenig erfolgreich, vielleicht auch, weil sie zu naiv war. Bei einem Gefecht mit türkischen Polizisten wurden im Mai 1889 drei armenische Waffentransporteure an der persischen Grenze gestellt, und den Türken fielen wichtige Dokumente in die Hände, weil einer von ihnen Tagebuch geführt hatte. Die Affäre wurde in der türkischen Presse groß aufgebauscht und Van als ein Insurgentennest hingestellt, was in späteren Jahren Tausende von unschuldigen Armeniern das Leben kosten sollte.

Da war die Hintschaken-Partei schon von anderem Kaliber. Im August 1887 hatten armenische Studenten in Genf eine Partei gegründet, die sich später nach ihrer Zeitung *Hintschak* (Glocke oder Erwecker) »Revolutionäre Partei der Hintschaken« nannte. Alle Gründer waren Studenten, fast ausschließlich Kinder wohlhabender Armenier aus dem georgischen Tiflis – einem Verbannungsort für russische Revolutionäre –, und keiner kam aus Türkisch-Armenien, das aber in ihrem Programm im Vordergrund stand. Zwar propagierten die Hintschaken nach dem Vorbild der russischen Sozialrevolutionäre den Klassenkampf, hauptsächlich aber die politische Unabhängigkeit von Türkisch-Armenien, von wo aus die Armenier Rußlands und Persiens für die Revolution gewonnen werden sollten, um schließlich ein gemeinsames Armenien zu bilden. »Die Hintschaken waren die einzige armenische Partei«, schreibt Louise Nalbandian, »die ohne Umschweife eine unabhängige und vereinigte Republik Armenien forderte.«

Mit Briefen, die sie von stets wechselnden Orten abschickten, hauptsächlich aus Paris und Leipzig, wandten sich die Jungrevolutionäre auch an die anderen Minderheiten im Osmanischen Reich, besonders die syrischen Christen und Kurden. Unüblich für die frühen Sozialisten machten sie einen Unterschied zwischen Moslems und Christen, was es dem moslemischen Eiferer Abdul Hamid II. erleichterte, die Armenier als Feinde auszumachen. Anders auch als ihre russischen Vorbilder propagierten die Hintschaken eine örtliche Guerilla.

Die bürgerlichen Armenier des Kaukasus versagten den Hintschaken sofort ihre Unterstützung, und auch die gutsituierten Armenier in der Türkei wollten mit der Studentenpartei nichts zu tun haben. Trotzdem gelang es den Hintschaken, sich in Konstantinopel zu etablieren und innerhalb der ersten sieben Monate bereits etwa 700 Mitglieder anzuwerben, besonders unter den gebildeten armenischen Angestellten der Konsulate und Schiffahrtslinien, die sich allerdings weniger durch das revolutionäre Programm angezogen fühlten als durch die Proklamation eines unabhängigen Staates Armenien. Auch in Kilikien schlossen sich junge Armenier den Hintschaken an, doch in den eigentlichen Siedlungsgebieten der Armenier sowohl in der Türkei als auch im Kaukasus blieb die Partei wirkungslos.

In Konstantinopel freilich gelang den Hintschaken am 27. Juli 1890 ein Coup, als einer von ihnen, das Parteimitglied Harutiun Dschankulian, in die Kathedrale des Armenierviertels Kum Kapu eindrang, das türkische Wappen zerschlug, der für eine hohe Kirchenfeier anwesenden Kongregation ein Protestschreiben gegen die Verfolgung der Armenier im Lande an den Sultan vorlas und anschließend den Patriarchen Choren Aschekian zwang, diesen Brief dem Sultan zu bringen. Als sich die Delegation auf den Weg zum Sultanspalast machte, wurde sie von türkischen Soldaten aufgehalten. Es kam zu einem Handgemenge, bei dem mehrere Armenier, aber auch ein türkischer Soldat und ein Gendarm ums Leben kamen. Der Hintschaken-Anführer wurde verhaftet und zu lebenslanger Haft verurteilt. Auch wenn das Unternehmen zu nichts führte, so war es bei dem fortan »Kum-Kapu-Affäre« genannten Zwischenfall doch »das erstemal seit der Eroberung von Konstantinopel«, wie der britische Botschafter Sir William White nach London schrieb, »daß Christen es wagten, türkischem Militär Widerstand zu leisten«.

Allerdings war den Hintschaken auch klargeworden, daß sie im Osmanischen Reich nicht über den notwendigen Anhang verfügten, um den Sultan wirklich in Bedrängnis zu bringen oder die Europäer zum Eingreifen zu zwingen. Die rebellischen Genfer Studenten nahmen deshalb Kontakt zu Gesinnungsgenossen im Kaukasus auf und waren wesentlich daran beteiligt, daß eine Bewegung entstand, die Armeniens Geschicke für ein halbes Jahrhundert bestimmen sollte: die Daschnaksutiun.

Sie hatte ihr Zentrum in den armenischen Siedlungsgebieten, wenn auch anfangs nicht im türkischen Teil, sondern im russischen. Allerdings waren besonders die reichen Armenier in der Kaukasusmetropole Tiflis wenig an revolutionären Organisationen in ihrer Region interessiert, weil die zaristische Polizei leicht alle Armenier verdächtigte, eine antizaristische Konspiration anzuzetteln. Einer der Reichen, Arakel Saturian, bot dem Anführer armenischer Revolutionäre, Grigor Ardzruni, 100 000 Rubel, wenn er die Zentrale seines konspirativen Zirkels ins Ausland verlegen würde.

Die jungen armenischen Revolutionäre im Kaukasus, aber auch in Sankt Petersburg und Moskau, interessierten sich hauptsächlich für Türkisch-Armenien und weniger für Russisch-Armenien. Im Sommer 1890 schlossen sich im georgischen Tiflis alle armenischen Oppositionellen, die Hintschaken eingeschlossen, zur »Föderation der armenischen Revolutionäre« zusammen. Nach dem armenischen Wort für »Föderation« wurde die neue Gruppierung »Daschnaksutiun« genannt und ihre Anhänger kurz Daschnaken.

Die Hintschaken hatte sich mit ihren marxistischen Vorstellungen nicht durchsetzen können, einige ihrer Gedanken gingen aber in die Grundsatzerklärungen der Daschnaken ein, ohne daß Außenstehenden verständlich wurde, was damit wohl gemeint sei. So war in dem verabschiedeten Manifest die Rede vom »Volkskrieg gegen die türkische Regierung«. Doch was war ein Volkskrieg? Weil die armenischen Oppositionellen von Europa enttäuscht waren, verzichteten sie im Manifest ausdrücklich auf Hilfe von außerhalb. Doch wer würde die Waffen liefern für den Volkskrieg? Das Wort Sozialismus sollte nicht vorkommen, also hatten sich die Autoren auf die Formulierung »ökonomische und politische Freiheit für Türkisch-Armenien« geeinigt. Doch was sollten die Armenier darunter verstehen? Der Zwang zum Kompromiß hatte zu einem Dokument geführt, das Verwirrung stiftete.

Gegen den Willen der gerade gegründeten Vereinigung zog im September 1890 der frühere Sankt-Petersburger Student Sargis Gugunian an der Spitze von 125 Aufrührern, manche von ihnen beritten, von Russisch-Armenien Richtung Türkisch-Armenien. Sie trugen eine Fahne voran, auf die junge Armenierinnen in Kars die Abkürzung M. H. für »Majr Hajastan« (Mutter Armenien) gestickt hatten und fünf Sterne um die Zahl 61: die Sterne für die fünf armenischen Provinzen und die Zahl 61 für den Artikel 61 des Berliner Kongresses, in dem die Reformen festgeschrieben waren. Auf der anderen Fahnenseite stand die Devise »Rache«, mit einem Totenkopf verziert. Doch die Gruppe verirrte sich, wurde in Kämpfe mit Kurden und russischen Grenzwächtern verwickelt und nach drei Tagen von Kosaken verhaftet, bevor sie überhaupt die russisch-türkische Grenze erreicht hatte.

Den Reinfall dieser ersten Expedition von russischem Boden aus sahen die Armenier ganz anders als die Europäer. Gugunian und seine Leute wurden im armenischen Transkaukasus fortan als Helden verehrt, und selbst der britische Vertreter in Sankt Petersburg, Henry Howard, schrieb an seinen Außenminister: »Die in diesem Fall zwischen den russischen und türkischen Armeniern gezeigte Solidarität scheint mir als Zeichen patriotischer Sehnsucht von Wichtigkeit zu sein.«

Ganz im romantischen Zeitgeist schmiedeten die Armenier Pläne, um die türkische Herrschaft abzuschütteln. Nach einem von ihnen sollte ganz Konstantinopel durch gleichzeitige Coups in allen Stadtteilen eingenommen werden. Die ohnehin schon morsche osmanische Macht würde zusammenbrechen, glaubten die Revoluzzer, wenn es ihnen gelingen würde, alle Minarette zu besetzen.

Mit Beginn des Baus der Transsibirischen Eisenbahn 1891 verlor für Rußland die Herrschaft über die Meerengen an Bedeutung, was zu einer Entspannung zwischen dem Russischen und dem Osmanischen Reich führte. Eine Entspannung zu Lasten der Kaukasus-Armenier, die bis dato relativen Freiraum hatten, wenn sich ihre Aktionen gegen den Sultan und nicht gegen den Zaren richteten. Sie mußten allenfalls mit geringen Strafen rechnen. Den neuen Kurs spürten als erste die Angeklagten der Gugunian-Expedition. Im zwei Jahre lang geführten Prozeß legten die Richter die Initialen M. H. als Abkürzung für »Miatsial Hajastan« (Vereinigtes Armenien) aus und verbannten 27 Daschnaken wegen Verschwörung gegen den Staat nach Sibirien.

Ich werde die Armenier auf Vordermann bringen
Pan-Islam und die Hamidiye

Sultan Abdul Hamid haßte die Armenier, obgleich er angeblich selbst der Sohn eines armenischen Gärtners und einer Prinzessin war. Er haßte sie nicht nur, weil sie mit den Russen sympathisierten und revolutionäre Vereinigungen gebildet hatten, er haßte sie vor allem wegen ihres Reichtums. Sie seien »eine degenerierte Gesellschaft«, hatte er einmal gesagt, weil sie so wenig Steuern zahlten, wie er meinte, obgleich die Armenier weit mehr zahlten als gleich reiche Türken, nur gab es von denen weniger. Außerdem fürchtete der Sultan, von den Armeniern überwacht zu werden, weil jeder dritte Beamte ein Armenier war. Er übersah, daß seine vermuteten Feinde nur die unteren Chargen der Administration stellten. Und schließlich mißhagten ihm die Verbindungen der Armenier mit dem Ausland. »Sie werden immer Vasallen sein«, sagte er.

Der Sultan fühlte sich durch Europäer und Armenier in die Enge getrieben. »Durch die Wegnahme von Griechenland und Rhodos hat Europa uns die Füße abgehackt«, lamentierte er, »der Verlust von Bulgarien, Serbien und Ägypten hat uns die Hände abgerissen, und durch die Agitation in Armenien wollen sie an unsere lebenswichtigen Organe heran und uns unsere Gedärme ausreißen. Dagegen müssen wir uns mit aller Kraft zur Wehr setzen.«

Obgleich der britische Poet und Politiker Wilfrid Scawen Blunt von Abdul Hamid sagte, er sei »in seinem Herzen ein Freidenker«, kramte der Sultan ein Herrschaftsinstrument hervor, das die früheren osmanischen Sultane nur äußerst selten benutzt hatten: den Islam. »Religion war für ihn eine politische Angelegenheit«, erkannte Blunt. Mit Hilfe des Islam wollte Abdul Hamid die Christen domestizieren. »Es war das erste Mal«, schrieb der türkische Historiker Ilber Ortayli, »daß eine fanatische islamische Lebens- und Denkweise vorherrschend wurde.« Nur mit der kriegerischen Religion des Propheten, schrieb der britische Historiker Walker, konnte er »die Moslems gegen eine nichtmoslemische Bedrohung hinter sich scharen«.

»Vielleicht wird der Tag kommen«, hatte der Sultan gegenüber dem britischen Botschafter Sir Henry Layard geäußert, »wo ich nicht mehr imstande sein werde, die verständliche Wut meiner Untertanen zu zügeln. Und wenn ihr Fanatismus einmal erwacht, dann wird die westliche Welt Anlaß zu Angst und Sorge haben.«

Anfang 1889 vertraute Abdul Hamid seinem Dauergesprächspartner, dem ungarischen Turkologen Vámbéry, an: »Ich werde die Armenier jetzt bald auf Vordermann bringen, das verspreche ich Ihnen, ich kenne ein Mittel, sie zu beruhigen.« Sein Großwesir Isset Pascha sprach gegenüber Vámbéry erstmals offen aus, worin die Lösung der Armenierfrage seiner Meinung nach bestehe: In der Beseitigung der Armenier.

Um das zu bewerkstelligen, verbündete sich der Sultan mit den Kurden, oder genauer: mit dem kriegerischen Teil von ihnen. Die Kurden waren, wie die Armenier, lange vor den Türken nach Kleinasien eingewandert. Anfangs ein reines Nomadenvolk, war inzwischen ein Teil von ihnen seßhaft geworden und betrachtete die weiterhin umherstreifenden und dabei oft räuberischen Brüder als »Auswurf des Volkes«, wie der deutsche Türkeikenner Lepsius notierte. Die Anführer dieser verachteten, aber zumeist sehr armen Stämme lud der Sultan 1891 nach Konstantinopel ein und machte ihre Anführer, die Scheichs (»alle an Armenier verschuldet«, so der österreichische Kavalleriegeneral und Militärattaché in Konstantinopel, Wladimir Freiherr von Giesl), zu Paschas. Vor allem aber rüstete er die oft noch mit Uraltflinten bewaffneten Kurdennomaden mit modernen Gewehren aus. Sie sollten im Osten Anatoliens seine persönliche Streitmacht werden, weshalb er sie mit seinem Namen Hamid verband und »Hamidiye« nannte – die Kavallerie des Sultans.

Diese Reiterei, schrieb der deutsche Historiker Carl Friedrich Lehmann-Haupt, der in Konstantinopel lehrte und über die Armenier forschte, »bedeutete auf gut Deutsch nichts anderes, als 150000 wohlbewaffnete Räuber einzukleiden und zu legitimieren«. Giesl erkundigte sich beim Kurdenstamm der Djellali, und deren Mitglieder sagten ihm, es ginge ihnen nur darum, »vom Staate gute Waffen und Munition zu erhalten«. Der deutsche Generalstabsoffizier Felix Guse bezeichnete im Ersten Weltkrieg die Hamidiye als »militärisch völlig wertlos«, doch wußte er nicht, welchen Zweck sie eigentlich erfüllen sollten, oder wollte es nicht wissen.

Die Hamidiye-Kurden sollten – vorgeblich – die Grenze zu Rußland sichern, was sie nicht taten, denn die meisten der neuen Paschas ließen sich von den Russen schmieren. Und sie sollten die seßhaften Kurden in Schach halten, was ihnen mißlang, weil die, ebenfalls bewaffnet, sich zu wehren wußten. Ihre Hauptaufgabe freilich bestand darin, die Armenier zu unterdrücken, was sie zur Zufriedenheit des Sultans erledigten. »Eine schreckliche Waffe gegen die armenischen Aktivitäten«, nannte sie die armenische Revolutionshistorikerin Louise Nalbandian.

Vom tscherkessischen General Seki Pascha organisiert, standen die einzelnen Abteilungen unter dem Kommando türkischer Offiziere. Nur die obersten Dienstgrade erhielten Sold, die unteren nur Waffen und Munition. So verdienten sich die Hamidiye-Reiter ihren Lohn in erster Linie durch Überfälle auf die Armenier. Und sie riskierten wenig. »Viele Kurden geben öffentlich zu«, berichtete der britische Konsul Charles S. Hampson aus Erzurum, »daß sie zur Unterdrückung der Armenier bestimmt sind und daß ihnen zugesichert wurde, sie brauchten sich nicht zu verantworten.« Wurde einmal ein Kurdenführer festgesetzt, endete der Prozeß zumeist mit Freispruch. Und wenn sie bestraft wurden, »war das eher eine Art von Auszeichnung«, wie der türkische Historiker Orhan Kologlu feststellte – indem sie zum Beispiel versetzt, in Wahrheit aber befördert wurden.

Die Hamidiye wüteten besonders unter den Armeniern in den entlegenen östlichen Gebieten. »Es ist unmöglich«, schreibt der französische Arzt und Buchautor Yves Ternon, »die Zahl der Armenier zu beziffern, die in den Ebenen Kurdistans mit dem Bajonett niedergemacht, erschossen, aufgeknüpft und verstümmelt wurden.« Ein englisches Blaubuch sprach von »organisiertem Raub und legalisiertem Mord«.

Kein Haarbreit nachgeben
Die armenische Widerstandsbewegung

Besonders die Hintschaken machten die Daschnaken-Föderation dafür verantwortlich, daß nichts geschah, den hauptsächlich von den Hamidiye bedrohten Brüdern zu helfen, und beschlossen im Sommer 1891, sich aus der Organisation zurückzuziehen. Andere Gruppen folgten, und Anfang 1892 »war die Föderation unter den inneren und äußeren Erschwernissen fast zusammengebrochen«, wie Louise Nalbandian schreibt.

Im Sommer 1892 fand in Tiflis ein zweiter Kongreß statt, wie immer unter größter Geheimhaltung und ohne jede schriftliche Mitteilung. Die Delegierten nannten ihre Bewegung in »Armenische revolutionäre Föderation« um und verkündeten als neues nationales Ziel die Durchführung umfangreicher Reformen in Türkisch-Armenien. Die Daschnaken verlangten aber weder völlige Autonomie für Türkisch-Armenien noch einen eigenen Staat. Das Wort »Unabhängigkeit« kam in ihrem Programm nicht mehr vor, nur von Selbstregierung war die Rede. In etwa sei das Programm, verdeutlichten die Daschnaken in ihrer Zeitung, identisch mit dem, was die Armenier auf dem Berliner Kongreß verlangt hätten. Für die nächsten drei Jahrzehnte sollten sie über diese Forderung nach Reformen in Türkisch-Armenien nicht hinausgehen.

Um diese relativ moderaten Ziele durchzusetzen, schlossen die Daschnaken allerdings die Anwendung von Gewalt nicht aus, propagierten die Bewaffnung der Bevölkerung, den Aufbau eines Spionagenetzes und die Terrorisierung von korrupten Beamten, Verrätern und Ausbeutern. Sie unterschieden zwar theoretisch stets zwischen dem »friedlichen moslemischen Türken« und der »korrupten osmanischen Regierung«, wie Louise Nalbandian schreibt, doch war die Trennung in der Praxis gar nicht durchzuführen.

Zum Zentrum der Waffenproduktion wurde Nordpersien, das damalige »Mekka für Revolutionäre« (Nalbandian), denn der Schah ließ ihnen mehr Freiheiten als Zar und Sultan. Die Daschnaken bestachen Arbeiter der russischen Fabrik in Tiflis, ihnen Einzelteile zu verkaufen, und ließen sie durch als Priester, Händler oder Lehrer getarnte Kuriere zumeist nach Täbris bringen, wo sie in der »Khariskh Sinagordsaran«, der »Zentralen Waffenfabrik« des Tigran Stepanian, zusammengesetzt wurden. Anschließend brachten sie die Waffen zu Verstecken an der persisch-türkischen Grenze. Dort diente besonders das auf persischer Seite liegende Kloster von Derik, das jahrzehntelang verlassen und von den armenischen Rebellen wieder instand gesetzt worden war, als Depot. Einen Angriff der türkischen Armee und örtlicher Kurden konnten die Armenier im Juli 1894 abwehren, eine für die Türken als ungeheuerlich empfundene Niederlage. Die Entwaffnung der Armenier wurde nunmehr zu einer regelrechten Obsession der osmanischen Regierung und führte immer häufiger zu Zusammenstößen. Denn im Gegensatz zu den Armeniern war es Türken und Kurden stets erlaubt, Waffen zu besitzen.

Doch den direkten Anlaß zu neuen Heimsuchungen der Armenier sollten nicht Ereignisse im fernen Osten des Osmanischen Reichs sein, sondern im fernen Westen. Urheber waren nicht die Daschnaken, sondern ihre Ex-Kollegen in Genf. Im Januar 1893 riefen die Hintschaken in mehr als 100 Orten des Osmanischen Reichs nicht die Armenier, sondern die Türken durch Plakate zur Erhebung gegen den Sultan auf, freilich ohne jeden Erfolg. Viele Hintschaken, aber auch unbeteiligte Armenier, wurden zu Gefängnis verurteilt oder hingerichtet. Die meisten von ihnen wurden durch den Armenier Iknadios H. Kasandschian verraten, ein früheres Mitglied der Armenakan-Partei in Van, der die meisten von ihnen persönlich kannte.

Diplomatisch waren die Armenier mit ihren Reformbestrebungen kaum vorangekommen. Die Konstellation hatte sich nach dem Berliner Kongreß nicht wesentlich geändert: Die

Russen grollten, die Franzosen schwiegen, die Engländer sprachen von Reformen, aber taten nichts, die Deutschen bestärkten eher die Türken. »In der armenischen Frage«, empfahl Bismarck 1883 dem osmanischen Feldmarschall Gazi Muhtar Pascha, »würde ich nicht um ein Haarbreit nachgeben, sobald die Autorität des Sultans in seinen armenischen Provinzen durch sogenannte Reformen kompromittiert wird.« Allerdings empfahl er »höfliche und ausweichende Behandlung«.

Nach Bismarcks Abgang im März 1890 allerdings änderte sich die Haltung der Deutschen gegenüber den Osmanen und damit auch gegenüber den Armeniern. Denn im Zeitalter des Imperialismus hatte auch das Deutsche Reich die Türkei als wirtschaftliche Einflußsphäre entdeckt, und besonders die Alldeutschen sollten bald von deutschen Kolonien in Anatolien und Mesopotamien träumen. Sehr konkret kümmerte sich das Reich um die Konstruktion von Eisenbahnen, die im Bau der Bagdadbahn von Konstantinopel nach Mesopotamien ihren Höhepunkt finden sollte. Im Oktober 1893 sprach der damalige (dem heutigen Außenminister entsprechende) Staatssekretär des Äußeren und spätere langjährige deutsche Botschafter in Konstantinopel, Adolf Freiherr Marschall von Bieberstein, erstmals von »zum Teil berechtigten Beschwerden der Armenier«, deren Anlaß im »ganzen System der türkischen Verwaltung« liege und »niemals geändert werden kann«.

Es war mehr Zufall, daß die Deutschen direkt in armenische Dinge involviert wurden. In Mersowan, wo die Amerikaner eine Schule aufgebaut hatten, war das Gebäude abgebrannt. Die osmanische Regierung schob die Schuld dafür zwei armenischen Lehrern zu und verurteilte sie zum Tode. Einer von ihnen war aber ein Schwager des deutschen Pastors Adolf Hoffmann, der sich daraufhin energisch für seinen Anverwandten einsetzte und ihn mit Hilfe der deutschen Diplomaten auch frei bekam.

Ein Jahr drauf, Ende März 1884, kabelte dann der deutsche Botschafter Hugo Fürst von Radolin an seinen Kanzler: »Es läßt sich nicht leugnen, daß eine ›armenische Frage‹ nicht nur existiert, sondern sogar im Wachsen begriffen ist.« Der osmanischen Regierung riet er, »durch rechtzeitiges Nachgeben billigen Auswüchsen« gerecht zu werden. Es kam aber ganz anders, als der Deutsche erhoffte.

Wie wilde Tiere verfolgt und getötet
Der Aufstand von Sassun

»Eine der interessantesten armenischen Gemeinden im Osmanischen Reich« nannte der englische Historiker Arnold Joseph Toynbee die Gemeinde Sassun (heute: Sason), in der das armenische Nationalepos *Dawid von Sassun* spielt. Sie bestand aus etwa 40 fast rein armenischen Ansiedlungen südlich der Stadt Musch, in denen relativ reiche Großfamilien nach althergebrachter Sitte mit bis zu 50 Mitgliedern lebten. In einem britischen Zeitdokument werden sie als »eine wehrhafte Rasse von Gebirgsschafhirten« beschrieben. Hinzu kamen im fruchtbaren Tal des Flüßchens Talori Su weitere armenische Ansiedlungen. Das ganze gebirgige Gelände mit seinen tief eingeschnittenen Flußtälern war nur auf schmalen Pfaden zu erreichen. So hatte die osmanische Regierung auch nicht die Entwaffnung der Sassuner Armenier durchsetzen können, die sogar ihr Schießpulver noch selbst herstellten. »Im Unterschied zu der geknechteten Landbevölkerung der großen Ebenen«, schreibt der deutsch-armenische Ethnologe Gerayer Koutcharian, »trugen sie noch die Erinnerung an die Eigenstaatlichkeit Armeniens in sich.«

Im Westen der Region residierten die kurdischen Aghas, denen die Armenier Tribute für die Schutzdienste zahlten. Dieses System funktionierte viele Jahrhunderte lang, und es gab nur selten Streit zwischen den beiden Völkern. Gebrochen wurde der Friede zu Beginn der neunziger Jahre, als die Osmanen die Tribute durch staatliche Steuern ersetzten, aber nicht in der Lage waren, die Schutzfunktion der Kurden zu übernehmen. So mußten die Armenier doppelt Steuern zahlen und weigerten sich. Auch die seßhaften Kurden schlossen sich anfangs dem Steuerboykott an.

Zum Widerstand ermuntert hatte die Armenier Mihran Damadian aus Konstantinopel, ein Katholik. Er hatte als Lehrer in Musch die Misere seiner Landsleute kennengelernt, sich den Hintschaken angeschlossen und auch in der Kum-Kapu-Affäre mitgemischt. Unter dem Pseudonym Melkon Kurschid reiste er nach Sassun und rief seine Landsleute zum Widerstand auf. Er selbst war zumindest in einen Überfall verwickelt, bei dem Kurden ums Leben kamen. Damadian wurde von türkischen berittenen Polizisten verhaftet und nach Konstantinopel gebracht, von wo er allerdings sogleich nach Genf abgeschoben wurde.

Im Juli 1893 hatten nomadisierende Kurden armenische Dörfer angegriffen und mehrere niedergebrannt. In den größeren Dörfern konnten sie nichts ausrichten, weil die Armenier sich verteidigten. Der türkische Bezirksgouverneur erschien mit Truppen, um einige armenische Anführer verhaften zu lassen, doch die Armenier vertrieben ihn. Im Frühjahr 1894 stieß dann abermals ein Hintschak zu ihnen, der Medizinstudent Hampartsum Boyadschian, der sich über den Kaukasus als moslemischer Scheich eingeschlichen und den Namen Murad zugelegt hatte. Er sollte als Murad von Sassun in die armenische Geschichte eingehen.

Im Juni 1894 kam ein Landrat mit berittener Polizei erneut in die Bergdörfer, um die Steuer einzuziehen. Die Armenier erklärten sich dazu bereit unter der Bedingung, nicht mehr die Abgaben an die Kurden entrichten zu müssen. Daraufhin »beschimpfte und mißhandelte« der türkische Beamte die Armenier, wie der britische Konsul von Erzurum, R. W. Graves, meldete, »worauf die über ihn herfielen und ihn nach einer heftigen Tracht Prügel wieder abziehen ließen«.

Diesen Vorfall meldete der Landrat als »bewaffnete Rebellion« an seine Vorgesetzten, die daraufhin 300 Soldaten und Polizisten schickten. Gleichzeitig zogen Kurden in großer Zahl auf die Sommerweiden, es gab Scharmützel mit den Armeniern, die dabei mehrere Kurden töteten. Einen Angriff kurdischer Verbände gegen die Armenier wehrten reguläre türkischen Truppen erst ab, schlossen sich dann aber mit den Kurden zusammen und überrannten mehrere größere armenische Dörfer. Die Armenier hätten ihre eigenen Dörfer angesteckt, meldeten sie nach oben, und seien in die Berge geflohen.

Im größten Dorf hielten sich die von Murad organisierten Armenier, doch dann rückten Ende August kurdische Hamidiye-Regimenter aus Erzurum an und vertrieben die Armenier, die sich ins Bergmassiv zurückzogen. Auch die armenischen Dörfer im Tal wurden von den vereinten türkischen und kurdischen Truppen eingenommen, die alle Armenier, die ihnen in die Hände fielen, »verwundeten oder töteten, ohne Rücksicht auf Alter oder Geschlecht«, wie es im britischen Regierungsbericht zu diesen Ereignissen hieß. »Kinder wurden an Felsen zerschmettert«, schreibt der britische Historiker Walker, »schwangere Frauen auf barbarische Weise zerstükkelt.« Die Soldaten hätten gewettet, berichtete ein Augenzeuge dem Forschungsreisenden Lehmann-Haupt, »welchen Geschlechts sich das Kind erweisen würde!«.

Der armenische Priester Howhannes hatte vom kommandierenden türkischen Oberst Tevfik Pascha das Versprechen erhalten, niemandem würde etwas zuleide getan, wenn sich die Armenier freiwillig stellten. Nachdem sich mehrere hundert Armenier versammelt hatten, wurden fünf oder sechs Gruben ausgehoben und die Männer in sie hineingetrieben. Besonders auf den Priester hatten es die Türken abgesehen, der sich direkt neben dem Zelt des Kommandanten aufstellen mußte. Die Soldaten, berichtete Lehmann-Haupts Zeuge, »drückten ihm mit dem Bajonett die Augen aus und durchbohrten seinen Hals, bis das Wasser, das sie ihn zu trinken zwangen, an beiden Seiten herauslief«. Sodann hätten sie ihm die Haut vom Gesicht gezogen, ihn zusammen mit den anderen Männern in die Grube geworfen und so lange mit Bajonetten auf die Männer eingestochen, »bis ihr Angstgeschrei erlosch«. Einige Zeugen hätten ihm berichtet, daß noch am Abend »Stöhnen aus diesen schrecklichen Gruben vernehmbar« war, in denen jeweils etwa 40 Männer verendeten. Mindestens tausend Armenier fanden in Sassun den Tod, manche Schätzungen gehen von der dreifachen Zahl aus.

Die Hintschaken hatten mit dem Aufruhr in Sassun zumindest eins erreicht: Erstmals verlangten die Großmächte, die Vorkommnisse zu prüfen. Sultan Abdul Hamid II. mußte zwar der Bildung einer internationalen Kommission zustimmen, ließ als ihr Ziel aber verkünden, sie solle »kriminelle Akte armenischer Räuberbanden« untersuchen, »die Dörfer plünderten und verwüsteten«. Die Ermittler hörten insgesamt 190 Zeugen und kamen zu einer »unumwundenen Verurteilung des türkischen Vorgehens«, so der französische Botschafter Paul Cambon. »Wir sind zu der Überzeugung gelangt«, schrieb einer der europäischen Untersucher, »daß Armenier ohne Ansehen ihres Alters oder Geschlechts wie wilde Tiere verfolgt und getötet wurden. Das Ziel der türkischen Behörden war die Ausrottung der Armenier in den Distrikten.«

Die Ereignisse von Sassun veranlaßten die europäischen Mächte, im Frühjahr 1895 der osmanischen Regierung ein Reformprojekt vorzulegen, das unter anderem vorsah, einen Hochkommissar für Armenien zu benennen, der die Gouverneure überwachen sollte. Ferner sollten die Christen proportional zu ihrem Bevölkerungsanteil Posten in der Justiz und Polizei erhalten. Im August beteuerte die Regierung des Sultans ihre Reformbereitschaft, unternahm aber nichts.

Die deutsche Regierung änderte nach den Massakern von Sassun ihre Haltung zur armenischen Frage nicht. Darin bestärkte sie auch ein Bericht des deutschen Generals von der Goltz, der in der Türkei osmanische Offiziere ausbildete und den ein türkischer Freund aus der Sassuner Kommission informiert hatte. »Die Einführung neuer Reformen«, teilte im Sommer 1895 Deutschlands Botschafter dem Sultan mit, »sei durchaus nicht notwendig.«

Grausamkeiten in bisher nicht vorstellbarem Ausmaß
Die Massaker von 1895

Für den 30. September 1895 hatten Hintschaken in Konstantinopel eine Demonstration angekündigt, um dem Großwesir ein Memorandum zu überreichen. Der Patriarch Mattheos Ismirlian, der von den Vorbereitungen gehört hatte, bat den Anführer Karo Sahakian, der in Wahrheit Heverhili Karon hieß, dafür zu sorgen, daß die Demonstration friedlich bliebe. Gegen das Votum einiger Mitglieder stimmte die Hintschaken-Leitung dem zu und teilte den ausländischen Botschaften und der osmanischen Regierung mit, man habe vor, eine kurze Demonstration »strikt friedlichen Charakters« für die Durchführung von Reformen abzuhalten.

Nicht alle Demonstranten freilich hegten friedliche Absichten, worauf schon die vielen Pistolen und Messer gleicher Bauart hindeuteten, die sie bei sich trugen. Der Zug formierte sich vor der armenischen Kathedrale in Kum Kapu, wo eine weibliche Delegation aus Sassun den Patriarchen aufgefordert hatte: »Richten Sie diesem gleichgültigen Europa aus, daß es sich für die Vernichtung eines ganzen christlichen Volkes schämen muß.« Mit den Rufen »Sassun! Sassun!« setzte sich dann ein

Zug von etwa 2000 Demonstranten in Bewegung, wurde aber von einer türkischen Wacheinheit unter dem Major Servet Bej aufgehalten, der den Armeniern mitteilte, die Demonstration sei verboten. Mit welchem Recht er das verbieten würde, wollte ein Hintschak-Student wissen. Der türkische Offizier schimpfte den Befrager einen »verdammten Ungläubigen« und verletzte ihn mit einem Säbelhieb. Daraufhin zog der Student seinen Revolver und erschoß den Major. Soldaten und Gendarmen entwaffneten die Armenier und töteten etwa 20 von ihnen. Mehrere armenische Anführer wurden verhaftet und später hingerichtet.

Islamische Studenten (»oder Polizisten in Studentenkleidung«, wie der englische Schriftsteller Wilfrid Scawen Blunt schrieb) jagten tagelang Armenier in der ganzen Stadt, besonders in den Vierteln der Armen, die völlig unbeteiligt, aber schutzlos waren, und töteten fast 100 von ihnen. Ein deutscher Offizier beobachtete einen türkischen Polizisten, der unbeteiligt zusah, wie ein Armenier zusammengeschlagen wurde. Als die Meute sich verzog, ging der Ordnungshüter zu dem am Boden liegenden Armenier und erschoß ihn.

Etwa 2400 Armenier suchten Schutz in ihren Kirchen, die sie erst verließen, als die Europäer ihre Sicherheit garantierten. Die Botschafter der sechs Großmächte forderten eine Untersuchung und die Freilassung der nicht hinreichend Verdächtigten. Gleichzeitig legten sie ein weiteres Reformprojekt vor, nach dem den türkischen Provinzgouverneuren christliche Berater zur Seite gestellt werden sollten. Zu ihrem Erstaunen akzeptierte der Sultan diese Vorschläge und unterzeichnete am 17. Oktober 1895 das Reformdekret mit nur geringen Änderungen.

Doch während Abdul Hamid »mit der rechten Hand Reformen und Gerechtigkeit verteilte«, schreibt Historiker Walker, »bereitete er mit seiner linken Mord und Grausamkeiten in bisher nicht vorstellbarem Ausmaß vor«. Denn nun folgten im Osten Massaker, die alles Bisherige übertrafen.

Die Berichte über die Grausamkeiten an den Armeniern stehen denen des Völkermords von 1915 in nichts nach. Anders als im Ersten Weltkrieg wurden die Armenier in ihren Wohnorten getötet, oft in ihren Häusern verbrannt, manchmal auch in ihren Kirchen. In Urfa, dem antiken Edessa, hatten die Türken den Armeniern Schutz versprochen, wenn diese ihre Waffen abgeben würden, was die Armenier auf Rat ihres Oberhirten auch taten. Doch dann umstellte ein angeblich zu ihrem Schutz angerücktes Bataillon das armenische Viertel. 3000 Armenier flüchteten in die Kirche, die daraufhin von den Angreifern angezündet wurde. Ein Scheich zwang 100 Armenier, sich auf den Rücken zu legen, und ließ sie unter Rezitation von Koranversen nach dem Ritus des Hammelopfers abschlachten.

Auf 36 085 bezifferte das französische Gelbbuch Ende Februar 1896 die Zahl der getöteten Armenier, während der britische Botschaftsbericht 88 243 getötete Armenier (und 1293 Moslems) angab. Das armenische Patriarchat sprach von 300 000 Opfern, wozu noch die geraubten Frauen und die Zwangsislamisierten kamen. Die Bewohner von 646 Dörfern waren geschlossen zum Islam übergetreten, um den Massakern zu entgehen, ermittelten die Briten, 328 Kirchen waren in Moscheen umgewandelt, weitere 568 Kirchen und 77 Klöster zerstört worden.

Zwar bestritt die osmanischen Regierung, die Massaker angeordnet zu haben, doch schon 1860 hatte der britische Botschafter Bulwer nach einer Enquete seiner Konsuln festgestellt, daß der »moslemische Fanatismus niemals spontan ausbricht, sondern sich in Gewalttätigkeiten nur dann umsetzt, wenn er durch die Haltung der Vertreter der Staatsmacht dazu ermutigt wird«. So war es auch 1895, und die Belege sind eindeutig. In den Städten wurden die Massaker oft durch Trompetenstöße angekündigt, meist um elf Uhr oder mittags. In einigen Orten riefen die Muezzins von den Minaretten statt zum Gebet zum Mord an den Armeniern auf. »Alle Kinder Mohammeds haben ihre Pflicht zu erfüllen und müssen sämtliche Armenier töten. Niemand darf verschont werden. Das ist der Befehl des Sultans.« So stand es auf einem Plakat in der Stadt Arabkir, einem der wenigen schriftlichen Beweisstücke für die Planung. Und: »Jeder Muslim wird seinen Gehorsam gegenüber den Anordnungen der Regierung unter Beweis stellen, indem er zuerst diejenigen Armenier tötet, mit denen er befreundet war.«

Die Befehle für die Metzeleien waren vom obersten Militärbefehlshaber in Ersindschan verschickt worden. Sie betrafen nur jene Regierungsbezirke, in denen die Reformen durchgeführt werden sollten. Ferner sollten offenbar nur die Angehörigen der gregorianischen Nationalkirche getroffen werden. Denn mit Ausnahme der Stadt Diyarbakir, deren Einwohner für ihre Härte gegen Christen berüchtigt waren, wurden die Angehörigen anderer christlicher Konfessionen, aber auch die katholischen und protestantischen Armenier, vor den Massakern aufgefordert, sich in ihre Kirchen zu begeben, wo ihnen nichts geschah.

Daß die Behörden keineswegs machtlos einem fanatisierten Mob gegenüberstanden, bewies der französische Konsul Meyers in Diyarbakir. Als er die Massaker seinem Botschafter in Konstantinopel meldete, kabelte der zurück: »Sie können Ihrem Wali sagen, daß er mit seinem Kopf für den Ihren haftet. Das habe ich eben dem Großwesir erklärt.« Das mußte der Regierungschef des Sultans sofort an seinen Gouverneur weitergegeben haben, denn noch am gleichen Abend verkündeten Ausrufer in den Straßen der Stadt, der Wali habe verboten zu schießen und würde das Tragen von Waffen streng bestrafen. Sofort hörten die Massaker auf.

In wenigen Fällen gingen die Behörden auch von sich aus gegen die Massaker an. So fuhr der Regierungspräsident von Mersin mit dem Zug nach Tarsus und zerstreute dort, zusammen mit dem Landrat und dem Mufti, die Menschenmenge, die sich zum Pogrom zusammengerottet hatte. In Hadschin hinderten der Mufti und der Kadi den Landrat daran, das Signal zum Mord zu geben. In Angora verhinderte der Gouverneur ein Massaker, und in der Stadt Tokat trieb der türkische Militärkommandant am 15. November Plünderer auseinander und schützte die Christen.

Die Großmächte, von denen die Armenier sich einen wirksamen Schutz erhofft hatten, erwiesen sich erneut als Papiertiger. Sie spielten mit der osmanischen Regierung »weiterhin die Komödie der Protestschreiben und Denkschriften«, schreibt Ternon, »und versicherten zugleich der inländischen Opposition, nur so könne man einen Krieg in Europa verhindern«. Die Europäer meinten wohl, erregte sich der französischen Schriftsteller Anatole France, »der Niedermetzelung von 300 000 Untertanen des Sultans ohnmächtig zusehen zu müssen«.

Auch in Deutschland regte sich Widerstand, zumeist von Literaten. Der Publizist und Bismarck-Freund Maximilian Harden beklagte in der von ihm herausgegebenen Zeitschrift *Die Zukunft*, daß »die moderne Christenheit allenfalls einer hysterischen Mitleidsregung zugänglich« sei, »nicht aber dem einigen, heißen Zorn, der zu den Heilsthaten brünstigen Glaubens spornt«, denn »in keinem Land hat die Bourgeoisie jemals Lust zu Kreuzzügen verspürt, an denen nichts zu verdienen ist«.

Einer der Zeugen der Massaker in der Türkei war der Großherzog von Mecklenburg. Als er bei einem Essen, das der Sultan ihm zu Ehren gab, dem neben ihm sitzenden Oberkommandierenden der Provinz Rumelien, Muschir Derwisch Pascha, von dem Blutbad erzählte, antwortete der: »Glauben Sie das nicht, Hoheit.« Hoheit setzte nach und behauptete, viele Armenier seien getötet worden, doch Derwisch wiederholte seinen Spruch. Der Großherzog beschied den Armeechef schließlich wütend, er habe die Leichen mit eigenen Augen gesehen, aber Muschir Derwisch Pascha ließ sich nicht beirren: »Glauben Sie es nicht, Hoheit.«

Auch der deutsche Kaiser regte sich auf, aber der Kaiser regte sich ja immer auf. »Und das sollen die christlichen Mächte ruhig mit ansehen«, schrieb Wilhelm II. am 11. November 1895 als Randnotiz an die ihm vorgelegten Berichte über die Greuel, »Schande über uns alle.« Europas Rolle gegenüber den Moslems sei »mehr als jämmerlich«, kommentierte Wilhelm II. schriftlich das Ereignis, und »das Verlangen nach energischen Schritten ganz gerechtfertigt«. Nur daß gerade England solche Maßnahmen von den anderen erwarte, fand der Kaiser »hochkomisch«, denn schließlich sei »der ganze Schwindel von England angezettelt« worden. Als sein Botschafter in Konstantinopel im Dezember 1895 funkte: »Es scheint wirklich an höchster Stelle die Absicht bestanden zu haben und noch zu bestehen, die Armenier numerisch so weit zu reduzieren, daß sie der Regierung in Zukunft keine ernsten Verlegenheiten mehr bereiten können«, kommentierte der Kaiser das mit »Unerhört« und wies seinen Botschafter an, sich an den politischen Aktionen der anderen Botschafter zu beteiligen.

Bestärkt wurde der Kaiser durch seine (englische) Mutter. »Die Christenmassaker in der Türkei sind ganz grauenerregend«, hatte sie ihm bei einem Dinner in Straßburg eröffnet, und mit dem Sultan müsse kurzer Prozeß gemacht werden. Doch seine Mutter war Partei, und Wilhelm II. lag nun einmal mit dem Vereinigten Königreich über Kreuz. »Wegen der Briten muß nun mancher ins Gras beißen«, notierte er. Als ihm sein Konsul Karl Richardz aus Bagdad berichtete, daß Abdul Hamid aus Wut über das Eintreten der Briten für die Armenier nunmehr einen moslemischen Aufstand in Ostindien anzetteln wolle, merkte der Kaiser an: »Bravo! Das wäre gar nicht übel.«

Furcht vor weiterem inneren Machtverfall und Haß auf England »bewog die deutsche Reichsleitung«, so der deutsche Historiker Norbert Saupp, »eine konsequente Stützungspolitik zugunsten der Erhaltung des Status quo der Türkei« zu führen. Sie stützte »eine scheußliche Paschawirtschaft«, so die *Frankfurter Zeitung*, »die ihr Dasein nur dank der Eifersucht der Großmächte fristet«. Was das deutsche Auswärtige Amt wirklich dachte, stand kurze Zeit später in der ihm nahestehenden *Kölnischen Zeitung*: »Es wird sich höchst wahrscheinlich bald herausstellen, daß die Armenier ihrem Schicksale überlassen werden müssen.« Alle Erörterungen über Interventionen seien »gut gemeint, aber unpraktisch«. Die Vernichtung einzelner Volksgruppen sei eine »grausame Notwendigkeit, die sich aus dem berechtigten staatlichen Egoismus ergibt«.

Die kriminelle Gleichgültigkeit läßt uns keine Wahl
Der Überfall auf die Osmanische Bank

Die armenische Opposition hatte ihre Lehren aus den Massakern gezogen und bereitete die eigene Verteidigung vor. Im russisch-türkischen Grenzgebiet regierten die Daschnaken inzwischen praktisch in jedem Dorf, sprachen Recht und erhoben Steuern. Von ihren ostarmenischen und transkaukasischen Basen aus drangen sie in die türkischen Armenierprovinzen vor, wo sie insbesonders in Van, Bitlis und der Ebene von Musch die wehrtüchtigen armenischen Bewohner militärisch ausbildeten. Die Armenier, seit Jahrhunderten in der Sklavenrolle zu Unterwürfigkeit erzogen, schöpften Mut.

Trotz ihrer Wehrbereitschaft konnten sie die nächsten Massaker nicht verhindern. Etwa 15 000 Kurden der Hamidiye-Regimenter und reguläre türkische Truppen griffen Mitte Juni 1896 die Stadt Van an, zerstörten 33 von 35 Armenierviertel und töteten etwa 10000 Armenier. Weitere 20000 Armenier der umliegenden Dörfer mußten sterben, weil die Kurden alle über zehn Jahre alten männlichen Armenier töteten und unzählige Frauen schändeten und raubten. »Die kriminelle Gleichgültigkeit läßt uns keine andere Wahl«, schrieb das von den Daschnaken beherrschte armenische Revolutionskomitee an die Großmächte in Konstantinopel. Die Wahl der Daschnaken, die 1896 ihren Hauptsitz in die osmanische Hauptstadt verlegt hatten, war nach Hintschaken-Vorbild nun auch auf spektakuläre Aktionen gefallen, auf die die Europäer reagieren mußten.

Am 31. August 1896, dem Geburtstag des Sultans, sollten die von den Europäern majorisierte Osmanische Bank und das französische Bankhaus Crédit Lyonnais besetzt, die Hohe Pforte (wie die osmanische Regierung seit langem nach den drei hohen Pforten hieß, die den Eingang zum Sultans- und Regierungsbezirk Serail bildeten) gesprengt und strategisch wichtige Stellungen erobert werden. Doch das Komplott wurde verraten und der Polizeiminister informiert. Er ließ die Mädchenschule im armenischen Viertel Samatya umstellen, in der sich das geheime Waffenlager der Armenier befand. Daraufhin drangen bereits am 26. August 26 Daschnaken unter der Führung des 23jährigen Babken Suni in die Osmanische Bank ein und töteten den Wächter. Sie hatten Säcke bei sich und behaupteten, Geld wechseln zu wollen, doch in ihren Säcken transportierten sie Sprengstoff und Munition. Sie nahmen etwa 150 Mitarbeiter – darunter mehrere Europäer – und Klienten als Geiseln und verbarrikadierten sich gegen die anrükkenden Polizeitruppen. Erneut forderten sie einen europäischen Hochkommissar für die armenischen Provinzen, dem die örtliche osmanische Verwaltung unterstellt werden sollte, und eine Justizreform nach europäischem Muster.

Der Dolmetscher der russischen Botschaft, Maximow, übernahm die Verhandlungen mit den Daschnaken, deren Anführer durch die Explosion einer Handgranate gleich beim Eindringen ums Leben gekommen war. Schließlich erklärten sich die Rebellen zur Aufgabe bereit, ließen die Geiseln frei, lieferten Bomben und Dynamit ab und wurden erst auf die Privatjacht des Osmanenbankdirektors Sir Edgar Vincent und später auf den französischen Dampfer »La Gironde« gebracht, der nach Marseille in See stach. »Die Daschnaken waren es, die als erste auf Erpressung einer Regierung durch Geiselnahme verfielen«, schreibt der französische Autor Yves Ternon. »Mit dieser spektakulären Aktion hatten sie den Europäern bewiesen, daß sie ihre Aufmerksamkeit notfalls erzwingen konnten, wenn diese bei ihrem Schweigen und ihrer Gleichgültigkeit bleiben wollten, womit sie so lange schon das Handeln der Mörder unterstützt hatten.«

Doch zunächst reagierte die türkische Regierung wie gehabt: mit Massakern. Schon am 1. August waren kurdische Hamidiye-Regimenter (»diese mordlustige, im Urzustand militärischer Zucht stehende fanatische Truppe«, so die *Frankfurter Zeitung*) in die Stadt eingerückt. In der Nacht zum 26. August kennzeichneten die Nachtwächter der Christenviertel die armenischen Häuser mit einem Kreidekreuz, und die Kurden wurden mit eisenbeschlagenen Knüppeln und Stöcken ausgerüstet.

Die Weisung habe gelautet, berichtete der österreichische Militärattaché Wladimir von Giesl: »Auf das gegebene Signal darf für 48 Stunden jeder Armenier, ohne Unterschied des Alters und Geschlechts, getötet werden. Wer einen Nichtarmenier oder einen Fremden verwundet, wird mit zehn Jahren Kerker, wer einen solchen ums Leben bringt, mit dem Tode durch den Strick bestraft.« Am nächsten Morgen rückten türkische Lastträger und Hafenarbeiter in die Armenierviertel ein. »Sie drangen in die gekennzeichneten Häuser ein«, schrieb der deutsche Politiker und Mitgründer des christlichen »Nationalsozialen Vereins«, Hellmut von Gerlach, der sich gerade in Konstantinopel aufhielt, »erschlugen mit dicken Knüppeln oder Keulen jeden erwachsenen Armenier« und plünderten die armenischen Geschäfte.

Wieder war es ein wohlorganisiertes Massaker. Heinrich Julius von Eckardt, einer der beiden deutschen Botschaftsdolmetscher, hatte am Abend vor den Ausschreitungen einen armenischen Händler aufgesucht, der gerade seine Goldmünzen einrollte. »Was machen Sie da?« fragte von Eckardt. »Ich will mein Geld fortschaffen«, antwortete der Armenier, »denn es wird Ereignisse geben.« In einem türkischen Bad habe eine

Armenierin gehört, wie eine Türkin sagte: »Es ist ein Sultansbefehl erteilt worden, die Armenier zu töten.«

Wie gut das Massaker geplant war, erlebte der andere Dolmetscher, Graf Eberhard von Mülinen, am Tag des Angriffs auf die Osmanische Bank: »Kaum hatte sich in einem Quartier eine Bande gezeigt«, berichtete er, »so erschienen in langsamem Fahrschritt die Kehrichtwagen der Municipalität, in welchen die Leichen fortgeführt wurden. Verwundete, die später noch Zeugenschaft hätten ablegen können, gab es nicht. Die Polizei ließ diese Greuelszenen nicht nur gewähren, sondern hatte dieselben geradezu organisiert.«

Am folgenden Tag wurden die Armenier der Umgebung angegriffen. Als der Österreicher von Giesl einen türkischen Offizier anwies, das Morden einzustellen, antwortete der: »Herr, mische dich nicht ein, der Befehl ist so gegeben.« Nach 48 Stunden war die Mordorgie vorbei. Als einige Lastträger in der 49. Stunde noch Armenier erschlagen wollten, wurden sie von türkischen Wachhabenden erschossen. Auch die Türken gaben die geplante Aktion schließlich zu, wenn auch erst viel später. »Man muß zur Schande unserer Regierung feststellen«, schrieb viele Jahre später das Organ der oppositionellen Jungtürken *Mechvered*, »daß diese Massaker offiziell gelenkte Verbrechen waren.«

»Die Zahl der an die armenische Kirche abgelieferten Leichen übersteigt fünftausend«, telegraphierte die deutsche Botschaft in Konstantinopel, »viele Leichen sind aber direkt ins Meer geworfen worden.« Einige der Abtransportierten lebten noch. Als ein englischer Botschaftssekretär darauf hinwies, berichtete Giesl, »machten die Totengräber den Verröchelnden mit dem Grabscheit den Garaus«. Insgesamt waren, je nach Schätzungen, 6000 bis 14 000 Armenier umgekommen. 80 000 bis 100 000 Armenier flohen ins Ausland, besonders nach Bulgarien und Rußland. »Der Asiate zeigt sich hier in seiner ganzen Wildheit«, kabelte der deutsche Botschafter Saurma nach Berlin, »die Mittel zur Unterdrückung eines Aufstandes sind ja hier stets widerlich und barbarisch.«

Erstmals waren Armenier direkt vor den Augen der europäischen Großmächte niedergemetzelt worden. Als der deutsche Botschafter »ernste Maßregeln« gegen die Türken verlangte, schrieb der Kaiser an den Rand des Telegramms: »Das hilft den 1000den von Ermordeten nicht!« Als er dann einen Tag später die Texte der französischen Protestnote las, kommentierte Wilhelm II.: »too late – die armen Kerls sind + – und das wollte Abdul Hamid! Man setze ihn ab!« Als die Botschafter durch ihren Doyen, den Botschafter Österreich-Ungarns, Freiherrn von Calice, die Protestnote überreichten, ließ der Sultan durch seinen Großwesir die Europäer fragen, »ob sich denn politisch etwas Ihm Unbekanntes ereignet habe, worauf diese scharfe Sprache der Vertreter der Großmächte zurückzuführen sei?« »Donnerwetter«, schrieb der Kaiser an die Osmanenantwort, »das ist doch zu frech!« Doch offiziell schwiegen die Großmächte.

Einmal mehr hatte der Sultan mit seiner Politik Erfolg gehabt. Zwar versicherte er am 5. November 1896 dem französischen Botschafter Paul Cambon, daß er ein Dekret erlasse, durch das die 1895 zugestandenen Reformen auf die sechs armenischen Wilajets ausgedehnt würden, doch in Wahrheit geschah nichts.

Von den Deutschen hatten die Armenier ohnehin nicht viel zu erwarten. In einem Exposé schrieb der in der Politischen Abteilung des Auswärtigen Amtes für orientalische Angelegenheiten zuständige Vortragende Rat, Alfons Freiherr Mumm von Schwarzenstein, man dürfe »gerechterweise nicht vergessen, daß die Charaktereigenschaften dieser Rasse, ihre Verschlagenheit und ihre aufrührerischen Umtriebe die Wuth der Türken herausfordern mußten, und daß manches vorgefallen ist, was die Türken zu der Annahme berechtigen konnte, daß sie sich in Notwehr befanden«. Deutschland dürfe keinen »europäischen Kreuzzug gegen den Halbmond ins Leben rufen«, so der Freiherr, »um einem Volksstamm, der gar kein Interesse für uns hat, eine Hülfe mit zweifelhaftem Erfolge zu bringen und die Rettung einer Rasse zu unternehmen, die sich in offener Auflehnung gegen ihren Herrscher befindet«. Das Blutvergießen der Armenier, so Mumm von Schwarzenstein, »erscheint immerhin noch als das geringere Übel«.

»Europa«, kommentierte der *Hannoversche Courier*, »hat in erster Linie nicht an die Armenier, sondern an sich selbst zu denken.« »Die unbedingte Integritätswahrung der Türkei«, schreibt Historiker Saupp, »war zum wesentlichen Inhalt der deutschen Türkeipolitik avanciert.« Die Dokumente zur armenischen Frage verschwanden in den Aktenschränken der europäischen Regierungskanzleien.

Am 22. Dezember 1896 erließ Abdul Hamid eine Generalamnestie der verhafteten Armenier. Nachdem es dann im Februar 1897 erneut zu Massakern in der Provinz Tokat in Nordanatolien kam, ließ der Sultan 60 Türken – allerdings nur der unteren Schargen – bestrafen. »Im Osmanischen Reich kam man zu der Erkenntnis«, schreibt Ternon, »daß der Sultan keine öffentlichen Massaker mehr duldete. Die armenische Frage war deshalb nicht gelöst, aber die kritische Phase schien beendet.«

50 000 Armenier seien über die Grenze geflohen, berichtete einer der Gouverneure der armenischen Provinzen Ende 1886 in einem Geheimbericht an den Sultan, 30 000 hielten sich noch in den Wäldern versteckt, 45 000 seien zum Islam bekehrt und 10 000 dürften gestorben sein. »Jetzt ist den Moslems«, endete sein Brief, »dank der weisen, von Eurer Majestät ergriffenen Maßnahmen überall die Majorität gesichert.«

Die überlebenden Armenier kehrten aus ihren Verstecken zurück und machten sich an den Wiederaufbau. Es würde sicherlich 30 Jahre dauern, sagte der armenische Erzbischof von Erzurum dem österreichischen k.u.k. Militärattaché Giesl, um »Rasse und Religion wieder aufbauen zu können«. Niemals würden jedoch die furchtbaren Verluste zu ersetzen sein. »Keine Anklage«, schrieb Giesl, »kein Wort dürfe über die Lippen der Vergewaltigten dringen, der Zorn der Machthaber dürfte nicht aufs neue entfacht werden. Noch ein Kampf, und um die Reste des dezimierten Volkes wäre es geschehen.« Als Giesl, auf den der Sultan zweimal vergeblich Mörder ansetzen ließ, mit Kurden armenische Dörfer passierte, hätten die mehrmals lakonisch gesagt: »Dies war ein armenischer Ort, 200 Einwohner sind gestorben, jetzt leben Kurden drin.«

»Das Armenierelend dauert ununterbrochen an«, berichtete der deutsche Publizist Paul Rohrbach noch im September 1898. Frauen hätten ihm ihre halbverhungerten Kinder entgegengestreckt, damit sie in ein von Deutschen geführtes Waisenhaus kämen. In einem Dorf sah er die Armenier, als sie ihre zerstörte Kirche wiederaufbauten. »Der Dorfpriester und der Hauswirt tranken mit uns Tee. Hernach bat der Pfarrer um einige Stückchen Zucker. Seit dem Massaker sind die Leute hier so verarmt, daß sie keinen Zucker mehr gesehen haben.«

Und ein Ende ihrer Unterdrückung war noch nicht in Sicht. Im Gegenteil: Die Regierung untersagte den Armeniern Reisen nicht nur ins Ausland, sondern auch von Dorf zu Dorf, was besonders die Händler traf und ruinierte. Armenier durften weiterhin keine Waffen besitzen, nicht einmal ein langes Küchenmesser oder einen Stock. Trug ein Armenier einen Hut statt den vorgeschriebenen Fez, riskierte er Gefängnis. Gelang es einem Sohn auszuwandern, drohte dem Vater die Verhaftung.

Rassengegensätze geschürt
Gewaltsame Russifizierung im Transkaukasus

Die Historie hatte die Armenier dreigeteilt in türkische, russische und persische Untertanen. Nur einen winzigen Vorteil konnte das Volk am Ararat aus dieser Situation ziehen: Russen, Perser und Osmanen gegeneinander auszuspielen. Anfang des 20. Jahrhunderts verlor es auch noch diesen kleinen Trumpf. Osmanen und Russen, die über neun Zehntel aller Armenier herrschten, wendeten sich gleichzeitig gegen das älteste Christenvolk.

Der Sultan versuchte, moslemische Türken und Kurden an die Stelle der Armenier zu setzen, und auch die Russen verfolgten ein ähnliches Ziel, das der frühere Botschafter in Konstantinopel und spätere Außenminister Fürst Alexej Borisowitsch Lobanow-Rostowski als ein »Armenien ohne Armenier« umschrieben hatte. Um das durchzuführen, hatte der Zar den Prinzen Grigrorij Golizyn als Gouverneur im Kaukasus eingesetzt. Dessen »einzige Idee war«, schreibt der britische Historiker D. M. Lang, »den Kaukasus politisch und kulturell zu russifizieren, und dies nicht mittels Überzeugung und Beispiel, sondern durch brutalste Polizeimethoden«.

Dahinter stand eine Änderung der russischen Politik, die unter der Ägide des Rechtslehrers der Zaren Alexander III. und Nikolaus II., Konstantin Petrowitsch Pobedonoszwe, eingeleitet und durchgeführt worden war. Als Oberprokuror des Heiligen Synod und Mitglied des Staatsrats bekämpfte er Revolutionäre aller Art. Seine Losung: Absolute Herrschaft für den Zaren, russischer Nationalismus, Panslawismus und Vorherrschaft der religiösen Orthodoxie – der russisch-orthodoxen natürlich. Das war in erster Linie gegen die im Russischen Reich lebenden Juden, insbesondere aber die evangelischen Balten und katholischen Polen gerichtet, denn er fürchtete den europäischen Geist der Aufklärung. Moslems und Buddhisten hingegen konnten auf Toleranz zählen, doch mit voller Stärke traf der Bannstrahl des Oberprokurors die gregorianischen Armenier. So wurde das von den Armeniern beherrschte Theologische Seminar in Tiflis eines der Zentren des Widerstands gegen die Russifizierer.

Pobedonoszwes Haß auf die Armenier hatte durchaus persönliche Gründe. Denn der armenische General Loris Melikian hatte Alexander II. als Berater stets gedrängt, nach europäischem Vorbild sein Reich zu organisieren, und damit eine Politik vertreten, die dem orthodoxen Zarenlehrer zuwider war. Nun setzte der Erzkonservative durch, daß armenischen Siedlern nur noch Land zugeteilt wurde, wenn sie zum russisch-orthodoxen Glauben übertraten. Weil dazu kaum ein Armenier bereit war, wurden die besten Ländereien an russische Kolonisatoren verteilt. So mußten die armenischen Flüchtlinge nach den Massakern von 1895 und 1896 entweder in die großen russischen Städte ziehen oder sich in Sibirien ansiedeln.

Im Juni 1903 konfiszierte die russische Regierung sogar alle armenischen Kirchengüter, die nicht unmittelbar dem Kult dienten. Es war ein Schlag gegen die der Kirche unterstehenden Schulen – und das waren fast alle Schulen in Russisch-Armenien. Einen »internationalen Raub«, nannte der französische Historiker Victor Bérard die Anordnung, denn die Schulen waren von Armeniern Rußlands und Auslandsarmeniern gestiftet worden.

Die traditionell antiklerikalen Daschnaken und selbst die Hintschaken gingen nach dem antiarmenischen Schwenk der russischen Zentralregierung auf nationalarmenischen Kurs und organisierten – erstmals – in allen Armeniergemeinden des Zarenreichs Massendemonstrationen. Mehr noch: Zwei Jahre lang führten die Armenier einen Kleinkrieg gegen die Russifizierer und töteten Hunderte von russischen Beamten. Auch Kaukasus-Gouverneur Golizyn wurde im Oktober 1903 von drei Hintschaken auf der Straße niedergestochen und schwer verletzt. Als sein Nachfolger die zaristische Politik der

Assimilierung fortsetzte, rückten die Daschnaken auf ihrem Parteikongreß von 1904 offiziell von der fast bedingungslosen Unterstützung der Russen ab und kündigten nicht nur ihrem Hauptfeind, dem Sultan, sondern auch dem Zaren Widerstand an. Zur Verdammung der zaristischen Minderheitenpolitik taten sie sich in Paris im Dezember 1904 mit Finnen, Letten und Georgiern, Russen und Polen zusammen.

Der Konfrontationskurs gegen die Russen brachte den Armeniern einen neuen Feind ein, denn die zaristische Regierung »schürte Rassengegensätze, um einen allgemeinen Aufstand gegen die Fremdherrschaft unmöglich zu machen«, wie der deutsche Historiker Werner Zürrer schreibt. Insbesondere unterstützten die Russen in diesen Jahren ein Volk, das die Russisch-Armenier in den folgenden Jahren ebenso bedrängte wie die Türken die Türkisch-Armenier: die Tataren.

Im 5. Jahrhundert hieß »tata« ein Volk im Nordosten der heutigen Mongolei, dem Herkunftsland Dschingis-Khans. Die Europäer nannten das ganze Mittelalter hindurch die mongolischen Invasoren und Dschingis-Khans Nachfahren der Goldenen Horde »Tataren«. Der französische König Ludwig XI. soll als erster die Tataren »Tartaren« genannt haben, um sie mit dem Namen des Tartarus (der nach dem klassisch-griechischen Dichter Homer so tief noch unter der Unterwelt stand wie der Himmel über der Erde) in Verbindung zu bringen und mit der Hölle zu assoziieren – eine Schreibweise, die auch heute noch vorkommt. Tataren wurden bis zum Anfang dieses Jahrhunderts die von den Mongolen unterjochten Völker genannt – meist Türken und Turkvölker, auch Wolga-Finnen, Bulgaren und Slawen. Ihre Herrscher nannten sich anfangs selbst Tatarenfürsten, um ihre Herkunft auf Dschingis-Khan zurückzuführen, ehe der Name Tatar immer mehr als Schimpfwort empfunden und von den betroffenen Völkern, beispielsweise den heutigen Aserbeidschanern, abgelehnt wurde. Nur die Bewohner der heute zu Rußland gehörenden, früheren »Tatarischen Autonomen Sozialistischen Sowjetrepublik« nennen sich noch Tataren.

Anfang 1905 versuchten die russischen Herrscher, die Tataren gegen die Armenier aufzuhetzen, doch die leisteten heftigen Widerstand. Unter dem Kommando erfahrener Kämpfer wie Armen Garo (Garegin Pasdermadschian), der am Überfall auf die Osmanische Bank in Konstantinopel teilgenommen hatte, wehrten sie nicht nur die tatarischen Attacken ab, sondern griffen ihrerseits an.

Nachdem die Tataren am 19. Februar 1905 – nach Ermutigungen durch die russischen Behörden – die armenischen Viertel der tatarischen Großstadt Baku, in der auch eine bedeutende armenische Minderheit lebte, angegriffen und offiziell 201, in Wahrheit aber Hunderte von Armeniern massakriert hatten, bewaffneten sich die Armenier und gingen am 21. Februar zum Gegenangriff über. Zwar versuchten die patrouillierenden russischen Truppen, sie zu entwaffnen, doch am Abend hatten die Armenier die Tataren vertrieben.

Erfolgreicher noch waren die Armenier in der mehrheitlich von Armeniern bewohnten georgischen Metropole Tiflis, wo die Tataren aus den umliegenden Ortschaften bewaffnete Gruppen zusammengezogen und gegen die Armenier der transkaukasischen Hauptstadt geführt hatten. Etwa 500 Armenier schlugen eine dreifache Übermacht an Tataren in die Flucht. »Die Beziehungen der beiden Nachbarvölker«, schreibt Historiker Werner Zürrer, »wurden auf Jahre hinaus vergiftet.«

Als 1905 in Sankt Petersburg zaristische Truppen in eine Gruppe Arbeiter schossen, die dem Zaren eine Petition vortragen wollten, und damit die Revolution auslösten, schlossen sich die Armenier in ihrer Mehrzahl der antizaristischen Bewegung an und zwangen den russischen Souverän zur Änderung seiner antiarmenischen Politik. Der Zar aktivierte einen Pensionär, den 69jährigen Fürsten Illarion Iwanowitsch Worontzow-Daschkow, der vor dem Scharfmacher Golizyn schon einmal als Gouverneur den Kaukasus regiert hatte. Obgleich der Fürst früher einmal die Armenier als »so wenig sympathisch« bezeichnet hatte, ging er nunmehr auf proarmenischen Kurs. Das läge wohl an seiner Gattin, meldete der deutsche Generalkonsul in Tiflis, Friedrich Graf von der Schulenburg, »die den Armeniern darum wohl will, weil sie ihrer weiblichen Eitelkeit am skrupellosesten huldigen«. Die Armenier würden nicht nur den Georgiern vorgezogen, sondern »selbst den Russen«, wie Schulenburg bemäkelte. Den Zaren brachte Worontzow-Daschkow jedenfalls dazu, das Schuldekret zurückzunehmen und bei seinen armenischen Untertanen Abbitte zu leisten. Mit Freudenfesten feierten die Armenier diesen Umschwung, und auch viele Daschnaken feierten mit.

Doch deren Freude währte nicht lange, denn die Russen hatten sich zwar wieder auf Freundschaft zu den Armeniern besonnen, nicht aber zu den Daschnaken. Auf deren 4. Kongreß 1907 in Wien kam es denn auch zu einer Radikalisierung, bei der die Linken, wenn auch mit Mühe, ein sozialistisches Programm durchsetzten. Gegen den scharfen Widerstand der Bolschewiken wurde die Daschnaken-Partei daraufhin (statt der Hintschaken) in die Zweite Sozialistische Internationale aufgenommen. Hauptziel der Daschnaken nach ihrem Kongreß: die Befreiung Türkisch-Armeniens. Überall sollte die örtliche Gewalt auf frei gewählte Vertreter einer autonomen armenischen Region innerhalb des Osmanischen Reichs oder einer russischen Föderation übergehen.

Die Daschnaken vereinten Nationalismus und Sozialismus, wobei letzterer untergeordnet wurde. »Ein Armenier, der nicht ein überzeugter Patriot war, konnte auch kein wahrer Sozialist sein«, faßte der US-armenische Historiker Richard G. Hovannisian die Doktrin der bestimmenden Partei zusammen. Aber auch das hatten die Daschnaken ins Programm geschrieben: Der Landbesitz solle vergemeinschaftet werden. »Daß ausgerechnet die Armenier, ein konservativ-geschäftiges Volk, auf den Bodenbesitz verzichten würden«, schreibt der Armenien-Autor Peter Lanne, »setzte eine gehörige Portion Weltfremdheit voraus.«

Dem Sozialistenfresser und Ministerpräsidenten Piotr Arkadjewitsch Stolypin waren Polizeiberichte zugegangen, nach denen die Daschnaken nicht nur 100000 Mitglieder zählten, sondern auch Schulen sowie Militärarsenale unterhielten, womit sie ein (auch von Rußland) unabhängiges Armenien errichten wollten. Im Dezember 1908 wurden etwa 2000 Armenier verhaftet, darunter mehrere hundert Intellektuelle. Chefankläger Legin hatte auf 20000 Seiten die Anklagen gegen die Daschnaken formuliert und 500 Zeugen aufgeboten. Aber nur 52 armenische Führer, verteidigt unter anderem vom späteren demokratischen Premier Alexander Kerenski und dem späteren Außenminister und Geschichtsprofessor Paul Miljukow, wurden am 2. April 1912 verurteilt, allerdings meist zu milden Strafen. Denn Worontzow-Daschkow setzte weiterhin auf Versöhnung. »Indem wir die Armenier schützen«, schrieb er im Oktober 1912 an den Zaren in Sankt Petersburg, »finden wir treue Verbündete, die uns immer zu Diensten waren. Ich glaube, es ist an der Zeit, zur traditionellen russischen Politik zurückzukehren.« Dabei hofften die Armenier insbesondere auf Interventionen Rußlands zugunsten ihrer Landsleute in Türkisch-Armenien. Im Oktober 1912 trat der im kaukasischen Etschmiadsin residierende Katholikos Georg V. höchstpersönlich für eine russische Intervention zugunsten der Türkisch-Armenier ein.

Zwar hatten die Armenier in den Jahren der russischen Herrschaft ein Nationalbewußtsein entwickelt und traten für autonome und ethnisch organisierte Regionen im Kaukasus ein. Ihre wirkliche Heimat aber sahen auch die Kaukasus-Armenier stets in Türkisch-Armenien. »In ihrem Eifer, diese Gebiete zu befreien«, schreibt Hovannisian, »zeigte das politische Verständnis der Armenier ihre größte Naivität und Schwäche. Die gesamte Nation war leicht für ausländische Eingriffe in die Geschäfte des Osmanischen Reichs zu gewinnen.«

Das war auch dem Sultan in Konstantinopel nicht entgangen, und er drangsalierte seine armenischen Untertanen weiterhin, wenngleich nicht mit Massakern. Aber er ließ die von ihnen zu zahlenden Steuern kräftig heraufsetzen, in der Regel auf das Zwei- bis Dreifache. Ferner verfügte er, daß Steuerschulden erblich wurden, was im Osten der Türkei zu Hungersnöten führte und viele Armenier außer Landes trieb. Denn wenn die Bauern ihre Steuern nicht zahlen konnten, wurde ihnen das Werkzeug abgenommen, und sie hatten keine Möglichkeit mehr, die Saat auszubringen. Zwischen 1904 und 1908 waren die Brotpreise in Van um das Sechsfache gestiegen und die armenische Bevölkerung von 64 auf unter 50 Prozent gefallen. Die Türken »begegneten den Armeniern mit unausrottbarem Mißtrauen«, wie der deutsche Türkei-Reisende Hugo Grothe schrieb, »und schickten die verrufensten Beamten«.

In den Bergen von Sassun führte die Repression bald zu neuen Aufständen, seit 1903 einer der Organisatoren des Konstantinopler Massakers nach dem Überfall auf die Osmanische Bank, Ferid Bey, als Gouverneur der Region eingesetzt worden war. Er ließ als eine seiner ersten Amtshandlungen die Steuern für die vergangenen zehn Jahre eintreiben, worauf die betroffenen Armenier die Steuereintreiber mit der Waffe vertrieben. Hamidiye-Chef Seki Pascha ließ daraufhin die Regimenter des 4. Armeekorps anrücken. Mitte April 1904 griffen Tausende regulärer Soldaten und ebenfalls Tausende gutbewaffneter Kurden 3000 Armenier von Sassun an. Die Kämpfe dauerten insgesamt mehr als einen Monat, dann hatten die türkischen und kurdischen Truppen den Widerstand gebrochen und die meisten der aufständischen Armenier getötet.

Nach diesem erneuten Aufstand in Sassun änderten die Daschnaken ihre Politik gegenüber dem Sultan und planten erstmals einen direkten Anschlag auf ihn. Sie brachten eine Zeitzünderbombe im Luxusauto des Herrschers unter, die ihn am 21. Juli 1905 bei seiner Rückkehr vom Freitagsgebet töten sollte. Aber Abdul Hamid II. sprach länger als von den Attentätern erwartet mit dem höchsten islamischen Geistlichen und befand sich noch in der Moschee, als die Bombe hochging. Sie tötete 24 Unbeteiligte und verletzte 58 weitere. »Wir greifen zur Gewalt, die wir prinzipiell ablehnen«, rechtfertigten sich die Daschnaken, »und werden sie so lange nicht ablegen, bis unseren Punkten entsprochen wird.« Sodann wiederholten sie ihre Reformvorschläge, doch die Europäer reagierten nicht.

Unter Sultan Abdul Hamid II. hatten die Armenier in der Türkei gelitten wie noch nie, vernichtet aber waren sie nicht. Tödlich für sie wurde eine Bewegung, in die sie lange Zeit die größten Hoffnungen gesetzt hatten: das »Komitee für Einheit und Fortschritt« – die Jungtürken.

3

In orientalischem Überschwang den Bruderkuß erteilt

Die Jungtürken

Zum 100. Jahrestag der Französischen Revolution hatten 1889 vier Studenten der Konstantinopler Militärhochschule für Medizin eine revolutionär-patriotische Gruppe gegründet. Es waren dies der Albaner Ibrahim Temo, der Tscherkesse Mehmed Reschid sowie die beiden Kurden Abdullah Cevdet und Ishak Sükuti. Vielleicht war noch ein Tatare mit von der Partie, aber mit Sicherheit kein Türke. Sie nannten sich »Ittihad-i Osmani« (Osmanische Einheit), und als Organisationsmuster dienten ihnen die italienischen Geheimbünde der Karbonari oder die russische Narodnaja Wolja. Ihren Zellen gaben sie nur Nummern, nie Namen.

Die politischen Vorstellungen der Rebellen waren noch ziemlich nebulös. Es einigte sie ausgeprägter Patriotismus und das Verlangen nach Rettung des Osmanischen Reichs. Sie gewannen bald Anhänger unter den Studenten der staatlichen Schulen, unter Offizieren und selbst unter den Ulemas, den theologischen Rechtsgelehrten. Statt »Es lebe der Sultan« riefen sie »Es lebe die Verfassung«, ein politisches oder gar gesellschaftliches Programm hatten sie nicht. Das Ausland nannte sie nach der Mode »Junge Türken« oder »Jungtürken«, ein Name, den sie bald akzeptierten.

Etwa ab 1894 schälte sich einer als intellektueller Führer heraus: Ahmed Riza, dessen Vater vermutlich Tscherkesse und dessen Mutter Österreicherin war. Er hatte in Konstantinopel das französische Gymnasium besucht und in Frankreich Landwirtschaft studiert. 1889 reiste er nach Paris und schloß sich dort der Jungtürkengruppe an. Er wurde ein Schüler Pierre La Fayettes, der wiederum ein Schüler des Positivisten-Philosophen Auguste Comte war. Nach dessen Geburtsjahr 1798 datierten seine Schüler ihre neue Welt, so auch Riza seine Zeitschrift *Meschweret*, auf der die positivistische Devise »Ordnung und Fortschritt« (türkisch: Intizam ve Terakki) prangte. Für die Partei setzte Riza dann den Namen »Ittihad ve Terakki« durch: Einheit und Fortschritt.

Sultan Abdul Hamid stellte sich gegen die Jungtürken (schon die Nennung des Namens stand unter hoher Strafe), wie gegen jede Opposition. Doch seine eigene Familie sorgte dafür, daß die Neuen Auftrieb bekamen. In den letzten Tagen des 19. Jahrhunderts war sein Schwager Damad Mahmud Celaleddin Pascha, ein Enkel von Sultan Mahmud II., mit seinen beiden Söhnen Sabaheddin und Lutfullah nach Europa geflohen. In England übernahm Damad die oppositionelle Zeitung *Osmanli* (Der Osmane), und sein Sohn Sabaheddin, der sich sehr bald als der führende Kopf der liberalen Opposition herausstellte, gründete die »Osmanische Union«.

Sabaheddin war ein Anhänger des katholisch-konservativen Sozialreformers Frédéric Le Play und seines Paternalismus. Er sah in der partikularistischen englischen Gesellschaft ein Vorbild und befürwortete eine starke Dezentralisierung seines Landes, was ihm die Sympathien der Nichtmuslime, besonders der Armenier einbrachte. Der Prinz gründete die Zeitschrift *Terakki* (Fortschritt), von der allerdings nur neun Ausgaben erschienen.

Sein Gegenpol war Riza, der einen autoritären Zentralismus predigte und in einer Dezentralisierung und der damit verbundenen regional-nationalen Selbstverwaltung den Anfang vom Ende des Osmanischen Reichs sah. Riza: »Autonomie ist Verrat und bedeutet Separatismus.« Er setzte sich für den Erhalt der Einheit ein und sah dafür im türkischen Bevölkerungselement den Garanten.

Im Februar 1902 trafen sich in Paris Sabaheddins und Rizas Leute zum ersten Kongreß der Jungtürken. Mit Arabern, Griechen, Kurden, Armeniern, Albanern, Tscherkessen und Juden war ein repräsentativer Querschnitt der Völker des Osmanischen Reichs versammelt. Alle waren sich darin einig, daß die Armee eine wesentliche Rolle im Kampf gegen den Sultan spielen müsse, doch sie zerstritten sich bald darüber, wie der verhaßte Herrscher zu vertreiben sei. Die Mehrheit hatte unter der Führung der Armenier und Sabaheddins eine Resolution eingebracht, nach der die europäischen Mächte (England und Frankreich) intervenieren und die Verfassung wiederherstellen sollten, die Minderheit um Riza hingegen stemmte sich gegen jedwede Intervention von außen, wenngleich sie die europäischen Werte, vor allem den wissenschaftlichen Fortschritt, bejahte. Die Opposition spaltete sich daraufhin in das von Riza geführte eher nationalistische »Komitee für Einheit und Fortschritt« und das eher liberale Lager Sabaheddins, der in Paris die »Liga der Privatinitiative und Dezentralisierung« gründete.

Auch im Osmanischen Reich selbst bildeten sich Jungtürkengruppen, deren wichtigste die Sektion Saloniki werden sollte. Sie formierte sich im September 1906. In ihr saßen neben sieben Militärs zwar nur drei Zivilisten, die aber gaben den Ton an. Einer war der Postbeamte Mehmet Talaat, der spätere Innenminister und Großwesir. Die Salonikigruppe expandierte in zwei Jahren zu einer großen Organisation mit 15 000 Sympathisanten. Zu ihr stieß auch die vom damaligen Generalstabsoffizier Mustafa Kemal (dem späteren Staatsgründer Atatürk) in Damaskus gegründete Geheimgesellschaft »Vatan« (Vaterland).

Anfang 1907 reiste aus Paris als geistlicher Lehrer getarnt der Arzt Mehmed Nazim an und nahm in Saloniki Kontakt zu den Rebellen auf. Pariser und Salonikis Jungtürken fusionierten im September 1907 und nannten sich »Osmanisches Komitee für Fortschritt und Einheit« (türkisch: Osmanli Terakki ve Ittihad Cemiyeti), sehr bald aber nur noch »Ittihad ve Terakki Cemiyeti« (Komitee für Einheit und Fortschritt). Die im Osmanischen Reich nunmehr tonangebende Oppositionsgruppe kümmerte sich wenig um die ideologischen Flügelkämpfe der Pariser, die sich, auf Wunsch der armenischen Daschnaken, nochmals mit den Liberalen zusammengesetzt hatten, ihre unterschiedlichen Standpunkte allerdings nicht angleichen konnten.

Alle politischen Entscheidungen der Ittihad-Partei fällte das Zentralkomitee, dessen Besetzung niemals bekanntgegeben wurde, wie überhaupt die Jungtürken die konspirative Arbeitsweise ihrer Gründerjahre nie ablegten. Das ZK bestand aus höchstens 40 Mann und hatte sich ein Politbüro zugelegt, die eigentliche Schaltzentrale, der etwa ein Dutzend Mitglieder angehörten.

Regelrechte Trunkenheit der Freiheit
Der Aufstand von 1908

Im Juni 1908 trafen sich der russische Zar Nikolaus II. und der englische König Eduard VII. in der estnischen Stadt Reval und berieten über das Schicksal des »kranken Mannes am Bosporus« (wie der Zar das Osmanische Reich genannt hatte), konkret über die Zukunft Mazedoniens, dessen bedeutendste Stadt Saloniki war. Bulgarische, serbische und griechische Guerillatruppen versuchten, das Land jeweils für ihren Staat zu annektieren. Mehr noch als die Rebellen der Nachbarn schien Sultan Abdul Hamid II. jedoch die eigenen zu fürchten und beorderte einen der jungtürkischen Offiziere, Ismail Enver, nach Konstantinopel. Daraufhin gingen Enver und seine Mitverschwörer in den Untergrund.

Das »Komitee für Einheit und Fortschritt« in Saloniki stellte sich auf die Seite der Meuterer und verlangte die Wiedereinführung der Verfassung. Mitte Juli setzte Abdul Hamid gegen die Rebellen 18000 Soldaten in Marsch, doch die weigerten sich, auf ihre Kameraden zu schießen. Als der Sultan sah, daß seine Truppen mit den Meuterern gemeinsame Sache machten, gab er am 24. Juli 1908 nach und beschränkte seine Rolle künftig auf die eines konstitutionellen Monarchen. Weil sie noch keine Nationalhymne hatten, feierten die Jungtürken ihren Sieg über den Monarchen durch Absingen der (französischen) Marseillaise. »Wir haben den kranken Mann geheilt«, sagte Rebellenführer Enver und schwärmte: »Künftig gibt es keine Bulgaren mehr, keine Griechen, Walachen, Juden oder Moslems. Wir sind alle Brüder, alle gleich und stolz darauf, Osmanen zu sein.«

»Eines der Ziele der Jungtürken«, so hatte Mitstreiter Kolagasi Niyazi Bey nach dem unverhofft schnellen Sieg über den Sultan verkündet, sei es, »allen Nationalitäten und Religionen im Reich die Freiheit zu geben.« Wie die meisten türkischen Spitzenbeamten den Ausspruch interpretierten, erfuhr der österreichische Militärattaché von Giesl, dem ein Gouverneur sagte: »Also von heute an dürfen die Christen nicht mehr Hunde genannt werden.« Aber Niyazi schränkte seine Großmut sofort ein: »Bedingung jedoch ist, daß die Christen auf ihre früheren Ziele verzichten, die die heutige Situation geschaffen haben.« Und: »Dieses Land gehört uns, und solange ein Türke am Leben ist, erlauben wir nicht, daß andere als die Türken hier befehlen.« Das war – noch – gegen die Großmächte gerichtet, sollte sich aber bald auch gegen die Minderheiten kehren.

Für die Armenier war die Revolution von 1908 erst einmal ein Fest der Freude. Sie glaubten an die Freiheitsbeteuerungen der Jungtürken. In Konstantinopel hatten die Kadetten der Militärschule dazu aufgerufen, sich am armenischen Friedhof von Feriköy zu treffen. Vor dem Hügel, unter dem die Opfer der letzten Massaker begraben lagen, fiel die Menge auf die Knie. »Mit orientalischem Überschwang«, schrieb der deutsche Missionar Ernst J. Christoffel, der sich gerade in der Türkei aufhielt, »lag man sich in den Armen und gab sich den Bruderkuß.« Im fernen Musch habe der türkische Militärkommandant Sani Pascha sogar einige armenische Revolutionäre »öffentlich umarmt«, wie die deutsche Botschaft fast entrüstet meldete.

Es kam erst einmal zu »einer regelrechten Trunkenheit der Freiheit«, wie der französische Historiker François Georgeon schreibt. In den Jahren zwischen 1908 und 1909 erschienen 359 Zeitungen und Zeitschriften. Türkische Frauen kleideten sich nach europäischer Mode und gingen wie ihre griechischen und armenischen Schwestern unverschleiert, was um so revolutionärer war, als erst 1901 eine kaiserliche Verordnung nicht nur den Schleier vorgeschrieben hatte, sondern auch seine Länge und Dicke. Die Jungtürkinnen gründeten Klubs mit dem Ziel, ihre Bildung voranzutreiben, und 1911 wurde in Istanbul das erste Lyzeum eröffnet.

Aggression der Europäer
Kampf um die Macht im Innern

Doch die Außenpolitik sollte die Jungtürken bald einholen, zumal sie rein personell noch gar nicht in der Lage waren, die Lenkung des Reichs zu übernehmen. Eine Handvoll Frauen, an die hundert Intellektuelle und allenfalls etwa tausend Arbeiter standen hinter ihnen, aber »die Masse hatte sich nicht bewegt«, wie Georgeon schreibt. Einige prominente Jungtürken wurden mit Ehrenposten abgefunden – so übernahm Riza den Posten als Parlamentspräsident –, andere erhielten allenfalls unwichtige Ministerien. Weil die Jungtürken besonders in der Diplomatie völlig unerfahren waren, mußten sie die Politik weitgehend der alten Mannschaft des Sultans überlassen.

Die Schwächung der Sultansgewalt und die Machtlosigkeit der jungtürkischen Studenten und Militärs nutzten die zumeist nur noch nominal dem Osmanischen Reich unterstehenden Balkanländer zum Herrschaftswechsel, darin bestärkt und unterstützt von den europäischen Großmächten. Am 5. Oktober 1908 erklärte Bulgarien seine Unabhängigkeit, und sein Herrscher, Ferdinand, proklamierte sich als Zar (später wurden sogar Briefmarken gedruckt, auf denen er als byzantinischer Kaiser dargestellt wurde). Einen Tag darauf nahm Österreich dem Osmanischen Reich Bosnien und die Herzegowina ab, und Kreta gab seinen Anschluß an Griechenland bekannt. »Die direkte Antwort Europas und der balkanesischen Christen auf die erregenden Ereignisse vom Juli 1908«, schreibt der englische Historiker Bernard Lewis, »konnte aus türkischer Sicht nur als Aggression und Verrat beschrieben werden.«

Das neue Regime der Jungtürken, die den Zusammenhalt des Reiches auf ihre Fahnen geschrieben hatten, mußten in kürzester Zeit weit mehr Territorien abtreten als der Sultan in seiner gesamten Regierungszeit bis zur Revolution. »Die Kreditwürdigkeit der Jungtürken war plötzlich sehr in Frage gestellt«, schreibt Georgeon, und es war kein Zufall, daß die Restauration gleich nach der Revolution einsetzte.

Denn die Masse der osmanischen Bevölkerung war weiterhin dem Sultan zugetan, mindestens aber dem Islam, für den die Jungtürken wenig Interesse zeigten. So hatte sich schon seit Anfang des Jahres 1909 eine islamisch-konservative Reaktion zusammengebraut, um die Jungtürken zu vertreiben.

»Die islamische Bewegung nimmt größere Dimensionen an«, berichtete die Wiener *Arbeiterzeitung* am 4. April 1909. Ulemas, Softas (Theologiestudenten) und Anhänger des Islam verlangten auf Großkundgebungen, die Scharia solle wieder eingeführt werden, ja islamischer Geist überhaupt. »Die Proteste«, stellte das Blatt wenige Tage später klar, »richteten sich auch gegen die Privilegien, die durch die Konstitution den Christen zugekommen waren.« Und: »Die Ittihad-i Islam (Union des Islam) führt an, daß eine Einigung aller Völkerelemente in der Türkei unmöglich sei, nur Einigung der mohammedanischen Völker sei möglich.«

Am 12. April 1909 kam es zu einem Aufstand von zumeist albanischen Soldaten, den Ulemas und Schüler der geistlichen Lehranstalten geschürt hatten. »Reaktionärer Charakter der Militärrevolte zweifellos«, meldete die deutsche Presseagentur *Wolffs Telegraphisches Büro*, und für den deutschen Botschafter in Konstantinopel »accentuiert sich der Eindruck, daß es sich um eine islamische, reaktionäre Bewegung handelt«.

Tags darauf besetzten die Aufständischen das Parlament, und die Jungtürken flüchteten oder versteckten sich – oft bei ihren armenischen Freunden. So kam der spätere Außenminister Halil Bey zwei Wochen lang bei seinem Freund Sohrab unter, auch Talaat und Mahmud Schefket Bey (ein Araber) fanden bei Armeniern Unterschlupf, andere Jungtürken versteckten sich in der Redaktionsräumen der armenischen Zeitung *Asatamart*. In Erzurum brachten die Armenier die Jungtürken in ausländischen Konsulaten unter oder eskortierten jungtürkische Gefangene, um sie zu beschützen.

Der Sieg der Reaktion brachte die Jungtürken in Gefahr, mehr aber noch die Armenier – und die Jungtürken spielten dabei eine dubiose Rolle.

Mit Waffengewalt türkisieren
Die Massaker in Kilikien

Im besonders reichen Kilikien, in etwa identisch mit der osmanischen Provinz Adana, war fast jeder fünfte der insgesamt 400 000 Bewohner Armenier. Schon Anfang 1909 hatten die Lokalbehörden angebliche armenische Verschwörungen nach Konstantinopel gemeldet. Sie wurden dabei unterstützt vom Gouverneur Dschewad Bey und dem Militärkommandanten Mustafa Remzi Pascha, der 1895 die Massaker in Marasch organisiert hatte. Aber auch die Armenier zündelten mit: Erzbischof Muschegh, »ein törichter Unruhestifter« (so der Historiker Walker), hatte seine Landsleute aufgefordert, Waffen zu kaufen, kosteten sie, was es wollte – denn er verdiente, wie sich später herausstellte, am mörderischen Geschäft gehörig mit. Als sich zur Erntezeit etwa 50 000 meist türkische und kurdische Saisonarbeiter auf den zumeist Armeniern gehörenden Feldern einfanden, meinte ein türkischer Beamter: »Wir warten, bis der Bienenstock mit Honig gefüllt ist, dann kommt die Gelegenheit, ihn zu leeren.« Der Zeitpunkt schien günstig, als in Konstantinopel die Anhänger des Sultans gerade wieder die Macht an sich gerissen hatten.

Immer mehr Türken waren in die Region geströmt, und am 14. April 1909 begann das Massaker: In zwei Tagen wurden 200 armenische Dörfer vernichtet und rund 20 000 Armenier umgebracht. Der deutsche Türken-Freund Ernst Jäckh berichtete, daß auf einen Geheimbefehl des Sultans hin insgesamt 200 000 Christen, hauptsächlich Armenier, getötet werden sollten, um die Westmächte zum Eingreifen und zur Vertreibung der Jungtürken zu veranlassen. Freilich hat niemals ein Vertreter des Regimes zugegeben, daß die Mordaktion von der Regierung geplant worden war. Allerdings gibt es genügend Hinweise darauf. Einen veröffentlichte eine deutsche Zeitung. In einem Brief schrieb ein türkischer Soldat seinen Eltern, daß er aus Konstantinopel nach Adana beordert worden sei, um dort an Massakern teilzunehmen.

Der für die von den Deutschen gebaute Bagdadbahn zuständige Oberingenieur Johann Lorenz Winkler hatte von Türken die Warnung bekommen, nicht nach Adana zu reisen. Deshalb verbrachte er die Nacht vor dem Sturm in einem Dorf außerhalb der Stadt. Dort beobachtete Winkler, wie sich bewaffnete Bauern beim Landrat einfanden und »für das Vaterland kämpfen« wollten. Der Landrat war nicht informiert und dachte an Kämpfe in Bulgarien. Die Bauern aber hatten genaue Anweisungen aus Konstantinopel. Sie griffen Winkler an und ließen erst von ihm ab, als sie erfuhren, er sei Deutscher. Dann brachten sie etwa 100 Armenier um. Andere Armenier, die sich zum Arzt der Bagdadbahn durchgeschlagen hatten, wurden aus dessen Haus gezerrt und auf der Straße erschlagen. Daß die in die Kirche geflohenen Frauen und Kinder des Dorfes davonkamen, lag daran, daß das Anzünden des Gotteshauses nicht gelang.

Der Gouverneur von Konja, erfuhr Winkler, hatte für seinen Bereich ein Telegramm aus Konstantinopel erhalten, er solle der Gerechtigkeit freien Lauf lassen, hielt sich jedoch nicht daran und verhinderte so ein Massaker. Ganz anders in Adana: Als jungtürkische Truppen aus Damaskus und Beirut zum Schutz der Armenier anrückten, so der französische Autor Yves Ternon, sollen Anhänger des armenierfeindlichen Gouverneurs auf sie geschossen, dann jedoch den Soldaten weisgemacht haben, Armenier seien die Täter gewesen.

Was auch immer die Gründe gewesen sein mögen, die Truppen der Revolutionäre griffen das Armenierviertel an, das ein Jahrzehnt zuvor von Massakern verschont geblieben war. Die Leiden der Armenier bei diesem Pogrom waren ohne Beispiel in ihrer von Leiden geprägten Geschichte im Osmanischen Reich. »Alle Augenzeugen sind sich einig«, schreibt Ternon, »daß man niemals ähnliche Greuel gesehen hat wie in Adana.« Nur jene Armenier, die sich in die französische Schule sowie in eine griechische und eine deutsche Fabrik flüchten konnten, überlebten.

Die Hohe Pforte hatte die Massaker anfangs überhaupt geleugnet, während Deutschlands Botschafter dem Berliner AA kabelte: »Daß der Sultan mit Hilfe der Geistlichen jüngste Bewegung in Szene gesetzt hat, wird nirgends mehr bezweifelt.« Schließlich sprach die osmanische Regierung von »Mißverständnissen« und sagte eine Aburteilung der Schuldigen zu. Sechs Armenier und 34 Türken (erstmals für Massaker an Armeniern) wurden hingerichtet, Gouverneur Dschewad Bey (Amtsentzug) und Militärkommandant Mustafa Remzi Pascha (drei Monate Gefängnis) kamen glimpflich davon. Die Jungtürken schoben die Schuld zwar auch dem alten Regime zu, gingen aber ebenfalls mit den Armeniern hart ins Gericht, die Kontakte zu Offizieren englischer und französischer Schiffe in Mersin und Alexandrette aufgenommen hatten. »Das Osmanische Reich muß ausschließlich türkisch sein«, sagte der führende Jungtürke und Arzt Mehmed Nazim kurz nach dem Massaker, »die Existenz fremder Elemente bietet einen Vorwand für europäische Interventionen. Diese Elemente müssen mit Waffengewalt türkisiert werden.«

Zur Klärung der Ursachen wurde eine Kommission unter der Leitung des Jungtürken Abdulkadir Bagdadi eingesetzt, von dem der deutsche Konsul in Mersin, Xenophon Christmann, behauptete, er sei einer der Organisatoren der Massaker gewesen. Das Gremium kam zu keinem Ergebnis, wohl aber gab es einen weiteren Toten: Das armenische Mitglied des Untersuchungsausschusses, der Abgeordnete Hakob Babikian, starb – vermutlich vergiftet –, bevor er den Bericht dem Parlament vorlegen konnte.

Die Armenier gehen uns nichts an
Deutsche Hilfe aus Versehen

Als erstes ausländisches Schiff hatte nicht ein Schiff der Entente im kilikischen Hafen Mersin festgemacht, sondern das deutsche Kriegsschiff »Loreley«, das dann vom Kreuzer »Hamburg« abgelöst wurde. Die Besatzung versorgte Hunderte von verletzten Armeniern. Die Hilfe war freilich kein humanitärer Akt der deutschen Reichsregierung, sondern basierte schlicht auf einem Mißverständnis. Die Besatzung sollte angeblich bedrohten Deutschen helfen und keineswegs Armeniern.

Denn das Deutsche Reich hatte auch das Osmanische in seine imperialistischen Gelüste einbezogen, seit in Konstantinopel der badische Protestant Adolf Freiherr Marschall von Bieberstein die Interessen des Kaisers vertrat. 1897 hatte der Kaiser ihn zum Sultan beordert, weil er Marschall als Außenminister loswerden wollte. Der Deutsche sollte »schnell zur beherrschenden diplomatischen Gestalt am Bosporus« (so der deutsche Historiker Wilhelm van Kampen) werden und avancierte sehr bald zum wichtigsten ausländischen Berater des Sultans.

Marschall war ein klassischer Vertreter deutscher kolonialer Wirtschaftsinteressen, und die konzentrierten sich immer mehr auf Kleinasien und Mesopotamien. Dort wollten die Apologeten deutscher Weltmacht ihre kolonialen Träume verwirklichen. »Die ganze Türkei« hatte schon Mitte des 19. Jahrhunderts der Schriftsteller und Nationalökonom Friedrich List als Deutschlands Hinterland bezeichnet. Der Orientalist Aloys Sprenger sah schon 10 bis 15 Millionen Deutsche in Mesopotamien siedeln. Dann hätte »der deutsche Kaiser die Geschicke Vorderasiens in seiner Hand«. Und selbst der Sozialist Ferdinand Lassalle wollte die orientalische Frage durch die (natürlich deutsche) Revolution lösen. Sein Freund, der Nationalökonom und Führer des linken Zentrums in der Preußischen Nationalversammlung, Johann Karl Rodbertur, prophezeite gar: »Deutsche Arbeiterbataillone werden Kleinasien erobern.«

Offizielle deutsche Politik war jedoch nach wie vor die Integrität des Osmanischen Reiches, und die hatte für die Berliner Regierung Vorrang vor den Reformen in armenischen Landen. Schon kurze Zeit nach seinem Antritt erhielt Marschall von seinem Nachfolger im Berliner Außenamt, Bernhard Graf von Bülow, Anweisung, eventuelle britische Reformvorschläge sehr zurückhaltend aufzunehmen, »da bei der eigenartigen Zusammensetzung des türkischen Reichs Reformen meistens gleichbedeutend sind mit Zerrüttung«.

»Die Erhaltung der Türkei bleibt das politische Grundgesetz«, verkündete Marschall sogleich nach seiner Ankunft. Diese Politik sollte das Deutsche Reich bis zum Ersten Weltkrieg verfolgen, freilich nicht aus Freundlichkeit gegenüber den Türken, sondern aus Eigennutz: Deutschland sah noch keine Chance, das schnell zerfallende Sultansreich direkt zu beerben und versuchte, sich erst einmal wirtschaftlich gegen die bis dahin dominierenden Franzosen und Engländer durchzusetzen.

Im Herbst 1898 hatte sich der Kaiser von der englischen Reiseagentur Cook einen friedlichen Kreuzzug nach Jerusalem organisieren lassen, um dort eine evangelische Kirche einzuweihen. Die Reise blieb der Nachwelt besonders dadurch in Erinnerung, daß Wilhelm II. die Moslems (er dachte in erster Linie an die Moslems im britischen Indien) für sich einzunehmen versuchte, denn er ging davon aus, daß sie in Abdul Hamid ihren Kalifen sahen und ihm folgten. »Mögen die 300 Millionen Mohammedaner, die auf der Erde zerstreut sind«, rief er in Damaskus aus, »dessen sicher sein, daß zu allen Zeiten der deutsche Kaiser ihr Freund sein wird.«

Die neue Liebe zu den Moslems ging zu Lasten der alten für die Christen. Als Marschall nach der Reise von einem Gespräch mit dem armenischen Patriarchen berichtete, der den deutschen Vertreter bat, seinen »machtvollen Einfluß beim Sultan für die leidende Bevölkerung« geltend zu machen, notierte der Kaiser auf das Telegramm: »Geht mich nichts an.«

So dachte Wilhelm II. auch noch nach den Massakern in Kilikien. Marschall hatte nach Berlin telegraphiert, die in der Provinz Adana tätigen deutschen Unternehmer seien »in höchster Gefahr«, und bat um Entsendung deutscher Kriegsschiffe, der Wilhelm II. freudig zustimmte. Die Schiffe kreuzten gerade im östlichen Mittelmeer, denn der Kaiser verbrachte mit großem Gefolge seine Ferien auf der Insel Korfu. Kurze Zeit später mußte Marschall aber seine Einschätzung berichtigen und melden, daß weniger die Deutschen als die Armenier in Gefahr seien. »Also wozu die Kreuzer?« fluchte der Kaiser, »die Armenier gehen uns nichts an!«

Doch die deutschen Schiffe ankerten nun einmal in Mersin, und der Kommandant der »Hamburg«, Max Werner, war von den dortigen Ereignissen entsetzt. »Regierung Adana schafft mit jungtürkischen Truppen grausame Rache«, funkte er. »Greuel unmenschlich, Elend unbeschreiblich. Türkische Offiziere sagen, kein Armenier soll leben bleiben«, faßte der deutsche Admiralstab die Meldungen der »Hamburg« fürs Auswärtige Amt zusammen. Und auch über die Schuldigen wußten die deutschen Rechercheure der »Hamburg« Genaues nach Konstantinopel zu berichten. »Beglaubigte Feststellung: Reguläre Truppen haben gemordet, geplündert«, resümierte Marschall ein Telegramm der »Hamburg«.

Der deutsche Schiffskapitän richtete, vom britischen Vizekonsul in Mersin dazu überredet und ohne Befehl aus der Heimat, aus Bordmitteln ein Lazarett für die etwa 3000 armenischen Flüchtlinge in den deutschen Fabriken ein, denn gut hundert von ihnen waren schwer verletzt. Noch lange nach der Hilfsaktion gab es Streit in der deutschen Marine über die Verbuchung der Kosten.

Marschall hatte zwar die Meldungen der »Hamburg« nach Berlin weitergegeben, glaubte aber den Nachrichten nicht. Er war nicht nur verstimmt über die nicht befohlene Hilfe des deutschen Schiffskapitäns und dessen Schreckensmeldungen. Mehr noch ärgerte ihn sein eigener Konsul in Mersin, Xenophon Christmann. Der hatte nicht nur die Massaker voll bestätigt, sondern sich auch noch mit den Jungtürken in Mersin angelegt. Marschall nannte Christmanns Berichte »Klatsch und Tratsch« und schrieb nach Berlin, »daß die Armenier zu den verlogensten Nationalitäten gehören, die es überhaupt gibt« und »harmlose Gemüter täuschen, um ihre eigene Schuld zu bemänteln«. Die Berichte Christmanns seien »völlig wertlos«, kabelte der deutsche Botschafter, aber der Kaiser vertraute mehr dem Konsul und besonders den Berichten seiner Marineoffiziere. Auf ein Marschall-Telegramm, in dem der Botschafter meldete, »in Adana ist die Ordnung wiederhergestellt«, schrieb Wilhelm II. als Randnotiz: »Es existiert nicht mehr! Total niedergebrannt!«

Nicht nur den Berlinern stießen die Fehleinschätzungen ihres Vertreters auf, sondern auch dem 1. Sekretär der Kaiserlichen Botschaft in Konstantinopel, Hans von Miquel: »In der Zwischenzeit hatten die Herren der deutschen Baumwollgesellschaft durch Photographien und Beschreibungen für die Verbreitung der Wahrheit gesorgt«, kabelte er nach Berlin. »Die Marschall-Christmann-Kontroverse«, schreibt der Historiker Norbert Saupp, »charakterisiert die Grundtendenzen der deutschen Türkeipolitik seit der jungtürkischen Revolution.«

Grobschlächtig wie ein Schäferhund
Die geistigen Strömungen

Nach dem reaktionären Rückfall hatte die jungtürkische Armee in Mazedonien erneut mobilgemacht und Ende April 1909 Konstantinopel erobert. Diesmal setzte sie Abdul Hamid ab und seinen ziemlich energielosen Bruder Muhammad Reschad als Muhammad V. zum neuen Sultan ein. Das sollte den Jungtürken das Regieren erleichtern, denn der neue Sultan kam ihnen kaum in die Quere.

Die Daschnaken knüpften trotz der ungeklärten Rolle der Jungtürken bei den Massakern in Kilikien an ihre Ittihad-freundliche Politik vor dem Umsturz an und gaben Order – um weitere Zusammenstöße mit den neuen Machthabern zu vereiteln –, die armenischen Kampfverbände aufzulösen, was einige armenische Gruppen ablehnten. Die Daschnaken-Führung ging insofern noch einen Schritt weiter, als sie einen Vertrag unterzeichnete, in dem sie sich auf einen Verbleib der armenischen Lande im Osmanischen Reich festlegte. Die Hintschak-Partei hingegen lehnte eine weitere Zusammenarbeit mit den Jungtürken ab und verließ das Bündnis.

Um vom Westen unabhängig zu werden, plädierten die Jungtürken für die Stärkung des eigenen Mittelstands. »Die Basis der zeitgenössischen Staaten«, dozierte der Wolgatatar

Jusuf Akschuraoglu, »ist die Bourgeoisie. Das nationale türkische Erwachen muß einhergehen mit dem Entstehen einer türkischen Bourgeoisie im osmanischen Staat.« Einer türkischen Bourgeoisie, nicht einer osmanischen. Und das war eindeutig gegen Griechen, Juden und Armenier gerichtet, die im einheimischen Bürgertum eine bedeutende Rolle spielten. Die von ihm gewünschte neue Klasse, schrieb Akschuraoglu, müsse »mit den nichttürkischen Osmanen in Konkurrenz treten«. Im Klartext: Vor allem die griechische und armenische Bourgeoisie müsse weichen.

Gegen den Nationalismus der Jungtürken bildeten sich für einige Jahre zwei geistige Strömungen heraus, die sich fast diametral gegenüberstanden. Die eine plädierte für einen aufgeklärten Islam, die andere für die schlichte Übernahme westlicher Zivilisation.

Vertreter eines modernen Islam war Mehmet Akif, selbst Sohn eines Medresenlehrers. Er hatte Veterinärmedizin studiert, sich aber mehr um seine Schriftstellerei gekümmert und war 1908 Professor für Literatur an der Istanbuler Universität geworden. Akif beklagte den Graben zwischen den am Westen ausgerichteten Intellektuellen, die im Islam nur ein Hindernis sahen, und den gläubigen Massen. Die Türken sollten sich am fortschrittlichen Geist des Islam ausrichten, forderte er und nannte als Beispiel Japan, das westliche Wissenschaft und Technik angenommen habe, ohne seine Seele zu verkaufen. Ein moderner Islam kenne keinen Widerspruch zur Vernunft und den neuen Wissenschaften, die Europa seinerseits im Mittelalter von den Moslems übernommen habe.

Auf der anderen Seite standen die »Westler«, angeführt von dem Kurden Abdullah Cevdet, der zu den Mitgründern der jungtürkischen Bewegung gehörte. Von Haus aus Arzt, hatte er Shakespeare übersetzt und eigene Werke geschrieben. Seiner Meinung nach war die Verwestlichung absolut notwendig für das Osmanische Reich. »Es gibt nur eine Zivilisation«, schrieb er, »und das ist die westliche. Man muß sie mit ihren Rosen und ihren Dornen übernehmen.« Das ginge nur durch die Emanzipation der Frau, die Einführung des lateinischen Alphabets und des metrischen Systems sowie den Kampf gegen die geistlichen Lehranstalten. »Entweder gehen wir nach Europa«, sagte er, »oder Europa kommt zu uns.«

Zwischen diesen beiden Richtungen standen die türkischen Nationalisten, die einen dritten Weg gehen wollten und sich schließlich durchsetzten. Unter ihnen gab es mehrere Schattierungen: die zumeist in der Türkei geborenen türkischen Nationalisten, die sich auf die kleinasiatische Türkei beschränken wollten; die in der Regel außerhalb der Türkei geborenen Anhänger einer großtürkischen Nation, die sogenannten Pantürkisten, die eine Verbindung aller türkischsprechenden Völker West- und Mittelasiens oder sogar einen gemeinsamen Staat anstrebten, sowie schließlich die Turanisten, die von einer großtürkischen Völkerfamilie oder einem großtürkischen Staat träumten, der neben den Turkvölkern auch die angeblich verwandten Ungarn, Finnen und Esten einbezog.

Sie alle einte das Verlangen nach einer türkischen Hegemonie, obgleich die Grenzen der einzelnen Richtungen fließend waren. Über allem stand für sie die Frage, wer eigentlich ein echter Türke sei. Im 16. Jahrhundert war »türkisch « gleichbedeutend mit »grob, ungeschliffen«. Noch das 1724 in Leipzig erschienene *Reglers Staats- und Zeitungslexikon* definierte das Wort »Türcke« als »Bauer oder ungeschickter Mensch«. Und auch für den osmanischen Chronisten Naima Mustafa Efendi galten Türken als »schwer von Begriff«, hatten »häßliche Gesichter« oder waren schlicht »Betrüger«. An einer Stelle sprach der Chronist von »einem grobschlächtigen Türken wie ein Schäferhund«. Vornehme Osmanen empfanden es noch im 19. Jahrhundert als beleidigend, »Türken« genannt zu werden.

Die arabisch-islamischen Wissenschaftler stellten die Türken auf die Stufe von Tieren. In einer Auslegung des Korans werden die Türken als Wesen mit »Fingernägeln wie Haken, zur Seite herausstehenden Zähnen wie bei ungezähmten Tieren« hingestellt, die »Zähne wie Hunde haben und Kiefer wie Kamele«, die beim Essen »durch das Knirschen ihrer Zähne Geräusche machen wie Maultiere oder Pferdestuten«. Diese Mohammed zugeschriebenen Hadisberichte gipfelten in dem Satz: »Solange wir nicht gegen die kleinäugigen, rotgesichtigen, plattnäsigen Türken Krieg führen, wird der Tag der Herrschaft nicht kommen.« »Diese Aussagen«, schreibt der türkische Wissenschaftler Taner Akçam, »wurden zum Grundbestand des islamischen Glaubens gezählt und waren im Bildungssystem an den osmanischen Grundschulen verankert.«

Der Islam aber war die einzige Klammer des Sultanreiches, und das war kein Zufall, denn »die kriegerischen Türken haben sich sozusagen die ihnen gemäße Religion gewählt«, wie Akçam behauptet. Das ist auch die Ansicht des Orientalisten Gotthard Jäschke: »Zweifellos hat zur Entstehung des osmanischen Nationalitätenstaates das islamische Glaubenskämpfertum sehr viel mehr beigetragen als das türkische Volksbewußtsein.«

»Unter den Nationen, die sich zum Islam bekannten«, schreibt der Historiker Bernard Lewis, »hat sich keine so sehr mit der islamischen Religionsgemeinschaft identifiziert wie die Türken.« Seit dem 8. Jahrhundert, urteilt der türkische Historiker Ali Kemal Meram, »hat die arabische und persische Kultur sowohl die türkische Kultur, das türkische Denken wie auch die Geschichte ausgelöscht.« Nach der Eroberung durch die türkischen Stämme war in den abhängigen islamischen Ländern Arabisch bis zum Ende des 12. Jahrhunderts Amtssprache, obgleich die Türken weiterhin Türkisch sprachen. In den geistlichen Lehranstalten, den Medresen, hielt sich Arabisch als Unterrichtssprache bis ins 20. Jahrhundert.

»Die Bewußtseinswerdung des osmanischen Türken«, schreibt der Wiener Historiker Wolfdieter Bihl, »war ein äußerst diffiziler Vorgang.« Den »nationalen Nachholbedarf« hätten die Jungtürken noch nicht bewältigt. Und während die Säkularisierung des Milletsystems der Griechen, Serben, Rumänen, Bulgaren und Armenier die Wertewelt der Türken noch nicht erschüttert hätte, sei das anders gewesen, als die nichttürkischen Moslems, vor allem Araber, Kurden und Albaner, nationalistische Ideologien entwickelten oder zumindest auf Autonomie drängten.

Das türkische Nationalbewußtsein war noch äußerst dünn, als die Jungtürken die Macht übernahmen. Es gab keine nationale türkische Tradition, und die »Alttürken« genannten Vertreter einer feudalen türkischen Elite waren für die Rebellen kein Vorbild. So kam, was in solchen Fällen leicht passiert: Die Jungtürken schwenkten von ihren ohnehin vagen, aber noch halbwegs kosmopolitischen Vorstellungen eines erneuerten und modernisierten Osmanischen Reichs zu einem hemmungslosen Nationalismus.

Neuer Despotismus
Radikalisierung der Jungtürken

Ein Begriff, mit dem die Alttürken nicht das geringste anfangen konnten, trat für die Jungtürken an die Stelle der obersten Autorität: »Vatan«, das Vaterland. Dieses Vaterland schloß in den Augen der Jungtürken die Minderheiten aus, die ihre eigenen nationalistischen Vorstellungen entwickelten und offen die staatliche Unabhängigkeit anstrebten, wie die Christen im Balkan oder die Araber im Osten.

Der Panislamismus hatte seine Kraft verloren, denn er hielt auch die moslemischen Untertanen in Mesopotamien und Palästina (wie damals die gesamte Mittelmeerküste von Syrien bis Ägypten hieß) nicht mehr davon ab, eigene Staaten anzustreben. Am meisten versuchten noch die Armenier, an der Fiktion eines alle Rassen und Nationen umfassenden Osmanischen Reichs festzuhalten, in der sie lediglich Gleichheit mit den Moslems und Verwaltungsautonomie anstrebten. Doch eine Gleichheit im Sinne der Französischen Revolution waren auch die von ihr begeisterten Jungtürken nicht bereit anzuerkennen, und Autonomie war für sie immer mehr gleichbedeutend mit Abspaltung.

Dabei hatten die Jungtürken »kein großes Interesse an politischen Ideen«, wie der englisch-indische Historiker Feros Ahmad feststellte. Um so mehr erwarteten sie von den Naturwissenschaften, »der Glaube an sie erreichte die Dimension von Bewunderung«, wie der türkische Nationalismus-Forscher Taner Akçam schreibt. Sie waren die Schüler der Positivisten; biologischer Materialismus und Darwinismus hatten es ihnen angetan. Mit ihrer Hilfe suchten sie später die Lösung ethnischer Probleme – mit katastrophalen Folgen für die Betroffenen. Ihre politischen Vorstellungen bezeichnet Akçam als »Ideologie der Ideologielosigkeit«, die »stets unter den Kriterien von Vorteil und Nutzen betrachtet« worden seien.

Doch der Hang zum Pragmatismus konnte die Europäer nur wenig beruhigen. Denn die Handlungen der Jungtürken sollten jenen recht geben, die ihnen von Anfang skeptisch gegenüberstanden. »Das Komitee konnte seine bisherigen Erfolge nur durch Aufrechterhaltung des gegenüber allen Gesellschaftsklassen ausgeübten Terrors behaupten«, hatte der österreichische k.u.k. Generalkonsul in Saloniki, Para, bereits im November 1908 nach Wien gekabelt. Und der deutsche General Colmar Freiherr von der Goltz, der immerhin Lehrer und Freund vieler jungtürkischer Offiziere war, notierte nach dem Umsturz von 1908 in sein Tagebuch: »Eigentlich hat nur ein Despotismus den anderen abgelöst.« Der spätere Innenminister Talaat selbst bezeichnete die Herrschaft der Jungtürken als »eine Intellektuellendespotie«.

Hatte der jungtürkische Heros Ismail Enver nach der erneuten Machtübernahme im April 1909 noch am Grab der etwa fünfzig bei der Eroberung der Hauptstadt Gefallenen eine Rede gehalten, in der er sowohl die moslemischen als auch die christlichen Toten würdigte, so radikalisierten die Jungtürken in der Folgezeit vor allem ihre Vorstellungen vom Türkentum. Innerhalb kürzester Zeit wurden aus osmanischen Kosmopoliten engstirnige Nationalisten, deren Aggressivität der Sprache – und später auch der Handlungen – alles bis dahin Bekannte übertraf. »Die türkische Kraft wird die türkische Stärke aufs neue aufleben lassen und mit seinen sprudelnden Strömen die ganze Erde überfluten«, schrieb der Mitbegründer des Vereins »Turk Gücü« (Türkische Kraft), Kuşçuoglu Tahsin Bey: »Jede Hand wird zerbrochen, jedes Schwert zerschmettert, jede noch so verteidigte Festung erobert werden. Die Eisenkralle des Türken wird die Welt wieder erfassen, und die Welt wird wieder vor dieser Kralle erzittern. Das ist das Ziel der türkischen Kraft.« »Eine fast natürliche Folge des Verspätens«, schreibt Akçam, »war eine Hast, den Rückstand wieder aufzuholen.« Und ein übertriebenes Selbstwertgefühl, »das sich in einer offenen Aggressivität gegenüber den anderen Nationengruppen ausdrückte«.

Was das für die Christen im Reich zu bedeuten habe, machte eine Rede des jungtürkischen Mitgründers Mehmed Talaat klar, die er im August 1910 in einer geheimen Sitzung der Sektion in Saloniki hielt. »Ihr wißt, daß die Verfassung die Gleichheit von Moslems und Gavur (ein Schimpfwort für Christen) proklamiert, aber euch wird klar sein, daß das ein unrealisierbares Ideal ist. Die Scharia, unsere ganze Geschichte und die Gefühle von Hunderttausenden von Moslems wie auch die Gefühle der Gavur selbst stellen eine unüberwindbare Barriere dar. Wir haben erfolglos versucht, aus Christen gute Osmanen zu machen, und solche Versuche müssen auch in Zukunft unausweichlich fehlschlagen.«

Die Jungtürken standen an einer entscheidenden Wende. Auf Drohungen folgten Beschwichtigungen und auf die Beschwichtigungen neue Drohungen.

Im Frühjahr 1911 nahm der 4. Kongreß des »Komitees für Einheit und Fortschritt« ein Programm an, dessen Artikel 9 lautete: »Jeder Bürger ohne Unterschied der Rasse oder Religion hat das Recht auf Gleichheit und volle Freiheit und hat die gleichen Pflichten. Alle Osmanen sind vor dem Gesetz gleich, und alle Untertanen des Reichs sollen nach ihren Fähigkeiten und ihrer Eignung zum Staatsdienst zugelassen werden.« Im Herbst des gleichen Jahres ließ das Komitee dann verkünden, »daß eine völlige Osmanisierung unvermeidlich sei und nötigenfalls auch mit Gewalt herbeigeführt werden müsse«, so der österreichische Historiker Bihl. Die nationalen Minderheiten dürften zwar ihre Religion, nicht aber ihre Sprache beibehalten. »Unser Staat muß rein türkisch sein«, hatte Mehmed Nazim verlangt, »wir müssen nichttürkische Nationalitäten mit Gewalt türkisieren.«

Damit hatte sich die Gruppe um den Hardliner der Partei, den Arzt Nazim, durchgesetzt. Der hatte schon auf dem Höhepunkt der Freundschaft zwischen Jungtürken und Daschnaken Bedrohliches für die Armenier geschrieben. So am 22. September 1906: »Die Armenier können später auf den richtigen Weg gebracht werden, wenn die Muslime in der Mehrheit sind.« Und ein Jahr später: »Wenn wir erst mal an der Macht sind, wird es ein leichtes sein, denen eine Lektion zu erteilen, die eine Verwaltungsautonomie anstreben.« Im Januar 1908 hatte er schließlich verraten, warum die Jungtürken so lange mit den Armeniern kooperierten: weil sie »von ihren Ressourcen profitieren«.

Nach dem nunmehr offenen Affront beschuldigten die armenischen Daschnaken ihre jungtürkischen Kameraden des Verrats und kündigten ihre Gefolgschaft auf. Nicht alle waren jedoch über diesen Entschluß glücklich. »Indem wir nach unseren Gefühlen handelten«, sagte der armenische Abgeordnete von Van und langjährige Daschnaken-Sekretär Wramian, »haben wir dem armenischen Volk ein großes Übel zugefügt.«

Um ihre Macht zu festigen, gingen die Jungtürken nach einer kurzen Periode offener Diskussion erneut dazu über, aus dem Hintergrund zu agieren und zu regieren. Nach außen hin waren zwar Osmanen der alten Garde an der Spitze der Regierung, doch wurden sie von Jungtürken eng bewacht. Um sich im Parlament abzusichern, schrieben sie im April 1912 Neuwahlen aus, die im Volksmund nur »die Wahl mit dem dicken Knüppel« hieß. Von insgesamt 275 Mitgliedern des Parlaments gehörten nur noch sechs der Opposition an. »Durch eine schamlos manipulierte Wahl«, so Historiker Bernard Lewis, »hatte das Komitee die liberale parlamentarische Opposition zerschmettert.« Das Komitee verlegte seinen Sitz von Saloniki nach Istanbul »und wurde zum neuen Unterdrücker«.

In wenigen Wochen den europäischen Teil verloren
Die Balkankriege

Deutschlands Kaiser hatte nie verwunden, daß die Jungtürken seinen Freund, den Sultan, verjagt hatten. England wünschte sich die osmanischen Liberalen an der Macht und lehnte es ab, seinem neuen Verbündeten Rußland – der sich nach dem Japankrieg wieder den osmanischen Belangen zuwandte – in den Rücken zu fallen. Frankreich gefiel zwar die Vorliebe der Jungtürken für Jakobinertum und Zentralismus, war aber nicht bereit, sich aus Nordafrika zurückzuziehen oder seine erheblichen finanziellen Interessen im Osmanischen Reich aufzugeben. Eine neue Anleihe lehnten die Franzosen ab, weil die Türken bei ihnen kein Kriegsgerät kaufen wollten. So blieben die Osmanen bei der klassischen Gleichgewichtspolitik, besonders im militärischen Bereich. Während die Deutschen die Armee ausbildeten, modernisierten die Engländer die Marine und die Franzosen die Gendarmerie.

Die direkte Gefahr für das Osmanische Reich kam einmal mehr aus Südosteuropa, wo die Osmanen nur noch Mazedonien und Albanien direkt regierten. Beide Provinzen hatten einen hohen Stellenwert für das Reich des Sultans: Aus Albanien waren oft die besten und treuesten Beamten gekommen, albanische Soldaten galten als die zuverlässigsten. Mazedonien war die Heimat vieler Jungtürken, die von der regionalen Hauptstadt aus die Revolution gestartet hatten.

Besonders Mazedoniens Abfall sollte für die Jungtürken zum Trauma werden und das Schicksal der Armenier indirekt bestimmen. In der Provinz, die weit größer war als das heutige Mazedonien, lebten zwei Millionen zumeist christliche Bewohner, die sich auf neun Völker verteilten: Türken, Bulgaren, Griechen, Serben, Mazedonier, Albaner, Walachen, Juden und Zigeuner. Während Türken, Griechen und Juden in den Städten vorherrschten, verteilten sich die übrigen Ethnien über das Land. Nirgends gab es klare Grenzen, serbische Dörfer lagen neben bulgarischen, jüdische Straßen neben griechischen.

Alle Anrainerstaaten machten Ansprüche geltend. Die Bulgaren gaben eine sprachliche, die Serben eine grammatikalische Verwandtschaft vor. Die Griechen hatten die stärkste kirchliche Organisation, und die Rumänen versorgten ihre walachischen Landsleute mit Lehrern und Büchern. Besonders die bulgarischen Geheimbünde machten den Osmanen zu schaffen. Sie plädierten zwar für »Mazedonien den Mazedoniern«, machten aber aus ihren Anschlußwünschen an Bulgarien keinen Hehl. Aber auch griechische und serbische Freischärler verbreiteten Terror in der Provinz. Die Türken antworteten mit blutigen Unterdrückungen und ärgerten sich besonders darüber, daß die Europäer ihre an Christen verübten Massaker registrierten, kaum aber die der Christen untereinander und die gegen Moslems. Alle christlichen Minderheiten verlangten die Durchführung der auf dem Berliner Kongreß für das Osmanische Reich vorgesehenen Reformen.

Im März 1912 hatten sich Serbien und Bulgarien Beistand im Fall eines Angriffs durch Dritte zugesagt. In einer Zusatzvereinbarung wurde festgelegt, wie Mazedonien aufzuteilen sei: Kosovo und der (den Osmanen für den Verlust von Bosnien-Herzegowina zurückgegebene) Bezirk Novi Pazar an Serbien, die östlichen Regionen an Bulgarien, während das Zentrum eine selbständige Republik werden sollte, was im Klartext hieß, daß man sich über die Aufteilung nicht einigen konnte – im Zweifel sollte der russische Zar entscheiden. Auch Griechen und Bulgaren kamen überein, mazedonisches Land einzukassieren, nur konnten sie sich nicht über den Besitz Thessaloniens einigen.

Die Hohe Pforte beeilte sich deshalb, die Konflikte mit Albanien und Italien, das in der Zwischenzeit die osmanische Cyrenaika und Tripolitanien besetzt hatte, zu beenden. Am 4. September 1912 entließ Konstantinopel Albanien in die Unabhängigkeit, fünf Wochen später schließlich schlossen die Osmanen auch mit den Italienern Frieden und erkannten die Annexionen der afrikanischen Gebiete an.

Doch verhindern konnte der Sultan den Zerfall seines Reiches damit nicht. Die Balkanstaaten stellten am 30. September 1912 Ultimaten und verlangten die Verwirklichung der versprochenen Reformen in Mazedonien, wie die Einsetzung eines belgischen oder Schweizer Gouverneurs, europäische Offiziere für die Gendarmerie und eine Überwachung durch die Europäer. Schließlich gesellte sich Griechenland der Balkan-Phalanx hinzu und verlangte vom Sultan den Anschluß von Kreta. Als die Hohe Pforte alle Forderungen ablehnte, erklärten die Balkanstaaten dem Osmanischen Reich den Krieg.

Während die Ententemächte ihre Beobachter schickten, um zu sehen, wie sich die zwischenzeitlich von den Deutschen militärisch ausgebildeten Osmanen schlugen, gingen die Balkanländer zur Sache. Am erfolgreichsten die Bulgaren, die Ende Oktober bereits die zweitgrößte osmanische Stadt Alexandropol (das heutige Edirne) umzingelt hatten und erst 50 Kilometer vor Konstantinopel von den Osmanen gestoppt werden konnten. Die Griechen eroberten Kreta, Epireus und das östliche Mazedonien, wobei sie Saloniki gerade zwei Tage vor den Bulgaren besetzten, die in der Stadt der jungtürkischen Rebellion zwar Soldaten stationieren, nicht aber mitverwalten durften. Die Serben schließlich eroberten Nordmazedonien und die albanische Provinz Kosovo, während ihre montenegrinischen Alliierten die albanische Stadt Skutari einnahmen. In wenigen Wochen hatte das Osmanische Reich fast seine gesamten europäischen Besitzungen verloren.

Das konnte auch der schnell zum Regierungschef erhobene anglophile Großwesir Kamil Pascha nicht mehr verhindern. Zwar vermittelten die Briten am 3. Dezember 1912 einen Waffenstillstand, aber auf der nach London einberufenen Friedenskonferenz bestanden die Balkanstaaten auf ihren Eroberungen.

Als am 23. Januar 1913 die osmanische Regierung die Übernahme Adrianopels durch Bulgarien verhandelte, drang ein Jungtürken-Kommando unter Ismail Enver in den Kabinettsraum und erschoß den Kriegsminister Nazim Pascha. Die Junta erzwang den Abtritt des Großwesirs und Außenministers Kamil Pascha.

Zwar beteiligten sich die Jungtürken an der neuen Regierung des unparteiischen Großwesirs Mahmud Dschewget Pascha nur mit drei – noch dazu sehr gemäßigten – Vertretern, aber die Militärs der Ittihad-Partei kontrollierten nunmehr die osmanische Armee und garantierten damit die Macht der Jungtürken.

Anfang Februar 1913 griffen die Balkanstaaten erneut an, und die Bulgaren nahmen nach fünf Monaten Belagerung und einem Bombardement Edirne ein. Am 30. Mai unterzeichneten die Osmanen einen Friedensvertrag, in dem sie bis auf einen schmalen Landstreifen vor Istanbul alle europäischen Territorien abtreten mußten und Kreta noch obendrein.

Das Blatt wendete sich nochmals zugunsten der Osmanen, die den Hader der Balkanstaaten untereinander ausnutzten. Weil die Bulgaren die Einnahme Salonikis durch die Griechen nicht akzeptierten und die Serben nicht das inzwischen von den europäischen Großmächten garantierte »neutrale und erbliche Fürstentum« Albanien, kam es zu einem Krieg zwischen Bulgarien, Serbien und Griechenland, den die Osmanen nutzten, um Edirne wiederzuerobern. Dieser zweite Balkankrieg dauerte nur gut zwei Wochen und endete mit einer Niederlage Bulgariens. Die Türken erhielten die Territorien östlich des Flusses Maritza zurück, als kleines Trostpflaster für ihre riesigen Landverluste im ersten Balkankrieg.

Schon wenige Tage nach dieser territorialen Korrektur übernahmen die Jungtürken vollends die Regierungsgewalt und verboten praktisch alle anderen Parteien. Künftig hieß das »Komitee für Einheit und Fortschritt« kurz »die Ittihad« oder auch nur »die Partei«. Die Jungtürken hielten sich zwar offiziell an die Verfassung, in Wirklichkeit aber »legte sich die Türkei eine Diktatur zu«, wie der französische Osmanen-Forscher Paul Dumont schreibt.

Zu ihren erklärten Anhängern wurden vor allem die Flüchtlinge, die sich nach dem verlorenen Balkankrieg zu den früheren Flüchtlingstrecks aus Rußland und Europa gesellten. »Sie ließen nie von dem Gefühl der Rache für das ihnen zugefügte Leid ab«, schreibt Taner Akçam. »Hör her, Moslem«, begann ein Gedicht in einer der zahlreichen Zeitschriften, die die Flüchtlinge gründeten: »Laß dich nie vertrösten! Dein Blut bleibe so lange in Wallung, bis du Rache genommen hast.« Rache an den – aus ihrer Sicht – abgefallenen Völkern und Rückkehr nach Rumelien, das einte die Jungtürken. »Unser Haßgefühl wächst«, schrieb ihr Anführer Enver in einem Brief, »und es gibt nur ein Wort dafür: Rache, Rache, Rache!«

Europa, lange Zeit das Land der Verheißung, wurde immer mehr zum Haßobjekt. Die Europäer, schrieb die Jungtürken-Zeitung *Genç Kalemler* (Die Jungen Federn), seien »in Zivil gekleidete Banditen ohne eine Spur von Güte und Gnade«, die »die Menschlichkeit des Orients zerstören« – Worte, die angesichts der Grausamkeiten bei der späteren Ausrottung der Armenier wie Hohn klingen, von ihren Autoren aber voller Empörung vorgetragen wurden. Ein Zurückweichen vor den Europäern (und – noch nicht offen ausgesprochen – ihren armenischen Verbündeten) sei, so *Die Jungen Federn*, nichts anderes als »Kriegsgefangenschaft, Vernichtung und geschichtlicher Untergang«.

Diese Vernichtung, so spannen die Ideologen des späteren Völkermords ihre krausen Ideen fort, würden seitens Europas im »Namen der Menschenrechte und universellen Menschlichkeit« unternommen. »An diesem Punkt«, schreibt Nationalismus-Forscher Akçam, »ist eine aufschlußreiche Parallele zur deutschen Nationalidentität festzustellen.« Der deutsche Publizist, linksliberale Reichstagsabgeordnete und spätere Gründer der Deutschen Demokratischen Partei, Friedrich Naumann, hatte in der Tat eine ähnliche Sinneshaltung der Deutschen während der französischen Besatzungszeit gegen die Ideen der Aufklärung ausgemacht. Vielleicht war sie der Grund, weshalb die Deutschen kurz vor dem Ersten Weltkrieg mehr Verständnis für die Abwehrhaltung der Jungtürken zeigten als irgendein anderes Volk.

Im Osmanischen Reich verbreitete sich Endzeitstimmung, und die Jungtürken schürten sie nach Kräften. »Die Panik um Zerfall und Spaltung hat unweigerlich den Einheitsgedanken in den Vordergrund gestellt«, schreibt Akçam. »Unter der Angst der Vereinsamung und Vernichtung empfand man die nationalen, demokratischen Forderungen der christlichen Minderheiten als Bedrohung der eigenen Existenz.« Der

Kampf gegen die Minderheiten nahm immer mehr die Form eines Existenzkampfs an, »und die Armenier, als letzte große christliche Minderheit, mußten sozusagen für das büßen, was die anderen Nationalitäten angerichtet hatten«.

Im Geist des alltürkischen Chauvinismus
Das Triumvirat

Zentrum der Macht der Ittihad-Partei war das Zentralkomitee, doch regiert wurde das Land von einem Triumvirat: dem Leutnant und Kriegsminister Ismail Enver, dem Hauptmann und Marineminister Ahmed Dschemal sowie dem Innenminister und späteren Großwesir Mehmed Talaat. Talaat war bulgarischer und Enver serbo-albanischer Abstammung, Dschemal hatte eine griechische Mutter, alle drei stammten aus kleinen Verhältnissen.

Alle drei waren, so der »k.u.k. Feldmarschalleutnant und Militärbevollmächtigte in der Türkei«, Joseph Pomiankowski, »mehr oder weniger Dilettanten«, die »den Mangel an Fachkenntnissen durch große Energie, brutale Rücksichtslosigkeit und selbst Grausamkeit ersetzten«. Die drei wurden ihre bescheidene Herkunft nie los. »Das Parvenühafte« der Jungtürken war es, das den promovierten deutschen Journalisten Harry Stuermer, der vom Frühjahr 1915 bis Weihnachten 1916 als Korrespondent der *Kölnischen Zeitung* in Konstantinopel weilte, ehe ihn das Regime wegen zu kritischer Berichterstattung auswies, am meisten störte.

Enver Pascha galt in der Türkei als der Held der Revolution und war der bekannteste des Triumvirats. Er war der Verbindungsmann zu Deutschland, wo er mehrere Jahre als Militärattaché der Berliner Botschaft verbracht hatte. Dort hingen über seinem Schreibtisch drei Bilder: zu seiner Rechten Napoleon, zur Linken Friedrich der Große und in der Mitte, »als Kreuzung beider«, so Pfarrer Johannes Lepsius, Enver selbst. »In der Meinung Europas wird Enver Pascha maßlos überschätzt«, urteilte Harry Stuermer über ihn, »er ist weder ein hervorragender geistiger Führer noch ein guter Organisator, noch ein bedeutender Stratege.«

Galt Enver als deutschfreundlich, so wurde sein Gegenspieler im Triumvirat, der Marineminister und Kommandant der 4. osmanischen Armee in Syrien, Ahmed Dschemal Pascha, als frankophil eingestuft. Ihn charakterisiere, so Stuermer, »tiefer Haß gegen Deutschland und seine nur zur Wahrung des Scheins versteckte Todfeindschaft gegen den im deutschen Fahrwasser schwimmenden Enver«. Dschemal residierte nicht in Konstantinopel, sondern in Damaskus. Dort fühle er sich, nach den Worten seines eigenen Generalstabschefs, des Deutschen Eberhard Graf Wolffskeel von Reichenberg, »absolut als Diktator« und sei »ein rücksichtsloser energischer Mann«. Für Stuermer war Dschemal »nichts weiter als ein chauvinistischer, gieriger, rasend fanatischer Jungtürke, und zwar einer der allerschlimmsten«.

Den Dritten im Bunde, Mehmet Talaat Pascha, hielt Stuermer für den »wahren Führer und weitaus bedeutendsten Staatsmann der Türkei«, der »sich selbst schlau in den Hintergrund stellt«. Ihn hätte »ernstes stetiges Wesen, Freisein von leichtfertigem Optimismus und hervorragende Urteilskraft« vor den anderen Mitgliedern des Triumvirats ausgezeichnet. »Selbst Armenier, die Opfer seiner ureigensten Verfolgungspolitik, hört man manchmal mit Achtung von ihm sprechen«, schrieb Stuermer und schränkt ein, daß Talaat »alles in engherzigem, chauvinistischem Wahne der Nurtürken tut. Der Geist, der in der Türkei von heute weht, es ist Talaats Geist.«

Enver, Dschemal und Talaat wurden zu den wichtigsten Gesprächspartnern der Europäer, besonders der Deutschen, zusammen mit dem eher machtlosen Großwesir, dem ägyptischen Prinzen Mehmed Said Halim Pascha, einem sehr gebildeten Mann, der fließend Französisch und Arabisch sprach, aber kein Türkisch. »Arab Pascha« hieß er deshalb im Ministerrat, aber auch »die Kröte«.

Dauernde Aufmerksamkeit
Das Reformpaket für die Armenier

Das war die Konstellation an der Spitze des Osmanischen Reichs, als ein letztes Mal über die auf dem Berliner Kongreß beschlossenen Reformen für die Armenier diskutiert wurde.

»Es kann keinem Zweifel unterliegen«, meldete der k.u.k

Botschafter in Konstantinopel, der Ungar Johann (János) Markgraf von Pallavicini, an seine Regierung, »daß die türkische Regierung nur unter dem Druck der Verhältnisse den armenischen Reformen nähertritt, da sie offenbar über kurz oder lang eine Einmischung der Mächte befürchtet«. Und zu den Einmischern mußten die Osmanen nunmehr auch die Deutschen rechnen.

Im Berliner Außenamt war es üblich geworden, die Gebiete beiderseits der Bagdadbahn als »unsere Interessensphäre« (so AA-Staatssekretär Gottlieb von Jagow) oder als »Arbeitsgebiet« oder »Arbeitszone« zu bezeichnen. Sollte das Osmanische Reich zusammenbrechen, woran niemand in Berlin zweifelte, »würden sich unsere bisher rein wirtschaftlichen Interessen selbstverständlich alsbald in politische erster Ordnung verwandeln«, wie Reichskanzler Theobald von Bethmann Hollweg klarmachte. »Denn Deutschland ist in Kleinasien nicht nur mit Hunderten von Millionen (Mark), sondern mit seinem Prestige engagiert.« Einen Verlust dieser Gebiete »würde das deutsche Volk nicht ertragen«.

»In der deutschen Reichsleitung war man sich darüber im klaren«, schreibt der Historiker Saupp, »daß eine Bewahrung deutscher Interessen in der Türkei nur auf dem Wege einer Lösung der armenischen Frage zu erreichen war.« Die von Botschafter Marschall von Bieberstein gehaßten Armenier wurden für seinen Nachfolger Hans Freiherr von Wangenheim zum Hoffnungsträger, besonders wegen der »guten Eigenschaften einer gesunden Landbevölkerung«, die Wangenheim mit dem »Aussaugsystem der armenischen Geschäftsleute« kontrastierte. »Bekommen wir Einfluß auf die armenische Bewegung«, kabelte er Ende Februar 1913 nach Berlin, »so haben wir ein wirksames Mittel in der Hand, um unter Wahrung und Erweiterung unserer eigenen Interessen die Türken in ihrer Reformarbeit zu unterstützen. Sollte sich aber in Zukunft herausstellen, daß der Auflösungsprozeß der Türkei nicht mehr aufzuhalten ist, so wird es für uns von großem Wert sein, das einheimische armenische Element hinter uns zu haben.«

Wangenheim erkannte sehr wohl, daß die Armenier – neben den Griechen – ökonomisch der wichtigste Faktor in einem Reich waren, das nicht nur Jahr um Jahr weitere Territorien verlor, sondern dessen Wirtschaft auch immer mehr von den europäischen Geldgebern abhing. Kaum eine einigermaßen entwickelte Region, die nicht ihre Steuereinnahmen an die Europäer als Garantie abtreten mußte, damit der Sultan eine weitere Anleihe auf europäischen Finanzmärkten zeichnen konnte. Hauptsächlich Franzosen und Briten hatten die Schuldenverwaltung des Osmanischen Reichs übernommen, besaßen wichtige Monopole wie den Tabakverkauf und kontrollierten Ex- und Import. Mit armenischer Hilfe, so die Kalkulation Wangenheims, könnte das Kaiserreich zur dominierenden Wirtschaftsmacht in Kleinasien werden.

Der reichsdeutsche Botschafter in Konstantinopel machte sogar konkrete Vorschläge, wer eine Reform kontrollieren könnte: deutsche Konsularvertreter. Sie sollten – in Absprache mit der osmanischen Regierung – dafür sorgen, daß nicht untergeordnete Verwaltungsbeamte immer wieder alles torpedierten. Die Berliner dämpften jedoch den plötzlichen Reformeifer ihres Vertreters. Zwar sollten die deutschen Konsuln »den armenischen Angelegenheiten dauernd ihre Aufmerksamkeit schenken«, so Außenamtschef von Jagow an Wangenheim, aber nicht armenische Interessen vertreten. Deutschland dürfe nicht in Gefahr geraten, die »oft utopischen Prätentionen« der Armenier den Türken gegenüber durchsetzen zu müssen. In Wahrheit fühlten sich die Deutschen in den von ihnen beanspruchten Gebieten noch nicht stark genug. Wangenheim wurde deshalb von Jagow angewiesen, »den Liquidationsmoment (des Osmanischen Reiches) möglichst hinauszuschieben«, weil die deutschen Ansprüche »noch zu wenig Wurzeln« geschlagen hätten.

Dabei ging es dem Reich hauptsächlich um Kilikien. Als die Türken mit den Engländern über Zivilberater für Anatolien verhandelten, um dort angeblich die Reformen zu verwirklichen, hauptsächlich aber, um die Verwaltung zu modernisieren, verlangte Wangenheim, die Pforte solle es unterlassen, »in gewisse Zentren der armenischen Bewegung, zum Beispiel Adana, Reformer zu schicken«. Dort solle einzig Deutschland, schon wegen der Bagdadbahn, die Berater stellen. »Unsere Interessen laufen längs der Bagdadbahn«, schrieb er am 21. Mai 1913 an den Reichskanzler, seien aber »in Wirklichkeit mehr kapitalistischer als realer Natur«. Das schlimmste aber sei, daß Deutschland »bisher nicht im geringsten für eine Etablierung in Kleinasien vorbereitet« sei. »Wir wissen noch nicht einmal genau, wo wir uns eigentlich festsetzen sollen.« Deshalb empfehle er, »die Auflösung der Türkei so lange als nur möglich, wenigstens aber vorläufig aufzuhalten«.

Gleichwohl solle sich Deutschland Gedanken über die Gebiete machen, welche »als unsere Interessensphäre in Betracht kommen«. Weil das Küstengebiet des Schwarzen und Marmara-Meers russische, Syrien und Palästina französische, Arabien und der Golf englische Interessen berühre, Westanatolien außerdem von Griechen bewohnt sei, käme für Deutschland ein Streifen »von der Linie Askischehir – Adalia in ungefährer Breite von 400 Kilometern nach Osten bis zur persischen Grenze« entlang der Bagdadbahn in Frage. »Sein Kernland ist das nach dem Golf von Alexandrette gravierende Gebiet.« Am 7. Juni 1913 sprach Wangenheim dann schon von einer »administrativen Festsetzung in Kilikien«.

Am 24. Mai 1913 erließ die russische Regierung nach Absprache mit Frankreich und England, ihren Verbündeten innerhalb der Entente, eine Einladung an alle europäischen Großmächte, also auch die Mitglieder des Dreibunds Deutschland, Österreich-Ungarn und Italien, durch die Botschafter in Konstantinopel ein Reformpaket zu beraten. Die Deutschen waren von Anfang an eher die Bremser und sich »der Gefahr des Anschneidens der armenischen Reformfrage wohl bewußt«, wie Jagow sagte, fürchteten aber, daß »sonst Rußland die Frage allein beziehungsweise mit der Entente ohne den Dreibund zu lösen sucht«. Wangenheim rechnete außerdem mit »maßlos übertriebenen armenischen Ansprüchen«.

Auch die Türken überlegten, wie die Reformen verhindert werden könnten. Es sei besser, vertraute der Großwesir dem deutschen Botschafter an, wenn die Reformfrage »von türkenfeindlicher Seite angeschnitten« würde, den Russen also. Will sagen: Dann könnten die Türken sie leichter torpedieren.

Die Armenier arbeiteten besonders mit dem ihnen sehr wohlgesonnenen Chefdolmetscher der russischen Botschaft, Andrej Nikolajewitsch Mandelstam, zusammen, der ihre Vorstellungen weitgehend übernahm. Nach diesem Plan sollte die osmanische Regierung die sechs armenischen Wilajets zu einer einzigen Provinz zusammenziehen und einem osmanisch-christlichen oder europäischen Gouverneur unterstellen; in den Provinzlandtagen, Verwaltungsräten und öffentlichen Ämtern gleichviel Armenier wie Moslems anstellen; eine gemischt türkisch-christliche Gendarmerie unter dem Befehl eines europäischen Offiziers bilden; die kurdische Hamidiye-Kavallerie auflösen; neben Türkisch auch Kurdisch und Armenisch als Dienstsprachen zulassen; die armenischen Verluste von einer Kommission untersuchen lassen und Entschädigungen festlegen; die Ansiedlung moslemischer Emigranten verbieten und schließlich die europäischen Mächte mit der Kontrolle dieser Maßnahmen beauftragen.

Am 8. Juni 1913 legte der russische Botschafter seinen europäischen Kollegen die Reformvorschläge vor. Seine Realisierung würde »aus der Hälfte Anatoliens ein mit der Türkei nur noch lose verbundenes Armenien schaffen«, kommentierte Wangenheim die Vorschläge: »Es wäre der Beginn der Aufteilung.« Der deutsche Diplomat nahm besonders daran Anstoß, daß die Armenier über ein zusammenhängendes Verwaltungsgebiet verfügen sollten, das sich leicht mit russischer Hilfe als Staat konstituieren könne. Wangenheim monierte, daß keineswegs alle von Armeniern bewohnten Regionen der neuen Großprovinz zugeschlagen worden seien (eine Konzession der Russen an die Franzosen, die Nordsyrien beanspruchten), doch ärgerte ihn besonders, daß die Russen im Süden Gebiete beanspruchten, auf die auch die Deutschen spekulierten.

Während Frankreich und England den russischen Plänen zustimmten, sah Wangenheim »keine Brücke«. Der deutsche Botschafter betrachtete sowieso »die ganze Reformaktion der Mächte in Armenien als ganz verfehlt und nutzlos«, wie sich der österreichische Militärattaché Pomiankowski erinnerte. Die Deutschen versuchten deshalb, die sehr lauen türkischen Reformpläne zu unterstützen. Die sahen zwar ausländische Berater in sechs neu festgelegten Inspektionssektoren vor, jedoch ohne Kontrollfunktion. Ferner sollten die Reformen im ganzen Land durchgeführt werden und ähnelten damit mehr einer allgemeinen Verwaltungsreform als armenischen Reformen, wie sie auf dem Berliner Kongreß ausgehandelt waren.

Außerdem hatten die Türken einmal mehr die von ihnen vorgeschlagenen Inspektionsgrenzen so gezogen, daß – von einer Ausnahme abgesehen – Gebiete mit starkem armenischem Bevölkerungsanteil mit solchen vermischt wurden, in denen praktisch keine Armenier siedelten. Darüber hinaus war es den Türken gelungen, die Grenzen so abzustecken, daß keine der von den ausländischen Mächten mehr oder weniger offiziell geforderten Einflußzonen mit einem Inspektionsgebiet identisch war. Deutschlands »Arbeitsgebiet« beispielsweise erstreckte sich auf fünf Sektoren.

Rußland, davon war Wangenheim überzeugt, wolle sich über die Reformen nur den Weg zum Mittelmeer ebnen. »Rußland will die Autonomie Armeniens«, kabelte der deutsche Botschafter am 1. August 1913 an seinen Kanzler, »die Reformen sind der russischen Politik an sich gleichgültig. Die Autonomie ist gedacht als ein Schritt auf dem Wege nach Konstantinopel.« Rußland, so Wangenheims immer wiederkehrende Behauptung, würde Unruhen in Armenien anzetteln und diese sodann als Grund zum Eingreifen nehmen. In seinen Verdächtigungen stärkte ihn sein Kollege in Petersburg, Friedrich Graf von Pourtalès. »Im Falle ernstlicher Unruhen«, habe diesem der russische Außenminister Sergej Sasonow zur Armenienfrage gesagt, »würde Rußland aus Gründen der Selbsterhaltung gezwungen sein einzuschreiten.«

Über alle Details der Armenien-Verhandlungen der europäischen Botschafter in Konstantinopel unterrichteten die Deutschen den Großwesir Prinz Said Halim. Trotzdem waren die Osmanen immer weniger zu einer Kooperation bereit. »Die Schwierigkeit liegt darin«, kabelte Wangenheim Ende Oktober 1913 nach Berlin, »daß wir nicht mit dem Sultan, sondern dem Komitee (für Einheit und Fortschritt) zu verhandeln haben. Der leitende Gedanke im Komitee ist gegenwärtig, die Türkei lieber zugrunde gehen zu lassen, als sie noch weiter unter der politischen Kontrolle der Mächte zu belassen.« Tatsächlich hatten sich die Jungtürken mit ihrer engen nationalistischen Sicht gegenüber der alten osmanischen Garde durchgesetzt. »Die frühere Furcht, nur ja keinem Christen ein Haar zu krümmen und lieber alle Türken opfern«, sagte im November 1913 Sahil Bey, Direktor der Politischen Abteilung im osmanischen Außenministerium und einer der anfangs gegenüber dem Komitee durchaus kritischen Leute, »diese Zeit ist jetzt vorbei. Dschemal und Talaat handeln.«

Um überhaupt noch Reformen durchzusetzen, hatte selbst Lepsius seine armenischen Freunden bekniet, das russische

Projekt fallenzulassen und sich mit einem Kompromiß zufriedenzugeben. Den handelten schließlich die Osmanen direkt mit den Russen aus und setzten sich in allen wichtigen Fragen durch.

Das am 8. Februar 1914 zwischen Osmanen und Russen unterzeichnete Reformpaket sah zwei Provinzen vor, die einmal die Regierungsbezirke Trapezunt, Sivas und Erzurum, zum anderen die von Van, Bitlis, Kharput und Diyarbakir umfaßten. Beide Provinzen sollten je einem von den Osmanen vorzuschlagenen ausländischen Generalinspekteur unterstellt werden. Der sollte als oberste zivile Instanz für zehn Jahre bestellt werden und alle Beamten, mit Ausnahme der Gouverneure, vorschlagen und die subalternen auch ernennen können. Außerdem war eine – ebenfalls den Generalinspekteuren unterstellte – gemischte Gendarmerie aus Türken und Armeniern und die Gleichstellung von Christen und Moslems vor Gericht vorgesehen. Die kurdischen Hamidiye-Regimenter würden der regulären türkischen Armee unterstellt.

In den Provinzen Van, Bitlis und Erzurum sollten die Christen die Hälfte der regionalen Abgeordneten stellen, in den übrigen Provinzen nach ihrem Bevölkerungsanteil. Ferner war geplant, die amtlichen Anordnungen außer in Türkisch auch in Armenisch herauszugeben und die armenische Sprache auch vor Gericht als gleichberechtigt zuzulassen.

In seiner Beurteilung der Reformpakets stellte der österreichische Botschafter Pallavicini fest, »daß die türkische Regierung wieder einmal ihren Willen durchgesetzt hatte. Gerade die wichtigsten Punkte des russischen Elaborats sind von der türkischen Regierung nicht angenommen worden.«

Tatsächlich hatten die Großmächte auf wichtige Forderungen verzichtet:

Der Inspektor war nicht mehr Chef der Exekutive, der alle Richter und Beamte ernannte und Polizei wie Gendarmerie befehligte, sondern nur noch Kontrolleur, der lediglich subaltern Beamte ernennen durfte. Die wirkliche Gewalt lag weiterhin beim türkischen Gouverneur, »der sicherlich allen Reformbestrebungen die bewährte türkische Verschleppungstaktik entgegenstellen wird«, wie Pallavicini vorhersagte.

Armenier würden in der Polizei nicht mehr gleichberechtigt sein, sondern nur noch aufgenommen werden, wenn Stellen frei würden, also erst in ferner Zukunft; auch war nicht mehr von europäischen Offizieren in osmanischen Diensten die Rede und auch nicht mehr davon, daß die Hälfte der Beamten und Richter Christen sein müßten; überhaupt kam das Wort »Christen« und selbst »Armenier« nicht mehr vor, statt dessen war von »ethnischen Elementen« die Rede und von »Nichtmoslems«.

Die Verwaltungsbezirke wurden nicht nach ethnischen Gesichtspunkten festgelegt und die Bürgermeister sollten nicht mehr von der Mehrheit gestellt werden; dadurch erhielten die Armenier kein homogenes Gebiet.

Die Landräte sollten nicht mehr paritätisch mit Christen und Moslems besetzt werden, sondern proportional nach den Ergebnissen einer vorzunehmenden Volkszählung, die, so Pallavicini, »zweifellos so ausfällt, daß in jeder Provinz eine moslemische Mehrheit festgestellt wird«.

Das Gesamtgebiet hieß nach dem verabschiedeten Text nicht mehr »Türkisch-Armenien«, sondern »Ostanatolien«.

Der Wehrdienst sollte nicht mehr »in Friedenszeiten« in der Heimatprovinz abgestattet werden dürfen, sondern »in Zeiten des Friedens und der Ruhe«, was nur eine Frage der Interpretation war.

Die Hamidiye-Regimenter wurden nicht aufgelöst, sondern in die türkische Armee integriert – wie in der Vergangenheit.

Im neuen Reformtext war weder von der Nichtansiedlung der islamischen Flüchtlinge die Rede noch von der Rückgabe der den Armeniern geraubten Ländereien. Vor allem aber: In den Reformen waren an keiner Stelle mehr europäische Garantien für die Durchsetzung festgeschrieben worden. »Damit ist dem Reformwerk wohl das Schicksal beschieden«, schrieb Markgraf von Pallavicini nach Wien, »das alle Reformbestrebungen in der Türkei hatten.« Das Scheitern also.

Kurze Zeit nach der Verabschiedung des Reformpakets brach der Erste Weltkrieg aus. Er bedeutete das Ende der Reformen – und den Anfang vom Ende der Türkisch-Armenier.

Sympathie für die Entente
Weltkrieg und Werbung um die Armenier

Lange hatte die türkische Regierung gezögert, auf seiten der Zentralmächte Deutschland und Österreich-Ungarn (Italien hatte den Dreibund verlassen und sich neutral erklärt) in den Krieg einzutreten. Die Jungtürken hatten mit Briten, Franzosen und selbst Russen verhandelt, sich letztlich aber für die Zentralmächte entschieden.

Die Deutschen hingegen zeigten sich lange Zeit an einem osmanischen Partner uninteressiert. »Die Türkei ist zweifellos heute noch vollkommen bündnisunfähig«, schrieb Wangenheim noch am 18. Juli 1914 an seine Berliner Vorgesetzten: »Sie würde ihren Verbündeten nur Lasten auferlegen, ohne ihnen die geringsten Vorteile zu bieten.«

Die Berliner Regierung hingegen teilte nicht den Standpunkt ihres Botschafters, denn die Kriegsplaner im Großen Generalstab hatten ausgerechnet, daß ein Bündnispartner Türkei mindestens eine Million russischer Soldaten binden würde, und schickten deshalb Wangenheim auf Verhandlungskurs. Der Großwesir kam den Deutschen weit entgegen und bot ihnen sogar an, wie Wangenheim am 29. Juli 1914 notierte, in den Krieg einzutreten, »wenn Rußland Türkei oder Deutschland angreift oder wenn Deutschland zum Angriff gegen Rußland schreitet«.

Am 2. August 1914 schlossen dann der kaiserlich-deutsche Botschafter und Großwesir Said Halim in Gegenwart der Kriegs- und Innenminister Enver und Talaat einen Pakt ab. Darin allerdings legten sich die Türken nur darauf fest, Deutschland beizustehen, wenn es von Rußland angegriffen würde, während sich die Deutschen verpflichteten, keinen Frieden zu schließen, der Gebietsverluste für die Türken mit sich brächte. Weil dann aber nicht die Russen den Deutschen den Krieg erklärten, sondern der Kaiser dem Zar, entschied sich das Osmanische Reich vorerst zur Neutralität. Erst Ende Oktober 1914 ließ der deutsche Admiral in türkischen Diensten, Wilhelm Souchon, mit Envers Einverständnis russische Schiffe und Küstenanlagen beschießen und provozierte damit den Kriegseintritt des Osmanischen Reiches. Allerdings hatten die Türken ihre Truppen bereits mobilisiert, und Enver rüstete zu einem Feldzug gegen die Russen im Kaukasus. Der aber mußte die Armenier direkt treffen, die zu beiden Seiten der Grenze siedelten.

Gleich nach Kriegserklärung des Deutschen Reichs an die Russen hatten die Daschnaken vom 2. bis 14. August 1914 ihren 8. Parteitag im Theaterklub zu Erzurum abgehalten. Auf ihm forderten die Abgesandten der Jungtürken, Omer Nadji, Behaeddin Schakir und Hilmi Bey, die Armenier auf, ihre Landsleute im Transkaukasus zur Revolte aufzurufen. Armenische Freiwilligenbataillone mit türkischen Propagandisten sollten die »russischen Brüder befreien«. Als Gegenleistung sollten die Armenier im Kaukasus ein autonomes Gebiet unter türkischer Kontrolle erhalten, das Russisch-Armenien sowie mehrere Gebiete der Regierungsbezirke Erzurum, Van und Bitlis umfassen würde.

Die armenischen Unterhändler, der Parlamentsabgeordnete von Van, Wramian (Onnik Dersakian), der Mitbegründer der Daschnaken-Partei, Rostom (Stepan Zorian), sowie einer der eifrigsten Freunde der Jungtürken zu Zeiten des gemeinsamen Kampfes, E. Aknuni (Khachatur Malumian), wiesen das Ansinnen zurück, bekräftigten aber, »im Falle eines Krieges loyal auf seiten der Türken zu kämpfen«, wie bereits in den Balkankriegen. »Das ist Verrat«, empörte sich daraufhin der Arzt und Jungtürkenführer Schakir, »ihr haltet es in einem so kritischen Augenblick mit den Russen, ihr weigert euch, die Regierung zu verteidigen und vergeßt wohl, daß ihr unsere Gastfreundschaft genießt.«

Keine Frage: Die Türkisch-Armenier befanden sich in einer Zwickmühle. Sagten sie zu, würden sie bei einer Niederlage der Türkei ihr letztes Refugium im Kaukasus verlieren, ganz abgesehen davon, daß viele Armenier nicht bereit waren, gegen die Russen ernsthaft zu kämpfen. Lehnten sie den Vorschlag der Jungtürken ab, gaben sie ihnen einen Vorwand, gegen die Armenier zumindest der Frontgebiete vorzugehen.

»Das armenische Volk«, schrieb Lepsius, »kann weder in Rußland noch in der Türkei auf eine Autonomie rechnen. Es muß daher die Vorteile des Gleichgewichts zwischen diesen beiden Ländern benutzen, um seine nationale Eigenart zu schützen. Keine Nation ist so sehr an der Existenz der Türkei interessiert als die armenische.« Der amerikanische Historiker armenischer Abstammung, Richard G. Hovannisian, sah das etwas anders. »Obgleich die Armenier eine korrekte Haltung gegenüber der osmanischen Regierung einnahmen«, schrieb er, »kann man doch mit einiger Sicherheit davon ausgehen, daß die Beteuerungen der Loyalität nicht ganz so ernst waren, denn die Sympathie der meisten Armenier lag die Kriegsjahre hindurch auf seiten der Entente.«

Die Einstellung zum Krieg war ein zentrales Problem für die Armenier. Die Türkisch-Armenier waren kaum motiviert, gegen die Russen zu kämpfen, die sie als potentielle Beschützer ansahen. Ganz anders auf der russischen Seite, wo sich neben den wehrpflichtigen Armeniern auch Freiwillige meldeten, um gegen die Türken in den Krieg zu ziehen. Sie hatten sich zu Partisanengruppen zusammengeschlossen, die »ohne organisatorischen Zusammenhang mit den regulären Truppen«, so der russische General Gabriel Korganow, den russischen Truppen als Wegführer, aber auch als Vorhut dienten.

Insgesamt wurden auf russischer Seite etwa 20 000 armenische Freiwillige aus Rußland, der übrigen Welt und auch aus Türkisch-Armenien in schließlich sieben Abteilungen zusammengezogen. Die Heerführer aber waren zumeist Türkisch-Armenier, die sich an den Kämpfen gegen die Osmanen beteiligt hatten und von diesen als Aufständische angesehen wurden. Einer von ihnen war Andranik (Ozanian), der bereits 1899 die Armenier Sassuns verteidigt und 1912 armenische Freiwillige in der bulgarischen Armee befehligt hatte. Andere Heerführer waren Keri (Arschak Gafavian), der 1904 an der Rebellion von Sassun beteiligt war, Armen Garo, das frühere Parlamentsmitglied in Konstantinopel, der nicht wiedergewählt worden war, sowie Ischkan (Nikoghos Poghosian), der in Van Freiwilligeneinheiten aufgebaut hatte.

»Das Wohl der Türkisch-Armenier kann nur durch eine endgültige Befreiung aus türkischer Herrschaft und die Schaffung eines autonomen Armeniens unter dem machtvollen Schutz Großrußlands gesichert werden«, hatte der im Kloster Etschmiadsin bei Jerewan residierende oberste Geistliche der gregorianischen Kirche dem russischen Zaren Nikolaus II. gesagt, als dieser die Kaukasusfront besichtigte. »Teile deiner Herde mit«, antwortete der Zar, »daß den Armeniern eine brillante Zukunft bevorsteht.«

Zwar zählten 20000, zudem noch schlecht ausgerüstete, armenische Freiwillige wenig im Vergleich zur riesigen russischen Armee und auch im Vergleich zu den etwa 300000 armenischen Soldaten, die innerhalb der regulären russischen Truppen zumeist in Europa eingesetzt wurden, aber einige Führer der Kaukasus-Armenier hatten davor gewarnt, daß die Ittihad-Führung die Aufstellung von Freiwilligen-Regimentern zu gewalttätigen Maßnahmen gegen die Türkisch-Armenier nutzen könnten.

Erschwert wurde die Lage für die Armenier durch die Ausrufung des Heiligen Kriegs, auf die der deutsche Kaiser immer wieder gedrängt hatte, um die Moslems in Indien gegen die Engländer aufzubringen. Der indische Aufstand, hatte er seine Mitarbeiter angewiesen, müsse »scharf poussiert« werden. Am 14. November 1914 verlas der oberste islamische Beamte, Scheich-ül-Islam Chairi Ben Awn Al Urkubi, im Auftrag des Sultan-Kalifen in der Fatih-Moschee in Konstantinopel ein fünfteiliges Rechtsgutachten über den Dschihad. Darin wurden die Moslems der ganzen Welt zum Glaubenskrieg gegen die Regierungen jener Länder aufgerufen, die die Islamwelt angriffen. Als Feinde des Islam wurden ausdrücklich England, Frankreich, Rußland, Serbien und Montenegro genannt, während Deutschland und Österreich, »welche die erhabene islamische Regierung unterstützen«, ausgenommen wurden.

Das Wort »Ungläubige« kam in dem Aufruf nicht vor, doch wußte jeder gute Türke, daß die eigenen Christen, allen voran die Armenier und Griechen, entweder zu den Feinden des Islam zu zählen seien oder aber zu den Verbündeten der Alliierten. »Bedenklich ist die augenscheinlich in den führenden Kreisen und namentlich bei Enver Pascha bestehende Absicht«, schrieb Österreichs Botschafter Markgraf Pallavicini am 29. Oktober 1914 an seine Wiener Vorgesetzten, »die religiös fanatischen Gefühle der islamischen Bevölkerung als Werkzeug benützen zu wollen.« Dem Botschafter war klar, daß ein Aufruf zum Heiligen Krieg, der »an die gesamte mohammedanische Welt gerichtet ist, von keiner großen Wirkung sein dürfte«. Ganz anders sähe die Sache bei »lokalen Aufhetzungen gegen die christliche Bevölkerung eines kleinen Gebietes« aus, folgerte der Markgraf und machte sich bereits Gedanken darüber, »daß etwaige Massacres in den neutralen

Ländern und besonders in Amerika und Italien den schlechtesten Eindruck machen müßten«.

Sowohl die Daschnaken als auch der armenische Patriarch in Konstantinopel forderten die Armenier im ganzen Lande auf, »jeden Anlaß zu vermeiden, der zu Konflikten oder politischen Mißverständnissen führen könnte«. Der Daschnaken-Führer Aknuni berichtete unter dem 12. Oktober 1914 seiner Partei von einem Gespräch mit seinem Freund, dem Innenminister und Ittihad-Führer Mehmed Talaat: »Es gibt in der Tat keine Ursache, weshalb die Regierung gegen uns Mißtrauen hegen könnte. Wir sind daher berechtigt zu erwarten, daß die Regierung unsere Loyalität anerkennt.«

Der Patriarch der armenisch-gregorianischen Kirche in Konstantinopel, Sawen, hatte in einem Rundschreiben an alle armenischen Bistümer und Vikariate kundgetan, daß »die armenische Nation, deren jahrhundertealte Treue bekannt ist, in dem gegenwärtigen Augenblick, in dem sich das Vaterland mit mehreren Mächten im Krieg befindet, ihre Pflichten erfüllen und allen Opfern zustimmen müsse für die Erhöhung des Ruhmes des osmanischen Throns, mit dem sie fest verbunden ist, und für die Verteidigung des Vaterlands«.

Das ging zwar selbst den Daschnaken zu weit, doch auch sie schrieben noch wenige Wochen vor Beginn des Völkermords in ihrem Konstantinopler Blatt *Asatarmat*: »Wir widersetzen uns der Okkupation des vom armenischen Volk besiedelten Gebietes durch Fremde. Der armenische Soldat wird mit Entschlossenheit an allen Grenzen kämpfen, die vom Feind überschritten werden sollten.«

Dazu jedoch kam es erst gar nicht, denn die armenischen Soldaten wurden ab Winter 1914/15 entwaffnet, in Pioniereinheiten gesteckt und zumeist im Wegebau eingesetzt, ehe sie kompanieweise erschossen wurden.

Fehlerhafte Führung
Die türkische Niederlage bei Sarikamis

Die osmanischen Armeen der klassischen Zeit zeichneten sich besonders dadurch aus, daß sie über eine hervorragende Logistik verfügten, die sie unabhängig von der Lage im bekriegten Land und immun gegen die Politik der verbrannten Erde machte. Just im modernsten – und bislang letzten – ihrer Kriege waren die Türken von dieser Tradition abgerückt. Alle Nahrungsmittel und andere Vorräte mußten von den Einheimischen beschafft werden. Das aber traf im Krieg gegen die Russen in erster Linie die armenischen Bauern der Region, die überdies als einzige im Osmanischen Reich Nahrungsmittelüberschüsse erwirtschafteten, während beispielsweise die Türken Anatoliens gerade ihren Eigenverbrauch deckten. Um die Versorgung der Armee zu sichern, gingen die türkischen Beamten gegen die Armenier besonders rabiat vor. Während sie den türkischen Ladenbesitzern früh genug mitteilten, wann die Requirierungsbeamten erschienen – und ihnen damit Gelegenheit gaben, ihre Waren zu verstecken –, überraschten sie die Armenier stets.

Eine der europäischen Zeugen in deutschen Diensten war die Schwedin Alma Johansson, Schwester im deutschen Waisenhaus von Musch. Schon Ende Oktober 1914, berichtete sie, hätten die Türken den Armeniern alles genommen, was sie vermeintlich zum Krieg brauchten, ob Geld oder Güter. »Nur ein Zehntel vielleicht war für den Krieg wichtig, der Rest war einfacher Raub«, sagte sie. Später hätte jeder Türke in einen armenischen Laden gehen und sich nehmen können, was er wollte. Sehr wohlhabende Armenier wurden nicht nur beraubt, sondern oft umgebracht, wie die österreichischen Diplomaten im Januar 1915 berichteten. Die k.u.k. Vertreter fanden »das Bedenklichste an diesem Vorgehen, daß die Behörden diesen Untaten mit gekreuzten Armen zugesehen haben«.

Neben den Requisitionen litten die Armenier im Hinterland zur russischen Grenze besonders unter Transportdiensten für die Armee. In einem Dorf, berichtete Schwester Alma, hätte die Regierung 300 entweder alte und schon gebrechliche Armenier oder junge unter zwölf Jahren zu solchen Diensten eingezogen. Weil die Türken ihnen schon alles weggenommen hätten, zogen sie schlecht ernährt und spärlich gekleidet los, und allenfalls 30 oder 40 seien überhaupt zurückgekehrt. »Die anderen wurden totgeschlagen oder starben an Hunger oder Kälte«, behauptete die Schwedin.

Zu Transportdiensten wurden auch armenische Soldaten herangezogen. Sie mußten Nahrungsmitteln und Munition über die verschneiten Wege an die mehrere Wochen Fußmarsch entfernte russische Front bringen. Viele wurden von Kurden überfallen, andere starben an Entkräftung. »Die Hälfte kam auf dem Weg um«, berichtete Johannes Lepsius, »oft kehrte auch nur ein Viertel zurück.«

Allerdings zogen auch die Türken schlecht gerüstet in den Krieg. Sie waren gehandikapt, weil die Russen verhindert hatten, daß die Osmanen ihr Eisenbahnnetz bis zur russischen Grenze ausbauten. So lag die letzte Station gut 600 Kilometer von Erzurum entfernt, während die Russen ihre Eisenbahnlinie über Kars bis Sarikamis verlängert hatten. Trotzdem gelang es den Türken Mitte November, die russischen Truppen nach einem Vorstoß von etwa 60 Kilometern zu stoppen. Sie eroberten etwa 10 000 Gewehre, machten aber nur 50 Gefangene. »Pardon haben sie anscheinend nicht gegeben«, kommentierte der deutsche AA-Unterstaatssekretär Arthur Zimmermann das Mißverhältnis.

Die relativen Erfolge der osmanischen Truppen verleiteten Kriegsminister Enver dazu, am 6. Dezember 1914 selbst das Kommando über das Ostheer zu übernehmen. Während die deutschen Generalstabsoffiziere zu einer schrittweisen, immer wieder durch Ruhetage unterbrochenen Offensive rieten, wollte Enver aufs Ganze gehen. Dem Chef der deutschen Militärmission gegenüber hatte er geprotzt, er werde – ganz Alexander der Große – über Persien und Afghanistan bis Indien marschieren. Ohne Ruhetage trieb Enver seine schlecht verpflegten und unzureichend gekleideten Soldaten voran.

»Soldaten, ich habe euch alle besucht«, hieß einer seiner Tagesbefehle, »ich habe gesehen, daß ihr barfuß und ohne Mäntel seid. Bald werdet ihr in den Kaukasus einfallen, wo allerlei Verpflegung und Reichtum auf euch wartet.« Doch nicht Reichtum wartete auf die Türken, sondern der Tod. Denn bei 20 bis 25 Grad unter Null und fast einem Meter Schnee erlitten Enver und seine Barfußsoldaten eine verheerende Niederlage. Von seinen gut 100 000 Soldaten verlor der türkische Heerführer in einem nur zwei Wochen langen Feldzug etwa 80 000 Mann, von denen um die 12 000 in russische Gefangenschaft fielen und damit überlebten. »In einem einzigen Abschnitt«, schrieb der französische Militärschriftsteller Jacques Benoist-Méchin, »fanden russische Patrouillen die Leichen von

30 000 erfrorenen Infanteristen, die sich eng aneinander gedrängt hatten, um dem Kältetod zu entgehen.«

»Eigene fehlerhafte Führung«, so der deutsche Militärhistoriker Carl Mühlmann, »hatte die Türkei eine ganze Armee gekostet.« Im Osmanischen Reich wurde über die Niederlage nichts geschrieben, »sogar das Sprechen über dieselbe war verboten«, wie sich der österreichische Militärattaché Joseph Pomiankowski erinnerte. Selbst die Verbündeten erfuhren von den Vorgängen im fernen Osten nichts. »Feind geht fluchtartig zurück«, hatte Wangenheim am 23. Dezember 1914 nach Berlin gemeldet und prophezeit: »Binnen kurzem wird kein Russe mehr auf türkischem Boden stehen.« Den Sieger Enver schlug der deutsche Botschafter zur Verleihung des Eisernen Kreuzes vor. Am 6. Januar telegraphierte Wangenheim nach Berlin, Enver sei drei Tage zuvor nach Erzurum zurückgekehrt, und die Schlacht dauere erfolgreich an. Daran war nur richtig, daß Enver am 3. Dezember nach Erzurum zurückgekehrt war – ein geschlagener Vizegeneralissimus, der nie wieder im Ersten Weltkrieg ein Armee-Oberkommando übernehmen sollte.

Auch die Russen, auf deren Seite nach Erkundungen des deutschen Majors Lange hauptsächlich Juden, Polen, Georgier, Griechen und Deutsche gekämpft hatten (zu einem späteren Zeitpunkt, im August 1915, sollen drei Viertel der russischen Truppen aus Rußland-Deutschen bestanden haben, »die stark geneigt sind überzulaufen«, so ein deutscher Diplomat ans Berliner Auswärtige Amt) und natürlich Armenier, hatten etwa 20 000 Tote und Verwundete. Ein Drittel der russisch-armenischen Freiwilligen war gefallen oder verwundet.

Für die Türken war die Niederlage von Sarikamis ein harter Schlag, für die Deutschen ein Anlaß des Haders besonders zwischen Envers deutschem Generalstabschef und engem Vertrauten Bronsart von Schellendorf und dem deutschen Kommandeur der (im Westen stationierten) I. Armee, Liman von Sanders. Es sei »sogar wahrscheinlich«, kabelte Pomiankowski (unter »geheim – dem deutschen Generalstabe nicht mitzuteilen«) an seinen Vorgesetzten in Wien, »daß Bronsart hauptsächlich aus Opposition gegen Liman das Enversche Projekt gutgeheißen hat«. Vielleicht aber hatten die beiden Komplizen Enver und Bronsart auch etwas ganz anderes im Sinn: Die Armenier, koste es auch das Leben einer ganzen Armee anatolischer Soldaten, für die Niederlage in Sarikamis verantwortlich zu machen und ihre Vertreibung einzuleiten.

Aus vielen Orten des Ostens meldeten die Emissäre Zwischenfälle, wie sie in dieser Form in der Vergangenheit nur selten vorkgekommen waren. Gendarmen oder auch Soldaten provozierten Streit mit den Armeniern, wo immer sie konnten. Meist erreichten sie ihr Ziel nicht. »Trotz aller Drangsalierungen«, schrieb Lepsius, »verhielten sich die Armenier ruhig, ertrugen die Übergriffe und ließen sich zu keinem Widerstand verleiten.« Einige jedoch wehrten sich, und prompt eskalierte der Konflikt zwischen Armeniern und Türken. Nachdem beispielsweise 80 Armenier in der Nähe der Stadt Musch ins Kloster Arakeloz geflüchtet waren, kam es zu einem Schußwechsel, bei dem einige türkische Soldaten getötet wurden. Die Leichen ließ der Regierungspräsident von Musch in die Stadt bringen und gelobte bei der Trauerrede öffentlich und feierlich: »Für jedes Haar eures Hauptes will ich tausend Armenier hinschlachten lassen.«

Immer häufiger tauchten von nun an auch Meldungen auf, nach denen sich die Armenier gegen die Türken verschworen hätten. »Aus dem Wilajet Bitlis wird von Aufstandsbewegungen der Armenier und bewaffnetem Vorgehen derselben gegen Militär und Gendarmen berichtet«, kabelte der Verweser Max Erwin von Scheubner-Richter aus Erzurum am 3. März 1915 an seinen Botschafter in Konstantinopel. Die Militärbehörden hätten scharfe Maßregeln angeordnet.

Auch den Daschnaken schwante, daß sich alle Armenier im Reich in höchster Gefahr befanden. »Die Absicht der Regierung scheint darauf hinzugehen«, berichteten sie Anfang März in ihrem Mitteilungsblatt, »die Armenier aus ihren Zentren zu entfernen.« Am 24. März wird die Drohung in der Daschnaken-Korrespondenz konkreter. Aus Bayburt sei die Nachricht gekommen: »Die ganze Bevölkerung lebt unter dem Alpdruck eines allgemeinen Massakers.« Am 2. April 1915 war für die Daschnaken klar, daß sich eine Katastrophe anbahnte. »Die Furcht vor einem allgemeinen Massaker schwebt über unseren Köpfen«, schreiben sie. Die Türken hätten ihnen gesagt: »Ihr Armenier seid an dem Unglück dieses Krieges schuld, und wir werden euch vernichten.« Es sei höchste Zeit, die Aufmerksamkeit auf die Zustände in Armenien zu lenken, »sonst werden wir statt eines Armeniens bald nur einen Haufen von Ruinen haben«.

Von der Verhaftungsaktion gegen die Konstantinopler Elite der Armenier am 24. und 25. April 1915 waren zwei Prominente ausgenommen: die beiden armenischen Parlamentsmitglieder Sohrab, der Konstantinopel vertrat, und der Schriftsteller Ohannes Seringülian, der sich den Künstlernamen Wartkes (Rosenpferd) zugelegt hatte und im Parlament Erzurum vertrat. Beide waren persönlich mit Talaat und anderen Jungtürken befreundet. Als sich Wartkes bei Talaat über die Verhaftungen beschwerte, antwortete der ihm: »Die Euren sind von den Bergen herabgekommen und haben Van mit Hilfe der armenischen Stadtbevölkerung besetzt.«

»Die Ereignisse in Van und Sivas haben sie irregemacht«, schrieb Wartkes eine Woche später. Als er am 12. Mai Talaat erneut privat besuchte, spielte der Innenminister auf die Zeit beim Vormarsch der Bulgaren auf Adrianopel an: »In den Tagen unserer Schwäche seid ihr uns an die Kehle gefahren und habt die armenische Reformfrage aufgeworfen. Darum werden wir die Gunst der Lage benutzen, euer Volk zu zerstreuen.« Ob die Jungtürken damit Abdul Hamids Vernichtungswerk fortsetzen wollten, fragte der Freund aus gemeinsamer Kampfzeit gegen den Sultan. Darauf Talaat: »Ja!«

Immer wieder führen die Türken als Grund für die Vernichtung der Armenier Aufstände an, die die feindlichen Absichten der Türkisch-Armenier bewiesen hätten: so den Kampf um die Stadt Schabin-Karahissar (heute Şebin Karahisar) in der Provinz Sivas, besonders aber die Aufstände in Zeitun und Van. Deshalb sei hier die Geschichte der angeblichen armenischen Insurrektionen so genau erzählt, wie es glaubwürdige Zeugenberichte zulassen.

4

Verschwörung mit dem Vergrößerungsglas betrachtet

Die Vorwände zum Genozid

Die Front des Osmanischen Reichs mit seinen Kriegsgegnern war lang. Einmal war da die gemeinsame Grenze mit Rußland, und auf beiden Seiten dieser Grenze siedelten Armenier. Das Zentrum russischer Einflußnahme war stets die Stadt Van, in der als einzige Großmacht die Russen ein Konsulat unterhielten. Van war nicht nur mehrheitlich von Armeniern bewohnt, sondern auch regionale Hauptstadt einer der wichtigsten Kurdenprovinzen. Und stets hatten die Russen versucht, neben den Armeniern auch die Kurden auf ihre Seite zu ziehen. Einige der Kurdenscheichs ließen sich von den Russen bezahlen, was noch nicht hieß, daß sie im Falle eines offenen Konflikts auch wirklich auf seiten der Russen stehen würden.

Für die Armenier war die Sache klarer. Sie hatten eindeutig Sympathien für die ebenfalls christlichen Russen, was allerdings auch noch nicht hieß, daß sie im Kriegsfall die Partei der Russen ergriffen. Allerdings waren die Armenier der Ostprovinzen kaum bereit, gegen ihre Landsleute auf russischer Seite zu kämpfen.

Das Osmanische Reich hatte eine lange Front mit den Russen, aber auch eine mit Franzosen und Briten. Nicht nur hielten die Briten das nominell noch osmanische Ägypten besetzt, die Ententemächte kontrollierten vor allem das Mittelmeer. Die osmanische Flotte hatte sich ins Schwarze Meer zurückgezogen, wo sie durch die von Türken und Deutschen beherrschten Meerengen, dem Bosporus und den Dardanellen, vor französischen und englischen Schiffen relativ sicher war. Die gesamte Süd- und Südostküste aber war den Kriegsschiffen der Entente ausgeliefert. Die Türken fürchteten besonders Angriffe auf die südosttürkischen Häfen Mersin und Alexandrette (das heutige Iskenderun), denn von dort aus war die Bagdadbahn leicht anzugreifen und damit der Nachschubweg zur arabischen und nordafrikanischen Front. Im Hinterland dieser beiden Kriegshäfen aber siedelten die kilikischen Armenier.

Und die hatten zwei im Widerstand gegen die Türken erprobte Hochburgen. Eine kleinere im küstennahen Ort Dörtyol, etwa 30 Kilometer nördlich von Alexandrette, und eine schon legendäre in den nur sehr schwer einnehmbaren Bergen nördlich der kilikischen Haupstadt Adana: Zeitun (heute Süleymanli).

Die Armenier Dörtyols hatten sich schon in der Vergangenheit mit der Waffe gewehrt und waren deshalb von Massakern verschont geblieben. Gleich nach Kriegsbeginn hatten Abgesandte der Entente Kontakt zu einigen Armeniern Zeituns aufgenommen, die ihrerseits den Zeitunern schrieben, der Zeitpunkt für einen Aufstand sei günstig. Ob die Briefe freilich ihre Empfänger in Zeitun erreichten, ist zweifelhaft.

In Zeitun hatten sich aber bereits vor dem Kriegsausbruch Armenier gegen die Türken erhoben. Doch die Mehrheit der Bevölkerung stand nicht hinter den Rebellen. Das war anders in Van, wo die Armenier geschlossen rebellierten. Allerdings griffen die Armenier der ostanatolischen Metropole erst wenige Tage vor der Verhaftung der armenischen Elite in Konstantinopel zu den Waffen. Zeitun und Van wurden für die Armenier Symbole des Widerstands, für die Türken die immer wieder angeführten Vorwände zum Völkermord.

Nach Wortbruch keine Informationen
Die Rebellion von Zeitun

Die Zeituner waren die einzigen Armenier in der Türkei, die von den Türken nie besiegt worden waren, und so wurden sie für die Regierenden in Konstantinopel zum roten Tuch. Im April 1913 berichtete der deutsche Konsul in Aleppo, Walter Rößler, seinem Dienstherrn in Kontantinopel, daß »die Bewohner sich so weit als möglich der Militärpflicht entzogen haben und in die Berge gegangen sind, von wo aus sie, um ihr Leben zu fristen, ein Räuberleben zu führen begonnen haben«. Eineinhalb Jahr später, im Herbst 1914, meldete Rößler, daß die Türken den »noch immer durchgesetzten aktiven und passiven Widerstand der Bewohner von Zeitun gegen die Einstellung der Dienstpflichtigen in die Armee nunmehr gebrochen« und den Anführer der Deserteure, einen gewissen Nasar Tschausch, »durch List und Wortbruch gefangen und in grausamster Weise zu Tode gemartert« hätten.

Ende März 1915, meldete der deutsche Botschafter Wangenheim dem Reichskanzler Bethmann Hollweg, habe die Regierung den Einwohnern von Zeitun sämtliche Waffen abgenommen. Sein Konsul aus Aleppo habe ihm mitgeteilt, daß armenische Deserteure, die verhaftet werden sollten, einen türkischen Gendarmen erschossen hätten. Daraufhin habe »die muhammedanische Bevölkerung von Marasch offenbar geplant, Metzeleien zu veranstalten«, sei aber durch die Einsetzung eines Kriegsgerichts besänftigt worden. Rößler bedrängte seinen Botschafter: »Bitte strengste Befehle zur Verhütung von Ausschreitungen erwirken.«

Wangenheim sprach daraufhin mit Innenminister Talaat, und der erzählte ihm, armenische Deserteure hätten einen Angriff auf das Gefängnis von Zeitun unternommen, um einige armenische Gefangene zu befreien. »Es kam zu einem blutigen Zusammenstoß, bei dem mehrere Gendarmen von der Wachmannschaft und auch einige Armenier, die sich den Angreifern entgegenstellten, verwundet und getötet wurden.« Das Gros der Deserteure habe sich im Kloster versammelt und sei dort von türkischen Gendarmen angegriffen worden, die dabei sieben oder acht Mann verloren hätten, darunter auch den Gendarmeriekommandanten von Marasch, Süleyman Bey. Den meisten armenischen Deserteuren, so Talaat, sei die Flucht gelungen, sie hätten aber 20 bis 30 Tote zurückgelassen, »denen sie zum Teil die Köpfe abschnitten«.

Über die Ereignisse in Zeitun gibt es – wie über alles, was zwischen Armeniern und Türken geschah – zwei sich völlig widersprechende Versionen. Die osmanische Regierung gab 1917 unter dem Titel *Aspirations et agissements révolutionaires des Comités Arméniens avant et après la proclamation de la Constitution Ottomane* ein Weißbuch heraus, das ihre Version der Ereignisse in Zeitun enthielt.

Danach hatten sich die Zeituner nach der Mobilmachung im August 1914 geweigert, Steuern zu zahlen und sich dem Wehrdienst zu stellen. Sie hätten etwa 100 Moslems ermordet und beraubt, die sich zu den Rekrutierungsbüros begaben, und sogar Militärkonvois angegriffen. Erst nachdem 65 der Aufständischen gefaßt wurden, sei für einige Zeit wieder Ruhe eingekehrt.

Im Januar 1915 hätten die Überfälle erneut begonnen, und diesmal »waren sie direkt gegen die Häuser der (türkischen) Beamten, die Patrouillen und Gendarmerietrupps gerichtet«. Die Zeituner Hintschaken hätten sodann »beschlossen, alle (moslemischen) Funktionäre und ihre Familien zu ermorden«. Doch der Komplott sei gescheitert, so die etwas merkwürdige Begründung der Weißbuchautoren, »weil die Organisatoren der Bewegung sich auf verschiedene Häuser verteilt hatten und das ausgemachte Signal nicht zur rechten Zeit gegeben wurde«.

Ende Februar sei der Mutessarif, der Regierungspräsident von Marasch, in Zeitun eingetroffen, um die Ordnung wiederherzustellen. Daraufhin hätten sich 700 bis 800 der armenischen Aufständischen im Kloster verbarrikadiert. Bei ihrer Verfolgung seien der Major Süleyman, der Kommandant der Gendarmerie von Marasch, sowie 25 Soldaten der regulären Armee getötet worden. Einige Revolutionäre wurden gefaßt, berichteten die Weißbuchautoren, aber die anderen flohen zu den Banden, »die die schlimmsten Grausamkeiten und die scheußlichsten Verbrechen gegen Soldaten, Gendarmen, Funktionäre und allgemein die muslimische Bevölkerung begingen«. Nach diesem türkischen Bericht wären 1914 und Anfang 1915 etwa 150 Türken (mehrheitlich Gendarmen und Soldaten) von den Armeniern getötet worden.

Die armenischen und westlichen Beobachter schildern die Vorgänge ganz anderes. Einer der wichtigsten Informationssammler war der amerikanische Pastor Stephen Trowbridge, der Kairoer Sekretär des amerikanischen Roten Kreuzes. Trowbridge erhielt einen wichtigen Teil seiner Informationen vom armenischen protestantischen Pastor Digran Andreasian, einem Augenzeugen der Ereignisse. Trowbridge gab zu, daß viele Armenier in die Berge geflohen seien, um sich dem Wehrdienst zu entziehen. Dort lebten bereits seit vielen Jahren junge Leute, so der Leiter des deutschen Waisenhauses in Marasch, Karl Blank, »die ein Zusammentreffen mit den Gendarmen scheuen«.

Auch Rößler berichtete von üblen Burschen unter den armenischen Deserteuren, betonte aber, daß sie »bei der friedlichen Bevölkerung Zeituns sehr schlecht angesehen« waren. Am 31. August 1914 sei dann der Regierungspräsident Haidar Pascha mit 600 Soldaten von Marasch nach Zeitun gezogen und habe einige armenische Honoratioren mitgenommen, die ihre dortigen Landsleute überredeten, gegen die Banden vorzugehen. Einer von ihnen habe Nasar Tschausch, seinem Cousin, geraten, sich mit Haidar Pascha zu treffen, aber vorsichtshalber 500 bis 600 junge bewaffnete Leute mitzunehmen. Aber Tschausch habe geantwortet: »Nein, ich will lieber sterben, als Zeitun zerstört sehen, denn ich weiß sehr wohl, daß es nicht der Augenblick für eine Opposition ist.«

Haidar Pascha habe den Bewohnern von Zeitun sein Wort gegeben, »daß er denen, die ihm die Räuber auslieferten, nichts tun würde und erreichte damit tatsächlich die Auslieferung. Anstatt aber ein Gerichtsverfahren zu eröffnen und die Schuldigen hinzurichten, ließ er Nasar Tschausch im Gefängnis zu Tode prügeln.« Dann habe der türkische Befehlshaber »entgegen seiner feierlichen Zusage diejenigen Leute verhaften lassen, die ihm zur Ergreifung der Räuber führende Angaben machten«.

Der Regierungspräsident, so berichtete Pastor Trowbridge, hätte mehrere armenische Honoratioren mit nach Marasch »zum Militärdienst« genommen. Die aber flohen und kehrten nach Zeitun zurück. Daraufhin habe Gendarmeriechef Süleyman wieder mit seinen Quälereien begonnen. Selbst unbeteiligte Armenier seien unter dem Vorwand, daß sie später fliehen könnten, gefoltert worden. »Die Mißhandlungen«, schrieb der Katholikos von Aleppo, Sahak, der höchste Geistliche der kilikischen Armenier, hätten nur »den Zweck, das friedliche Volk zum Äußersten zu treiben, um der Regierung Anlaß zur Vernichtung zu bieten. Trotzdem erträgt das Volk alles.« Gegen Ende Februar 1915, berichtete Reverend Trowbridge, »planten dann einige armenische Hitzköpfe, die Regierung anzugreifen«. Aber die armenischen Honoratioren und der armenische Bischof hätten es als ihre Pflicht angesehen, die türkischen Behörden von dem Komplott zu informieren.

Erneut brachten armenische Deserteure Gendarmen um, und erneut verlangte die Regierung von den armenischen Honoratioren Zeituns die Auslieferung der Deserteure – diesmal ohne Erfolg. »Hier rächte sich«, schrieb Rößler, »daß Haidar Pascha im Oktober sein Wort gebrochen hatte.« Immerhin »leisteten die Armenier der Regierung Beistand«, als die Deserteure in die Stadt eindringen, wollten und wandten sich »an den Kommandanten mit dem Ersuchen, die Deserteure, weil sie sich nicht ergeben wollten, mit Gewalt niederzuringen«.

Die Deserteure hatten sich inzwischen im Wallfahrtskloster Tekke verbarrikadiert. Rößler berichtete, Missionar Blank habe versucht, die Aufständischen zur Aufgabe zu überreden, doch die hätten geantwortet, »sterben müßten sie doch, so wollten sie es lieber mit der Waffe in der Hand«. Bis zum 6. April 1915 zog die Regierung nahezu 5000 Soldaten um Zeitun zusammen und umstellte das Kloster. Am Abend des nächsten Tages zündeten die Türken das Kloster an, woraufhin sich die Eingeschlossenen auf die Türken stürzten, einen Offizier und mehrere Soldaten töteten und in die Berge flohen. Zwei ihrer Toten schnitten sie die Köpfe ab, »offenbar, um ihre Identifizierung unmöglich zu machen«, wie Rößler vermutete. Daß es den Belagerten gelang, den Gürtel zu durchbrechen, brachte den Katholikos zu der Vermutung, »daß die Regierung absichtlich einige Deserteure frei laufen ließ, damit sie die friedliche Bevölkerung als Mitschuldige angeben und die Verbannungsaktion durchführen kann«.

Die brachten die Türken denn auch sofort in Gang. »Tag für Tag«, berichtete Pastor Digran Andreasian, »sahen wir, wie die verschiedenen Viertel der Stadt von Einwohnern entblößt wurden, bis von den 10 000 Einwohnern der Stadt nur ein kleiner Rest übrigblieb.« Kurze Zeit drauf wurden dann die übrigen vertrieben und selbst die armenischen Inschriften der Kirchen getilgt. Mitte Juni 1915 gab es keine Armenier mehr in Zeitun, in das türkische Flüchtlinge aus den verlorenen osmanischen Gebieten Europas angesiedelt wurden und das sofort den neuen Namen Süleymanli erhielt – nach dem Namen jenes gefallenen Gendarmerieoffiziers, der die Armenier gequält hatte wie kein anderer in Zeitun.

In Zeitun hatten sich die Armenier verhalten wie die Kurden in vielen Gebieten des Osmanischen Reiches, ohne daß ihnen daraus der Vorwurf entstand, einen Aufstand gegen den Staat geplant zu haben. »Die Regierung«, faßte Deutschlands Konsul Rößler seine Recherchen zum Fall Zeitun zusammen,

»scheint die Verschwörung mit dem Vergrößerungsglase betrachtet zu haben.«

Ein unfaßbarer Sieg für die Armenier
Der Aufstand von Van

Zeitun war ein Symbol für die Wehrhaftigkeit der Armenier, Van war ein anderes. Die Provinzstadt im Herzen des ostarmenischen Siedlungsgebiets war »der Lieblingsplatz des armenischen Volkes«, so die deutsche Missionsschwester in Van, Käthe Ehrhold, »sein Rom und sein Paris«.

»Armenierunruhen (vermutlich infolge russischer Umtriebe) sind in Van und Umgebung ausgebrochen«, hatte Botschafter Wangenheim am 24. April 1915 an das Berliner Außenamt gedrahtet. Zwei Tage später bezog sich der für die Provinz Van zuständige deutsche Vizekonsul in Erzurum, Max Erwin von Scheubner-Richter, auf »Privatnachrichten, die besagten, daß die Regierung vor Ausbruch der Unruhen angesehene Armenier verhaftet hat«, die sodann »auf dem Transport unter polizeilicher Bewachung ermordet worden« seien. Am 30. April meldete Wangenheim, Innenminister Talaat habe ihm mitgeteilt, in Van sei »das Schlimmste überstanden«, es sei dort zu »einem regelrechten Kampfe« gekommen, und die Verluste auf beiden Seiten seien »beträchtlich« gewesen.

In Van, so meldete Wangenheim am 8. Mai 1915, »ist es armenischen Freischärlern mehrfach gelungen, sich mit den Russen zu vereinigen«. Nach Mitteilung der türkischen Behörden seien »unter den Toten vielfach Individuen in russischer Kleidung gefunden« worden. Am 15. Mai schließlich erfuhr der Botschafter von seinem Konsul Scheubner-Richter: »Der äußere Anlaß ist die Verhaftung und Ermordung einiger armenischer Notablen, insbesondere Ischkans und des armenischen Deputierten von Van, Wramian, gewesen«. Die Regierung hätte sich darüber im klaren sein müssen, »daß dadurch der letzte Anstoß gegeben wurde, die schon seit langem gärende Erregung zum Ausbruch« kommen zu lassen. »An vielen Stellen waren Waffen angesammelt worden, anfänglich wohl nur zu Zwecken der Selbstverteidigung bei einem eventuellen Massaker, später wohl auch für einen bewaffneten Aufstand.«

Was den Umfang des Aufstands von Van anging, steigerten sich die türkische Regierung und die deutschen Berichterstatter von Kabel zu Kabel. Vierhundert gefallene Armenier und mehrere hundert Türken hatte Wangenheim, nach Angaben des türkischen Innenministeriums, am 30. April gemeldet. Am 4. Mai sprach Vizekonsul Scheubner-Richter von 600 verwundeten oder toten Türken im Kampf um Van. Am 9. Mai erhöhte der Verweser auf 3000 tote Armenier und 1000 tote Türken. »Von 180 000 Muselmanen, die das Wilajet Van bewohnten«, so ein türkisches Kommuniqué vom 29. Juni 1915, »haben sich kaum 30 000 retten können. Der Rest blieb den Mordtaten der Russen und Armenier ausgesetzt.« Die deutschen Verbündeten setzten noch einen drauf. Sowohl das *Neue Stuttgarter Tageblatt* wie das *Leipziger Tageblatt* machten aus den 150 000 Moslems, die angeblich nicht fliehen konnten, »150 000 Muhammedaner, die erwiesenermaßen den Armeniern zum Opfer fielen«. Den Vogel schoß die türkische Botschaft in Berlin ab, als sie von »einer Armenierrevolte im Rücken des türkischen Heeres« sprach, »bei der nicht weniger als 180 000 Moslems umgebracht worden« seien.

Die Provinz Van hatte insgesamt 542 000 Einwohner. Davon waren etwa 192 000 Armenier, 98 000 Angehörige der syrisch-orthodoxen und nestorianischen Glaubensrichtung, 150 000 Kurden und 30 000 Türken. Sämtliche Türken und Kurden wären also umgebracht worden, wenn die türkischen Greuelberichte gestimmt hätten. In Wahrheit hatten sich die Kurden gleich nach Kriegsbeginn, so der venezuelische Offizier Rafael de Nogales, der die türkische Artillerie in der Provinz Van befehligte, bei der Annäherung der Russen in die Berge zurückgezogen, wie sie es immer machten, wenn Gefahr drohte.

Nach ihren eigenen Angaben hatten die Armenier während des Aufstands nur 18 Mann verloren. Auf türkischer Seite waren die Verluste etwas größer. In einem ihrer Rechtfertigungsbücher gaben die Türken ihre eigenen Verluste indirekt an, indem sie alle von den Armeniern in Van ausgegebenen militärischen Tagesberichte veröffentlichten. Die Armenier hatten darin die Tötung von 55 Türken bekanntgegeben, und in einem Bericht war die Rede von »mehreren« türkischen Toten. Selbst wenn die Armenier die Zahl der Toten absichtlich herunter-

oder heraufgesetzt hätten, betrug die Zahl der Gefallenen sicherlich nicht mehr als einige hundert.

Wie sich der Aufstand von Van wirklich abgespielt hat, läßt sich relativ gut rekonstruieren, denn sowohl die Amerikaner als auch die Deutschen unterhielten in der Stadt Waisen- und Krankenhäuser, und mehrere ihrer Mitarbeiter berichteten über die Ereignisse im Frühjahr 1915. Am umfangreichsten die Amerikanerin Grace Higley Knapp, die in Bitlis lebte, sich aber gerade in Van aufhielt und eine Art Tagebuch führte, das sie später in den Vereinigten Staaten veröffentlichte. Weitere Details steuerten der Leiter der deutschen Missionsstation in Van, der Schweizer Spörri und die deutsche Erzieherin Käthe Ehrhold bei, die die Ereignisse von Anfang an miterlebten und später über Rußland in ihre Heimat zurückkehrten.

Van (das die Deutschen stets »Wan« schrieben) galt als eine der schönsten Städte der Osttürkei. Zu jener Zeit hatte die Stadt etwa 50 000 Einwohner, davon waren etwa 30 000 Armenier. Nur ein kleiner Teil von ihnen wohnte in der befestigten Innenstadt, fast alle lebten in der Außenstadt Aigistan, genannt »das Gartenland«, weil jedes Haus von einem Garten oder Weingarten eingerahmt war. In diesem Teil der Stadt lag die amerikanische Mission mit einer Kirche, fünf Schulen, zwei Krankenhäusern und vier weiteren Missionsgebäuden. Sie wurden geleitet vom Ehepaar Raynolds und dem Arzt Clarence D. Ussher. Herr Raynolds, ebenfalls Arzt, war allerdings in die Vereinigten Staaten gereist, um Gelder für die Station zu sammeln. Fünf Minuten zu Fuß von den Amerikanern entfernt – und ebenfalls im Armenierviertel – lag die deutsche Missionsanstalt. Sie wurde von der Familie des Schweizer Predigers Spörri und drei unverheirateten Frauen geführt, darunter Käthe Ehrhold.

In Van war seit jeher die armenische Daschnak-Partei stark vertreten und wurde von den Honoratioren Wramian (mit bürgerlichem Namen: Onnik Derzakian), dem Deputierten der Stadt, Ischkan Michaelian (Nikogajos Poghosian), einem Militärexperten und Aram Manukian (Sergej Hovanessian) straff geführt. Auch die Österreicher, die die ferne Provinz durch ihren Generalkonsul in Trapezunt betreuen ließen, meldeten aus Van, daß die Armenier die Lage im Griff hätten. Schon zu Zeiten des Sultans Abdul Hamid hätten dort keine Massaker stattgefunden, »weil die Mehrzahl der Einwohner Armenier sind, die schon damals bewaffnet waren«, wie k.u.k Konsul Peter Moricz von Tecsö bereits am 17. September 1912 an seinen Außenminister Leopold Graf Berchtold schrieb. Eine »sehr gut informierte, vertrauenswürdige Persönlichkeit« (aller Wahrscheinlichkeit nach ein damals noch mit den Armeniern zusammenarbeitender Jungtürke) habe ihn informiert, daß »die Armenier in jener Stadt mit modernen Schießwaffen und Bomben in ausreichendem Maße versehen« seien und »für den Ernstfall unter der sachkundigen Leitung von bewährten Anführern« stehen würden. Armenische Insurgenten, schrieb der Konsul in nicht immer reinem Hochdeutsch, was im Vielvölkerstaat Österreich-Ungarn schon mal vorkam, »besuchen regelmäßig die armenischen Dörfer, heben dort eine Kontribution für ihre Zwecke ein, üben Strafjustiz gegenüber untreuen Konnationalen und vertheidigen die Armenier gegen die Kurden«. Das Endziel der Armenier sei dort, das herrschende Element zu sein.

Seit der Mobilisierung im Herbst und Winter 1914 waren die Armenier »unter dem Vorwand von Requisitionen in der härtesten Weise ausgeplündert worden«, schrieb Grace Knapp in ihrem Bericht, »reiche Leute wurden ruiniert und arme Leute verloren ihr Letztes«. »Jeder Türke«, berichtete die Deutsche Käthe Ehrhold, »konnte jederzeit ungestraft in jedes armenische Haus eintreten und sich aneignen, wonach sein Sinn stand.«

Nachdem sich die russischen Truppen im Winter 1914/15 aus den Gebieten nördlich und nordöstlich des Vansees zurückgezogen hatten, überfielen Kurden die armenischen Dörfer der Provinz. In der Region von Alaschkert (dem heutigen Eleşkirt) bis Bajasid (Dogubayazit) lebten in 52 Ortschaften etwa 40000 Armenier. Mit Ausnahme von zwei Dörfern wurden alle überfallen und zerstört. Da es in diesem Gebiet praktisch keine regulären türkischen Soldaten gab, waren fast ausschließlich Hamidiye-Kurden sowie etwa 3000 türkische Gendarmen für die Ausrottungsaktion verantwortlich. Folge: Schon vor den eigentlichen Deportationen waren 60000 Armenier in den Kaukasus geflüchtet.

In der Stadt Van selbst herrschte noch Ruhe, hauptsächlich deshalb, weil die Armenier sie kontrollierten. »Wir ahnten im voraus, daß es zu einem Zusammenstoß kommen würde«, schrieb die Amerikanerin Grace Knapp, »aber die Daschnaken zeigten eine erstaunliche Zurückhaltung und Klugheit, beherrschten die heißblütige Jugend, patrouillierten in den Straßen, um Unruhen zuvorzukommen, und befahlen den Dorfbewohnern, lieber schweigend zu dulden, daß das eine oder andere Dorf niedergemacht werde, als durch Gegenwehr den Anlaß für ein Massaker zu geben.«

Der Wali (Provinzgouverneur) von Van war Dschewdet Bey, »der Sohn und Nachfolger des ausgezeichneten Wali Nahir Pascha«, wie Armenierfreund Johannes Lepsius schrieb, »der 16 Jahre lang im besten Einvernehmen mit den Armeniern in der Stadt gelebt hatte und Muhammedaner und Christen gleichermaßen gerecht geworden war«. Dschewdet Bey war ein Schwager von Kriegsminister Enver und galt als »ein wahres Ungeheuer in Menschengestalt«, wie der österreichisch-ungarische Militärbevollmächtigte für die Türkei, Joseph Pomiankowski, in seinen Erinnerungen schrieb. Er sei zwar, so Schwester Käthe Ehrhold, »liebenswürdig im Umgang, aber mit geradezu tigerhaftem Armenierhaß«.

Zusammen mit dem Korpskommandeur Halil Bey – einem Onkel Envers – hatte Dschewdet Krieg im benachbarten Persien geführt und war im Februar 1915 nach Van zurückgekehrt. »Er verlangte von den Armeniern 3000 Soldaten«, berichtete die Amerikanerin Knapp, »und weil sie aufs äußerste besorgt waren, Frieden zu halten, versprachen sie, seinem Verlangen nachzukommen.«

Während der Verhandlungen verhafteten türkische Gendarmen im Ort Schatakh ein Mitglied der Daschnaken. »Seine Freunde wollten ihn befreien«, berichtete Lepsius, »und es gab einen blutigen Zusammenstoß.« Gouverneur Dschewdet Bey ließ daraufhin in Van den Daschnaken-Führer Ischkan zu sich kommen und forderte ihn auf, mit drei anderen Daschnaken-Oberen sowie dem Polizeichef von Van in Schatakh Frieden zu stiften. Der türkische Polizeichef nahm einige tscherkessische Soldaten mit, und die Armenier bestimmten drei weitere Landsmänner, Ischkan zu begleiten. »Halbwegs nach Schatakh«, berichtet Lepsius, »übernachteten sie in dem Dorf Hirtsch. Als die vier Armenier eingeschlafen waren, ließ der Polizeichef sie im Schlaf durch die Tscherkessen ermorden.«

Das war am Freitag, dem 16. April. Am nächsten Morgen befahl Dschewdet Bey die beiden Daschnaken-Führer Wramian und Aram Manukian zu sich. Nur Wramian kam, weil Aram zufälligerweise abwesend war, und wurde sofort verhaftet. Dschewdet Bey ließ ihn gefesselt abführen. Auf dem Weg nach Diyarbakir wurde der bei den Armeniern besonders angesehen Deputierte umgebracht. »Noch am gleichen Morgen«, berichtet Lepsius, »bereitete Dschewdet Bey den Angriff auf die armenischen Viertel vor und ließ Kanonen gegen sie in Stellung bringen.« Aus Erzurum hatte er weitere 6000 bis 7000 Mann Kavallerie angefordert.

Noch einmal machten die Armenier von Van einen Schlichtungsversuch. Sie boten statt der 3000 Soldaten 400 wehrfähige Armenier an und versprachen, für die übrigen die Befreiungssteuer zu zahlen. »Der Wali erklärte aber, er brauche Leute und nicht Geld, sonst würde er die Stadt angreifen«, schrieb Grace Knapp. Der amerikanische Arzt Ussher und Frau Raynolds versuchten zu vermitteln, aber »der Wali blieb hartnäckig«, so die Amerikanerin, »es müsse gehorcht werden«, sonst werde er diese Revolte um jeden Preis niederwerfen. Wenn die Armenier auch nur einen Schuß abfeuerten, »würde er alle christlichen Männer, Frauen und Kinder töten«.

Was die Türken in ihrem Rechtfertigungs-Weißbuch dagegen vorzutragen hatten, ist schon eher grotesk: In den armenischen Vierteln von Van sei es Usus gewesen, bei Sonnenuntergang in die Luft zu schießen. Dieser Brauch hätte »schreckliche Proportionen« angenommen und das Risiko »zu den größten Unfällen geborgen«. Die Armenier hätten angefangen, die türkischen Beamten und Gendarmen anzugreifen.

»Man kann gar nicht klar genug sagen«, schrieb Grace Knapp, »daß es überhaupt keine Revolte gegeben hat. Die Revolutionäre wollten den Frieden bewahren. Als die Türken dann aber begannen, heimlich um das armenische Viertel Schützengräben auszuheben, taten es auch die Armenier, entschlossen, ihre Haut so teuer wie möglich zu verkaufen.«

Die Ereignisse im Umland hatten die Armenier alarmiert. Der Schweizer Leiter der deutschen Missionsstation L. Spörri berichtete von »scheußlichen Blutbädern, die in der Umgegend Vans stattgefunden« hatten. »Haß und Wut der Türken«, so Spörri, richteten sich »nicht nur, wie etliche offizielle türkische Berichte glauben machen wollen, gegen die jungen Armenier, die den Kriegsdienst verweigert hatten, sondern gegen das ganze Volk. Sehr charakteristisch ist, daß vor allem christliche Kirchen und Schulen zerstört wurden. Auch andere Nichttürken fielen schonungslos dem Haß zum Opfer.«

»Erst nachdem die Türken 80 der benachbarten Dörfer eingenommen und dabei schätzungsweise 55 000 armenische Bewohner massakriert hatten«, schreibt der amerikanische Autor Stanley E. Kerr, der nach dem Krieg Zeugenaussagen gesammelt hatte, »verbarrikadierten sich die Armenier in Van.« Sie hatten sich darauf gut vorbereitet. »Wie durch einen Zauber«, schrieb die deutsche Missionsschwester Käthe Ehrhold, »waren die armenischen Viertel über Nacht in einen modernen Kampfplatz mit Schützengräben, Hauptquartier, Munitionslager und Lazarett umgewandelt.«

In ihrem Weißbuch druckten die Türken einen Artikel aus der russischen Zeitung *Utrojuga* ab, in dem berichtetet wird, daß sich in Van die armenischen Kämpfer unter dem Kommando von Aram seit dem 2. April erhoben hätten. Möglich, daß in der russischen Zeitung dieses Datum stand, es ist erwiesenermaßen falsch und zeigt, daß die türkischen Rechtfertiger alles taten, um die armenische Verteidigung als Angriffsaktionen auszugeben.

Denn begonnen hatten die Kämpfe am Dienstag, dem 20. April, und ausgelöst hatten sie die Türken. Um sechs Uhr morgens, berichtete Prediger Spörri, »begann der Kampf, und zwar in unserer nächsten Nähe, östlich unserer Station. Veranlassung dazu hatte das Vorbeigehen einer Anzahl armenischer Frauen geboten, die kamen, um in der Stadt Schutz zu suchen. Türkische Soldaten wollten eine derselben, ein ehemaliges Waisenmädchen, anpacken, worauf dieses alles fahren ließ und floh. Der Soldat, der seinen Zweck nicht erreicht hatte, begann zu schießen.« Als zwei armenische Soldaten dazwischentraten und die Türken zur Rede stellen wollten, wurden sie von den türkischen Soldaten erschossen. »Aus ihren Schützengräben heraus eröffneten nun die Türken das Feuer«, berichtete Frau Knapp, »die Schießerei ging den ganzen Tag lang, und die Belagerung hatte begonnen.«

Die türkische Armee hatte einen Ring um die Stadt gelegt. »Selten habe ich mit solcher Wut kämpfen sehen, wie während der Belagerung von Van«, berichtete der venezuelische Offizier in türkischen Diensten, Rafael de Nogales. »Pardon wurde weder gefordert noch gegeben. Wer in die Hand des Feindes fiel, war ein toter Mann. Gebäude, die uns in die Hände fielen, wurden auf der Stelle in Brand gesteckt.«

Sofort begannen die Armenier, ihr Wohngebiet zu verbarrikadieren. »Für die etwa 1500 armenischen Schützen standen aber nur etwa 300 Gewehre zur Verfügung«, berichtete Frau Knapp, und vielleicht nochmals so viele Pistolen. Aber »ihr Vorrat an Munition war gering, darum waren sie sehr sparsam damit und wandten allerlei List an, um die Angreifer zum Feuern und zum Verbrauch ihrer Munition zu verführen. Sie machten sich daran, Kugeln zu gießen und Patronen anzufertigen, etwa 2000 täglich. Ebenso fabrizierten sie Schießpulver und bauten sich drei Mörser. Der Materialverbrauch für alle diese Dinge war gering, Methoden und Einrichtungen roh und primitiv.« Nogales hingegen sprach von »Tausenden von Mauserpistolen«, einer »erheblichen Anzahl von Karabinern und Gewehren, die sie Jahre hindurch aufgekauft hatten«, sowie einer »beträchtlichen Menge von Handgranaten, die uns mit der Zeit erhebliche Verluste beibringen sollten«.

»An die Türken der Stadt«, schrieb die Amerikanerin, »schickten (die Armenier) ein Manifest, um ihnen mitzuteilen, daß sie nur mit einem einzigen Manne (dem Wali) Streit hätten und nicht mit ihren türkischen Nachbarn. Walis würden kommen und gehen, aber die beiden Rassen müßten miteinander leben. Die Türken antworteten in demselben Sinne und sagten, sie wären gezwungen zu kämpfen.« Tatsächlich wurde auch von mehreren vornehmen Türken ein Protest gegen diesen Kampf unterzeichnet, aber Dschewdet ließ ihn vollständig unbeachtet. »Ein regelrechtes Stadtregiment wurde von den Armeniern organisiert«, berichtete Grace Knapp, »mit Bürgermeistern, Richtern und Polizisten. Die Stadt wurde noch nie so gut regiert.«

Am vierten Tage gelang es den Armeniern, die Hamid-Agha-Kaserne auf armenischem Gebiet in die Luft zu sprengen und niederzubrennen, aber sie machten nichts aus ihrem Sieg. Die Stärke der Regierungstruppen, verriet später Nogales, habe 6000 Mann nicht überschritten, von denen nur die Hälfte reguläre Truppen gewesen seien. »Wenn die 30 000 bis 40 000 in

Van eingeschlossenen Armenier, statt Musikkapellen aufzustellen und Kriegsorden anzufertigen mit Knüppeln, Äxten und Messern bewaffnet einen Massenausfall unternommen hätten«, so der Venezueler, »wer weiß, wie es uns dann ergangen wäre.«

Um die Neutralität ihres Territoriums zu wahren, ließen die Amerikaner keinen Bewaffneten auf ihr Grundstück, und Armenierführer Aram hatte sogar angeordnet, daß kein verletzter armenischer Soldat ins Hospital der Amerikaner gebracht werden dürfe. Der amerikanische Arzt Ussher versorgte die verwundeten Armenier in einem provisorischen Lazarett im armenischen Quartier.

Prediger Spörri fühlte sich »gedrungen, an den Wali zu schreiben. Ich erzählte den Anfang der Feindseligkeiten, teilte mit, daß wir dem Kugelregen ausgesetzt seien, ersuchte, da ich annehmen mußte, daß solches unmöglich nach dem Wollen des Walis sein könne, um weitere Vermeidung solcher Handlungen und bat, die Streitigkeiten friedlich zu ordnen.« Spörri bat Ussher, das Schreiben mit zu unterzeichen. Am 23. April schrieb der Wali an den amerikanische Arzt, er habe bewaffnete Leute das Grundstück betreten sehen. Außerdem hätten die Rebellen in der Nähe Gräben aufgeworfen. Wenn auch nur ein Schuß von diesen Schanzen abgefeuert würde, müßte er seine Kanonen auf das amerikanische Grundstück richten und würde es vollständig zerstören. »Unsere Briefträgerin war eine alte Frau«, berichtete die Amerikanerin, »die sich durch eine weiße Fahne schützte. Bei ihrem zweiten Ausgang fiel sie in einen Graben, und als sie daraufhin ohne ihre Fahne wieder aufstand, wurde sie sofort von den türkischen Soldaten erschossen.« Das gaben die Türken ganz anders wieder. »Der Wali habe das für Spörri bestimmte Telegramm«, so berichtete Wangenheim an Kanzler Bethmann Hollweg, »mittels eines Boten mit weißer Flagge an den Adressaten befördern wollen. Die Armenier aber hätten auf den Parlamentär gefeuert.«

Je besser sich die Armenier verteidigten, desto wütender fielen Türken und Kurden über die Dörfer der näheren Umgebung von Van her, wobei sie unzählige Armenier vertrieben und umbrachten. Immer mehr Armenier kamen nach Van, wo sie sich besseren Schutz versprachen. Allein die deutsche Missionsanstalt, in der sonst etwa 230 Bewohner lebten, nahm über 2000 Flüchtlinge auf. »Tagelang strömten die armen, zerlumpten Gestalten zu uns herein«, schrieb Käthe Ehrhold, »jeder einzelne wie ein Brand aus dem Feuer gerettet, verängstigt, verzweifelt, erbittert, kopf- und willenlos.«

»Während der Zeit der Belagerung«, schrieb auch Grace Knapp, »hausten die türkischen Soldaten und ihre Gesellen, die wilden Kurden, fürchterlich in der ganzen Umgebung. Sie massakrierten Männer, Frauen und Kinder und brannten ihre Heimstätten nieder. Sonntag, den 25. (April 1915), kam der erste Trupp Flüchtlinge mit ihren Verwundeten in die Stadt.« Ein geflohener Armenier aus Ardjec, schreibt sie, habe über das Ende der zweitgrößten Provinzstadt berichtet: »Der Kaimakan (Landrat) hatte am 19. April alle Chefs der Handwerksgilden zu sich gerufen, und weil er sich ihnen gegenüber immer freundschaftlich verhalten hatte, vertrauten sie ihm. Als sie alle versammelt waren, hat er sie alle durch seine Soldaten erschießen lassen.«

Immer mehr Flüchtlinge strömten ins belagerte Van. Armenier-Führer Aram hatte den Fliehenden befohlen, in einem nahen Bergdorf haltzumachen. Am 8. Mai stand das Dorf in Flammen, und die Flüchtlinge drängten in die Stadt. »Der Wali schien seine Taktik geändert zu haben«, schrieb Grace Knapp, »und ließ Frauen und Kinder zu Hunderten hereintreiben, damit sie die Hungersnot in der Stadt vergrößerten. Jetzt mußten 10 000 Flüchtlinge miternährt werden, und die Vorräte wurden knapp.« Auch Nogales, der den Widerstand der Armenier »des höchsten Lobes würdig« befand, bestätigte später, daß die Türken die Ostseite der Stadt »absichtlich frei ließen, um den Flüchtlingen nicht den Weg zu versperren. Von ihnen versprach man sich die schnelle Verminderung des Lebensmittelvorrats der Belagerten.« Die Flüchtlinge seien durch Gendarmen sogar bis an die Stadtgrenze begleitet worden. Er habe aber auch beobachtet, »wie die Armenier, statt diese Unglücklichen aufzunehmen, sie mit Gewehrsalven empfingen, wobei sie einige von ihnen verwundeten und töteten«.

Die Daschnaken schickten mehrere Emissäre zu den Russen, von denen einer durchkam. Von ihm erfuhr die russische Botschaft in Paris: »Van und Schatakh verteidigen sich energisch. Die Geschosse haben wenig Schaden angerichtet, aber wir unternehmen unsere letzten Anstrengungen. Täglich erwarten wir Hilfe. Bitte beeilt euch. Sonst wird es zu spät sein.« Daraufhin schickten die Russen das 4. Armeekorps mit einer armenischen Legion. Einige dieser Armenier kannten die Region und hatten verwandtschaftliche Verbindungen nach dort, berichtet der russische General Gabriel Korganow.

»Am Sonnabend (15. Mai)«, schrieb die Amerikanerin, »sah man mehrere Schiffe den Hafen von Van verlassen. Wir erfuhren, daß sie mit türkischen Frauen und Kindern besetzt waren. Dann begannen die Kanonen der großen Kasernen auf uns zu schießen. Zuerst konnten wir nicht glauben, daß die Schüsse auf unser Sternenbanner zielten, aber schließlich blieb kein Zweifel darüber.« »Wir wurden mit Schrapnells einer Haubitze beschossen«, berichtete Ernest A. Yarrow von der US-Mission, »die eine türkische Kompanie herbeigeschafft hatte. Sie wurde von einem deutschen Offizier angeführt. Ich habe ihn selbst dabei beobachtet, wie er die Kanone auf uns richtete.« Es war allerdings kein Deutscher, sondern der Venezueler Nogales, der die türkische Artillerie befehligte.

»Der Türke schoß in den letzten Stunden wie ein Verzweifelter«, schrieb die deutsche Schwester Ehrhold, »man faßte nicht, daß er nicht siegte.« Am Sonnabend nach Sonnenuntergang schwiegen die Waffen. »Es kam ein Brief von den Bewohnern des einzigen armenischen Hauses innerhalb der türkischen Linien, das verschont geblieben war, weil Dschewdet als Knabe darin gelebt hatte«, schrieb Grace Knapp in ihrem Bericht. »Darin wurde uns mitgeteilt, daß die Türken die Stadt verlassen hatten. Wir sangen und freuten uns die ganze Nacht.«

Was nun in Van passierte, wird von den nationalistischen türkischen Historikern oft an den Anfang des Aufstands von Van gestellt. »Die erbitterten Armenier«, schrieb Spörri, »handelten nicht nach den Verordnungen der Genfer Konvention, sie ließen vielmehr ihrem Rachedurst freien Lauf. Schadenfeuer loderten in Menge auf. Was noch nicht zerstört worden war an Kasernen und türkischen Häusern, das wurde jetzt in Brand gesetzt und ohne Barmherzigkeit niedergebrannt. Türken, die etwa noch angetroffen wurden, fanden keine Gnade; sie wurden niedergemacht, auch wenn sie krank und elend waren. Dann lief, wer nur laufen konnte, um sich der zurückgelassenen Habseligkeiten der Türken zu bemächtigen.«

»Eine Decke möchten wir breiten über die ersten Tage der Freiheit«, schrieb auch Käthe Ehrhold, »in denen die Schleusen hochgestauter Fluten von Bitterkeit und Verzweiflung, von Vergeltungsgier und naturhafter Leidenschaft sich öffneten und über die Zurückgebliebenen, ihre Alten und Kranken und fluchtunfähigen Frauen des Türkenvolks sich ergossen.« Die deutsche Schwester sprach von »kriegsgefangenen Türkenfrauen, die meisten von ihnen bereits so zu Tode geängstigt und an Leib und Seele so verschmachtet, daß sie vor unseren Augen in unseren Gehöften dahinsiechten, an bösen Krankheiten und am gebrochenen Herzen. Das Gedenken an diese vollkommen hilflosen, der Willkür der Sieger preisgegebenen Frauen des unterlegenen Türkenvolks gehört für uns zum Allerdüstersten aus jener Zeit.«

Am Dienstag, dem 18. Mai, erreichte die Vorhut der russisch-armenischen Freiwilligen die Stadt Van, am 19. Mai kamen die armenischen Freiwilligen und die russischen Soldaten und Dschnaken-Führer Aram wurde zum provisorischen Gouverneur ernannt. Aram habe die Russen mit den Worten begrüßt: »Als wir vor einem Monat zu den Waffen griffen, rechneten wir nicht damit, daß die Russen kommen würden. Unsere Lage war damals verzweifelt. Wir hatten nur die Wahl, uns zu ergeben oder uns wie die Schafe abschlachten zu lassen. Unerwartet wurden wir von Ihnen entsetzt, und jetzt sind wir Ihnen unsere Rettung schuldig.«

»Die ganze, dem Armenier angeborene Tüchtigkeit fand wieder ein reiches Betätigungsfeld«, schrieb Schwester Ehrhold, »sein Fleiß, seine Umsicht, seine Arbeitsfreude, die tausendmal schon aus Trümmern Neues baute. Von heute auf morgen war der Schutt in den Straßen weggeräumt, die zerstörten öffentlichen Gebäude wieder aufgebaut und manches morsche Lehmhäuschen aufgebessert. In Van war das goldene Zeitalter angebrochen.«

Doch es sollte nicht lange dauern. »Die Russen kämpften nur lau und ohne Enthusiasmus«, notierte Grace Knapp. »Es waren die armenischen Freiwilligen, die immer an der Spitze marschierten und die schwersten Kämpfe führten.« Sie sollten auf Order der Russen, berichtet der russische General Korganow, den südlichen Teil des Vansees freikämpfen und den Weg für die russische Armee in die Provinz Bitlis öffnen, wo etwa

100 000 Armenier lebten. Aber den türkischen Truppen gelang es, die armenischen und russischen Verbände einzukreisen, und am 30. Juli befahl der kommandierende russische General allen Armeniern und Ausländern, die Provinz Van zu verlassen. Unter ständigen Angriffen der Kurden zog der Troß der Soldaten und Armenier am 3. August in Richtung Kaukasus.

Missionsschwester Käthe Ehrhold berichtete, »daß nur der kleinste Teil der armenischen Flüchtlinge aus Van in Rußland eine Heimat gefunden hat. Viele starben auf dem Wege an Strapazen der tagelangen Fußreise, und den Ärmsten unter ihnen verbot man überhaupt das Überschreiten der Grenze. Armes Volk habe man in Rußland selbst genug, hieß es. Sie blieben buchstäblich am Wege liegen und verschmachteten.«

In Zeitun und Van hatten sich die Armenier gewehrt, bevor die allgemeinen Deportationsbefehle ergingen. In Van hatten sie auch noch die Türken besiegt, was nie zuvor und nie danach Armeniern gelang. Das mag die Wut der Türken erklären.

In Van haben sich die Armenier gegen den Staat erhoben, nach modernem Staatsverständnis könnte ihr Vorgehen ein Aufstand genannt werden. Nur hatten die Türken in Van niemals vor, die Armenier zu schützen, sondern wollten sie vernichten. Deshalb war der angebliche Aufstand auch nach modernen Kriterien legitime Selbstverteidigung. Ganz abgesehen davon, daß nach den türkischen Maßstäben der gesamte von Kurden bewohnte Südosten Kleinasiens als Aufstandsgebiet bezeichnet werden müßte, denn dort war die Selbstverteidigung eine Selbstverständlichkeit.

Die Armenier von Van stellten für das Osmanische Reich keine Gefahr dar, denn selbst mit Hilfe der russischen Armee gelang es ihnen nicht, Van zu halten. Vor allem aber: Als der Aufstand in Van losbrach, waren die Vorbereitungen zum Völkermord an den Armeniern längst abgeschlossen. Van als Beweis dafür, daß die Armenier im gesamten Osmanischen Reich einen Aufstand gegen die Türken planten – diese Dolchstoßlegende ist nicht zu halten.

5

Sehen wir einen Armenier, schneiden wir ihm den Kopf ab

Die Abwehrkämpfe nach dem Beginn der Ausrottung

»Erst wollten die Dorfleute treu auf seiten der Regierung bleiben«, berichtete die Schweizer Schwester Beatrice Rohner, die für den »Deutschen Hilfsbund für Christliches Liebeswerk im Orient« ein Waisenhaus in Marasch leitete, über das Ende des Dorfes Fundadschak, aber dann hätten sich »Revolutionäre und Deserteure von Zeitun und der ganzen Gegend dort gesammelt«. Als die bewaffneten Armenier drohten, »alle ihre Landsleute niederzuschießen, die nicht ihre Partei ergriffen«, seien die Bewohner weiterer Dörfer hinzugekommen und es habe einen Tag lang Gefechte mit türkischen Truppen gegeben. Am 6. August mußte sich das Dorf ergeben, »und dann begann das furchtbare Morden«, bei dem »weder Frauen noch Kinder verschont wurden«. Etwa 50 Männer seien noch unterhalb des Dorfes erschossen, weitere 40 nach Marasch ins Gefängnis geworfen worden.

Dort seien sie, berichtete die Helferin, »teils gehängt, teils erschossen« worden. »Nicht daß man sie in Reih und Glied gestellt und anständig erschossen hätte«, schrieb Beatrice Rohner empört, »sie wurden auf einen Haufen zusammengestellt, und dann schossen die Soldaten los, bis nur noch ein blutiger Knäuel da war.« Die Zuschauer, »die sich an diesem schauerlichen Schauspiel ergötzt hatten, kamen dann vor unser Krankenhaus und ließen Deutschland hochleben! Deutschland wird überall vorgeschoben, als ob Deutschland je solche Greuel billigen würde.« Die Schweizerin konnte nicht ahnen, zu was die Deutschen eines Tages noch fähig sein würden.

Es gab mehrere Orte, deren armenische Bewohner sich gegen die Deportationen wehrten, aber nur von wenigen sind größere Widerstandsaktionen bekannt geworden, weil sich Fremde dort aufhielten und berichten konnten. Nur ein einziges Mal war der Widerstand von Erfolg gekrönt.

Über zwei Verteidigungsversuche berichteten deutsche Augenzeugen: aus der Stadt Musch und vor allem aus Urfa, wo die Deutschen nicht nur ein Krankenhaus unterhielten, sondern auch eine Fabrik aufgebaut hatten, in der Armenierinnen Teppiche knüpften. Über den dritten Abwehrversuch in der Ortschaft Schabin-Karahissar (heute: Sebin Karahisar) im Norden der Provinz Sivas gibt es nur wenige Zeugnisse von überlebenden Armeniern.

Bereits im März 1915 hatten sich die armenischen Einwohner der Kleinstadt geweigert, türkische Truppen zu verproviantieren, woraufhin die Regierung etwa 200 Honoratioren hinrichten ließ. Alle Bewohner der Dörfer dieser am Abhang des pontischen Gebirges gelegenen Region wurden daraufhin entwaffnet und die Bevölkerung des Dorfes Purk massakriert, weil sich einige Armenier wehrten. Als die Regierung Anfang Juni die Deportationen verfügte, zog sich die Bevölkerung in eine alte byzantinische Burg zurück, die auf einem steilen Felsen lag. Vier Wochen lang verteidigten sich die Armenier, dann schossen am 3. Juli türkische Kanoniere die Burg zusammen. Einigen Armeniern gelang die Flucht in die umliegenden Berge, die anderen wurden »überrannt und bis zum letzten Mann niedergemacht«, wie der britische Historiker Christopher Walker schreibt.

In Häuser eingesperrt und verbrannt
Musch und Sassun

In Musch unterhielt der »Deutsche Hilfsbund« ein Waisenhaus und eine Poliklinik, in der unter anderem die schwedischen Schwestern Alma Johansson und Bodil Björn arbeiteten. Nachdem im Mai 1915 im nahen Bitlis fast alle Armenier umgebracht worden waren, mehrten sich auch in Musch die Zeichen für eine Katastrophe. »Jeder Armenier, der irgendeine staatliche Anstellung hatte, wurde abgesetzt und im stillen weggeschafft«, berichtete Alma Johansson, »die Lastträger, die den Proviant an die Front brachten, wurden umgebracht.« Das gesamte Gebiet von Erzurum bis zum Vansee sei »von Soldaten zerstört« worden, Frauen und Kinder »kamen in unbeschreiblichem Zustand nach Musch«.

Mitte Juni teilte der türkische Regierungspräsident Servet Bey den beiden Schwestern mit, alle Europäer müßten Musch verlassen, denn die Russen stünden nur noch ein, zwei Tagesmärsche von der Stadt entfernt. »Wenn wir nicht gutwillig gingen, schrie er uns auf unsere Bitte, uns dazulassen an«, so Alma Johansson, »würde er uns mit Gewalt fortschicken, er habe ein Recht dazu.« Die beiden Schwestern baten darum, die Waisenkinder mitnehmen zu dürfen. »Euch passiert nichts«, habe der türkische Bezirksgouverneur gesagt, »nur wenn wir einen Armenier sehen, schneiden wir ihm den Kopf ab.« Daraufhin blieben die beiden Schwestern.

Bald sei dann die Stadt voller Soldaten gewesen. »Die Offiziere sprachen sich sehr erregt darüber aus«, berichtete Schwester Alma, »daß in Musch noch Armenier am Leben seien.« Am 10. Juli hörten die beiden Schwestern den ganzen Tag über Gewehrfeuer, »am nächsten Morgen war die ganze Stadt in Waffen, und die Armenier trauten sich nicht aus dem Hause«. Nach der Aufforderung, sich auf dem Marktplatz einzufinden, hatten sich die Armenier in Kirchen und festen Häusern verbarrikadiert. Nur die Reichen seien auf die Offerte der Regierung eingegangen, Musch zu verlassen, die Armen »wollten ihr Leben so teuer wie möglich verkaufen«. Am Morgen des 12. Juli begannen die Türken die Beschießung der armenischen Viertel. »Alle Türken aus Musch waren bewaffnet und unter die Soldaten verteilt«, beobachtete die Schwedin, »da sie wußten, wo etwas zu holen war.«

Auch in die deutsche Station drangen die Soldaten ein und führten die dort beschäftigten Armenier ab. Nur »weil man mir auf Ehrenwort versicherte, die Frauen sicher nach Urfa zu bringen«, schrieb Schwester Alma, »ließ ich sie gehen.« Die Schwedin versuchte, beim Regierungspräsidenten Schutz und Schonung für das Waisenhaus zu bekommen. »Der Mutessarif, ein intimer Freund von Enver Pascha«, schrieb später der deutsche Botschaftsdolmetscher und Verantwortliche für armenische Angelegenheiten, Johannes Mordtmann, in seinem Bericht über die Vorkommnisse in Musch, »gebärdete sich wie ein Rasender und lehnte die Bitte schroff ab.« Die Kanonen seien dafür gedacht, Musch zu zerstören, so Servet Bey, er habe die beiden Schwestern ja gewarnt.

Im armenischen Stadtteil Smarina »wurden unbeschreibliche Greuel begangen«, berichtete der deutsche Pfarrer Lepsius nach seinen Recherchen, »viele Armenier nahmen sich das Leben. Einer verteilte an alle 70 Mitglieder seiner Familie Gift, zündete sodann sein Haus an und erschoß sich. Andere legten freiwillig Feuer in ihr Haus, um sich zu verbrennen, viele erschossen ihre Frauen und Kinder, um sie vor Schändung und Islamisierung zu bewahren.«

Schließlich waren etwa 10 000 Armenier im Stadtteil Zor zusammengedrängt und verteidigten sich. In der Nacht beschlossen sie dann, sich in die Berge von Sassun zu flüchten, doch der Schein der brennenden Häuser machte den zumeist kurdischen Belagerern die Verfolgung leicht. Nur etwa die Hälfte der Eingeschlossenen erreichte die Berge. »Die Kurden sammelten dann alle Verwundeten«, schreibt Lepsius, »und verbrannten sie auf einem ungeheuren Scheiterhaufen.«

»Die männliche armenische Bevölkerung«, notierte Mordtmann, »ist gleich vor der Stadt umgebracht worden; die Frauen, Mädchen und Kinder hat man noch eine Tagereise weiter geschleppt und dann beseitigt.« Fünf Kilometer nördlich seien alle Armenier des Dorfes Schurig bei lebendigem Leib verbrannt worden, gab der türkische General Vehib Pascha nach dem Krieg zu. Der osmanische Leutnant Hassan Maruf berichtete, daß in der Nähe von Musch etwa 500 Frauen und Kinder in eine Scheune gesperrt wurden und die Gendarmen Fackeln in das Gebäude warfen. Das bestätigte auch Alma Johansson. Von zwei Gendarmen, die das Haus der Deutschen bewachten, »hörten wir, daß man die Frauen und Kinder nach den nächsten Dörfern gebracht, sie dort zu Hunderten in Häuser zusammengesteckt und lebendig verbrannt hätte. Auch höhere Offiziere erzählten uns voll Stolz dasselbe.«

»Nach der Räumung der Stadt wurde das armenische Viertel in Brand gesteckt und dem Erdboden gleichgemacht, ebenso die armenischen Dörfer«, schrieb Mordtmann. »Von der armenischen Bevölkerung«, kabelte der deutsche Botschaftsrat Freiherr von Neurath an seine Berliner Vorgesetzten, »dürfte außer wenigen Flüchtlingen und einigen geraubten Frauen fast nichts übrig geblieben sein.« Lepsius schätzte, daß von den einstmals etwa 60 000 Armeniern der Muschebene vielleicht 200 Armenier überlebt hätten.

Und auch die in die Berge geflüchteten Armenier bekamen

nur noch eine Gnadenfrist. Etwa 4000 Armenier verschanzten sich im Kloster Mardin-Arakeloz auf dem Berg Marat, wo sie sich eineinhalb Monate lang hielten, bis auch ihnen Verpflegung und Munition ausging. Beim Ausbruchsversuch kamen etwa 2000 von ihnen um, während sich die anderen weiter in das 3000 Meter hohe Antok-Gebirge zurückzogen. Als ihnen die Munition ausging, wälzten die letzten Armenier Steinbrocken auf die Angreifer. »In einem mörderischen Nahkampf«, berichtete der armenische Widerstandskämpfer Rupen, der seine Landsleute anführte, »sah man schließlich Frauen, die ihre Messer in die Hälse der Türken stachen, bis der Antok am 5. August von den osmanischen Truppen erobert wurde. Junge Frauen stürzten sich, oft mit ihren Babys im Arm, die Felsen herunter, um den Türken nicht in die Hände zu fallen.«

Von deutschem Kanonier zusammengeschossen
Der Kampf um Urfa

In Urfa, dem antiken Edessa, hatten die Deutschen bereits 1896 ein Waisenhaus eingerichtet, das Bruno Eckart leitete. Sein Bruder Franz hatte eine Teppichmanufaktur aufgebaut, um armenischen Witwen der Massaker von 1895 und 1896 Arbeit zu geben. Seit 1899 wurde das dortige Spital der deutschen Mission von dem Schweizer Jakob Künzler geleitet, einem Diakon und gelernten Krankenpfleger. Ferner arbeitete für die Deutschen noch die von Lepsius engagierte Pädagogin Karen Jeppe, eine kleinwüchsige und hinkende Dänin, die ihr körperliches Gebrechen durch großen Mut wettmachte. Sie unterrichtete armenische Kinder nach einer neuen Methode, die den Kleinen ein ganzes Schuljahr ersparte.

Anfang 1915 feierte die moslemische Bevölkerung von Urfa die geglückte Überquerung des Suezkanals durch die Türken. Die hatte zwar nie stattgefunden, aber das ist westliche, nicht orientalische Logik. Denn in Urfa hatten Frauen Zehntausende von Sandsäcken genäht. Mit Wüstensand gefüllt, sollte mit ihnen der Suezkanal zugeschüttet werden. Über den Damm aus diesen Säcken sollte sodann die osmanische Armee nach Ägypten marschieren. Doch die Briten verhinderten das. Obgleich der Coup nicht geklappt hatte, so viel Näheifer aber nicht ohne Erfolg bleiben durfte, feierten die Türken von Urfa statt der wirklichen die Fata Morgana einer Suezüberquerung. Als die singenden Jugendlichen durch die Basarstraße zogen, berichtete später Bruno Eckart, habe ihnen ein armenischer Schneiderlehrling aus seiner Werkstatt zugerufen: »Ihr glaubt ja wohl selbst nicht an eure Siege!« Daraufhin sei der Lehrling verprügelt und sein Meister für einige Tage eingekerkert worden. »Ein ernstes Momento«, so Künzler.

Im April 1915 reiste Bruno Eckart nach Aleppo und traf unterwegs die ersten Flüchtlingstrecks von Armeniern aus Zeitun und Umgebung. Zurück in Urfa, schrieb der deutsche Waisenhausleiter: »Es setzte der Lügendienst der Kriegsdepeschen ein, besonders die Hiobsbotschaft von dem ›Aufstand‹ der Armenier in Wan. Verwünschungen und fanatische Drohungen wurden laut. Der türkische Pöbel schien mit Ungeduld auf Metzeleien zu warten.«

Sehr bald seien dann fast täglich Deportiertenzüge eingetroffen. Daß die Armenier von Urfa monatelang verschont wurden, hatte seinen Grund in den Verwaltungsgrenzen. Denn Urfa gehörte zur Provinz Aleppo, und dort herrschte der Gouverneur Dschelal Bey, der alle Verfolgungen der Armenier untersagt hatte. »Um so eifriger«, schrieb Eckart, »suchten die Türken in Urfa nach einem Verschickungsgrund.« Den hofften sie bei 19 angesehenen Armeniern zu finden, die im Mai 1915 ins Gefängnis geworfen wurden. 50 weitere folgten Mitte Juni. Säckeweise, so Eckart, seien sodann armenische Bücher, Schriften und Briefschaften ins Regierungsgebäude geschleppt worden. »Geschichtliche Bücher und freiheitliche Lieder, die man in der Zeit der jungtürkischen Revolution als unverdächtig geduldet hatte, wurde auf einmal zum Schuldbeweis gestempelt.«

Um den Armeniern ein Schuldeingeständnis abzupressen, berichtete die Amerikanerin Kate E. Ainslie, hätten die Türken nach Urfa »jenen Mann gebracht, der in Diyarbakir für die Deportationen zuständig war und dort die Opfer nicht tötete, sondern so lange brannte, bis sie tot umfielen«. Es war der Tscherkesse Ahmed, der sich rühmte, er habe »Van und Umgebung verwüstet. Es gibt dort keinen einzigen Armenier mehr.« Der Wüstling folterte die Armenier wie kein anderer (einen soll er mit 100 Stockschlägen fast zu Tode geprügelt haben, wie Konsul Rößler aus Aleppo berichtete) und ließ sie sodann auf dem Weg nach Diyarbakir umbringen. An die übrigen Armenier der Stadt erging die Aufforderung, alle Waffen abzuliefern. »Mich beschlichen trübe Gedanken«, schrieb Bruno Eckart, »hatten die Türken im Jahre 1895 den Armeniern in Urfa nicht vollkommenen Schutz zugesichert, wenn sie ihre Waffen herausgeben würden? Und als dies geschehen war, hat man sie wenige Tage darauf vom türkischen Pöbel massenhaft wie Schafe abschlachten lassen, während die Soldaten zusahen oder mithalfen.«

Trotz der schlechten Erfahrungen beschlossen die Armenier, einen Teil ihrer Waffen abzugeben, doch eine Entspannung trat nicht ein, zumal weiterhin Flüchtlingstrecks durch die Stadt zogen und den Armeniern den Ernst ihrer Situation vor Augen führten. Selbst Karen Jeppe und die Deutschen vor Ort konnten sich nicht mehr sicher fühlen. Zwei junge Türken hätten eine Armenierin aus einem Deportiertenzug auf sein Grundstück geschleppt und sie ausgezogen, um sie zu vergewaltigen, berichtete der Fabrikant Franz Eckart am 5. August der deutschen Botschaft in Konstantinopel. Als Eckarts Arbeiter der Frau zu Hilfe eilten, verschwanden die zwar, kamen aber kurz darauf mit vier Begleitern wieder und verlangten die Herausgabe der Armenierin. Erst auf die wiederholte Antwort von Frau Eckart, daß hier Deutsche wohnten, »zogen sie drohend ab«. Fortan hinderten sie die Arbeiter Eckarts daran, das Grundstück zu betreten, weshalb der »den Schutz meiner Regierung« anrief.

Der Deutsche konnte sich wehren, die Armenier konnten es nicht. Eine Geringfügigkeit genügte, um ermordet zu werden. So hatte ein armenischer Uhrmacher einen türkischen Gendarmen beschieden, die verlangte Reparatur sei teurer als die Uhr selbst. Daraufhin, berichtete Eckart, wurde er anderntags abgeführt »und hat seine Familie nie wieder gesehen«. Als dann das Oberhaupt der Armenier Urfas ins Gefängnis geworfen wurde, »ahnten alle, daß er dem Tode verfallen war. Wie eine führerlose Herde harrte die Gemeinde verängstigt ihres Schicksals«.

Diese Schicksalsstunde schlug Anfang August – Armenier-Protektor Dschelal war inzwischen nach Konya versetzt worden –, als etwa 50 Armenier aus dem Gefängnis geholt, gefesselt und abgeführt wurden, an ihrer Spitze der Bischof. »Einige Stunden von Urfa entfernt«, schrieb Eckart, »knallte man sie alle nieder. Dem Bischof wurde in mörderischer Raserei noch der Kopf abgeschnitten.«

Zwar hatte es sich auch bei den Armeniern inzwischen herumgesprochen, daß eine Einberufung zur Armee den sicheren Tod bedeute, dennoch meldeten sich etwa 500 Männer freiwillig zu den Truppen, nur um, wie Eckart schrieb, »aus der unheimlichen Atmosphäre der Stadt herauszukommen«. Vor den Toren der Stadt wurden sie sogleich umgebracht.

Am 19. August brach dann der Sturm endgültig los. Gendarmen wollten gegen drei Uhr nachmittags einen armenischen Deserteur verhaften, doch als eine junge Frau öffnete und ihnen das Versteck zeigte, wurde sie von armenischen Heckenschützen niedergeschossen, desgleichen der Chef der Polizeigruppe. Daraufhin begann das Massaker.

»Es bildeten sich unheimlich wüste Haufen blut- und beutegieriger Mordgesellen«, schrieb Eckart, »die zuerst über die Armenier im Basar herfielen und etwa 200 von ihnen niedermachten.« Auch der Schweizer Künzler sah, »wie meine Nachbarn, die Kurden, nach Hause eilten, Gewehr, Schwert oder Waidmesser holten und sich dann in die Stadt stürzten, auf dem Wege jeden Christen niedermachend, dessen sie ansichtig wurden.« Als Franz Eckart durch die Stadt ging, rief eine Frau: »Schlagt ihn tot, er ist auch ein Gavur«, ein Christenhund also. Nur weil einige Türken den deutschen Fabrikbesitzer erkannten, entkam er.

Die beiden Eckarts flüchteten in die Fabrik. Bis Mitternacht dauerte die Schießerei, berichtete Bruno Eckart, dann habe Ruhe geherrscht. Anderntags ging er durch die Straßen und fand Leichen überall, auch erschossene Kinder und Frauen, die aber nicht aus Urfa stammten, sondern zu Flüchtlingstrecks gehörten. Weil die Armenier ihre Häuser verbarrikadiert hatten, konnten sie nirgends Unterschlupf finden.

Dann herrschte für einige Wochen relative Ruhe. Bis in der Nacht zum 29. September aus einem armenischen Haus ein Schuß gehört wurde, der offensichtlich niemandem galt und auch niemanden verletzte. Am Morgen versuchten Gendarmen in das Haus einzudringen, wurden aber beschossen und stürzten davon. Von der Fabrik aus hörte Bruno Eckart einen

Armenier laut deklamieren: »Muhammedaner! Die Regierung will das armenische Volk vernichten. Unsere Soldaten sind entehrt, ihre Brüder und Väter ermordet, Frauen und Kinder der Schande und schmählichem Meuchelmord preisgegeben. Wir lassen uns nicht wie Schafe abschlachten. Mit der Waffe in der Hand wollen wir unser Leben teuer verkaufen.« Sie würden, kabelte der deutsche Vizekonsul in Alexandrette, Hermann Hofmann-Fölkersamb, »den Greuln des Verschickungstodes ein sofortiges Ende vorziehen.«

In Urfa seien die Häuser so gebaut, schrieb Künzler, daß jedes »eine kleine Festung« sei. Die Armenier verbarrikadierten alle zwölf Straßeneingänge zu ihrem auf einer Anhöhe gelegenen Viertel, und »nicht einmal ein Mullah durfte es wagen, aufs Minarett zu steigen«, so Künzler.

Armenische Banden hätten einen Aufstand veranstaltet, ließ die türkische Botschaft in Berlin verlautbaren. »Sie hatten sich fremder Niederlassungen bemächtigt.« In Wahrheit hatten sich etwa 500 Armenier, die meisten von ihnen Frauen und Kinder, in die einzige ausländische Niederlassung Urfas, die deutsche Teppichfabrik, geflüchtet.

Weil die bereits in der Stadt befindlichen 500 Infanteristen nicht ausreichten, forderte die türkische Armee Verstärkung an. Als erstes kam ein Bataillon arabischer Soldaten mit einigen Geschützen, dann rückte am 4. Oktober der Militärkommandant von Aleppo, Fahri Pascha, mit türkischen Truppen und zwei Feldgeschützen an. »Einige mutige Armenier«, berichtete Künzler, »wollten die Verschlußstücke der Kanonen rauben, was ihnen aber nicht gelang.«

Fahri verlangte die Räumung der deutschen Fabrik und garantierte die Unversehrtheit der Armenier, die an dem Aufstand nicht beteiligt gewesen waren. Franz Künzler forderte daraufhin die armenischen Flüchtlinge in seiner Fabrik auf, das Gelände zu verlassen, was ihm den Ruf einbrachte, die Armenier verraten zu haben. Tatsächlich wurden die meisten Armenier ins Gefängnis gesteckt, und als Künzler einen seiner Arbeiter ärztlich versorgte, drohte der türkische Kommandant: »Wenn Sie noch einmal ins Gefängnis gehen, werde ich Sie wie einen Armenier behandeln.«

Was es in diesen Tagen hieß, wie ein Armenier behandelt zu werden, bekamen die Eckarts kurz darauf mit. Auf dem »Tilfitör« genannten Hügel oberhalb des armenischen Viertels wurden alle armenischen Arbeiter der deutschen Fabrik von Soldaten umgebracht, wie Asis Bey, der Chefarzt des türkischen Krankenhauses, den Deutschen berichtete. »Fahri Pascha hielt es nicht für nötig«, klagte Bruno Eckart, »meinem Bruder irgendeine Erklärung für diese grausame Tat zukommen zu lassen. Ein Wortbruch, wie er schändlicher nicht gedacht werden kann.«

Wenige Tage darauf ritten die beiden Eckart-Brüder zum Leitstand der Artillerie-Einheit, die das Armenierviertel beschoß. Dort lernten sie auch den obersten Artilleristen kennen: ihren Landsmann, Major Eberhard Graf Wolffskeel von Reichenberg.

In Urfa habe er einschreiten müssen, rechtfertigte sich Wolffskeel, um die Ordnung wiederherzustellen, denn die Armenier seien »wieder einmal frech geworden« und »die Bande« sei mit Waffen und Munition gut versorgt. Am 12. Oktober rechnete er noch mit zwei Wochen, »bis wir die Bande kleingekriegt haben«. Wolffskeel nannte die Armenier »Verräter«, obgleich er, wie Bruno Eckart schrieb, »von uns die genaue Vorgeschichte des Aufstandes erfahren hatte«. Auch dem türkischen Oberkommandierenden berichtete Franz Eckart von den Greueltaten an den Armeniern in Urfa, doch der hätte nur die Achseln gezuckt und gesagt: »Türklik!« – so sind die Türken eben. Dann habe er über »den herausfordernden Übermut« der Armenier lamentiert und ihre angebliche Treulosigkeit. »Mit solchen Äußerungen«, glaubte Bruno Eckart, »versuchten die Türken ihr Gewissen zu betäuben.«

Schon am 14. Oktober sollten der türkische Befehlshaber und sein deutscher Helfershelfer ihr Ziel erreicht haben, und die beiden Eckarts wurden Zeugen. Fahri Pascha saß persönlich hinter einem der beiden Feldgeschütze und nahm die Kirche ins Visier. Wolffskeel reichte den Eckarts sein Fernglas, damit sie sehen konnten, wie eine Granate in die Kirche einschlug. Es war das Ende des Aufstands, denn der Anführer der Armenier wurde schwer verletzt. Als türkische Soldaten kurz darauf die Kirche stürmten, erschoß er sich.

Die Armenier hißten die weiße Fahne und baten um einen Waffenstillstand, aber Fahri forderte bedingungslose Übergabe. »Ich griff mir an den Kopf«, schrieb Künzler, »warum

Übergabe? Die paar Kanonenschüsse hatten doch dem Quartier wenig angetan. Die Armenier mußten sich doch sagen, daß nach achttägiger Belagerung, die etwa 100 Türken das Leben kostete, auf türkische Gnade nicht mehr gerechnet werden konnte.« Am 16. Oktober ergaben sich die Armenier. Jetzt begann, was der deutsche Kanonier Wolffskeel in Briefen an seine Frau den »unerfreulichen Teil« der Aktion nannte, für ihn eine »innertürkische Angelegenheit«, wenngleich er zugab, daß die Behandlung der Armenier »kein Ruhmesblatt der Türken« sei. Fast alle Männer wurden auf dem Platz vor der Moschee oder vor den Toren der Stadt niedergemetzelt.

Der Schmied Hagob, der als Lastträger im Künzlerschen Spital arbeitete, konnte sich retten und kam ins Krankenhaus des Schweizers, »wo wir ihm vier große Schnittwunden im Gesicht und Nacken zunähten« (Künzler). Seine riesigen Fleischwunden heilten unerwartet schnell, und Hagob entkam, freilich nur für einige Zeit. Denn »kein Same sollte von diesem unglücklichen Volke übrigbleiben, wie mir einmal ein Türke sagte«, so Bruno Eckart.

Als Eckart sah, wie ein Gendarm eine hinkende junge Armenierin fortwährend mit dem Gewehrkolben traktierte, rief er ihm zu, ob er sich nicht schäme. »Sterben müssen sie ja doch alle!« sei die Antwort gewesen, und tatsächlich seien die meisten von ihnen auf den Wegen südlich der Stadt umgekommen. Etwa 50 Armenier wurden unter einer großen Tafel erhängt, auf der stand: »So bestraft die erhabene osmanische Regierung die Verräter.« Einige wenige wurden zu lebenslangem Gefängnis verurteilt, »um einen Schein von Gerechtigkeit zu zeigen«, so Eckart.

Fahri Pascha »machte große Anstrengungen, um die letzten kämpfenden Armenier lebend in seine Gewalt zu bekommen«, berichtete Eckart. Er versprach Armeniern die Freiheit, wenn sie die Verstecke ihrer Landsleute verrieten. »Leider fanden sich auch solche Verräter.« Die Dänin Jeppe spuckte einem von ihnen auf offener Straße ins Gesicht. Einige überlebten ihren Verrat nicht, denn als sie in die Höhlenverstecke oder Brunnen herabstiegen, wurden sie von den gesuchten Armeniern erstochen. Eckart: »Zuletzt verschütteten die Soldaten alle Brunnen und räucherten alle Schlupfwinkel aus.«

Gefolterte Armenier verrieten den Türken, daß ihr Landsmann, der Priester Derderian, von den Deutschen und Karen Jeppe versteckt wurde. Kanonier Wolffskeel verlangte vom Schweizer Künzler und den Eckart-Brüdern, sie sollten schwören, nicht zu wissen, wo sich der Priester aufhielte. Die vier Germanen einigten sich schließlich darauf, daß es ein Ehrenwort auch tue. Eckart nannte Derderian »einen der vornehmsten und klügsten Armenier in Urfa«. Als der Priester keinen Ausweg mehr sah, besorgte ihm Karen Jeppe Strichnin. Erst habe er seiner Frau, die »bitterlich geweint hätte«, so Eckart, den Giftbecher gereicht, ehe er selbst »ruhig und mit einem Gebet auf den Lippen gestorben« sei. Karen Jeppe ließ durch Helfer die Leichen ausziehen und ihnen schwere Wunden beibringen, so täuschte sie einen Überfall vor, und die drei konnten Wolffskeel ihr Ehrenwort geben.

Als letzte der 20 000 Armenier Urfas zogen einige hundert der bei den Deutschen früher beschäftigten Armenierinnen auf ihre Reise. Als er ihnen Wegzehrung bringen wollte, berichtete Künzler, hätten sie ihn angeschrien: »Nicht Brot bring uns, Gift mußt du uns bringen!« Viele Frauen hätten sich in ein großes Wasserbassin gestürzt, das jeden Morgen von den Leichen gereinigt werden mußte.

Doch noch immer lebten in Urfa Armenier, wenngleich unter schwersten Umständen. In der Teppichfabrik rief eines Tages aus dem 18 Meter tiefen Brunnen ein Mann nach Eckart: Hagob, der Schmied, der einst mit schweren Wunden entkommen war. Er hatte sich bereits drei Wochen lang mit zwei anderen Armeniern in dem Balkengestrüpp der Brunnenanlage versteckt, das er mit seinen Kumpanen nur nachts verließ.

Mehrmals suchten die Türken das Gelände ab. Einmal in Begleitung eines früheren armenischen Torwächters der deutschen Fabrik, der in moslemischer Kleidung erschien und in den Brunnen rief: »Hagob, komm herauf! Die Regierung hat uns verziehen; sieh, ich laufe auch frei herum.« Aber Hagob und seine Kumpane seien auf den Verräter nicht hereingefallen, schrieb Eckart, und hätten geschwiegen, woraufhin die Türken wieder abzogen. Ein anderes Mal mußte ein Syrer in den Brunnen steigen, traute sich aber nicht bis zum Grund, und ein weiteres Mal hatte eine Türkin die Armenier belauscht, als sie nachts aus dem Brunnen krochen. Doch die

Gendarmen fanden wiederum nichts. Nach neun Monaten im nassen Verlies konnten die Armenier im April 1916 schließlich fliehen, doch Hagob wurde auf dem Weg von einem türkischen Gendarm aus Urfa erkannt und umgebracht.

Fast eineinhalb Jahre hielten sich zehn Armenier im Haus Karen Jeppes. Sie hatten sich direkt neben dem Haus ein Erdloch gegraben, und die Dänin versorgte sie mit Wasser und Lebensmitteln. Manchmal zogen die Armenier in kurdischer oder arabischer Kleidung los, um sich Essen zu besorgen. Eine Kerze im Fenster zeigte ihnen an, ob die Luft rein war.

Einmal war sogar ein Großaufgebot angerückt, aber ein deutscher Major hatte sich zufälligerweise bei der Dänin einquartiert und verhinderte die Durchsuchung. Allerdings ahnte er ebensowenig von Jeppes Gästen wie die Eckarts und Künzler. Als im Spätsommer 1916 die Verfolgung der Armenier in Urfa – vorübergehend – ausgesetzt wurde, stiegen die Überlebenden aus ihren Katakomben.

Diese tapferen Ungläubigen treffen noch ein Nadelöhr
Die Verteidiger des Musa Dagh

Triumphierende Armenier waren eine Seltenheit in jenen Jahren. In den steil zum Mittelmeer abfallenden Bergen des Musa Dagh gab es sie. Sie hatten den Türken eine Abwehrschlacht geliefert, die dem deutschen Schriftsteller Franz Werfel zu Weltruhm verhalf, als er sie in seinem Roman *Die vierzig Tage des Musa Dagh* aufarbeitete, der sofort nach seinem Erscheinen, 1933, von den Nazis verboten wurde – sicher nicht nur, weil Werfel Jude war.

Der Musa Dagh ist ein Gebirgsmassiv direkt am östlichen Mittelmeer unweit des antiken Antiochia, der heutigen Stadt Antakya. Dorthin hatten sich über 800 armenische Familien zurückgezogen, und der protestantische Pfarrer Digran Andreasian zeichnete auf, was ihnen widerfuhr. Er hatte sich in Zeitun aufgehalten, als der Bergort eingenommen wurde. Ihm wurde von den türkischen Behörden freigestellt, deportiert zu werden oder in sein Heimatdorf Jogonoluk nahe dem Mittelmeer, etwa 20 Kilometer westlich von Antiochia, zurückzukehren. Der Pfarrer ging zu den Seinen.

»Die Leute meines Heimatdorfes sind einfache fleißige Leute«, schrieb Andreasian in seinem Bericht an das »American Relief Committee« in Kairo, dem er unterstand, »jahrelang war ihre Hauptbeschäftigung das Sägen und Handpolieren von Kämmen aus hartem Holz und Bein.« Sie hätten »ein ruhiges, glückliches Leben« geführt, bis am 30. Juli 1915 dann die Order kam, alle Armenier müßten sich innerhalb von sieben Tagen auf die Verbannung vorbereiten. »Wir saßen die ganze Nacht und überlegten«, schrieb Andreasian. Aber vor »der furchtbaren Aussicht, unsere Familien in die Wüste zu schikken, die von fanatischen Araberstämmen bewohnt wird, neigten die Frauen wie auch die Männer dazu, sich dem Befehl zu widersetzen«. Nicht alle freilich. Der ebenfalls protestantische Pastor Harutiun Nokhudian aus dem Dorf Beitias fand Widerstand sinnlos und hoffte, »daß die Härte der Verbannung vielleicht irgendwie gemildert werden könnte«. Mehrere Familien seines Dorfes und aus dem Nachbardorf stimmten ihm zu, und so zogen sie unter türkischer Bewachung nach Antiochia ab.

Weil die Dörfer selbst schlecht zu verteidigen waren, zogen die zum Widerstand entschlossenen Armenier in die Berge, denn »jede Schlucht und jede Klippe unseres Berges ist unseren Knaben und Männern bekannt«, schrieb Andreasian. Die Verteidiger trieben alle Schaf- und Ziegenherden hinauf. An Waffen hatten sie »120 Büchsen und Gewehre und vielleicht dreimal so viel alte Feuersteinschloßgewehre und Sattelpistolen. Die Hälfte unserer Männer blieb noch ohne Waffen.« Die Verteidiger hoben Gräben aus, errichteten Steinwälle – und wählten ein Verteidigungskomitee, »weil dies von so ungeheurer Wichtigkeit war in geheimer Abstimmung mit Papierschnitzeln«, so Andreasian. Alle Pässe des Berges wurden gesichert und eine Eingreifreserve aufgestellt. Vier Mann bildeten die eigentliche militärische Führung.

Am 5. August (nach anderen Berichten am 8. August) begann der Angriff der türkischen Truppen. Der Hauptmann der Vorhut von 200 Soldaten hatte sich gerühmt, den Berg in einem Tag zu räumen, aber die Armenier schlugen die türkischen Truppen zurück. Doch dann setzte ein Regen ein, und weil die Verteidiger noch keine Zeit hatten, aus Zweigen Unterschlüpfe zu bauen, »verwandelte sich viel von dem Brot in Teigmasse«, so Andreasian. »Wir waren aber mehr besorgt, unser Pulver und unsere Büchsen trocken zu halten.« Anderntags hätten die Türken zwei Feldkanonen auf den Berg geschleppt, »welche Verheerungen in unserem Lager anrichteten«. Daraufhin sei ein beherzter junger Armenier zu den Kanonen gerobbt und hätte fünf Kanoniere mit einer Revolverladung niedergestreckt. »Diese tapferen Ungläubigen treffen noch ein Nadelöhr«, soll der türkische Hauptmann Rifaat Bey ausgerufen haben und ließ, weil er den Schützen nicht entdecken konnte, die Kanonen an einen anderen Platz bringen. Wieder war es der Deutsche Wolffskeel von Reichenbach, der die Artillerie befehligte.

Den ganzen nächsten Tag eroberten die Türken einen Bergrücken nach dem anderen, nahmen armenische Späher fest und lockten die Kämpfer in Fallen. Nur noch »eine tiefe dumpfige Schlucht lag zwischen den Türken und uns«, schrieb Pfarrer Digran Andreasian, »aber die Türken entschieden sich, lieber dort zu biwakieren, als in der Dunkelheit weiter vorzugehen«. So entschlossen sich die Armenier, ihre Ortskenntnisse voll zu nutzen, im Schutz der Nacht das Türkenlager zu umstellen und zum Nahangriff überzugehen. Der Überraschungscoup gelang: Die türkischen Truppen flohen und ließen neben 200 Toten sieben Mausergewehre und viel Munition zurück.

Es folgte eine Waffenruhe von fast drei Wochen, in denen »die ganze moslemische Bevölkerung im Umkreis mobilgemacht wurde, eine Horde von vielleicht 8000 Menschen«, die den Musa Dagh von der Landseite her umzingelten. »Ihr Plan war, uns auszuhungern«, schrieb Pastor Andreasian, »denn auf der Seeseite war kein Hafen, und der Berg fiel steil zum Meer ab.« Als Brot, Kartoffeln und Käse zur Neige gegangen waren, lebten die eingeschlossenen Armenier in den nächsten Wochen davon, täglich einige Schafe und Ziegen zu schlachten. Doch bald ging ihnen auch diese Nahrung aus.

Die Frauen stickten daraufhin ein großes rotes Kreuz auf eine riesige Flagge und darauf in großen Druckbuchstaben auf deutsch und englisch: »Christen in Not, Hilfe!« Eine Gruppe schlug sich mit der Fahne zum Meer durch und hißte sie. Die anderen ließen große Gesteinsbrocken in die Tiefe stürzen, »mit furchtbarer Wirkung auf unseren Feind« (Andreasian).

Als sich der Pastor am 36. Tag der Verteidigung auf eine

kurze Predigt vorbereitete, wurde er aufgeschreckt »durch einen Mann, der mit höchster Stimme schrie: ›Pastor! Pastor! Ein Kriegsschiff hat auf unsere Fahnen geantwortet. Wenn wir die Rotkreuzflagge schwingen, antwortet das Kriegsschiff mit Signalflaggen.‹«

Es war der französische Kreuzer »Guichen«. Sein Kapitän Joseph Brisson ließ ein Boot aussetzen, und ein alter Armenier schwamm zu ihm. Per Telegramm informierte Brisson seinen Admiral auf dem Kreuzer und Flaggschiff »Jeanne d'Arc«, das innerhalb eines Tages an der türkischen Küste auftauchte. Auf Befehl des Admirals dampften drei weitere französische und ein britischer Kreuzer heran. »Der Admiral gab Befehl, daß jede Seele unserer Gemeinde an Bord der Schiffe genommen werden sollte«, berichtete Andreasian. Eineinhalb Tage lang beschoß die alliierte Flotte die türkischen Stellungen, um den Armeniern das Einschiffen zu ermöglichen. Trotz schwerer Brandung kamen alle an Bord. »4058 Seelen gerettet«, freute sich Pastor Andreasian. Die Armenier hatten 20 Tote und 16 Verletzte zu beklagen, die Türken hingegen 300 Tote und mehr als 600 Verletzte. Zwar baten die wehrfähigen armenischen Männer um Waffen und Munition, um den Kampf fortzusetzen, aber die Franzosen lehnten ab.

Die meisten Geretteten sollten zum Kriegsende in ihre Heimat zurückkehren und ein weiteres Mal vertrieben werden. Wer auch das noch überlebte, zog in den Libanon und siedelte im Dorf Musa Ler, wo die Nachfahren jährlich mit einem Festessen traditioneller Speisen aus den Dörfern des Musa Dagh des einzigen geglückten Abwehrkampfes der Türkisch-Armenier gedenken.

6

Keiner bändigt die vielköpfige Hydra des Komitees

Die Verantwortlichen des Genozids

»Sie haben mir mitgeteilt«, telegraphierte der Arzt Behaeddin Schakir, ZK-Mitglied der Jungtürkenpartei Ittihad, am 4. Mai 1915 verschlüsselt an den verantwortlichen Parteisekretär von Kharput, Resneli Nazim Bey, »daß Sie die Armenier gefoltert haben. Aber sind diese schädlichen Personen auch vernichtet worden oder nur deportiert? Bitte um klare Antwort.« Die klare Antwort, ebenfalls verschlüsselt: »Die genannten Armenier sind massakriert worden.«

Dieser Dialog ist nicht von Armeniern oder ausländischen Zeugen überliefert worden, sondern stammt aus einem Prozeß, den türkische Militärrichter – vier Brigadegeneräle und ein Oberst – gegen Türken geführt und am 13. Januar 1920 mit einem Urteil abgeschlossen haben. Die Beschuldigten waren der Beihilfe zum Völkermord angeklagt.

»Die Armenier sind auf inhumane Weise deportiert worden«, schrieb der Zeuge am 5. Dezember 1918 in einem zwölf Seiten langen Bericht, »ihr Massaker ist nach einem Beschluß des Zentralkomitees (der Ittihad-Partei) durchgeführt worden.« Auch diese klare Aussage stammte von einem leibhaftigen türkischen General, sogar einem der Extraklasse: Vehib Pascha, seit dem 20. Februar 1916 Kommandant der III. osmanischen Armee, die im Nordosten Kleinasiens in den armenischen Provinzen stationiert war.

Seit einem dreiviertel Jahrhundert behaupten alle türkischen Politiker, Journalisten, Historiker und andere Persönlichkeiten des öffentlichen Lebens, wirklich alle, die irgend etwas zu sagen haben im Nato-Staat Türkei, es habe niemals einen Völkermord an den Armeniern gegeben und damit auch keinen Ausrottungsplan. Ihnen könnte allenfalls zugute gehalten werden, daß sie nicht lesen können. Tatsächlich hat die Regierung unter Atatürk, dem Gründer der modernen Türkei,

1928 die arabischen Schriftzeichen durch das lateinische Alphabet ersetzt. Nun müßte das noch kein Hindernis sein, denn die Schrift des Propheten erlernt sich relativ leicht. Gleichzeitig aber hat die Regierung in den Folgejahren die Sprache der Sultane und Wesire von allen arabischen und persischen Wörtern gereinigt, und die herrschten in der Osmanli genannten Sprache des Osmanischen Reichs vor. Selbst türkische Intellektuelle sind heute nicht in der Lage, ohne gründliche linguistische Ausbildung die Texte ihrer eigenen osmanische Geschichte zu lesen.

In Wahrheit war und ist es jedoch offizielle Politik des türkischen Staates, den Völkermord an den Armeniern zu leugnen. Damit verbuchten die Türken ein dreiviertel Jahrhundert lang Erfolge. Daß diese Linie schwer beizubehalten ist und die Frage nach den Verantwortlichen des Völkermords neu aufgerollt werden wird, geht keineswegs auf rachsüchtige Armenier, sondern auf ehrbare türkische Funktionäre und Offiziere zurück. Armenier haben lediglich gesammelt, was Türken an den Tag gebracht haben. Sie haben der Nachwelt einen Dokumentenschatz hinterlassen, den einige Wissenschaftler gerade erst zu heben beginnen.

Knapp zwei Jahre lang herrschte in der Türkei nach Ende des Ersten Weltkriegs große Unsicherheit über die Zukunft. Die siegreichen Alliierten machten Druck auf die osmanische Regierung, die Kriegsverbrecher anzuklagen. Dabei ging es den Ententemächten nicht in erster Linie um den Völkermord an den Armeniern. Die Franzosen wollten vor allem die für den Kriegsausbruch Verantwortlichen dingfest machen und die Briten jene, die sich an alliierten Kriegsgefangenen vergangen hatten.

Die nach-jungtürkische osmanische Regierung stellte daraufhin die Hauptverantwortlichen der Armeniermorde vor Militärgerichte, weil sie die Hauptschuld auf die Jungtürken schieben und damit das türkische Volk und seine Regierung entlasten wollte. Die größten Prozesse wurden in Istanbul durchgeführt: einer gegen die führenden Mitglieder der Jungtürkenpartei »Ittihad ve Terakki«, ein anderer gegen die Parteiverantwortlichen in der Provinz, in einem dritten standen die Kriegsminister vor den Richtern und in einem weiteren die Verantwortlichen der Provinz Yozgat, in der die Armenier auf besonders brutale Weise ausgerottet wurden. Daneben gab es noch Prozesse vor Regionalgerichten, so in Trapezunt und Kharput, sowie Verfahren gegen einzelne Täter.

Die Prozesse förderten genügend Dokumente zutage, um die Verantwortung der Jungtürken und den Organisationsplan der Armeniervernichtung eindeutig offenzulegen. Dann allerdings schwemmte eine neue nationalistische Welle unter dem späteren Staatsgründer Atatürk die liberalen Osmanen davon, und es senkte sich erneut die Finsternis des Verschweigens über den Völkermord. Sie hält bis heute an.

Mehr noch. Vermehrt seit den achtziger Jahren versuchen die von der damaligen Militärregierung »wegen ihrer nationalistischen Einstellung« (so der britische Historiker Christopher Walker) ausgewählten Historiker der »Türkischen Historischen Gesellschaft« in Ankara, einen Nebel von Zweifeln um die Darstellungen besonders armenischer Historiker zu legen, und hatten damit bei vielen Politikern und Wissenschaftlern Erfolg. Die türkischen Historiker gingen um so dreister zur Sache, als sie bis vor wenigen Jahren annehmen konnten, daß die Prozesse keine Spuren hinterlassen hatten. Denn kaum eines der in den Verfahren verlesenen Dokumente hatten die türkischen Richter aus der Hand gegeben. Sie lagern bis heute in den geheimen Archiven der Türkischen Republik, wenn sie nicht vernichtet worden sind.

Allerdings hatten mehrere französischsprachige Zeitungen Konstantinopels über die Prozesse berichtet, die juristische Beilage *Takvim-i Vekayi* des offiziellen osmanischen Mitteilungsblatts brachte sogar den Wortlaut vieler Gerichtsprotokolle. Zwar hatten die türkischen Behörden schon damals eine Verschleierungsaktion gestartet und zumeist am Tag des Erscheinens die Blätter wieder vom Markt gezogen, nur ließen sich einige Stellen nicht dupieren: allen voran das armenische Patriarchat, aber auch die englischen und amerikanischen Kontrolleure. Sie sammelten alle Berichte und brachten sie außer Landes. Heute lagern die heißen Zeitungsprotokolle relativ sicher im Armenischen Patriarchat in Jerusalem und verschiedenen staatlichen und privaten Archiven des Westens.

Die Tatsache, daß sich die Protokolle im Westen befanden, hat die türkische Regierung möglicherweise veranlaßt, im Mai 1989 offiziell die osmanischen Archive den Wissenschaftlern zu öffnen. Allerdings legte das Kabinett in seinem Beschluß fest, daß der Zugang zu dem brisanten Material verweigert wird, wenn die nationale Sicherheit, die öffentliche Ordnung oder die internationalen Beziehungen der Türkei betroffen sind. Alle drei Kriterien treffen nach dem Selbstverständnis der Verantwortlichen in Ankara auf die Armeniervernichtung zu. Der Zweck der Öffnung der Staatsarchive sei denn auch, so der damalige türkische Außenminister Mesut Yilmaz, keineswegs, die Suche nach der Wahrheit zu erleichtern, sondern »die armenische These vom Völkermord 1915 zu widerlegen«.

Als einer der ersten machte sich der armenisch-katholische Priester Krikor Guerguerian daran, das Zeitungsmaterial systematisch zu sichten. Guerguerian war vier Jahre alt, als seine Eltern auf dem Deportationszug aus seiner Heimatstadt Gürün, südlich von Sivas, ermordet wurden. Er entkam in das syrische Dera und wurde erst in Damaskus, dann im Libanon aufgezogen. Nach seiner Ausbildung im Kloster Bzemmar arbeitete er als Priester, doch seine Hauptaufgabe sah er bald darin, die Hintergründe des Völkermords aufzudecken. »Ich wollte herausfinden«, sagte er, »wie unserem Volk eine solch schreckliche Geschichte passieren konnte.«

Als Guerguerian Anfang der vierziger Jahre in Ägypten den kurdischen Kriegsgerichtsrichter Mustafa Kemal kennenlernte, wies der ihn auf die Fülle osmanischen Materials über die Prozesse hin. Um die Dokumente lesen zu können, erlernte Guerguerian Osmanli. »Die Türken haben in ihrer eigenen Sprache so viel über den Genozid gesammelt«, sagte er nach fast einem halben Jahrhundert Dokumentationsarbeit, »daß damit nachgewiesen werden kann, daß es sich um einen vorsätzlichen Völkermord handelte.« Als er am 7. Mai 1988 in New York starb, hinterließ er »das größte Archiv osmanischer Dokumente außerhalb des unberührten Istanbuler Archivs«, so Rouben Adalian vom *Armenian Assembly Journal*, der mit dem Pater die Sammlung gesichtet hatte.

Guerguerian habe, schreibt Adalian, wohl 80 Prozent seiner Arbeit erledigt. Sein Hauptwerk veröffentlichte er (in Armenisch) 1980 unter dem Pseudonym »Krieger«, den ersten Silben seines Namens entsprechend. Heute hat der armenische Historiker Vahakn N. Dadrian, der neben seiner armenischen Muttersprache nicht nur Neutürkisch spricht, sondern auch

Osmanli beherrscht, die Sisyphusarbeit der Dokumentation des ersten Völkermords in diesem Jahrhundert übernommen. Weil der in den Vereinigten Staaten lehrende Dadrian außerdem des Deutschen mächtig ist, kann er auch wertvolle Dokumente des einstigen Türkei-Verbündeten auswerten. Dadrians Arbeiten und die seiner Schüler (darunter die Wiener Historikerin Annette Höss, die mit ihrer Dissertation über die Gerichtsverhandlungen als erste eine Arbeit aus dem neuen Dokumentationsfeld in deutscher Sprache vorlegte) werden dazu führen, daß die Frage nach den Schuldigen des Völkermords neu zu stellen ist.

Dabei geht es besonders darum, ob der Völkermord zentral geplant wurde oder nur das Ergebnis von lokalen Übergriffen war, wie die offizielle türkische Geschichtsschreibung seit vielen Jahrzehnten behauptet. Eine zentrale Planung aber ist ohne klare Befehle nicht durchzuführen, und gerade diese Befehle bereiteten den armenischen und westlichen Historikern die größten Schwierigkeiten. Zu diesem Thema gab es in der Vergangenheit nur eine Dokumentensammlung: die 1920 und 1921 publizierten sogenannten Andonian-Telegramme, die auch den Richtern des Berliner Tehlerjan-Prozesses vorlagen.

Der armenische Journalist Aram Andonian gehörte zu den etwa 600 Intellektuellen, die am 24. und 25. April 1915 in Konstantinopel verhaftet und ins Landesinnere deportiert wurden, wo die meisten von ihnen umkamen. Andonian überlebte und gelangte bei seiner Odyssee in das mesopotamische Meskene am Euphrat, wo gerade der Posten des Regierungspräsidenten vakant war und vom türkischen Direktor der Deportationsstelle, Naim Sefa, wahrgenommen wurde.

Naim, wie er allgemein nur genannt wurde, war zuvor beim Tabakmonopol in Ras-ul-Ain angestellt, entschied sich dann für den Regierungsjob und unterstand dem Armenierfeind Abdulahad Nuri in Aleppo, dem Stellvertreter eines der übelsten Armeniervernichter, Gouverneur Mustafa Abdulhalik, der – ein Schwager von Innenminister Talaat – zuvor als Gouverneur von Bitlis die Armenier ausgerottet hatte. Naims Hauptaufgabe bestand darin, die Deportation der Armenier in seinem Distrikt zu besorgen.

Andonian hatte in seinen Schriften noch 1920 den türkischen Funktionär Naim zunächst als fehlgeleiteten Idealisten dargestellt, der ihm aus Scham über den Völkermord die Jungtürken belastende Dokumente zugespielt habe. Später hat Andonian das Bild von Naim korrigiert und geschrieben, er sei ein »Säufer, Spieler und korrupter Mensch« gewesen, allerdings einer von der eher sympathischen Sorte. Der armenische Journalist brauchte anfangs »einen Gerechten in Sodom«, wie der französische Armenienspezialist Yves Ternon in einem 1989 erschienenen Buch über die Hintergründe der Andonian-Dokumente schreibt.

Nach seiner Ankunft in Meskene organisierte Andonian mit Hilfe Naims einen regelrechten Freikauf reicher armenischer Familien, und Naim kassierte, wenngleich nicht so unverschämt wie viele andere. Im Zentrum dieses orientalischen Menschenbasars standen die armenischen Brüder Maslumian, die in Aleppo das Hotel Baron betrieben und vom Triumviratsmitglied Dschemal Pascha, der in Syrien wie ein Vizekönig herrschte, persönlich protegiert wurden. Den beiden Brüdern verdanken viele Armenier ihr Leben, auch Andonian, der mit ihnen 1916 ins palästinensische Exil zog und im Oktober 1918 nach Aleppo zurückkehrte.

Dort traf Andonian im Hotel Baron seinen alten Freund Naim Sefa wieder, der sich vor dem Zusammenbruch des Osmanischen Reiches mehrere wichtige Dokumente verschafft hatte, die auf Befehl von Konstantinopel vernichtet werden sollten. Naim hatte sie teilweise abgeschrieben, teilweise aber auch die Originale aus dem Büro seines Chefs Abdulahad Nuri entwendet. Andonian bot Naim an, die Dokumente zu kaufen, wenn er sie zuvor prüfen lassen könnte. Der Türke war einverstanden. Die Prüfung übernahm eine armenische Delegation unter dem Vorsitz des kilikischen Katholikos Sahak und befand, daß die Dokumente echt seien. Daraufhin kaufte Andonian sie auf.

Doch der armenische Journalist übergab sie nicht den türkischen Behörden als Belastungsmaterial für die bevorstehenden Prozesse, sondern brachte sie nach Europa, um sie dort zu publizieren. Denn Andonian wollte das türkische Volk für die Verbrechen an den Armeniern verantwortlich machen, während die osmanischen Behörden sich auf die Jungtürken eingeschossen hatten.

Ende Juni 1919 hatte Andonian sein Buch (in Armenisch)

fertiggestellt, wobei er die Faksimiles der Dokumente nach Journalistenart in den Text einstreute. Doch nicht die armenische Ausgabe wurde zuerst veröffentlicht, sondern eine französische und eine englische. Besonders die englische Ausgabe, die auch noch die Erzählungen des Naim Sefa in den Vordergrund stellte, war stark verkürzt und schlampig übersetzt. Andonian bemerkte es nicht, denn er sprach kein Englisch. Die armenische Fassung erschien erst 1921.

Die recht ordentliche französische Ausgabe hatte der frühere deutsche Konsul in Aleppo, Walter Rößler, auf Bitten von Johannes Lepsius kritisch gelesen und fand, daß »die Dokumente dem Gang der Dinge entsprachen und absolut wahrscheinlich« seien. Zur Authentizität der Telegramme konnte Rößler nur anmerken, sie sei »sehr schwer festzustellen«, doch habe er keines gefunden, das ihm »als solches wenig wahrscheinlich« erschien. Rößler: »Die Dokumente könnten sehr wohl authentisch sein.«

Die Andonian-Dokumente waren lange Zeit die einzigen, die eine Planung des Völkermords an den Armeniern zu beweisen schienen. So war es wenig verwunderlich, daß die Nebelwerfer der »Türkischen Historischen Gesellschaft« in Ankara die Authentizität der Schriftstücke anzweifelten. Grobe Schnitzer Andonians und seltsame Widersprüchlichkeiten kamen ihnen dabei zupaß.

Schon Rößler hatte festgestellt, daß Andonian sich in der Datierung mehrmals geirrt hatte und beispielsweise ein Telegramm vom 17. Dezember 1915 abdruckte, das auf ein Telegramm vom 12. Dezember 1916 Bezug nahm. »Die einfachste, absolut unwiderlegbare Methode, die Papiere des Aram Andonian als Fälschungen auszuweisen«, frohlockte der Österreicher Erich Feigl, der blind alle Argumente der türkischen Wissenschaftler in einem aufwendigen Buch nachdruckte, »ist seine irrtümliche Verwendung der Kalenderangaben.«

Die Schwierigkeit der Datierung rührt daher, daß die Kalendertage in der Türkei bis zur Reform vom 26. Dezember 1925 nicht nach dem im Westen üblichen Gregorianischen Kalender angegeben wurden, sondern nach dem Rumi-Kalender der Osmanen, einer Spielart des Islamischen Kalenders, der mit der Flucht Mohammeds von Mekka nach Medina (im Jahr 622 n. Chr.) beginnt. Weil er aber nicht in Sonnenjahren, sondern

Mondjahren rechnet (die etwa elf Tage kürzer sind), befand sich der Rumi-Kalender zu Beginn des Ersten Weltkriegs nicht im Jahr 1293 (1915 minus 622), sondern bereits im Jahr 1330. Genau betrug die Differenz 584 Jahre und 13 Tage, die dem Rumikalender hinzugefügt werden mußten.

Der osmanische Kalender begann aber jeweils mit dem 1. März und endete am 28. oder 29. Februar. Auf den Dezember 1330 (Dezember 1914 nach westlicher Zählung) folgte nicht etwa der Januar 1331, sondern der Januar 1330, denn der Dezember ist der 10. Monat im Rumi-Kalender und erst der Februar der letzte. Auf den Februar 1330 folgt also der März 1331.

Wie schnell sich auch Kenner im Kalendergestrüpp verheddern können, zeigten ausgerechnet jene beiden türkischen Wissenschaftler Şinaşi Orel und Süreyya Yuca, die in einem Buch 1983 Andonian der Fälschung überführen wollten und darin auch die fehlerhaften Zeitumrechnungen als Beweise anführten. Peinlich für die beiden Fälschungsforscher: Sie selbst irrten sich, wie Dadrian nachwies, an mehreren Stellen, in einem Fall gleich dreimal bei einer Umrechnung: Aus dem 19. Februar 1331 machten sie den 2. Mai 1915. Zum einen hätte es im Gregorianischen Kalender 1916 sein müssen, dann war 1916 ein Schaltjahr und das entsprechende Datum wäre der 3. März, schließlich verwechselten sie auch noch März und Mai. Nach ihren eigenen Kriterien wäre die Arbeit von Orel und Yuca nur Makulatur.

Andonian hatte seinerzeit 52 Dokumente veröffentlicht, die zwar nach der sehr detaillierten Kritik Dadrians Unstimmigkeiten enthalten, welche aber größtenteils aufgeklärt werden können. In ihren wichtigsten Aussagen werden sie bestätigt von den offiziellen Dokumenten der Nachkriegsprozesse, die die türkischen Staatsanwälte in 28 Deportationszentren sicherstellten und jeweils mit einem Authentizitätssiegel versahen. Allein aus Ankara bekam die vom früheren Gouverneur Hasan Mazhar geleitete Ermittlungskommission 42 Telegramme, die Auskunft über den Völkermord gaben. Weitere Untersuchungskommissionen, davon eine des Parlaments, brachten neben Hunderten von Zeugenaussagen weitere Top-secret-Telegramme an den Tag, obgleich sich die jungtürkischen Verantwortlichen vor und während der Deportation bemüht hatten, Protokolle wichtiger Gespräche und schriftliche Befehle »auf das strikteste Minimum« (Dadrian) zu beschränken. Ferner hatten sie häufig angeordnet, die Telegramme nach Lektüre zu vernichten. Einmal schickte Innenminister Talaat, der in seinem Privathaus eine Telegraphiereinrichtung installiert hatte und sie für brenzliche Kabel nutzte, sogar einen Boten, um ein besonders aussagekräftiges und belastendes Telegramm wieder einzukassieren.

Die Liliputanerrevolte
Das angebliche Komplott der Armenier

Die verschiedenen Militär- und Zivilgerichte urteilten zwar über die am Völkermord verantwortlichen Türken, interessierten sich aber auch für die von den Beklagten immer wieder vorgebrachte These, die Armenier hätten die Ereignisse selbst verschuldet. Eine ihrer Fragen war: Hatten die Armenier sich gegen den Staat erhoben? Gab es das Komplott, von dem vor und während des Genozids immer und immer wieder die Rede war?

Eine »alle in der Türkei wohnenden Armenier umfassende Verschwörung« glaubte der Jungtürke Mansur Rifat festgestellt zu haben, »die die eigentliche Existenz des Landes bedrohte und Konstantinopel den Alliierten in die Hände spielen sollte«. Seine Anschuldigung erschien am 14. Oktober 1915 in der Kopenhagener Zeitung *Extrabladet* und wurde vor allem von der deutschen Presse übernommen. Der Aufstand sei aber »zum Unglück der Armenier zu zeitig« losgebrochen, weil »der Haupteingeweihte in Konstantinopel die ganze Verschwörung verriet«. An Rifats Erzählungen war nichts wahr.

Auf ihrem Kongreß im rumänischen Constanza hatte die armenische Hintschaken-Partei Ende August 1913 beschlossen, Innenminister Talaat umzubringen. Den Plan versuchten die Armenier dann aber gar nicht in die Tat umzusetzen, doch ein Teilnehmer hatte ihn an die Polizei in Konstantinopel verraten, die daraufhin alle 20 Mitglieder der Hauptstadtfraktion verhaftete.

Die Abstimmung in Constanza war unter regelwidrigen Bedingungen zustande gekommen, und von den 64 Sektionen der

Hintschaken in der Türkei waren nur 14 im Augenblick des Beschlusses anwesend. Das Zentralkomitee der Partei teilte das alles Talaat am 8. August 1914 auch mit. Dennoch wurden die 20 Verhafteten am 27. Mai 1915, mithin fast zwei Jahre nach der Abstimmung, zum Tode verurteilt und am 17. Juni 1915 auf dem Platz vor dem Kriegsministerium in Konstantinopel gehängt. Die Jungtürken versuchten durch die öffentliche Hinrichtung den Eindruck einer allgemeinen armenischen Verschwörung zu erwecken, die es nie gab.

Um auch den im April 1915 verhafteten Konstantinopler Daschnaken eine Schuld anzulasten, hatte die türkische Polizei den armenischen protestantischen Kaufmann Aghadhanian aus Erzurum, der als Importeur in Konstantinopel lebte und mit den Parteiführern ins Landesinnere verschleppt worden war, durch Folter zur Unterzeichnung eines Dokuments bringen wollen, nach dem die Daschnaken die Aufstände in Van und Zeitun organisiert hätten. Doch er weigerte sich tagelang, bis er schließlich unter weiteren Foltern ein Dokument unterschrieb, das – frei erfundene – Aussagen gegen die führenden armenischen Daschnaken enthielt.

Denn trotz intensiver Suche in den Wohnungen der Daschnakenführer und Konstantinopler Intellektuellen konnten die türkischen Ermittler nicht ein einziges Dokument zutage fördern, das auch nur einen Hinweis auf eine Verschwörung gegeben hätte. Selbst die Führer der Jungtürken-Komitees mußten schließlich zugeben, daß die Daschnaken mit dem angeblichen Komplott der Hingerichteten nichts zu tun hatten.

Im armenischen Osten gab es zwar gelegentliche örtliche Rebellionen, aber keine Verschwörung gegen den Staat. »Trotz der geringen hier vorhandenen türkischen Streitkräfte«, meldete der deutsche Konsul Scheubner-Richter am 15. Mai, »ist ein Aufstand der Armenier Erzurums und seiner näheren Umgebung nicht anzunehmen.« Und auch in anderen Städten blieb es ruhig.

So mußte denn die jungtürkische Regierung, nachdem die angelsächsische Presse erste Berichte über die Deportationen gebracht hatte, am 4. Juni 1915 auch zugeben: »Die Armenier von Erzurum, Terdjan, Egin, Sassun, Bitlis, Musch und Kilikien hatten überhaupt keine Handlungen begangen, die die öffentliche Ordnung und Ruhe hätten stören oder Maßregeln seitens der Regierung hätte erforderlich machen können. Die gesamte armenische Bevölkerung erfreut sich vollständiger Sicherheit und des Schutzes der Behörden.« Es habe lediglich »einige Schuldige gegeben, die durch gesetzmäßig gebildete Gerichte verurteilt worden sind«. Das stimmte nicht, denn nirgendwo waren gesetzmäßig Gerichte gebildet worden. Allerdings sprach die Regierung auch nur von Armeniern bestimmter Gebiete. Saßen die Verschwörer vielleicht anderswo?

»Es gab die von den Armeniern ›Nationale Gesellschaften‹ genannten, mehr oder weniger nihilistischen und revolutionären Vereinigungen«, berichtete die Amerikanerin Gage, die sich zur Zeit der Deportationen in der Türkei aufhielt. Über sie seien auch »Waffen an jene Armenier verkauft worden, die die Mittel dafür hatten«. Das sei auch nicht verwunderlich, weil »die Armenier den Versprechungen des Komitees für Einheit und Fortschritt nicht trauten. Ich weiß nicht, ob sie einen Aufstand planten, aber wenn, dann waren die Mittel in ihrer Hand dazu absolut unzureichend.« Die Waffen hätten die Armenier allenfalls zu dem Zweck verborgen, um »sich gegen einen türkischen Angriff im Falle eines Massakers zu verteidigen«.

Wie wenig der Waffenhandel im Osten mit politischen Motiven zu tun haben konnte, belegte der deutsche Konsul Heinrich Bergfeld. In Trapezunt war im März 1914 ein Waffenlager bei dem Armenier Armenak gefunden worden, der daraufhin floh. Weil die Version umging, die Daschnaken wollten damit ihre Leute im Innern bewaffnen, recherchierte Bergfeld und fand heraus, »daß die Gewehre in Hauptsache an die Muhammedaner weiterverkauft« worden seien. Die Hafenbehörden hätten sich ein Zubrot verdient, indem sie beide Augen zudrückten, wenn die Seeleute Waffen schmuggelten, und die Jungtürken hätten das Geschäft gebilligt, weil sie die Hafenleute protegierten und an dem Handel verdienten.

Daß sie den Armeniern keinen Aufstand nachweisen konnten, scherte die Türken zur Zeit des Völkermords wenig. »Der Beweise bedarf es nicht«, urteilte Kriegsminister Ismail Enver, »wir kommen selbst von der Revolution her und wissen, wie so etwas gemacht wird.«

Auch in den Kriegsverbrecherprozessen der Nachkriegszeit gingen die Ankläger anfangs von einer armenischen Mittäterschaft aus. In seiner Eröffnungsrede am ersten Verhandlungstag im Prozeß gegen die Hauptverantwortlichen in Yozgat »verurteilte Staatsanwalt Sami zunächst die Armenier als eigentliche Urheber der Massaker«, wie Annette Höss schreibt. So sehr war der Ankläger von dem beeindruckt, was er bei den Ermittlungen von den Beklagten über den versuchten Staatsstreich der Armenier erfahren hatte.

Im Prozeß schrumpfte dann die Revolte immer mehr. Es habe eine armenische Verschwörung gegeben und die Aufständischen seien im Besitz einer Kanone gewesen, hatte einer der Angeklagten, Polizeichef Mehmed Tevfik, behauptet. Erst rückte er von der Verschwörungstheorie ab und sprach nur noch von »einem Akt des Widerstands«, dann mußte er seine Kanonentheorie aufgeben, als der Regierungspräsident von Yozgat, Dschemal, bezeugte: »Es ist eine absolute Lüge, daß die Armenier einen Aufstand organisiert haben. Es gab keinen und es gab auch keine Kanone.« Und auch die Anzahl armenischer Rebellen, für deren Bekämpfung 200 türkische Soldaten abkommandiert worden waren, verminderte sich laufend. Zum Schluß mußte der Divisionskommandant Sahabeddin zugeben, daß das Wort »Rebellion« wohl übertrieben sei, weil es sich nur um fünf oder sechs Armenier gehandelt habe, die auch nicht revoltiert hätten, sondern sich schlicht in den Bergen verstecken wollten. Sahabeddin sprach nun reuevoll von einer »Liliputanerrevolte«.

Nur in Regionen, wo Kriegshandlungen stattfanden, stellten die Richter in ihrem Urteil fest, und »besonders auf feindlichem Territorium oder in Regionen, die vom Feind besetzt waren, hatten manche Armenier an der von gewissen revolutionären Komitees angestifteten Revolte teilgenommen. Dies jedoch ist keineswegs ein Beweis dafür, daß ihre Landsleute der anderen osmanischen Territorien das gleiche schädliche Verhalten an den Tag legten. Nur ein geringer Teil der armenischen Nation hat an dergleichen Verlockungsversuchen teilgenommen. Die anderen Armenier haben ihre Loyalität und Verbundenheit auf vielfache Weise bewiesen.« Und: »Die Armenier von Yozgat haben überhaupt nicht an wichtigen revolutionären Bewegungen teilgenommen.«

Doch gerade die Armenier von Yozgat (nach türkischen Statistiken 30 681 im Jahr 1907 und 13 756 im Jahr 1914, für das

das armenische Patriarchat von Jerusalem die Zahl von 33 133 angibt) wurden fast vollständig ausgerottet. Nur ein paar Dutzend überlebten.

Nur zwei oder drei entschieden
Die Regierung und das »Komitee für Einheit und Fortschritt«

Schon 1985, vor der offiziellen Öffnung der osmanischen Archive, hatte die türkische Regierung 70 Jahre nach dem Völkermord erstmals handverlesenen ausländischen Wissenschaftlern Einblick in die Akten der Kabinettsbeschlüsse während des Ersten Weltkriegs gewährt, und das Ergebnis der Recherchen schien eindeutig: Die damaligen Minister wußten von nichts. Flugs ließen 69 amerikanische und türkische Wissenschaftler aller Schattierungen eine Anzeige in die *New York Times* und *Washington Post* setzen, nach der die Verluste der Armenier auf einen »Bürgerkrieg« zurückzuführen seien, den »moslemische und christliche Irreguläre« vom Zaun gebrochen hätten, »ähnlich wie in der libanesischen Tragödie«.

Hatte die türkische Regierung die Akten verschwinden lassen? Vielleicht nicht einmal, denn das Kabinett wurde tatsächlich nicht mit den Ausrottungsplänen befaßt. Höchstens zwei oder drei Minister, verriet nach dem Krieg der Chef der mit dem Völkermord beauftragten Organisation, Eşref Kuşçubaşi, hätten die wirkliche Natur der antiarmenischen Maßnahmen gekannt. »Die wirklichen Entscheidungen wurden im geheimen von zwei oder drei Männern getroffen«, schreibt der bekannte türkische Historiker Yusuf Hikmet Bayur in seiner zehnbändigen *Geschichte der türkischen Revolution*, »deshalb ist es natürlich, daß sie nicht in den Protokollen der Kabinettsberatungen auftauchen.« Nicht einmal der Großwesir war über die Geheimberatungen eingeweiht.

Die wenigen Minister, die auf dem laufenden waren, wußten von den geplanten Maßnahmen nicht als Regierungsvertreter, sondern als Mitglieder des Zentralkomitees des »Komitees für Einheit und Fortschritt«, der Ittihad-Partei. Die Partei war ein wichtiges Glied in der Organisation des Genozids. Nach außen hin war sie verantwortlich für die Durchführung des Parteiprogramms, im verborgenen Innern leitete und überwachte sie die Armenierverfolgungen. Talaat-Biograph Tevfik Çavdar verglich die Ittihad-Partei mit einem Eisberg, der eine kleine sichtbare und eine große unsichtbare Gestalt hat. Diesen Januskopf der Ittihad bestätigte auch der Erste Sekretär des Zentralkomitees, Midhat Schükrü, vor Gericht.

Die Entscheidungen fällte das Zentralkomitee der Ittihad, oft »die dunkle vierte Macht« genannt. Gegen seine Beschlüsse gab es keinen Einspruch, und der weitreichendste Beschluß des obersten Parteigremiums der Ittihad galt der Vernichtung der Armenier. »Massaker und Vernichtung der Armenier«, stellte – nach Studium der Dokumente, besonders von Aussagen des ZK-Mitglieds Mehmed Nazim – die Anklage in einem der Prozesse klar, »waren das Ergebnis der Entscheidungen des Zentralkomitees des Komitees für Einheit und Fortschritt«, das, so Nazim, nach »ausführlichen und vertieften Diskussionen die armenische Frage entschieden hat«. Und selbst im ZK gab es noch Mitglieder erster und zweiter Klasse. Denn vorentschieden wurden die wichtigsten Beschlüsse nur von zwei, drei Mann, wie der türkische Historiker Bayur schreibt.

In der Provinz waren die lokalen Ittihad-Komitees für die Durchführung der ZK-Beschlüsse zuständig. Verstärkt wurden sie durch spezielle Abgesandte aus Konstantinopel oder Zentren der Vertreibung wie Erzurum und Aleppo. »Die Agenten der Ittihad wurden mit geheimen Instruktionen in alle Ecken des Landes geschickt«, hatte die Anklage im Verfahren gegen die Parteisekretäre formuliert, »die sie an lokale Ittihad-Leute und Regierungsbeamte weitergaben, die ihre unterwürfigen und gehorsamen Diener waren.«

»Zwei Gruppen organisierten und überwachten die Details der Tötungen«, stellte Dadrian fest: »Die eine bestand aus Ittihad-Führern, die andere aus Ex-Offizieren, die aus dem Militärdienst ausgeschieden waren, um für die Ittihad-Partei spezielle Missionen in der Provinz zu übernehmen.« Ob sie sich nun »verantwortlicher Sekretär« nannten oder »Delegierter«, oder »Inspektor«, immer »hatten sie enorme Macht, die eines Vetos gegenüber den Entscheidungen des Gouverneurs inbegriffen«, wie Dadrian schreibt. Sie waren die Gauleiter der Ittihad-Partei.

Besuch von Abgesandten des Teufels
Die Spezialorganisation

Die Ittihad-Partei stellte die Kader für die Vernichtung. Es fehlten nun noch die Henker. Deshalb beschloß das ZK, eine bereits bestehende Organisation auszubauen und mit dem Völkermord zu beauftragen: die »Teşkilat-i Mahsusa« – übersetzt die »Spezialorganisation«, die der deutschen SS nicht unähnlich war.

»Die Entstehungsgeschichte der Spezialorganisation«, erläutert Historikerin Höss, »ist im Zusammenhang damit zu sehen, daß die Türkei während des Ersten Weltkriegs noch nicht über ein Nachrichten- und Spionagenetz nach westlichem Vorbild verfügte, was die Türkei von sämtlichen übrigen kriegführenden Staaten unterschied.«

Die Spezialorganisation unterstand dem Kriegsminister Enver, der sie, so der amerikanische Historiker Philip Hendrick Stoddard in einer Studie über die Jungtürken-SS, »aus jungen Abenteurern rekrutierte, zumeist niederrangigen Armeeoffizieren, die sich durch Morde und Terrorakte im Dienste des Komitees für Einheit und Fortschritt ausgezeichnet hatten«.

Eine Vorstufe der Spezialorganisation wurde im Dezember 1911 von türkischen Offizieren gegründet, die in Tripolitanien kämpften, wo der spätere Kriegsminister Ismail Enver die Einheimischen gegen die Italiener zum Widerstand organisierte. Ihr unterstanden damals etwa 500 Mann. Auf dem Höhepunkt der Organisation sollte sie 30 000 Mitglieder umfassen.

Mit geheimdienstlichen Mitteln wollte die Spezialorganisation den Zerfall des Osmanischen Reichs aufhalten, hauptsächlich in den arabischen Ländern des Imperiums. Aber sie versuchte auch, die Nachbarländer zu destabilisieren, vor allem durch Insurgierung moslemischer Rebellen im Kaukasus, dem Hinterland eines möglicherweise selbständigen Armeniens, sowie in Mittelasien und selbst in Indien. Finanziert wurde die Organisation vom Kriegsministerium, und auch die Deutschen unterstützten die Teşkilat-i Mahsusa regelmäßig mit Goldlieferungen, wenn stimmt, was Stoddard behauptet. Insgesamt belief sich der Etat der Jungtürken-SS in ihrer Blütezeit auf vier Millionen Goldlira, nach heutigem Kaufwert über 200 Millionen Mark.

Nach Ausbruch des Ersten Weltkriegs kümmerte sich die Geheimorganisation, die über eigene regionale Befehlshaber und Hauptquartiere und einen eigenen Geheimcode verfügte, besonders um den Rückzug nach Anatolien für den Fall, daß die Ententemächte sich anschickten, die Meerengen zu besetzen und Konstantinopel zu erobern. Sie legte im Kernland Waffen- und Munitionsdepots an und bereitete sich auf die Fortführung des Kampfes unter Guerillabedingungen vor. Dem standen – nach den ultranationalistischen Vorstellungen der führenden Mitglieder der Organisation – besonders die Armenier im Weg, die im Norden und Osten des kleinasiatischen Residuums siedelten.

Noch vor dem Ausbruch des Ersten Weltkriegs wurde neben der bestehenden Spezialorganisation ein Ableger gegründet, der sehr schnell die Mutterorganisation an Bedeutung übertreffen sollte. Wenn künftig von der Spezialorganisation die Rede war, dann war damit das häßliche Kind der älteren Organisation gemeint. Eines der Militärgerichte stellte fest: »Unmittelbar nach der Mobilisierung vom 21. Juni 1914 hat das Zentralkomitee des ›Komitees für Einheit und Fortschritt‹ eine Spezialorganisation geschaffen, die in ihren Zielen und ihrer Zusammensetzung völlig anders war als die bereits existierende.« »Das Kriegsministerium informierte uns«, so der Militärgouverneur von Konstantinopel, Oberst Dschewad, »daß es zwei Spezialorganisationen gab. Eine unterstand dem Kriegsministerium, die andere war der Ittihad-Partei angegliedert.« Es gab aber auch Querverbindungen zwischen der militärischen Sonderorganisation und der Partei, wie mehrere Dokumente der Prozesse belegen, und sie liefen zumeist über den Generalsekretär der Ittihad, Midhat Schükrü.

Die Teşkilat-i Mahsusa sei »ein Staat im Staat« gewesen, sagte der letzte Vorsitzende der Spezialorganisation, Eşref Kuşçubaşi, und sie habe »die wichtigsten und gleichzeitig gefährlichsten Maßnahmen« durchgeführt. Was damit im Klartext gemeint war, verriet der Verbindungsmann der Organisation in Trapezunt, Yusuf Riza: Die Organisation wurde ausschließlich zur Vernichtung der Armenier eingesetzt.

An der Spitze der Spezialorganisation standen als Zivilisten der Arzt Mehmed Nazim und der Zahnarzt Atif Bey, beide in

Personalunion Mitglied des ZKs des »Komitees für Einheit und Fortschritt«. An ihrer Seite standen zwei Militärs: der Geheimdienstchef Asis Bey und der Militärkommandant von Konstantinopel, Dschemal Bey (nicht zu verwechseln mit dem Triumviratsmitglied und Militärchef Syriens, Dschemal Pascha). Der Oberstleutnant Hüsamettin Ertürk (der später als Oberst die Organisation leitete) stellte anfangs die Verbindung zu den Ministerien des Innern und Envers Kriegsamt her sowie zum ZK der Ittihad-Partei. Verbindungsmann zu den Provinzen war der Major Yakub Cemil.

Das Operationszentrum der Mordorganisation wurde in Erzurum eingerichtet und unterstand dem Arzt, Ittihad-ZK-Mitglied und Chef der Sonderorganisation, Behaeddin Schakir, dem Eichmann des Armeniervölkermords. Ihm stand der Abgeordnete von Trapezunt, Yusuf Riza zur Seite, die für die Verbindungen zu den örtlichen Ittihad-Gauleitern verantwortlich war. Der Militärgouverneur von Konstantinopel, Dschewad Bey, koordinierte die Aktivitäten der Sonderorganisation, und der Major Yakub Cemil leitete die Eingreiftrupps.

Diese Männer rekrutierten die Mordkommandos, die sich, nach Dadrians Untersuchungen, in drei verschiedene Gruppen aufteilten.

Da waren am deutlichsten sichtbar die Gendarmen, die nach französischem Vorbild organisierte Provinzpolizei. Einst »eigentlich eine Elitetruppe von 85 000 Mann«, wie der deutsche Armeechef in türkischen Diensten, Otto Liman von Sanders, im Berliner Tehlerjan-Prozeß aussagte, sei sie dann in die Armee eingereiht worden. An ihrer Statt kam, so Liman, »ein sehr übler Gendarmerie-Ersatz, zum Teil Räuber, zum Teil Arbeitslose«. Die Disziplin dieser »entsetzlichen Gendarmerie«, so Liman, »war natürlich sehr gering«.

Diese Gendarmen unterstanden zwar nominell den Provinzbehörden, wurden aber oft direkt von den Spezialisten der Sonderorganisation oder auch den verantwortlichen Ittihad-Führern eingesetzt. In den Nachkriegsprozessen gegen die Verantwortlichen des Völkermords ist denn auch von ihnen die Rede als »Gendarmen, die den Kräften der Spezialorganisation zugeordnet waren« und Leuten, die »kriminelle Angriffe und Scheußlichkeiten gegen die Armenier unternahmen«. Im Urteil des Prozesses in Trapezunt sprachen die Richter von

»korrupten und kriminellen Wächtern, denen jene Gendarmen zugestellt wurden, die bereit waren, mit diesen Individuen zu kooperieren«.

Gruppe zwei waren die sogenannten Tschettes (türkisch: Çete oder Çeteler), was soviel wie »Banden« hieß. Ihr Name allein genügte, um die Armenier erzittern zu lassen. Sie unterstanden direkt der Spezialorganisation. Ihre Aufgabe war es, »die anstehenden Fragen durch den Einsatz brutaler Gewalt einer Lösung zuzuführen«, wie es in einem Prozeßdokument stand, das heißt in der »Vernichtung« der armenischen Deportierten, so die türkische Anklage. Um die Gutgläubigen (vor allem unter den Ausländern) irrezuführen, wurden diese Tschettes pro forma mit militärischen Aufgaben betraut, wie ein Gericht feststellte.

Die dritte Gruppe waren schließlich entlassene Strafhäftlinge, die auch der Sonderorganisation unterstanden und von den Beobachtern und selbst Richtern oft ebenfalls den Tschettes zugerechnet wurden. Im Urteil eines Prozesses werden sie als »Irreguläre und entlassene Strafgefangene« bezeichnet, die »kollektive Tötungen« unternommen hätten und für die »Zerstörung und Vernichtung der Armenier« zuständig gewesen seien. In einer der Anklageschriften werden sie als »Menschenschlächter« beschrieben sowie als »sich zusammenrottende Galgenvögel«.

Sie zu rekrutieren, bereite Probleme, hatte der verantwortliche Ittihad-Sekretär aus Bursa gekabelt und dabei bestätigt, daß »die Regierung angeordnet hat, Kriminelle und Berufsräuber zu sammeln und zu schicken«. Auf Befehl seiner Vorgesetzten im Justizministerium, das folglich auch eingeschaltet wurde, entließ der Gefängnisdirektor von Trapezunt 65 Häftlinge aus seiner Anstalt. 51 von ihnen waren verurteilte Mörder. Sie wurden eine Woche lang in einem speziellen Lager auf ihre Mordaktionen vorbereitet, um dann »die schlimmsten Verbrechen gegen die Armenier zu begehen«, wie Oberst Ahmed Refik (aus Altinay), der die Killertrupps zu ihren Einsatzorten führte, sich erinnerte.

Nach einem Geheimtelegramm des Gouverneurs von Erzurum, Hasan Tahsin, vom 28. Juli 1915 sollten die Tschettes unter dem Namen der Spezialorganisation operieren und – gemeinsam mit Gendarmen – die deportierten Armenier überfallen. »Nach Anführen einiger weiterer Telegramme dieser Art«, so die Historikerin Höss, »erfolgte die Schlußfolgerung, daß die Banden ganz gezielt zur Ermordung der Deportierten eingesetzt worden waren.«

Im Urteil des Prozesses von Trapezunt werden die Tschettes als »Banditengruppen« bezeichnet, die die Deportationszüge »angriffen und beraubten« und die Armenier »folterten und töteten. Sie haben die Frauen zu einem anderen Ort gebracht und sie dort, nachdem sie ihnen Schmuck, Geld und Kleidung abgenommen hatten, vergewaltigt. Dann haben sie den Konvoi gezwungen, monatelang so zu marschieren, daß die Deportierten endgültig erledigt waren. So starb ein Großteil von ihnen an Hunger, Durst und Erschöpfung.«

Weder die Armenier noch die ausländischen Beobachter konnten zur Tatzeit die Verbrecher erster, zweiter und dritter Kategorie auseinanderhalten, aber sie hatten schon frühzeitig die verhängnisvolle Rolle der Ittihad und ihrer zwielichtigen Abgesandten ausgemacht und auch die Anwesenheit der staatlichen Gangster festgestellt.

Nach Angaben armenischer Gewährsleute, berichtete der deutsche Botschafter Hans Freiherr von Wangenheim seinem Reichskanzler, hätten die Jungtürken Erzurums im Dezember 1914 regelrechte Proskriptionslisten aufgestellt. Sie gingen, nach Wangenheims Quellen, auf das Konto insbesonders des jungtürkischen »Komitees für Einheit und Fortschritt« von Erzurum. Der deutsche General Posseldt, bis April 1915 Festungskommandant von Erzurum, konnte die Angaben bestätigten und wußte sogar, daß 22 Armenier auf den Listen verzeichnet waren. Auch Reichsverweser Paul Schwarz hatte am 5. Dezember 1914 aus Erzurum Morde an Armeniern auf dem Land gemeldet und hinzugefügt: »Die armenische Bevölkerung behauptet, daß es sich um eine von der türkischen Partei Ittihad angezettelte Bewegung handle.«

Der deutsche Vizekonsul in Erzurum, Scheubner-Richter, habe von Greueln berichtet, kabelte Wangenheim am 9. Juli 1915 nach Berlin, und »ist der Ansicht, daß diese durch das Komitee, dessen Mitglieder dort als Nebenregierung eine verhängnisvolle Rolle spielen, unter Konnivenz der Behörden gefördert werden«. »In dem Ortskomitee«, meldete Scheubner-Richter am 5. August, »war es eine kleine Gruppe ziemlich minderwertiger, aber die anderen terrorisierende Individuen, die, durch persönliches Interesse und Habgier veranlaßt, einen Vernichtungsfeldzug gegen die Armenier« predigte. Der Einfluß »dieser dunklen Hintermänner ist stärker, als man im allgemeinen anzunehmen geneigt ist.«

Von jungtürkischen Aktivitäten sprach auch der deutsche Oberstleutnant Stange, der in Erzurum türkische Guerillatruppen für den Einsatz jenseits der Grenzen trainiert und deshalb einen besonders guten Einblick hatte. »Die Ausrottung und Vernichtung der Armenier«, telegraphierte Stange in einer Zusammenfassung der Ereignisse am 23. August 1915 an die deutsche Militärmission in Konstantinopel, »war vom jungtürkischen Komitee in Konstantinopel beschlossen, wohl organisiert und mit Hilfe von Angehörigen des Heeres und Freiwilligenbanden durchgeführt. Hierzu befanden sich Mitglieder des Komitees hier an Ort und Stelle.«

Fast überall in der Provinz wurden die Ausländer Zeugen, wie die Komitee-Ultras sich durchsetzten, auch wenn sich die Behörden anfangs gegen sie stellten. »Zwei unheimliche Gäste in Offiziersuniform«, schrieb der deutsche Waisenhausleiter Bruno Eckart aus Urfa, seien Anfang August 1915 in der Stadt angekommen. Es waren Abgesandte des Ittihad-Komitees in Konstantinopel, und einer soll ein Vetter Envers gewesen sein. Dem widerstrebenden Regierungspräsidenten von Urfa erklärten sie, »nur nach direkten Befehlen aus Konstantinopel zu handeln«, wie Eckart schrieb. Die beiden seien »Abgesandte des Teufels«, habe ihm ein Türke gesagt. Von den beiden berichtete auch der Schweizer Krankenhausleiter in Urfa, Jakob Künzler. Sie hätten sofort die Tötung sämtlicher Gefangener angeordnet mit dem Argument: »wozu diese Menschen noch weiter ernähren«.

»Drei blutrünstige Mitglieder des Adaner Fortschrittskomitee«, berichtete der amerikanische Konsul in Mersin, Nathan, am 30. September 1915 seinem Außenministerium, »wurden aus der Stadt verwiesen, weil sie die Armenier wie die Hunde jagten.« Doch dann berichtete der britische Priester William N. Chambers, der seit 37 Jahren als Missionar in der Türkei lebte, es seien zwar Anstrengungen unternommen worden, die Armenier zu retten, »aber ein Emissär des Fortschrittskomitees kam aus Konstantinopel und erreichte, daß diese Verfügungen annulliert und die Deportationsbefehle sofort ausgeführt wurden«.

Auch die Tschettes waren den Deutschen aufgefallen. Als Botschafter von Wangenheim in einem Bericht an den Reichskanzler zum erstenmal von diesen Truppen sprach, nannte er sie »militärisch organisierte türkische Irreguläre und Banden von Marodeuren«. Vizekonsul Scheubner-Richter berichtete von deportierten Armeniern, die »von Kurden und ähnlichem Gesindel überfallen wurden«. Waisenhauschef Bruno Eckart hatte in Urfa »freigelassene und in Uniformen gesteckte Verbrecher aus Konstantinopel« ausgemacht und ließ sich von Türken berichten, daß die Armenier »von gedungenen Mördern« umgebracht wurden.

Eine Verbindung der Tschettes mit den Jungtürken der Komitees stellten die Beobachter ebenfalls fest. Von der Straße zwischen Bayburt und Erzurum meldete der deutsche Konsul in Trapezunt, Bergfeld, »größere Banden«. Der deutsche Unteroffizier Carl Schlimme hatte auf dem Weg von Erzurum nach Trapezunt »eine etwa 400 Mann starke Bande unter französisch sprechenden Führern getroffen«. Französisch sprachen damals die Mitglieder der jungtürkischen Komitees, mit Sicherheit aber keine kurdischen Wegelagerer.

Als Mitte 1916 eine letzte Welle von Vertreibungen startete, schrieb der Wangenheim-Nachfolger Graf Wolff-Metternich seinem Reichskanzler Bethmann Hollweg: »Niemand hat hier mehr die Macht, die vielköpfige Hydra des Komitees, den Chauvinismus und Fanatismus zu bändigen. Das Komitee verlangt die Vertilgung der letzten Reste der Armenier, und die Regierung muß nachgeben.« Metternich beschrieb die Organisation der Hydra, die »über alle Wilajets (Provinzen) verbreitet ist. Jedem Wali (Gouverneur) bis zum Kaimakan (Landrat) herab steht ein Komiteemitglied zur Überwachung zur Seite«.

»Die Deutschen und das Komitee für Einheit und Fortschritt«, behauptete der italienische Generalkonsul G. Gorrini, »waren die einzigen, die in der Türkei über eine wirklich solide Organisation verfügten.« Schon wahr: Die einen führten die Mordaktionen aus, die anderen beobachteten sie.

Erst die Armenier, dann die Griechen, dann alle Fremden

Die zehn Gebote des Völkermords

Eine Vernichtungsaktion vom Ausmaß des Genozids an den Armeniern brauchte nicht nur eine schlagkräftige Organisation, sondern auch einen detaillierten Plan. Deshalb suchten die Forscher von Anfang an nach einem türkischen Pendant zur Wannsee-Konferenz der Nazis, auf der die Vernichtung der Juden Europas beschlossen wurde. Und sie wurden fündig.

Die ersten Hinweise auf eine Konferenz zur Armeniervernichtung hatte der frühere britische Konsul in Smyrna und spätere Geheimdienstmann Percival Hadkinson gegeben. Aber erst Fregattenkapitän C. H. Heathcote Smith, die rechte Hand des britischen Hochkommissars Vizeadmiral Somerset Arthur Gough-Calthorpe, bekam im Januar 1919 Dokumente zu sehen, die von der Konferenz berichteten. Smith hatte sie von Ahmed Essad bekommen, dem Leiter der Geheimdienstabteilung II des osmanischen Innenministeriums, die der »Direktion für öffentliche Sicherheit«, einer Art türkischem Verfassungsschutz, unterstand. Kurz vor dem Waffenstillstand, berichtete Essad, seien die wichtigsten Dokumente vernichtet worden, aber einige Originale mit den Befehlen zur Vernichtung der Armenier hätten gerettet werden können.

Essad hatte für die Schlüsseldokumente zum Völkermord insgesamt 10000 britische Pfund verlangt, wurde dann aber auf Veranlassung der Briten von den türkischen Behörden verhaftet. Gegen die Herausgabe der Geheimpapiere versprachen die Briten Schutz und erhielten insgesamt vier Dokumentengruppen, von denen die beiden wichtigsten von Essad persönlich abgeschrieben waren.

Dem höchsten britischen Militär im besetzten Osmanischen Reich war sofort eine Dokumentengruppe aufgefallen, die den Ablauf des Völkermords festlegte. Fünf Jungtürken zeichneten für diesen Plan verantwortlich.

An ihrer Spitze stand Talaat Pascha, der damalige Innenminister und spätere Großwesir. Er war der eigentliche Cheforganisator des Ausrottungsplans und der einzige, der sich in der Öffentlichkeit zeigte. Seine beiden wichtigsten Mitarbeiter waren der Arzt Behaeddin Schakir, seit 1912 Mitglied des Zentralkomitees der Ittihad und Leiter der Spezialorganisation, sowie sein Arztkollege Mehmed Nazim, seit 1910 Mitglied des Ittihad-Zentralkomitees und des Generalstabs der Spezialorganisation.

Zur Seite standen dem schrecklichen Mördertrio zwei Beamte, die die notwendigen Verbindungen zu den beteiligten Ministerien herstellten. Einer war Ismail Dschambolat, Leiter der Direktion für öffentliche Sicherheit und Staatssekretär im Innenministerium, dem die Gendarmerie unterstand und der die Durchführung der Deportationen kontrollierte. Als Talaat zum Großwesir aufgerückt war und gegen Kriegsende das Innenministerium abgab, wurde Dschambolat sein Nachfolger. Da aber waren die Armenier bereits vernichtet. Der andere war Oberst Seyfi, während des Kriegs Leiter der Geheimdienstabteilung II im osmanischen Generalhauptquartier und Direktor der politischen Abteilung des Kriegsministeriums. Seyfi war ein enger Mitarbeiter des Kriegsministers Enver und leitete die Aktionsgruppen der Spezialorganisation.

Diese fünf legten den Organisationsplan für die Ausrottung der christlichen Armenier fest, den die Briten in ihrem Hang zu makabren Vergleichen »die zehn Gebote« nannten. Nach Essads Aufzeichnungen hatten sie folgenden Wortlaut:

1. Gebot: Schließung aller armenischen Gesellschaften und Festnahme aller Armenier, die in der Verwaltung arbeiteten, besonders jener, die sich gegen die Regierung und die Ittihad stellten. Sie sollen ins Landesinnere verbracht werden sowie in die Provinzen Mossul und Bagdad, wobei sie entweder auf dem Weg dorthin oder an den genannten Orten umgebracht werden sollen.

2. Gebot: Einsammlung aller Waffen in armenischem Besitz.

3. Gebot: Mit allen Mitteln sollen die Moslems auf Massaker eingestellt werden. In Provinzen wie Van, Erzurum und Adana, wo die Armenier durch ihr Verhalten Antipathien bei den Moslems verursacht haben, sollen ähnliche Massaker organisiert und provoziert werden, wie sie die Russen in Baku in Szene setzten.

4. Gebot: In Provinzen wie Erzurum, Van, Mamuret-ul Asis (Kharput) die Massaker der Bevölkerung überlassen und so tun, als ob die Ordnungskräfte Ruhe und Ordnung wiederherstellen würden, während die gleichen Ordnungskräfte in Ada-

na, Sivas, Brusse, Nikomedia und Smyrna die Armenier massakrieren sollen.

5. Gebot: Die Beseitigung aller Männer über 50 Jahre, besonders der Intellektuellen; Mädchen und Kinder islamisieren;

6. Gebot: Familien, deren Mitgliedern die Flucht gelungen ist, sollen beseitigt werden. Dafür Sorge tragen, daß sie auf keinen Fall mehr Verbindung zu unserem Land haben.

7. Gebot: Unter dem Vorwand, daß sie Spione seien, müssen alle armenischen Beamten der Ministerien ausgewiesen werden, denen sodann die gleiche Behandlung wie den Angestellten zuteil werden soll.

8. Gebot: Die militärischen Behörden ergreifen selbst alle notwendigen Maßnahmen, um die in den osmanischen Armeen dienenden Armenier zu beseitigen.

9. Gebot: Alle Maßnahmen müssen gleichzeitig in Angriff genommen werden. Den Armeniern darf keine Zeit gelassen werden, Verteidigungsmaßnahmen zu ergreifen.

10. Gebot: Diese Vorschriften müssen strengstens geheimgehalten werden. Nur mit Eingeweihten über sie sprechen.

Als Datum für die Festlegung dieser »Zehn Gebote« gaben die britischen Gewährsmänner Dezember 1914 oder Januar 1915 an. Im Februar 1915 traf sich Behaeddin Schakir in Erzurum mit den Gouverneuren der armenischen Provinzen und besprach mit ihnen Einzelheiten der Armeniervernichtung in den östlichen Provinzen.

Die verschiedenen Treffen seit der Jahreswende machen auch klar, warum europäische Beobachter schon lange vor dem Aufstand von Van Hinweise auf den bevorstehenden Völkermord bekamen.

So hatte der Schweizer Jakob Künzler im Januar 1915 bei einer Reise nach Persien den türkischen Major Nafis Bey kennengelernt, der noch 1908, so Künzler, »die Armenier mit umarmte und als Bruder küßte«. Jetzt hätte er erklärt, »es sei unmöglich, mit den Armeniern zusammenzugehen. Der Krieg werde der Türkei die Möglichkeit geben, sich derselben zu entledigen, sei es, daß man sie ausrotte oder aber ausweise.«

Im März 1915 sei den Armeniern in Erzurum von befreundeten Türken gesagt worden, berichtete der deutsche Pfarrer Johannes Lepsius, daß die Mitglieder des »Komitees für Einheit und Fortschritt« ein Massaker planten. Lepsius: »Sie erklärten, es sei ein Fehler Abdul Hamids gewesen, daß er die Massaker vor 20 Jahren nicht gründlich veranstaltet und alle Armenier ausgerottet habe.«

Am 16. März 1915 habe der deutsche Vizekonsul von Erzurum (Scheubner-Richter) dem Gouverneur in Kharput (Erzincanli Sabit) einen Besuch abgestattet, erinnerte sich die dänische Schwester Hansina Marcher. Anschließend sei er ganz aufgeregt zu den deutschen Rotkreuzschwestern gekommen und habe berichtet, der Wali habe ihm gesagt, daß die Armenier der Türkei ausgerottet werden müßten. Sie hätten sich zu sehr vermehrt und bereichert und seien dadurch zu einer Gefahr für die regierende Rasse der Türken geworden. Die Ausrottung sei das einzige Mittel.

Anfang April 1915, schrieb die Schwedin Alma Johansson, hätte ein gewisser Ekran Bey in Gegenwart des deutschen Majors Lange sowie des deutschen und amerikanischen Konsuls »offen die Entschlossenheit der Regierung bekundet, die armenische Rasse auszulöschen«.

»Das Ziel der Regierung war die Ausrottung und nicht eine einfache Deportation«, schrieb der Amerikaner Theodore A. Elmer vom Anatolia College in Mersowan: »Der Bürgermeister unserer Stadt sagte unserem amerikanischen Konsularangestellten Peter, daß die Regierung die Absicht habe, sich erst der Armenier, dann der Griechen und dann aller Fremden zu entledigen, damit endlich die Türkei den Türken gehöre.«

Der Gouverneur gab Schmachvolles der Vorgänge zu
Widerstand gegen die Mordbefehle

Geheimhaltung der Vorbereitungen zur Ausrottung der Armenier war eines der obersten Gebote. Um die lokalen Verantwortlichen – Gouverneure, Regierungspräsidenten und Landräte, aber auch Militärs und, natürlich, die örtlichen Komitees der Ittihad-Partei – mit dem Prozedere vertraut zu machen, wurden Boten zu ihnen geschickt mit der Order, das Ausrottungsschema zu verlesen und den schriftlichen Befehl sodann wieder zurückzubringen, wie Hochkommissar Gough-Calthorpe den Unterlagen entnahm.

Einer der eifrigsten Reisenden in Sachen Völkermord war

der Arzt Behaeddin Schakir. Oberkommandierender Mehmed Vehib berichtete, daß Schakir von Stadt zu Stadt reiste, um die Anweisungen persönlich zu übergeben. »Ich hatte erfahren«, schrieb der General, »daß die armenischen Deportierten aus Trapezunt und Erzurum in den Euphrat geworfen wurden und daß die Verantwortlichen für diese Verbrechen ihr Mandat von Schakir Bey erhalten hatten.« In Trapezunt hätten die Deportationsmaßnahmen erst eingesetzt, erinnerte sich in einem der Nachkriegsprozesse der Zeuge Zeki Levon, nachdem Schakir mit den örtlichen Parteivertretern eine Geheimkonferenz abgehalten hatte. Und auch in Erzurum, hatte Lepsius herausbekommen, habe der Armeekommandant den Befehl zur Deportation erst gegeben, nachdem Schakir dortgewesen sei.

Immer wieder kam es vor, wie die Nachkriegsprozesse zutage brachten, daß die Boten – Spitzenfunktionäre, aber auch untere Chargen – sich sogar weigerten, den Empfängern der Botschaft die Schriftstücke zu lesen zu geben. So blieben denn auch Konflikte nicht aus, wenn die Verwaltungschefs klare Instruktionen verlangten oder sich sogar weigerten, den verbrecherischen Plan auszuführen.

Gouverneur Dschelal Pascha von Aleppo, »einer der bedeutendsten und rechtschaffensten Walis, die die Türkei besaß«, so Lepsius, und früherer Rektor der Universität in Konstantinopel, nannte die Vernichtungsaktion »verbrecherisch« und »widerstand mit allen Mitteln der Deportation aus seinem Distrikt«, wie die Amerikanerin Kate E. Ainslie berichtete. Nachdem ihm der Vernichtungsbefehl vorgelesen worden war, reiste er nach Konstantinopel und hatte Unterredungen mit Talaat und Nazim, der ihm von »notwendigen und nützlichen Maßnahmen« sprach, die zu einer »Lösung der orientalischen Frage« führen würde. Als Dschelal trotzdem bei seiner Weigerung blieb, wurde er seines Amtes enthoben und nach Konya versetzt. Als er auch dort die Armenier zu schützen versuchte, setzte Talaat ihn im September 1915 ab.

Auch der Wali von Erzurum, Tahsin Bey, vertrat anfangs, so Konsul Scheubner-Richter, »im Gegensatz zu einigen militärischen Kreisen einen maßvollen Standpunkt«. Der amerikanische Missionar Robert Stapleton berichtete, der Wali habe sich »geweigert, gewisse Befehle auszuführen und die Armenier schlecht zu behandeln«. Nur durch »höhere Gewalt« sei er schließlich gezwungen worden, was auch Scheubner-Richter bestätigte, der nach der Deportation mit dem Gouverneur sprach: »Er gab Schmachvolles der Vorgänge zu.«

Die Regierungspräsidenten von Malatya, Nabi Bey und Reschid Bey, wie auch der von Yozgat, einem der vier Bezirke der Provinz Ankara, widersetzten sich den Ausrottungsbefehlen, ebenso viele Landräte. Die meisten von ihnen wurden nur versetzt, einige büßten ihren Mut mit dem Leben.

Der ihm vorgesetzte Gouverneur von Diyarbakir, Reschid Pascha »wütet wie ein toller Bluthund unter der Christenheit seines Wilajets«, hatte der Regierungspräsident von Mardin dem deutschen Konsul Walter Holstein gesagt und wurde prompt abgesetzt. Schlimmer erging es den Landräten von Lidscheh und Midyat, die sich weigerten, die Christen zu verfolgen, und von Reschid umgebracht wurden.

Mit den kleinen Leuten machten die Ittihad-Leute kurzen Prozeß, wenn sie Mitleid für die Armenier zeigten. Als sich ein türkischer Leutnant weigerte, die armenischen Soldaten erschießen zu lassen, zogen die beiden Ittihad-Mitglieder, die den Zug begleiteten, ihre Pistolen und erschossen den tapferen Offizier.

Was kümmert mich dein Kaiser?
Befehle und Gegenbefehle

Nach der Entmachtung oder Ermordung widerspenstiger Beamter setzte die Ittihad ihr Vernichtungswerk in Gang. Zwar wurde den Verantwortlichen der Provinz die Absicht des Völkermords nur mündlich mitgeteilt, bei der Umsetzung in die Tat jedoch ging es nicht ohne schriftliche Befehle. Auch in den Verfahren gegen die Parteisekretäre sprach die Anklageschrift von »geschriebenen oder mündlichen Befehlen, die die zentralen Stellen ausgegeben hatten«.

Es gab nicht nur einen Befehlsstrang, sondern mindestens vier. Die meisten Telegramme liefen zwischen Innenminister Talaat und den Gouverneuren, aber auch vom Kriegsministerium zu den örtlichen Militärkommandanten, vom ZK der Ittihad zu den »Gauleitern« in der Provinz, sowie von der Zentrale der Spezialorganisation zu den Unterorganisationen, aber auch vom wichtigen Provinzzentrum der Organisation in Erzurum zu den Kollegen in den anderen Wilajets. Darüber hinaus gab es Querverbindungen, besonders zwischen der Ittihad und der Spezialorganisation, aber auch zwischen dem Kriegsministerium und der Jungtürken-SS.

Auch auf diese Befehle waren die ausländischen Beobachter gestoßen. Als es ihm im Ort Adil Jawus nahe des Vansees gelang, »zum Anstifter einer Blutorgie (an Armeniern) vorzudringen«, berichtete der venezuelische Offizier in osmanischen Diensten, Rafael de Nogales, habe er ihm befohlen, »die Metzelei sofort einzustellen. Er aber teilte mir zu meinem großen Erstaunen mit, daß er nur einem schriftlichen Befehle gehorche. Dieser war vom Generalgouverneur der Provinz (Dschewdet Bey) unterschrieben und besagte unter anderem, alle männlichen Armenier von zwölf Jahren an aufwärts seien auszurotten.«

Ein Kurde, notierte US-Missionar Robert Stapleton, sei wegen seiner Taten gegenüber den Armeniern vor Gericht gestellt worden. Dort habe er einen Brief herausgekramt und ihn dem Richter gezeigt: »Hier sind die Befehle, so zu handeln, wie ich es getan habe.«

Als sich eine Deutsche in der Nähe von Ismid für ihren armenischen Ehemann einsetzen wollte, den Gendarmen gerade verprügelten, schrie einer der Folterknechte sie an: »Geh aus dem Weg, oder ich schlage dich.« Auf ihren Einwand, sie sei Deutsche, antwortete der Gendarm: »Was kümmert mich dein Kaiser, meine Befehle kommen von Talaat Bey.«

Bei ihren Befehlen spielte die Regierung meisterhaft auf einem Instrument, das europäischen Beamten Kopfzerbrechen bereitet hätte – und auch einigen Türken: Mordbefehle wurden durch Gegenbefehle aufgehoben, die scheinbar zum Schutz der Armenier erlassen und dann den europäischen Diplomaten als Beweise der Unschuld vorgelegt wurden. Heute dienen diese Scheinbefehle den nationalistischen Historikern in Ankara, um den Völkermord wegzudiskutieren.

Auf Drängen des amerikanischen Botschafters Henry Morgenthau hatten sowohl Talaat als auch Enver Pascha »formell versichert, daß den örtlichen türkischen Beamten Befehle erteilt worden seien, die Armenier der Schule und des Krankenhauses von den Deportationen auszunehmen«. »Als unser

Konsulatsagent dem lokalen Gouverneur das Telegramm unseres Botschafters zeigte«, berichtete Schuldirektor Elmer, »antwortete der, daß er genau entgegengesetzte Befehle erhalten hatte und wisse, daß es keine anderen Befehle gäbe.«

Oft gab es offizielle Befehle und geheime Lesehilfen. So verlangte ein Sultansbeschluß, daß »alle Deserteure ohne Prozeß zu erschießen sind«. Der Geheimbefehl machte klar: Deserteure heiße Armenier.

Wie es überhaupt ein beliebtes Spiel der türkischen Funktionäre war, durch hoheitliche Interventionen oder Prozesse gegen angebliche Übeltäter Recht und Ordnung vorzutäuschen. »Ein wichtiger Abgesandter des Sultans ist erschienen«, berichtete der amerikanische Konsul in Mersin, Nathan, am 6. November 1915 seinem Außenministerium, »um sich über Mißbräuche der lokalen Funktionäre zu informieren.« Einige der europäischen Beobachter fielen prompt auf die Finten herein. Es sei »nur gerecht zu erwähnen«, berichtete der britische Priester William N. Chambers aus Adana, »daß ein Moslem hingerichtet wurde, weil er sich Diebstähle der zu deportierenden Christen schuldig gemacht hatte«.

Die Technik des »Zurechtbiegens« (kitaba uydurmak) ist eine alte osmanische Tradition, die ihrerseits eine Fortsetzung der islamischen Tradition des »vorsätzlichen Zuwiderhandelns gegen das religiöse Gesetz« (hilleyi eriye) ist. Der türkische Sozialwissenschaftler Serif Mardin nennt diese urtürkische Eigenschaft eine »bürokratische Weltanschauung«, der die »Verheimlichung der gesellschaftlichen Realität entsprach, um auf dem Papier eine Ordnung wiederherzustellen«, die in Wahrheit nicht mehr bestand.

Und um die westlichen Beobachter zu täuschen – bis heute. So weist der nationaltürkische Staatsbeamte Kamuran Gürün darauf hin, daß insgesamt 1397 Personen während der Armeniervernichtung gerichtlich verfolgt und einige von ihnen hingerichtet wurden. Die meisten Prozesse endeten freilich damit, daß die Beklagten versetzt wurden – fast immer zu ihrem Vorteil. Gürün verschweigt auch, daß es meist darum ging, die wichtigen Anordnungen der Zentrale nicht durchgeführt zu haben, beispielsweise nicht die verlangte Summe Geldes und Goldes abgegeben zu haben.

Das kostete auch einen der bekanntesten Armeniermörder

das Leben. Es war der Major der Spezialorganisation, der Tscherkesse Ahmed, der in London studiert hatte und mehrere Sprachen fließend sprach. Er war einer der wichtigsten Killer in Ittihad-Diensten und hatte schon vor dem Krieg im Auftrag der Jungtürken liberale Journalisten umgebracht. Er war es auch, der die beiden armenischen Abgeordneten Wartkes und Sohrab (Todesursache nach dem türkischen Amtsarzt: Herzversagen) ermordete. »Ich packte Sohrab«, berichtete er, »warf ihn nieder, stellte mich auf ihn und schlug mit einem großen Stein so oft auf seinen Kopf, bis er tot war.« Der türkische Historiker Ziya Şakir schreibt, Talaat habe den Major hängen lassen, »weil er zuviel wußte und deshalb eine Belastung war«. Er war auf Anordnung Dschemals von einem Kriegsgericht zum Tode verurteilt worden und Dschemals Stabschef Ali Fuad Erden meinte dazu: »Man muß ihn wegwerfen wie Toilettenpapier, wenn es seine Schuldigkeit getan hat.« Vielleicht mußte er auch nur deshalb sterben, weil er zuviel geklaut hatte. Talaat: »Juwelen, Frauenringe und Ohrringe fand man in seinem Gepäck. Er hat sich des Verbrechens der Bereicherung schuldig gemacht.«

Bei einigen Empfängern sorgten die Doppelbefehle für Verwirrung. »In der hiesigen Verwaltung von Tarsus bekommen die Leute zwei Befehle gleichzeitig«, berichtete die Ehefrau des Direktors der dortigen amerikanischen Schule, Christie, am 1. Juli 1915, »und fragen sich, welchem sie nun glauben sollen.«

Die meisten wußten es sehr genau, denn Irreführung der Europäer war eine alte osmanische Taktik, und versierte Beamte kannten die Intentionen ihrer Oberen. Die Hohe Pforte hatte den meisten Provinzen eröffnet, so Ernst Fürst Hohenlohe-Langenburg, der Wangenheim vertrat, am 7. September 1915 an seine Konsuln, »daß Gewalttaten gegen deportierte Armenier gerichtlich geahndet und im Wiederholungsfalle die Provinzbehörden dafür zur Verantwortung gezogen werden sollten«. Konsul Eugen Büge aus Adana nannte dieses Auskunft »eine dreiste Täuschung« und berichtete, daß die Regierung »auf Betreiben des hierher entsandten Inspektors diese Verfügung vollkommen aufgehoben hat. Die Behörden handeln selbstredend nur nach der zweiten Weisung.«

Und wenn lokale Behörden sich dennoch auf Gegenbefehle

beriefen, dann sorgten die entsandten Sonderbeauftragten für Klarheit. »Das konsularische Corps intervenierte und erreichte viele Ausnahmen«, berichtete Italiens Generalkonsul in Trapezunt, G. Gorrini, »die aber in der Folgezeit auf Intervention der lokalen Sektion des ›Komitees für Einheit und Fortschritt‹ und neuer Befehle aus Konstantinopel alle wieder aufgehoben wurden.«

Ohne Rücksicht auf Frauen, Kinder und Kranke
Die Anordnungen zum Völkermord

Als der Armeniervernichter von Bitlis, Abdulahad Nuri, den Gouverneursposten in Aleppo übernehmen sollte, hatte er ein Gespräch mit Talaat. Der führte ihn an ein Fenster und sagte ihm: »Du kennst zweifellos die Arbeit, die du verrichten sollst. Ich will diese verfluchten Armenier nicht mehr in der Türkei sehen.« Als Abdulahad den Landrat von Kilis, Ihsan Bey, instruierte, habe er gesagt, so Ihsan vor Gericht: »Ich war mit Talaat zusammen. Von ihm selbst habe ich den Befehl zur Vernichtung bekommen.«

Die jungtürkischen Völkermörder legten es in bestimmten Regionen darauf an, das Volk am Vernichtungswerk mitwirken zu lassen, um es mitschuldig und damit mitverantwortlich zu machen. »Eine Analyse der Dokumente zeigt«, schrieb der britische Hochkommissar Gough-Calthorpe, »daß die Türken, um Kräfte zu sparen, zwischen Gebieten unterschieden, wo sie sich darauf verlassen konnten, daß die Bevölkerung auch ohne Hilfe die Massaker durchführen würde und jenen, wo sie glaubten, daß militärische Präsenz notwendig sei, weil die Bevölkerung nicht den notwendigen Schneid an den Tag legen würde.«

Um die Ausrottung der Armenier anzuordnen, bedienten sich die Mordplaner oft Umschreibungen, die eine Identifizierung der Telegramme erschweren sollte. So wurden die Armenier in der Regel als »die bekannten Personen« oder »die fraglichen Personen« oder »die gefährlichen Personen« umschrieben, die Ausrottung als »die Sache«, die Tötungen als die »bekannten Mittel« oder »geheimen Mittel« oder »wirklichen Zwecke« und die Vernichtungslager als »Ort ihrer Verschikkung« oder »Ort ihrer Verbannung« oder kurz als »geeignete Orte«.

Daß nicht Deportation, sondern schlicht die Vernichtung der Armenier das Ziel war, belegen mehrere Telegramme und Vernehmungsprotokolle. So gab der für die Deportationen in Aleppo verantwortliche Abdulahad Nuri zu Protokoll, Talaat habe ihm gesagt: »Der Sinn der Deportationen ist die Vernichtung.« In einem Telegramm machte der Gendarmeriekommandant von Bogazliyan, Hulussi Bey, einem Kollegen im Juli 1915 klar: »Eine Anzahl Armenier ihres Distrikts sind deportiert, das heißt massakriert.« Innenminister Talaat kabelte am 6. Dezember 1915 nach Aleppo: »Rotten Sie mit geheimen Mitteln jeden Armenier der östlichen Provinzen aus, den Sie in Ihrem Gebiet finden sollten.« Und an das Ittihad-Büro in Malatya: »Vernichten Sie die Armenier, die in Ihre Provinz geschickt und dort zusammengezogen wurden. Ich trage die volle moralische und finanzielle Verantwortung.« An alle Gouverneure der Ostprovinzen schickte Talaat schließlich das Telegramm: »Vernichten Sie ohne Mitleid die Armenier vom Alter eines Monats bis zu 80 Jahren. Achten Sie darauf, daß das nicht in der Stadt und vor den Augen der Bevölkerung geschieht.« Die Deportationsbefehle, unterstrich der frühere Großwesir Said Halim Pascha, seien in »Tötungsmandate« umgewandelt worden. Das hatten auch die Deutschen mitbekommen. »Ausweisung und Ausrottung sind türkisch gleiche Begriffe«, hatte Schwarzmeer-Konsul Heinrich Bergfeld an seinen Botschafter telegraphiert. Im Yozgat-Prozeß stellten die Richter denn auch klar, daß der Begriff »Deportation« ein Code für »Vernichtung« und »Massaker« war.

Nach heutiger Definition sind Massaker Blutbäder. In den Telegrammen (und den Prozessen) war mit Massaker (osmanisch: taktil) aber der Völkermord gemeint, wie auch die Schriften türkischer Historiker belegen. Einer der bekanntesten von ihnen, Tunaya, übersetzte »taktil« mit »soykirim«, dem türkischen Wort für Völkermord. Ein anderer übersetzte Massaker mit dem griechisch-lateinischen Wort Genozid, das erstmals 1948 vom Rechtsprofessor Raphael Lemkin während der Nürnberger Prozesse gebraucht wurde und heute synonym für Völkermord verwendet wird.

»Führen Sie die Befehle, die Armenier zu töten, Punkt für

Punkt aus«, kabelten die Ärzte Behaeddin Schakir und Nazim und fragten nach: »Haben Sie den zuvor gegebenen Befehl, die Armenier zu massakrieren, auch ausgeführt?« In einem Telegramm an die Gouverneure der Ostprovinzen legte Schakir auch das Muster der Ausrottung fest: »Auf daß es keine Armenier mehr gebe! Die Großen (gemeint waren wohl die Honoratioren) erdrosseln, die Schönen raussuchen, die anderen deportieren.«

Besonders die Anordnungen für die Kinder machen klar, daß die völlige Vernichtung der Armenier angestrebt wurde. »Die Regierung hat befohlen«, kabelte Talaat am 22. September 1915 nach Aleppo, »nicht einmal die Kinder in der Wiege zu lassen.« Und am 29. September: »Ohne Rücksicht auf Frauen, Kinder und Kranke ist, so tragisch die Mittel der Ausrottung auch sein mögen, ohne auf die Gefühle des Gewissens zu hören, ihrem Dasein ein Ende zu machen.«

Ein Haus für armenische Waisen einzurichten, sei nicht notwendig, telegraphierte Talaat am 4. Oktober 1915, denn es sei nicht die Zeit, Waisen zu ernähren »und ihr Leben zu verlängern. Verschicken Sie sie!« In einem späteren Kabel fügte Talaat über die Waisen hinzu, »da die Regierung deren Dasein für schädlich hält«. Der Empfänger Abdulahad Nuri antwortete: »Im Waisenhaus befanden sich mehr als 400 Kinder. Wir schicken sie an den Ort der Verbannung.« Am 18. November setzte Talaat nach: »Wir erfahren, daß die kleinen Kinder der bekannten Personen als Waisen von muslimischen Familien adoptiert oder als Dienstboten angenommen wurden. Wir fordern Sie auf, alle solche Kinder an den Ort ihrer Verbannung zu schicken.« Eine Ausnahme billigte Talaat nur jenen Waisen zu, »die sich nicht an die Schrecklichkeiten werden erinnern können, denen ihre Eltern ausgesetzt waren«.

Mit Hinweisen auf die Verbannungsorte waren keineswegs wirkliche Deportationsziele gemeint, sondern die schlichte Vernichtung der Armenier, wie Talaat in einem Telegramm an die Präfektur von Aleppo deutlich machte, nachdem ihm mitgeteilt worden war, die Armenier seien in Richtung Süden deportiert worden und könnten damit möglicherweise der Vernichtung entgehen. »Obgleich ein ganz besonderer Eifer für die Ausrottung der fraglichen Personen bewiesen werden sollte«, kabelte der Innenminister am 14. Dezember 1915, »erfahren wir, daß jene in verdächtige Orte in Syrien oder nach Jerusalem geschickt werden. Dergleichen Duldsamkeit ist ein unverzeihlicher Fehler. Der Ort der Verbannung ist das Nichts.«

Um sicherzugehen, daß die armenischen Kinder im Winter 1915/16 auch wirklich umkommen, verlangte Talaat in einem Telegramm vom 5. Februar 1916, sie ins hochgelegene Sivas zurückzutransportieren. Empfänger Abdulahad Nuri verstand den Wink sofort. »Wenn die Waisen zu einem Zeitpunkt, wo die Kälte herrscht, an den angegebenen Ort geschickt werden, ist ihre ewige Ruhe sichergestellt.« Dieser Transport, erläuterte Naim Sefa, »hatte zum Ziel, die Kinder zu töten«. Doch dann war den Organisatoren das Geld für den Rücktransport ausgegangen, und die Aktion blieb aus.

Als osmanische Soldaten armenische Kinder aufgesammelt und ernährt hatten, wies Talaat am 20. März 1916 die Präfektur Aleppo an, die Kinder »unter dem Vorwand, sie durch die Deportationsverwaltung zu versorgen, en masse aufzugreifen und auszurotten«.

Für die Anordnung zur Tötung der Armenier von Trapezunt ließen sich die Konstantinopler Mordplaner phantasiereiche Umschreibungen einfallen. In Trapezunt, ergaben die Gerichtsverhandlungen, erhielt der Stabschef der türkischen Truppen, Oberst Muhtar, die Order, einen Deportiertenzug zu einem Inlandsziel »übers Meer« zu schicken. Oberst Arif, der Militärkommandant des Küstenstädtchens Giresun, bekam die Anordnung, die Opfer »nach Mossul in der arabischen Wüste über das Schwarze Meer« zu schicken, womit für den Oberst klar war, daß er die Armenier ertränken sollte. Leutnant Ahmet in Trapezunt war begriffsstutziger und monierte, daß er den Befehl, die Armenier innerhalb von zwei Stunden nach Sebastopol (den mehrere Tagereisen entfernten und noch dazu im feindlichen Rußland gelegenen Hafen) zu schicken, nicht ausführen könne. Die Antwort war dann eindeutig: Er solle die Opfer »auf die hohe See schleppen und dort versenken«.

Für die Leiden der Armenier auf dem Weg vom Nordosten in den Süden war hauptsächlich der Arzt Behaeddin Schakir verantwortlich. »All diese menschlichen Tragödien«, schrieb General Vehib in seinem Bericht, »all diese Anstachelungen zum Mord gingen von Schakir aus, der die Mordbanden aussuchte und leitete.«

Jene Deportierten, die nach den wochenlangen Fußmärschen in die Wüstenorte immer noch lebten, mußten auf Anordnung der Behörden die wasserlosen Wege zurückgehen. »Sorgen Sie für Rücktransporte«, feuerte einer der Völkermörder den Landrat von Ras-ul-Ain an, »dann werden auch jene tot umfallen, die bislang nicht sterben wollten.«

Der Vernichtung durch Endlosdeportation stellte sich der für Ras-ul-Ain zuständige Regierungspräsident von Der-es-Sor, Ali Suad Bey, entgegen. Der in Aleppo für die Deportation verantwortliche Abdulahad Nuri hatte ihn angewiesen: »Tausende von Armeniern in Ras-ul-Ain zu lassen, ist gegen das heilige Ziel der Regierung. Weisen Sie sie aus!« Daraufhin der mutige Regierungspräsident: »Keine Transportmöglichkeiten, um die Bevölkerung zu deportieren. Wenn das Ziel darin besteht, sie zu töten, dann kann ich das nicht tun und auch nicht veranlassen.«

Den Völkermordplanern war von Anfang an ein Dorn im Auge, daß moslemische Geistliche eine Konvertierung der Armenier förderten und sie damit retteten. »Armenier, die die Religion wechseln«, telegraphierte der Oberkommandierende der III. Armee und Schakir-Vertraute, Mahmud Kiamil, an die Gouverneure, »werden nicht verschont.« Auch Talaat machte in einer Depesche mit einem Hinweis auf das Nichts klar, daß er Konvertierungen nicht wünsche. »Benachrichtigen Sie die Armenier«, telegraphierte er am 30. Dezember 1915 nach Aleppo, »die in der Absicht, der allgemeinen Verschickung zu entgehen, den Islam annehmen wollen, daß sie nur am Orte ihrer Verbannung Moslems werden können.« Im Jenseits also.

Moslems, die Armenier verbargen oder armenische Frauen heirateten, mußten mit Strafen rechnen. »Wir erfahren, daß Leute aus dem Volk und Beamte sich mit armenischen Frauen verheiraten«, kabelte Talaat an die Präfektur in Aleppo, »ich verbiete dies streng und empfehle dringend, daß die Frauen nach ihrer Trennung in die Wüste verschickt werden.«

»Wir erfahren«, telegraphierte Armeekommandant Mahmud Kiamil Pascha, »daß gewisse Muslime Armenier beschützen. Weil sie gegen die Entscheidungen der Regierung handeln, sollen sie vor ihrem Haus erhängt werden, das sodann anzuzünden ist.« Und »Militärs, die versuchen, Armenier zu beschützen, werden degradiert und sofort vor Gericht gestellt.

Funktionäre werden sofort abgesetzt und vor ein Kriegsgericht gestellt.«

Wer immer sich den Ausrottungsbefehlen entgegenstellte, riskierte Amtsenthebung, Degradierung oder gar den Tod. Wer immer gegen die bestehenden Gesetze verstieß, um Armenier umzubringen, wurde von strafrechtlichen Folgen freigestellt, darüber können auch die Scheinprozesse nicht täuschen. »Benachrichtigen Sie die Beamten«, telegraphierte Talaat am 22. September 1915 an die Präfektur Aleppo, »daß sie ohne Furcht vor Verantwortung darauf hinwirken müssen, den wirklichen Zweck zu erreichen.« Und am 16. Oktober: »Die Exzesse, die von der Bevölkerung an den bekannten Personen verübt worden sind, sollen nicht gerichtlich verfolgt werden.« Wenn gar Armenier sich über ihre Behandlung beklagten, empfahl Talaat: »Sagen Sie den Klägern, sie sollen ihre verlorenen Rechte an dem Ort ihrer Verschickung einklagen.«

Äußerst lästig waren, wie in allen Diktaturen, Journalisten und Fotografen; und ganz besonders unangenehm, weil schwer gerichtlich zu verfolgen oder gar umzubringen, waren ausländische Zeugen der Völkermordaktion, hauptsächlich Amerikaner und Deutsche. Talaat hatte erfahren, daß »Berichterstatter armenischer Zeitungen sich Fotografien und Papiere verschafft haben, die tragische Vorgänge darstellen, und dies dem amerikanischen Konsul anvertraut haben«. Seine Weisung: »Lassen Sie gefährliche Personen dieser Art verhaften und beseitigen.« In einem anderen Telegramm ging er noch weiter und empfahl, »die Personen zu verhaften, die solche Nachrichten übermitteln, und sie unter anderen Vorwänden an die Kriegsgerichte auszuliefern«.

Am 11. Januar 1916, als der deutsche Schriftsteller und Sanitätsoffizier Wegner mit seiner Plattenkamera durch Mesopotamien gezogen war, kabelte Talaat nach Aleppo: »Wir erfahren, daß ausländische Offiziere die Leichen der bekannten Personen fotografieren. Ich empfehle Ihnen dringend, diese Leichen sofort zu beseitigen.« Weil deutsche Soldaten auf dem Eisenbahnweg nach Mesopotamien die Elendszüge beobachten konnten, drohte Talaat: »Auf das strengste sollen alle Personen bestraft werden, die eine Anhäufung von Elementen an diesen für den Truppentransport so wichtigen Punkten zulassen.« Und um den zahlreichen ausländischen Augenzeugen in

Aleppo zu entgehen, ordnete er an: »Schicken Sie diese Armenier zu Fuß an die Orte ihrer Verbannung, ohne sie durch Aleppo ziehen zu lassen.«

Die Beseitigung von Leichen ist Gegenstand mehrerer Telegramme. In einem ordnete der Innenminister an, alle Leichen zu vergraben und untersagte, sie einfach in Gräben, Seen und Flüsse zu werfen. Doch daran hielten sich nicht alle. In seinem Distrikt, meldete der Wali von Diyarbakir, Reschid, würden die toten Armenier »in verlassene tiefe Brunnen geworfen oder, sehr häufig, verbrannt«. ZK-Mitglied und Arzt Mehmed Nazim rief in der Nähe von Erzurum die Türken dazu auf, »Massaker an den Armeniern außerhalb der Städte, Orte und Dörfer« zu begehen, »um Epidemien durch die Verwesung der Leichen zu vermeiden«.

Als die amerikanische Botschaft in Konstantinopel bei Talaat intervenierte und gegen die Deportationen protestierte, wies der Innenminister seine Präfekten an: »Vom Gesichtspunkt der aktuellen Politik ist es von äußerster Wichtigkeit, daß die dort sich aufhaltenden Fremden davon überzeugt sind, daß die Deportation nur einen Aufenthaltswechsel bezweckt. Aus diesem Grund ist es vorläufig wichtig, zum Scheine mit Milde zu verfahren und die bekannten Mittel nur an geeigneten Orten anzuwenden.«

Bis auf die Wurzel zerstören und ausrotten
Die wahren Motive der Jungtürken

Nach der Lektüre der Telegramme und Anordnungen ist kein Zweifel mehr möglich am Vernichtungswillen der verantwortlichen osmanischen Politiker. Sie führten einen Krieg gegen die Armenier, die sie als Volk auslöschen wollten. Und sie sprachen in ihren Geheimtelegrammen und vertraulichen Briefen auch offen darüber. Mehr noch: Besonders gegenüber deutschen, manchmal auch österreichischen Militärs und Diplomaten legten sie manchmal jede Zurückhaltung ab. Den Anklägern in den Nachkriegsprozessen blieb gar nichts anderes übrig, als nach Durchsicht des Belastungsmaterials die Beschuldigten und ihre Ziele eindeutig festzustellen.

»Es ist dringend erforderlich«, schrieb ZK-Mitglied Mehmed

Nazim nach einem Prozeß-Dokument, »das armenische Volk vollständig auszurotten, so daß kein einziger Armenier auf unserer Erde übrigbleibt und der Begriff Armenien ausgelöscht wird. Wir befinden uns jetzt im Kriege, und es gibt keine günstigere Gelegenheit als diese. Die Intervention der Großmächte und die Proteste der Presse werden keine Berücksichtigung finden. Und selbst wenn das der Fall sein sollte, wird die Angelegenheit bereits eine vollendete Tatsache sein, und zwar für immer.«

»Die einzige Kraft im Land, die die politische Entfaltung des Komitees für Einheit und Fortschritt stören kann«, schrieb das Zentralkomitee der Ittihad am 3. März 1915 in einem höchst vertraulichen Brief an den Ittihad-Vertreter in Adana, Dschemal Bey, »wird durch die Armenier dargestellt. Das Zentralkomitee hat deshalb beschlossen, das Vaterland von der Begehrlichkeit dieser verfluchten Rasse zu befreien und auf seine patriotischen Schultern die Verantwortung der Schande auf sich zu nehmen, mit der die osmanische Geschichte gezeichnet sein wird.«

»Das Zentralkomitee«, fährt der Brief fort, »hat entschieden, alle in der Türkei lebenden Armenier zu beseitigen, ohne einen einzigen leben zu lassen, und hat die Regierung mit den entsprechenden Sonderrechten ausgestattet. Die Regierung wird den Gouverneuren und Armeekommandanten die notwendigen Instruktionen geben, um die Massaker zu organisieren. Alle Delegierten des Komitees für Einheit und Fortschritt, welche Funktion sie auch immer innehaben, werden die Durchführung dieses Projekts verfolgen. Wir werden nicht tolerieren, daß ein Armenier Hilfe bekommt oder Schutz.«

Einige Wochen später, am 7. April 1915, bekräftigte das ZK seinen Beschluß, »komme was wolle, alle Verantwortungen zu übernehmen«. Es unterstütze »die Teilnahme der Regierung an dem allgemeinen Krieg«. Das Zentralkomitee, wiederholten die Autoren, »hat die Entscheidung getroffen, künftig die diversen Kräfte, die uns seit Jahren bekämpfen, bis auf die Wurzel zu zerstören und auszurotten«. Dazu sei das ZK »leider gezwungen, zu sehr blutigen Mitteln zu greifen«. Und um Zögerer umzustimmen, fügten die Autoren recht scheinheilig hinzu: »Glaubt uns, daß wir selbst sehr bewegt sind bei dem Gedanken an die Schrecken dieser Mittel, aber das Zentralkomitee sieht, will es seine Existenz auf alle Zeiten sicherstellen, keinen anderen Weg. Bevor das Unternehmen gegen die bekannten Personen das gewünschte Resultat erbracht hat, ist es müßig, sich um andere zu kümmern.«

Jeder verstand, daß mit den »anderen« die restlichen Christen im Osmanischen Reich gemeint waren, besonders die Griechen. Aber auch die Kurden wurden von vielen nationalistischen Türken schon damals als künftige Feinde angesehen.

Zwar bemühten sich die türkischen Verschleierer von der »Türkischen Historischen Gesellschaft«, die beiden letzten (von Andonian veröffentlichten) Briefe als Fälschungen hinzustellen, doch die türkischen Ankläger in den Nachkriegsprozessen steuerten genügend Material bei, um den Inhalt der Briefe zu bestätigen, und Insider sprachen das auch nach dem Krieg offen aus. Als »blutrünstige Banditen« bezeichnete der Nachkriegs-Innenminister Mustafa Arif die Mitglieder des Ittihad-Zentralkomitees, die es geschafft hätten, die Armenier »auszulöschen«.

»In der Anklageschrift war mehrmals festgehalten«, schreibt Annette Höss, »daß die Massaker an den Armeniern keine lokalen Vorkommnisse waren, sondern Teil der jungtürkischen Vernichtungspolitik und somit ein organisiertes Verbrechen.« So war es auch kein Wunder, »daß nahezu alle Urteile bestätigten«, wie Dadrian schreibt, »daß die Massaker vorsätzlich waren«. Im Kharput-Prozeß wurde ausdrücklich festgestellt, daß Schakir als Chef der Spezialorganisation für »die Auslöschung und Vernichtung der Armenier« verantwortlich war. Und in der Anklage eines anderen Prozesses wurde die Feststellung von Nazim zitiert, daß die antiarmenischen Maßnahmen nicht hastig getroffene Entscheidung waren, sondern das Ergebnis »langer und tiefgehender Diskussionen«.

»All das Elend und all die Willkür«, stellte Staatsanwalt Schewket Bey im Prozeß gegen die Parteisekretäre fest, »wurden aufgrund von Entscheidungen und Wünschen des Komitees für Einheit und Fortschritt durchgeführt, das ist eine Wahrheit, die auf der Hand liegt und so klar ist, wie zwei plus zwei vier sind.«

Äußerungen gegenüber Ausländern

Zwar bestritten die jungtürkischen Herrscher stets den systematischen Ausrottungsplan, doch gab es auch während des Kriegs gelegentlich Äußerungen, die die Mordabsicht belegen, besonders von Talaat und Enver, die häufig die deutsche Botschaft im Konstantinopler Stadtteil Pera aufsuchten und dabei schon mal plauderten. Aber auch gegenüber dem amerikanischen Botschafter Henry Morgenthau, der keinen Zweifel an seinem Abscheu angesichts der Brutalitäten ließ, sprachen Talaat und Enver offen über den Völkermord.

Schon am 17. Juni 1915 meldete der deutsche Botschafter Wangenheim seinem Kanzler, Talaat habe (dem Botschaftsdolmetscher) Mordtmann anvertraut, daß die osmanische Regierung »den Weltkrieg dazu benutzen wollte, mit ihren inneren Feinden (den einheimischen Christen) gründlich aufzuräumen, ohne dabei durch die diplomatischen Interventionen des Auslands gestört zu werden«.

Am 31. August 1915 verfaßte der Legationsrat der deutschen Botschaft, Otto Göppert, eine Aktennotiz darüber, daß der deutsche Botschafter am 30. August den Großwesir aufgesucht und »Vorstellungen wegen des Vorgehens gegen die Armenier erhoben« habe. Am 31. August, berichtete Göppert, habe der armenisch-katholische Patriarch »Seine Durchlaucht aufgesucht«, um verschiedene Dinge zu klären. »Seine Durchlaucht hat sich daraufhin bei Talaat Bey anmelden lassen«, berichtete Göppert. »Dieser ist aber selbst auf die Botschaft gekommen« und habe erklärt, »die Maßnahmen gegen die Armenier seien überhaupt eingestellt«. Sodann zitierte Göppert ohne jeden Kommentar den Satz: »La question arménienne n'existe plus.«

Daß dieser Satz von Talaat stammte, bestätigte am 4. September 1915 Übergangsbotschafter Ernst Fürst Hohenlohe-Langenburg. Talaat habe den Beweis liefern wollen, schrieb Hohenlohe an Bethmann Hollweg, daß die Zentralregierung bemüht sei, »den Ausschreitungen gegen die Armenier ein Ende zu machen und für die Verpflegung der Ausgewiesenen auf dem Transporte Sorge zu tragen. Mit Bezug hierauf hatte Talaat Bey einige Tage vorher mir gegenüber die Äußerung getan: La question arménienne n'existe plus« – die armenische Frage existiert nicht mehr.

Im Oktober 1915 machte Talaat gegenüber dem deutschen Publizisten und erwiesenen Türkenfreund Ernst Jäckh »keinen Hehl daraus, daß er die Vernichtung des armenischen Volkes als eine politische Entscheidung begrüße«. Im März 1916 sagte der türkische Innenminister dem deutschen Reichstagsabgeordneten Gerhart von Schulze-Gaevernitz: »Es war ein Krieg im eigenen Land.«

Gegenüber den neutralen Amerikanern, die die Türken nicht zu Unrecht eher den (feindlichen) Ententemächten zurechneten, ging Talaat insofern noch weiter, als er offen seinen Spott über die Armeniervertreibung kundtat. »Als die Frau unseres Botschafters in Konstantinopel eine Demarche beim Innenminister Talaat Bey unternahm und ihn bat, die grausamen Verfolgungen gegen armenische Frauen und Mädchen zu unterbinden«, schrieb der Amerikaner Theodore A. Elmer vom Anatolia College in Mersowan, »da war seine einzige Antwort: ›Das alles freut uns sehr.‹«

Dem amerikanischen Botschafter Henry Morgenthau bestätigte Talaat, daß der Ausrottungsplan lange geplant war. »Er erzählte mir«, berichtete Morgenthau, »daß das Komitee sorgfältig die Angelegenheit in allen Details geprüft hat und die Politik dem folgte, was offiziell angenommen worden ist. Ich sollte nicht glauben, die Deportationen seien überhastet entschieden worden, sie seien das Ergebnis langer und sorgfältiger Beratungen.« Einmal fragte er den Amerikaner: »Warum lassen Sie uns mit den Christen nicht so verfahren, wie wir das wünschen?« und formulierte auch gleich seinen Wunsch: »Wir haben die unumstößliche Entscheidung getroffen, sie noch vor dem Ende des Kriegs unschädlich zu machen.« Bei einem weiteren Gespräch teilte Talaat dem Amerikaner mit, es sei nicht mehr notwendig, über das armenische Problem zu sprechen: »Wir haben die Lage von drei Vierteln der Armenier bereits geklärt. Es gibt keine mehr in Bitlis, Van oder Erzurum.« Und: »Wir wollen keine Armenier mehr in Anatolien haben. Sie können in der Wüste leben oder sonstwo.« Als Morgenthau von einem Armenier sprach, der keine feindlichen Gefühle gegenüber den Türken hege, antwortete Talaat: »Nach all dem, was wir ihnen angetan haben, kann kein Armenier mehr unser

Freund sein. Der Haß zwischen den beiden Rassen war so groß, daß wir sie erledigen mußten.« Kurze Zeit später meinte der Innenminister: »Wir brauchen nicht mehr über sie zu sprechen. Wir sind mit ihnen fertig. Es ist vorbei.«

Wie Talaat sprach auch Enver gegenüber Ausländern offen vom Völkermord. Als sich Morgenthau darüber beklagte, daß subalterne Beamte Massaker gegen die Armenier zugelassen haben, korrigierte ihn Enver: »Da sind Sie aber sehr im Irrtum. Wir haben das Land absolut unter Kontrolle. Ich habe nicht vor, die Schuld auf unsere Untergebenen zu schieben, sondern den klaren Willen, die Verantwortung für alles, was in diesem Land passiert, auf mich zu nehmen.« Und gegenüber Lepsius höhnte Enver: »Wir können mit unsern inneren Feinden fertig werden. Sie in Deutschland können das nicht. Darin sind wir stärker als Sie.«

Lepsius berichtete, ein türkischer Minister habe während der Verfolgungen gesagt: »Am Ende des Krieges wird es keinen Christen mehr in Konstantinopel geben. Es wird so vollständig von Christen gesäubert werden, daß Konstantinopel sein wird wie die Kaaba.« Und ein Sektionschef im Justizministerium habe einem Armenier anvertraut: »Es ist in diesem Reich kein Raum für uns und euch, und es würde ein unverantwortlicher Leichtsinn sein, wenn wir diese Gelegenheit (den Weltkrieg) nicht benützen würden, um mit euch aufzuräumen.«

»Ein türkischer Minister rühmte sich«, so Lepsius weiter, »daß er in drei Wochen zustande bringen würde, was Abdul Hamid in 30 Jahren nicht fertiggebracht habe.« Und ein türkischer Offizier habe auf die Frage, warum mit wenigen Schuldigen eine ungeheure Masse Unschuldiger mitbestraft würde, geantwortet, dieselbe Frage hätte jemand an den Propheten Mohammed gerichtet, und der habe erwidert: »Wenn du von einem Floh gebissen wirst, tötest du nicht alle?« Auch Talaat soll diesen Spruch häufiger verwendet haben.

Nicht nur gegenüber Ausländern gab es während des Krieges Äußerungen über den Genozid. Auch die osmanischen Abgeordneten erfuhren 1916 Details über die Mordmaschine, wenngleich nicht alle die ganze Tragweite erkennen konnten.

Debattiert wurde im osmanischen Parlament über ein Gesetz, überführte Kriminelle für militärische Zwecke einzusetzen, wenngleich die meisten Abgeordneten zumindest ahnen mußten, daß hier nachträglich eine Institution legalisiert werden sollte, die zu diesem Zeitpunkt ihre Blutarbeit schon erledigt hatte. Einer der schärfsten Widersacher war Gründer der Partei, Achmed Riza, der sich vom Saulus zum Paulus gewandelt und wiederholt gegen die antiarmenischen Maßregeln protestiert hatte. »Mörder und Kriminelle gehören nicht in die Armee«, argumentierte er nunmehr, obgleich Oberst Behiç Erkin aus dem Kriegsministerium zugegeben hatte, daß die Mehrheit der Kriminellen nicht in die Armee eingezogen worden war, sondern der Spezialorganisation diente. Darauf Riza: »Wir kennen die wahre Natur dieser Organisation.« Wenige Monate später eröffnete Riza eine Sitzung des Senats, dessen Präsident er war, und gedachte der »Armenier, die grausam ermordet wurden«. Als er deshalb getadelt wurde, »ging Riza noch einen Schritt weiter«, wie Dadrian schreibt, und tat kund, der Massenmord an den Armeniern sei ein »offiziell« sanktioniertes Verbrechen.

»Ich komme auf diese scheußlichen Massaker zurück«, sagte im Dezember 1918 der Kandidat auf den Sultansthron, Prinz Abdul Madschid. »Sie sind der größte Schandfleck für unsere Nation und Rasse. Sie waren das alleinige Werk von Talaat und Enver. Einige Tage vor ihrem Beginn hörte ich davon und bestand darauf, Enver zu sprechen. Ich fragte ihn, ob es stimme und ob er wirklich vorhabe, wieder mit Massakern zu beginnen, die unsere Schande unter Abdul Hamid waren. Die einzige Antwort, die ich bekam, war: ›Es ist entschieden. Es ist ein Programm.‹« Das war im Frühjahr 1915. Ein Jahr später brüstete sich Enver im fernen Damaskus öffentlich: »Das Osmanische Reich muß von den Armeniern und Libanesen gesäubert werden. Wir haben die ersten mit dem Schwert vernichtet und werden die letzteren aushungern.«

Auch der dritte im Triumvirat, Ahmed Dschemal, gab die Armeniermorde zu, wenngleich indirekt, indem er seine Mitwirkung verneinte. »Die Verbrechen während der Deportationen von 1915, von denen gesprochen wird«, schrieb er, »sind wirklich empörend.« Und als er Zeuge eines Deportationszuges wurde, sagte er dem anwesenden deutschen General Freiherrn Friedrich Kreß von Kressenstein: »Ich schäme mich für meine Nation.«

Dschemals Stabschef General Ali Fuad Erden war auskunftsfreudiger. Er berichtete davon, daß zwei Abgesandte der Spezialorganisation (Halil und der Tscherkesse Ahmed) nach Aleppo mit dem Ziel gekommen waren, die dortige Bevölkerung auszurotten, nachdem sie »die Massaker der Armenier im Diyarbakir-Gebiet« beendet hätten. Schließlich sprach der General in seinen Memoiren ganz offen darüber, daß Schakir ein verschlüsseltes Telegramm an Dschemal geschickt habe, die Deportierten in die unwirtlichen Wüsten südlich von Mossul zu schicken – eine »sehr bedeutsame Aussage über das verdeckte Ziel des Deportationsschemas«, so Dadrian.

In den liberalen Nachkriegsmonaten gab es eine Fülle von Selbstanklagen osmanischer Politiker, die den Völkermord belegen. »Vor vier oder fünf Jahren ist ein historisch einzigartiges Verbrechen begangen worden, ein Verbrechen, vor dem die Welt erschaudert«, schrieb Ali Kemal, zwischen März und Juni 1919 erst Erziehungs-, dann Innenminister, »diese Tragödie wurde aufgrund einer Entscheidung geplant, die das Zentralkomitee der Ittihad getroffen hat.«

»Sicher, ein paar Armenier halfen und hetzten unsere Feinde auf, und ein paar armenische Abgeordnete begingen Kriegsverbrechen gegen die türkische Nation«, schrieb Ende 1918 der Innenminister Mustafa Arif (Deymer), »aber es ist die Pflicht einer Regierung, nur die Schuldigen zu bestrafen. Leider haben unsere Führer im Krieg, erfüllt von einem verbrecherischen Geist, das Deportationsgesetz in einer solchen Art vollstreckt, daß die Gelüste der blutrünstigsten Banditen noch übertroffen werden konnten. Sie entschieden, die Armenier auszurotten, und sie rotteten sie aus. Diese Entscheidung wurde vom ZK der Ittihad getroffen und von der Regierung ausgeführt.« Wenige Tage später erklärte der Minister in osmanischen Parlament: »Die gegen die Armenier begangenen Grausamkeiten machen aus unserem Land ein riesiges Schlachthaus.«

Die für alle Türken vermutlich schwerwiegendste Anklage kam von Mustafa Kemal, dem späteren Staatsgründer Atatürk, der noch heute als »Vater der Türken« verehrt wird. Im Parlament von Ankara prangerte er offen die »Massaker an den Armeniern« an und nannte sie einen »beschämenden Akt«. In einem Interview mit dem Schweizer Journalisten Emile Hilderbrand im Juni 1926 sprach er sogar von »Millionen unserer christlichen Untertanen, die erbarmungslos in Massen aus ihren Häusern getrieben und massakriert worden sind«.

Brisantes Staatsgeheimnis
Die Statistiken des Völkermords

Über kein Detail des Völkermords an den Armeniern streiten die nationalistischen türkischen Historiker so erbittert wie über die Zahl der Opfer. Sie ist für die heutigen türkischen Politiker, so scheint es, fast wichtiger als die Anerkennung des Völkermords selbst.

Die Schätzungen reichen von etwa 150 000 Toten, die selbst von der »Türkischen Historischen Gesellschaft« als Kombination von Kriegsfolgen und bedauernswerten Übergriffen lokaler Stellen zugegeben werden, bis zu zwei Millionen unmittelbaren und mittelbaren Opfern der Mordaktionen.

Über die verläßlichsten Schätzungen verfügten zweifellos die osmanischen Verantwortlichen kurze Zeit nach dem Völkermord. Doch diese Zahl galt und gilt als eines der brisantesten Staatsgeheimnisse der Türkei. Wenn es nicht wieder Informationslecks gegeben hätte und die Kriegsverbrecherprozesse.

Zur Zeit des Waffenstillstands im November 1918 stand Dschemal Bey dem osmanischen Innenministerium vor, jener Behörde also, die unter Innenminister Talaat wie keine andere mit dem Völkermord befaßt war und wo eine Fülle von Daten zusammenlief. Dschemal studierte ausführlich die Dossiers seines Ministeriums und gab im März 1919 der Öffentlichkeit bekannt: »Der Regierung ist daran gelegen, eine blutige Vergangenheit aufzuklären. 800 000 Armenier sind tatsächlich getötet worden.« Und in dieser Zahl waren weder die erschossenen armenischen Soldaten enthalten, über deren Zahl nur das Kriegsministerium verfügte, noch die Zahl der geraubten Frauen und Kinder, noch erst recht nicht die Zahl der Zwangsislamisierten.

Unter der Überschrift »Der Mut, Fehler zu bekennen« lobte die türkische Zeitung *Vakit* in einem Leitartikel den Minister für seine Offenheit, doch schon sehr bald geriet Dschemal ins

Kreuzfeuer der Nationalisten, die ihn als Nestbeschmutzer abkanzelten. Einer der Kritiker in der türkischen Nationalversammlung war der Historiker Jusuf Hikmed Bayur, der allerdings als Wissenschaftler in seinem zehnbändigen Mammutwerk die von Dschemal als Ausgangsbasis für seine Berechnung angenommenen Statistiken als »in Übereinstimmung mit den von unseren offiziellen Quellen herausgegebenen Zahlen« bezeichnete. Dabei hatte Bayur, wie Dadrian feststellte, die Zahlen von Oberst Nihad übernommen, dem Historiker des türkischen Generalstabs.

Dschemal wurde immer wieder wegen der Zahl angegriffen und als Verräter beschimpft, aber niemals wurden die Grundlagen der Berechnungen bestritten, immer nur der Schaden für die Türkei beklagt. Den besten Beweis, daß Dschemals Zahl der Wahrheit sehr nahe kommt, lieferte Atatürk höchstpersönlich, denn er gebrauchte sie am 22. September 1919 bei seinem Gespräch mit dem amerikanischen Chef einer Kommission für die Friedensverhandlungen in Paris, Generalmajor James G. Harbord. Der Amerikaner wertete noch andere türkische Quellen aus und kam schließlich auf eine Gesamtzahl von 1,1 Millionen »deportierten« Armeniern.

Ebenfalls eine hohe Zahl soll das ZK-Mitglied Mehmed Nazim genannt haben. »Dr. Nazim brüstet sich damit«, schrieb der für die Prozeßberichterstattung abgestellte Sonderkorrespondent der Londoner *Morning Post*, »eine Million Morde gegen die Armenier begangen zu haben.«

Alle anderen Berechnungen der Gesamtzahl armenischer Opfer gehen von der Gesamtzahl der Armenier vor dem Massaker aus und legen relative Verlustzahlen zugrunde, wie sie anhand einzelner Deportationszüge ermittelt wurden oder anhand der Verluste einer Stadt oder Landschaft.

Die einzigen quasioffiziellen Zahlen stammen aus dem Yozgat-Prozeß und betreffen die Provinz Ankara. Sie ist in mehrfacher Hinsicht interessant. Einmal waren ein Fünftel bis ein Viertel der dort lebenden Armenier zum katholischen Glauben übergetreten und sprachen nicht mehr Armenisch, sondern Türkisch. In den Registern wurden sie meist als Katholiken geführt und nicht als Armenier. Während der Vernichtung kümmerten sich die Deutschen und Österreicher um sie mehr als um andere Gruppen, und die Verantwortlichen in

Konstantinopel sagten mehrfach eine Schonung der katholischen Armenier zu. Ferner ergab der Prozeß in Yozgat, daß von einem Aufstand der Armenier keine Rede sein konnte, vielmehr stellte das Gericht ausdrücklich ihre Staatstreue fest. Und schließlich lag der Bezirk so weit abseits aller Kriegsfronten, daß auch kein militärischer Grund zur Deportation vorgeschoben werden konnte. Trotzdem wurden die Armenier der Region fast vollständig ausgerottet. Denn in Yozgat legten die Verantwortlichen genaue Zahlen vor.

Die Zahl der Toten gibt ein verschlüsseltes Telegramm vom 11. September 1915 an das Innenministerium mit 61 000, die der vor dem Ersten Weltkrieg dort lebenden Armenier der verschiedenen Glaubensrichtungen mit insgesamt 63 605 an. Die Tötungsrate in der Ankara-Provinz lag also bei 95,9 Prozent. Aus der Stadt Yozgat selbst überlebten nach den Gerichtsunterlagen 88 Armenier bei einer Gesamtbevölkerung von 1800 Armeniern kurz vor dem Krieg, was ebenfalls eine Tötungsrate von mehr als 95 Prozent bedeutet.

Sicher regierten in der Ankara-Provinz besonders brutale Ittihad-Leute, doch die gab es auch anderswo. Wenn der Prozentsatz ermordeter Armenier in der Vergangenheit von den meisten Historikern auf drei Viertel bis neun Zehntel geschätzt wurde, so scheint der höhere Quotient der Realität eher zu entsprechen. In einem Telegramm an die Leitstelle für die Armeniervernichtung in Konstantinopel stellte der Vizegouverneur Abdulahad Nuri am 23. Januar 1916 in Aleppo fest: »Nach unseren Untersuchungen kommen kaum zehn Prozent der deportierten Armenier am Ort ihrer Bestimmung an.« Später korrigierte Nuri auf »ein Viertel«. Doch hinzu kamen noch die in den Vernichtungslagern umgebrachten Armenier, so daß sich auch Nuris Zahlen denen von Yozgat nähern.

Eine Errechnung der Gesamtzahl der armenischen Todesopfer muß von der Gesamtzahl der Armenier im Osmanischen Reich zu Beginn des Ersten Weltkriegs ausgehen, doch deren Schätzungen gehen weit auseinander. Das armenisch-apostolische Patriarchat errechnete 1 845 450 Armenier zu Anfang des Krieges, die Regierung in Volksbefragungen, die der nationalistische Professor Kamuran Gürün zugrunde legte, zu Kriegsbeginn 1 294 851 Armenier. Bei diesen Erhebungen wurde allenfalls nur das Familienoberhaupt befragt. Besonders die

Armenier gaben stets weniger Mitglieder des Haushalts an, weil nach ihrer Größe die Steuerschuld berechnet wurde.

Die deutsche Botschaft schätzte am 4. Oktober 1916, daß von den insgesamt etwa zwei Millionen Armeniern 1,5 Millionen deportiert und 800 000 bis eine Million ums Leben gekommen waren – angesichts der Yozgat-Erkenntnisse vermutlich eine zu optimistische Zahl. Lepsius kam in seinen ausführlichen Berechnungen schließlich auf 1,1 Millionen in der Türkei umgekommene Armenier, zu denen noch 259 000 bis 300 000 Zwangsislamisierte kamen. Der Hilfsbund-Mitarbeiter Ernst Sommer kam auf 1,4 Millionen Deportierte, von denen »wohl kaum mehr als 250 000 am Leben« seien.

Als Richtgröße hat sich in der Literatur eine Million armenische Tote des ersten Völkermords etabliert. Sicher eine eher vorsichtige Schätzung, wohingegen die etwa 150 000 Toten, die die »Türkische Historische Gesellschaft« gelten lassen will, eine Beleidigung für die Armenier ist, wo schon Enver (300 000) und Talaat (500 000) weit höhere Opferziffern angegeben hatten.

Noch unerträglicher ist der Versuch der Türken, die Zahl der armenischen Opfer mit der Gesamtzahl der türkischen Kriegsopfer (1,5 Millionen) aufzurechnen. Darin waren nicht nur die Hunderttausende getöteten Soldaten enthalten, die dem militärischen Unvermögen eines Enver zuzurechnen sind. Sondern mehr noch Hunderttausende von türkischen Toten, die an Hunger starben oder Epidemien, die beide erst durch die Vernichtung der Armenier ausgelöst worden waren.

Mitte 1916 konnten die Türken ihren Soldaten in den östlichen Provinzen nur noch ein Drittel der Minimalrationen ausgeben. In der Vergangenheit hatten die in dieser Region siedelnden Armenier stets mehr Nahrungsmittel produziert, als sie selbst verbrauchten, während die Bauern Zentralanatoliens gerade ihren Bedarf deckten. So gingen Hunderttausende an Entkräftung zugrunde.

Andere starben nach dem Genuß von Wasser, das durch die verwesenden Leichen verseucht war, oder an anderen ansteckenden Krankheiten, darunter der Syphilis. Besonders Tausende von zwangsprostituierten Armenierinnen hatten die venerische Krankheit verbreitet und mußten ein weiteres Mal büßen: In Musch ließ der Militärkommandant nach einem Bericht seines Hygieneoffiziers sämtliche Freudenmädchen aus ihren Häusern heraustreiben und erschießen.

Völlig unerwähnt in den Geschichtsbüchern sind jene, die den Gelüsten der jungtürkischen Machthaber zum Opfer gefallen sind: das von den Jungtürken ausgebeutete eigene Volk.

Verfolgung durch Geldgier diktiert?
Die Bereicherungen

Überfälle auf Wohlhabende waren gang und gäbe im Osmanischen Reich, Überfälle von Banden oder auch von einzelnen. Und auch Korruption war Bestandteil des Regierungssystems. Daß aber die herrschende Mannschaft mehrheitlich aus Profiteuren besteht, die es nur oder fast nur auf ihre eigene Bereicherung abgesehen haben, ist schon seltener in der Geschichte. Daß sie gar ein Volk in den eigenen Grenzen umbringen mit dem Hintergedanken, sich deren Besitz anzueignen, wäre wohl einmalig. Die Führungsmannschaft der Jungtürken könnte diese Premiere bewerkstelligt haben.

Die Bereicherung auf Kosten der Armenier war eines der Hauptanliegen der Jungtürken, wie die Nachkriegsprozesse zur Genüge bewiesen. Der Aspekt der Bereicherung, sagt Historiker Dadrian, könne gar nicht wichtig genug genommen werden.

Bereits am 9. September 1912 hatte der k.u.k. Generalkonsul von Trapezunt, Peter Moricz von Tecsö, über den (vorübergehenden) Sturz der Jungtürken mit einem entlarvenden Satz berichtet, daß »es von fast allen Anführern der Jungtürken nur heißt, daß ihr Hauptbestreben auf ihre eigene Bereicherung gerichtet war«.

Als die Jungtürkenführer mit den Deutschen über den Eintritt des Osmanischen Reichs in den Ersten Weltkrieg verhandelten, war mehr die Rede von Gold und Geld als von Gewehren. »Wie ich erfahre«, kabelte der k.u.k Botschafter Johann Markgraf von Pallavicini am 10. Oktober 1914 nach Wien, »spielt die Geldsumme große Rolle.« Am 29. Oktober bestätigte Pallavicini nochmals, daß bei dem Schacher um den Kriegseintritt »Geld eine Rolle gespielt hat«.

»Zwei Millionen Pfund in bar oder Barren«, hatte der deutsche Botschafter Wangenheim am 11. Oktober 1914 für seine türkischen Freunde gefordert, »größte Eile« sei geboten und »dringend nötig« sei Geld, viel Geld. Schließlich einigten sich Deutsche und Jungtürken auf den Einstiegspreis des Osmanischen Reichs in den Ersten Weltkrieg: 900 000 Sovereigns (im Wert von 18,9 Millionen Mark) und 20 Millionen in Mark. Besonders auf Zahlungen in Gold waren die osmanischen Führer erpicht, die sofort nach Vertragsabschluß nachkarrten. »Türken rechnen auf zwei Millionen Gold«, funkte Wangenheim am 15. Oktober 1914, und: »Türken werden nicht losschlagen, ehe sich zwei Millionen türkische Pfund (entsprechend fast 40 Millionen Mark) bar hier befinden.« Schließlich waren es genau 56 255 800 Mark (fast ausschließlich in Gold), die die Deutschen für den Partner am Bosporus berappen mußten, wie das Berliner Reichsschatzamt im Dezember 1914 errechnete. Das war kein Pappenstiel, denn der gesamte Goldbestand der als Notenbank fungierenden Osmanischen Bank belief sich auf eine Million und der gesamte Notenumlauf auf 2,7 Millionen türkischen Pfund. Auf heutige Verhältnisse hochgerechnet waren es mehrstellige Milliardenbeträge.

Offiziell handelte es sich um Anleihen, die im Prinzip zurückzuzahlen waren. Wie hoch der Anteil an Schmiergeldern bei Transfers dieser Größenordnung war, teilte der deutsche Rittmeister a.D. Simon aus Straßburg dem Berliner AA-Staatssekretär Jagow mit. Als der Elsässer für die Franzosen eine 300-Millionen-Francs-Anleihe aushandeln sollte, stellten ihm seine Auftraggeber drei Millionen für die Türken und weitere 1,5 Millionen zur Verfügung. »Einflußreiche ernste Politiker«, berichtete Simon, »baten mich, ihnen wenigstens eine Million zu verschaffen.« Simon aber verhandelte mit einigermaßen bescheidenen osmanischen Oppositionellen und nicht mit raffgierigen Jungtürken.

Wenn es um Lieferungen von Kriegsmaterial ging, schnellten die Forderungen sogleich noch weiter in die Höhe. So verhandelte ein Stellvertreter des Kriegsministers Enver »zur Komplettierung Kanonenmaterials« um weitere 15 Millionen türkische Pfund (entsprechend knapp 300 Millionen Mark), und andere Dienststellen baten ebenfalls zur Kasse. Die Deutschen waren anfangs von einem Blitzkrieg ausgegangen und hatten sich leichtfertig festgelegt: »Dauert der Krieg länger als bis Mai 1915«, so Wangenheim am 14. November 1914, »sind wir genötigt, auch weiter monatlich Subsidien in Höhe von etwa 500 000 türkischen Pfund zu leisten.« Der Krieg dauerte bis zum Oktober 1918.

Das Eintrittsgeld in den Weltkrieg war nur ein Anfang der jungtürkischen Geldmanipulationen. Am 16. August 1916 meldeten die Deutschen aus Konstantinopel: »Einige Mitglieder des Komitees sollen sich durch Verkauf der für die Truppen bestimmten Vorräte an die Civilbevölkerung zu exorbitanten Preisen in unerhörter Weise bereichert haben.« »Die Vorgänge sind derart skandalös«, so ein internes Schreiben im Berliner Außenamt, »daß der deutsche Botschafter bereits zweimal mit seiner Abreise gedroht hat.« Der deutsche Botschafter zu jener Zeit war Paul Graf Wolff-Metternich, der im Herbst 1916 die Geschäftemacherei der osmanischen Herrscher »das türkische Raubsystem« nannte.

Pfarrer Johannes Lepsius hatte nach seinem Besuch in Konstantinopel über Unterredungen mit deutschen Kaufleuten berichtet, die den wirtschaftlichen Zusammenbruch vorhersahen, »da die Mitglieder des jungtürkischen Komitees nur von dem einen Gedanken beseelt seien, die Kriegszeit in der schamlosesten Weise zu ihrer eigenen Bereicherung auszubeuten.« Unter dem Schutz der Krieges, behauptete auch ein türkischer Staatsanwalt in einem der Nachkriegsprozesse, hätten die einflußreichen Ittihad-Mitglieder es »in Wahrheit nur darauf abgesehen, Reichtümer anzuhäufen«.

Besonders das Kriegsministerium lenkte die reichlich fließenden deutschen Gelder in die Taschen seiner Mitarbeiter und der Offiziere. Der Generalintendant des osmanischen Heeres, Ismail Hakki Pascha etwa, ergab ein deutscher Bericht aus Konstantinopel, lenkte die für den Kauf von Flugzeugen bereitgestellte Summe in die Taschen der herrschende Klasse, und auch die unteren Chargen in den türkischen Kommandostellen versilberten die für die hungernde Truppe vorgesehenen Lebensmittelrationen.

Hunderttausende Türken mußten schmachten, weil die Jungtürken hauptsächlich mit Lebensmittelspekulationen zu Reichtum kommen wollten. »Die Leiden werden übrigens meist geduldig ertragen«, meldete der deutsche Konsul in Samsun, Max Hesse, im Sommer 1918 nach einer Fahrt durch das Landesinnere, »als gerechte Strafe für die Ausrottung der Armenier.« Das änderte sich in der Nachkriegszeit. »Da diese Spekulationen in den ärmeren Schichten der türkischen Bevölkerung viele Hungertote gefordert hatten«, schreibt die Wienerin Annette Höss in ihrer Studie über die Nachkriegsprozesse, »richtete sich deren Zorn gegen die Verantwortlichen unter den Jungtürken.«

»Zu Beginn des Jahres 1918 war die wirtschaftliche Situation der Türkei so schlecht wie nie zuvor«, stellte die Wienerin fest. Die Preise in Konstantinopel waren innerhalb von vier Jahren generell um 2000 Prozent gestiegen, die für Zucker, Tee und Kaffee sogar um 3000 Prozent. Das für viele lebensnotwendige Petroleum und Fleisch war gar um 4000 Prozent teurer als zu Kriegsbeginn.

Nicht nur die Armen begehrten auf, auch die Reichen. »Fabrikanten sahen all ihre Gewinne in die Taschen der Mitglieder des Komitees fließen«, berichtete der britische Botschafter in Konstantinopel und Hochkommissar, Sir Horace Rumbold, an den britischen Außenminister Arthur James Earl of Balfour. Die Ittihad-Chefs schanzten befreundeten Türken verschiedene Monopole zu, für die diese an die Parteikasse zahlten. Etwa 30 bis 40 Millionen Pfund (600 bis 800 Millionen Mark), so die Briten, hätten sich die Ittihad-Mitglieder allein durch diese Zahlungen unter den Nagel gerissen. Die gesamten Gewinne schätzte der Ittihad-Generalsekretär Midhat Schükrü auf 300 bis 400 Millionen türkische Pfund (entsprechend sechs bis zwölf Milliarden Mark).

Der Reichtum sammelte sich besonders bei den obersten Jungtürken an. Envers Vater war noch ein kleiner Angestellter der Wege- und Brückenverwaltung und verdiente sechs türkische Pfund (120 Mark) im Monat, seine Mutter arbeitete als Leichenwäscherin, einem verachteten Gewerbe. Vielleicht erklärt das Envers Hang zum »Luxus mit Silber und Gold auf der Tafel, nachdem er aus Ehrgeiz eine häßliche Prinzessin (eine Nichte des Sultans) geheiratet hat«, wie der deutsche Journalist Harry Stuermer berichtete.

Tatsächlich bewohnte Enver nach seiner Ernennung zum Kriegsminister ein großes Palais im vornehmsten Stadtviertel Konstantinopels »und führte einen fürstlichen Haushalt«, so Österreichs Militärattaché Joseph Pomiankowski, »dessen Kosten in gar keinem Verhältnis zu seinen und seiner Frau offiziellen, sehr bescheidenen Einkünften standen.« Auch der amerikanische Botschafter Henry Morgenthau schrieb erstaunt: »Nach einem flüchtigen Blick auf all diesen Luxus kamen mir schon ein paar lieblose Gedanken, die zu einer Frage führte, die ganz Konstantinopel beschäftigte: Wo hat dieser Mann das ganze Geld her?«

Eine der wichtigsten Quellen der Bereicherung, wenn nicht die wichtigste, waren die den Armeniern abgenommenen Gelder und Güter. »Das an der Macht befindliche Komitee für Einheit und Fortschritt hat von dem Deportationsgesetz Gebrauch gemacht«, behauptete der türkische Staatsanwalt Reschad im Prozeß gegen die Kabinettsmitglieder, »um zu massakrieren und sich zu Lasten der armen Deportierten zu bereichern.«

»Es wurde geradezu als patriotische Pflicht der Mohammedaner proklamiert«, kabelte Pomiankowski am 18. März 1917 an seine Oberen in Wien, »sich zu bereichern unter der stillschweigenden Voraussetzung: auf Kosten der christlichen Geschäftsleute.« Innenminister und Großwesir Talaat, der dadurch auffiel, daß er als einziger prominente Jungtürke bescheiden lebte, sah es nicht unter seiner Würde an, den amerikanischen Botschafter Henry Morgenthau um eine Liste der Armenier zu bitten, die bei amerikanischen Versicherungen Verträge abgeschlossen hätten, um so an deren Vermögen heranzukommen.

Der schmutzige Weg zum großen Geld gefiel den Beteiligten so gut, daß sie nach neuen Quellen Ausschau hielten. »In türkischen Kreisen, welche aus der Ausweisung der Armenier reichen Gewinn gezogen haben«, meldetete der deutsche Konsul Heinrich Bergfeld am 14. September 1916 aus Samsun, »macht sich eine Strömung für die Ausweisung aller Griechen bemerkbar. Sie hoffen in gleicher Weise im Trüben fischen zu können.«

Auch in den verschlüsselten Telegrammen wird nicht nur die Vernichtung der Armenier angemahnt, sondern auch der Transfer ihres Reichtums an die Zentrale. »Wie ihr wißt«, hatte Talaat an die Ittihad-Dependenz in der Stadt Malatya gekabelt, »stammt der größte Teil der Gelder unseres Sitzes aus den Gütern der Armenier. Unsere Emissäre haben geschworen, daß sie alles, was sie den Armeniern abnehmen, unserer Zentrale übergeben. Doch trotz dieser Übereinkunft haben sie nur die Hälfte der entwendeten Güter nach Konstantinopel geschickt. Die andere Hälfte haben sie unter sich verteilt, und jeder hatte für sich etwa einen Teil von 15000 türkischen Pfund (entsprechend 300000 Mark).«

Unter dem Titel »Moslems machten Millionen mitten im Krieg« brachte die *New York Times* am 6. Dezember 1918 einen Artikel, in dem der Korrespondent die Jungtürken anklagte, alles getan zu haben, einem Teil der Bevölkerung zu Lasten eines anderen allen Reichtum zugeschanzt zu haben: »Niemals zuvor waren einige Türken so reich wie jetzt. Ein einfacher Polizist in Pera (dem Diplomatenviertel Istanbuls) hat so seine 10000 bis 15000 Pfund (200000 bis 300000 Mark). Diese Ansammlung von Reichtum war ein Teil des Programms des Komitees für Einheit und Fortschritt, die Türken zu Lasten der Christen zu bereichern.«

Für die Friedensverhandlungen in Paris errechnete die armenische Delegation die Gesamtsumme der von den Armeniern des Osmanischen Reichs verlorenen Güter mit 14,6 Milliarden französischen Francs oder umgerechnet fast sechs Milliarden Mark. Hinzu kamen noch die erheblichen Verluste der Kirchen und Gemeinden.

Der jungtürkische Run aufs Gold ließ die Verbündeten schon früh vermuten, daß nicht nur »nationalistische Gründe« hinter den Deportationen standen, wie der deutsche Botschafter Graf von Bernstorff am 9. Dezember 1917 schrieb, sondern auch »selbstsüchtige Bereicherung«. Weiter noch ging der österreichische Militärattaché Pomiankowski, der seinen Chefs am 18. März 1917 telegraphierte: »Es wird hier ganz unverhohlen erklärt, daß alle innenpolitischen Maßnahmen der Regierung, wie beispielsweise die Armenierverfolgung, von der Geldgier der führenden Männer diktiert wurden.«

Die Sache ist reif
War der Völkermordsplan Vorwand zum Krieg?

Im Dezember 1914 oder Januar 1915 hatte, nach den Informationen der Briten, die entscheidende Sitzung stattgefunden, deren Ergebnis die makabren zehn Gebote der Armeniervernichtung waren. Doch schon vor diesem Termin gab es Äußerungen, die auf einen Völkermord hindeuteten. So berichtete die schwedische Schwester Alma Johansson bereits im November 1914 aus Musch, der dortige Regierungspräsident Servet Bey, ein enger Freund Envers, habe offen erklärt, daß die Armenier bei der ersten sich bietenden Gelegenheit als Rasse ausgelöscht würden.

Der Erste Weltkrieg war eine solche Gelegenheit. Zeitgenossen wunderten sich, wie schnell die Jungtürken einen immerhin komplizierten Vernichtungsplan in die Wirklichkeit umgesetzt hatten. Oder war es gar nicht so schnell?

Die Publizierung des Zehn-Punkte-Plans ist relativ neu, nachdem der armenische Historiker Vahakn N. Dadrian ihn in den Dokumenten des Foreign Office gefunden hatte. Doch bereits 1981 war in Frankreich eine Übersetzung der Protokolle des Tehlerjan-Prozesses unter dem Titel *Justicier du Génocide Arménien* erschienen, denen der Herausgeber Ara Krikorian mehrere Dokumente beifügte. Eines davon hieß schlicht »Projekt in zehn Artikeln«, ohne jede Quellenangabe und Erläuterung. Es war der Zehn-Gebote-Plan der Briten und enthielt einige Präzisionen, die die damaligen britischen Rechercheure nicht übermittelt hatten.

Das Erstaunliche an dem Dokument aber war etwas anderes: Es war unterzeichnet von Talaat, Behaeddin und Nazim und war datiert auf den 15. Februar 1914. Wer es las, dachte an eine Schlamperei. Es konnte nur ein Druckfehler sein und mußte wohl 1915 heißen.

Doch Krikorian glaubt nicht an eine Verwechselung. Er hatte den Wortlauf des Dokuments von einem Armenier, der eine Zeitlang in Stuttgart gelebt hatte und unter dem Pseudonym Marcus Fisch schrieb. Wie der Dokumentenüberbringer wirklich hieß, weiß Krikorian heute nicht mehr, auch hat er den Kontakt zu dem alten Herrn verloren, der seinerzeit noch die Zeugen des Tehlerjan-Prozesses einvernommen hatte. Doch an eins erinnert sich Krikorian genau: Sie hatten mehrmals über das Datum gesprochen, und Fisch hatte behauptet, daß es sich bei dem Vorgang um einen Beschluß handelte, der 14 oder 15 Monate vor dem Beginn des Völkermords gefaßt worden sei.

War die Entscheidung zum Völkermord schon vor dem Ersten Weltkrieg gefallen? Hatten die Türken sich vielleicht deshalb für die Deutschen als Verbündete entschieden, weil sie von ihnen den geringsten Widerstand gegen eine solche Untat erwarteten?

Schon früher hatten manche Historiker den Entschluß zum Völkermord auf den Jungtürkenkongreß von 1910 oder zumindest 1911 datiert. Allerdings konnten sie nur scharfe Reden gegen die Minderheiten als Beweis anführen.

Auf ihrem jährlichen Kongreß 1910 in Saloniki hatten die Jungtürken hinter verschlossenen Türen eine »völlige Osmanisierung der türkischen Untertanen« beraten. »Mit ›Osmanisierung‹«, analysierte der britische Botschafter Sir Gerard Lowther die Diskussion, »meinten sie natürlich ›Türkisierung‹, und ihre gegenwärtige Politik besteht darin, die nichttürkischen Mitglieder in den türkischen Mörser einzustampfen.« Der französische Konsul in Saloniki, Max Choublier, sprach bereits im November 1910 davon, daß eine radikale Fraktion der Partei »die Vernichtung aller den Jungtürken feindlichen Christen« propagiere. Ein türkischer Teilnehmer berichtete dem Dolmetscher des französischen Konsulats in Erzurum über diesen Kongreß und sagte, die Natur dieser Pläne habe ihm »die Haare auf dem Kopf hochstehen lassen«.

Ein Jahr später, schreibt Historiker Dadrian, soll ein jungtürkischer Abgeordneter in der Stadt Scharkischla in der Provinz Sivas die Armenier vor die Wahl gestellt haben, entweder zum Islam überzutreten oder liquidiert zu werden. Massenkonvertierungen waren offensichtlich als eines der Mittel diskutiert worden, die Armenier als Volk untergehen zu lassen. Der deutsche Botschafter Wangenheim berichtete lange vor dem Ersten Weltkrieg Vertrauten, die Armenier hätten nur eine Chance zu überleben: den Übertritt zum Islam.

Der Stellvertreter des Regierungspräsidenten des Distrikts Kayseri, berichtete der Armenier S. Sabah-Kulian, habe die armenischen Revolutionäre im Sommer 1911 gewarnt: »Wenn diese Jungtürken an der Macht bleiben, wird es neue und weit größere Katastrophen für die Armenier geben.« Es war offensichtlich etwas beschlossen worden, denn »diese Warnung«, schrieb Sabah-Kulian, »war keine private Meinung, sondern beruhte auf konkreten Informationen, die er bekommen hatte und die auf Dokumenten in seinem Besitz beruhten, für deren Glaubwürdigkeit er sein Wort verpfändete.«

Im Jahr 1912 zeigte ihnen der Landrat Niksar Ihsan Bey und der regionale Militärkommandeur Sabih Bey, so Sabah-Kulian, »einen Stoß von sehr geheimen Dokumenten, die alle entweder das Siegel der Ittihad-Zentralführung oder der Ittihad-Regierung trugen«. In ihnen hätten Sätze gestanden wie »Spart die Armenier nicht aus. Laßt keinen von ihnen am Leben. Beschlagnahmt ihre Güter und ihren gesamten Besitz.« Ihsan habe sie gebeten, berichtete Sabah-Kulian, sie und sich selbst von dem Joch solcher Monster zu befreien. Der Landrat habe erklärt, daß »die Ermordung der Ittihad-Chefs eine nationale Pflicht der Armenier« sei.

Ebenfalls 1912, erinnnert sich Sabah-Kulian, habe ihm ein Ingenieur aus Samsun, Sami Bey, »genaue Details eines Ittihad-Plans zur Ausrottung der Armenier gezeigt«. Schließlich habe der Oppositionsführer Damad Salih Pascha »auf sein Ehrenwort erklärt, daß die regierenden Ittihad-Kreise beschlossen hätten, die Armenier auszurotten, selbst wenn ein solches Vorgehen den Verlust von Territorien in Türkisch-Armenien zur Folge hätte«. Dieser Plan sei von nahezu allen Ittihad-Führern gebilligt worden. Auch Deutschlands Botschafter Wangenheim bestätigte, daß sich bei den Jungtürken so etwas wie Endzeitstimmung breitmache. Talaat habe ihm gesagt, kabelte er am 23. Januar 1913 nach Berlin, »die Türkei ziehe vor, schnell mit Ehren unterzugehen, anstatt langsam zu sterben«.

Die Entscheidung zur Vernichtung der Armenier war nicht im Osten gefallen, sondern im Westen. Die osmanischen Niederlagen in den Balkankriegen hatten zur Folge, daß »die radikalen Elemente (der Jungtürken) mehr in den Vordergrund treten«, wie Wangenheim am 16. Juni 1913 noch eher vorsichtig nach Berlin meldete.

Unter dem Schwenk zu den Radikalen hatten besonders die gemäßigten Vertreter zu leiden und die ausgewiesenen Armenierfreunde wie der Gouverneur von Aleppo, Dschelal Bey. Am 15. Dezember 1913 meldete der österreichische Generalkonsul in Aleppo, Alois Graf Dandini de Sylva, daß »die hiesigen Jungtürken mit dem Wali nicht zufrieden seien und ihm Vorwürfe wegen seiner angeblichen großen Sympathie für die Fremden gemacht hätten«. Der Gouverneur habe sich ihm gegenüber »ohne nähere Angaben der Ursachen« zu der Bemerkung veranlaßt gesehen, »daß die Situation der Türkei nicht einmal während des Balkankriegs so ungünstig war wie gegenwärtig und daß er persönlich eine sehr schwere Stellung habe«.

Am 18. Januar 1914 faßte der österreichische Militärattaché Pomiankowski Berichte der österreichischen Konsuln und seine eigenen Recherchen zusammen und teilte dem k.u.k. Generalstab in Wien seine Besorgnis mit, daß gegen die Armenier etwas liefe. »Mein französischer Kollege meinte«, schrieb Pomiankowski, »daß sich die armenische Frage verschärft habe und einer baldigen Lösung entgegengehe.«

Darauf deuten auch deutsche Befürchtungen. AA-Staatssekretär Gottlieb von Jagow notierte am 15. Januar 1914, »daß vor Erzurum Versammlungen abgehalten werden, in denen offen von Massakres gesprochen wird«. Allerdings berief sich der Außenamtschef dabei auf Mitteilungen seines Botschafters in Petersburg, der von seinen russischen Gewährsleuten erfahren hatte, »alles wäre für Massakres bereit, die auf Zeichen aus Cospoli (Konstantinopel) beginnen sollten«. Die Ittihad würde sogar schon Unterschriften unter Protestnoten sammeln, »daß Massakres die Mächte träfe, die sich in Reformen einmischen wollten«.

Die Reformen in Mazedonien hatten zum Verlust der von den Jungtürken als urtürkische Heimat empfundenen Region geführt. Die Reformen in Armenien, das setzte sich immer mehr in den Köpfen der neuen Herrscher fest, würden auf gleiche Weise zum Verlust der armenischen Provinzen führen.

Die frühen Warnungen vor neuen Bedrohungen für die Armenier lassen den Zehn-Punkte-Beschluß in einem anderen Licht erscheinen. War er vielleicht wirklich schon Anfang 1914 und nicht erst Anfang 1915 zustande gekommen? Einen Beleg erster Güte lieferten die nationalistischen Türken selbst.

Der frühere Generalsekretär der Ittihad, Celal Bayar, der später einmal Präsident der Türkischen Republik sein sollte, berichtete in seinen Memoiren über Gespräche im Verteidigungsministerium. »Das Hauptthema der geheimen Versammlungen war die Liquidation der Nichttürken, die sich an strategischen Punkten befanden und negativen ausländischen Einflüssen ausgesetzt waren.« Wann diese geheimen Versammlungen stattfanden, verriet einer der wichtigsten Rädelsführer der Spezialorganisation, Eşref Kuşçubaşi. Er präzisierte in seinen Memoiren, daß diese Versammlungen »im Mai, Juni und August 1914 fortgeführt wurden« – also schon vor dem Mai 1914 begonnen hatten und damit lange vor Ausbruch des Ersten Weltkriegs (6. August 1914) und noch länger vor dem definitiven Kriegseintritt der Türken Anfang November des gleichen Jahres.

Nicht nur die Gespräche zur Ausrottung der Nichttürken, so scheint es, fanden lange vor dem Ersten Weltkrieg statt, auch die organisatorischen Maßnahmen waren bereits in vollem Gange, als sich die Türkei entschied, auf seiten Deutschlands in den Ersten Weltkrieg einzutreten. Ohne großen Verdacht zu erwecken, war schon sehr früh die Gendarmerie in ihre Einsatzgebiete gebracht worden. »Der inzwischen in türkischen Diensten stehende englische Gendarmerie-Offizier Claude Hawker«, berichtete der deutsche Konsul in Erzurum, Edgar Anders, am 19. Dezember 1913, habe ihm vertraulich gesagt, »daß er bereits 1200 für die Wilajets Erzurum, Bitlis und Van bestimmte Gendarmen hierher in Marsch gesetzt« habe. Über 400 seien bereits angekommen »und in die Provinz verteilt« – genau in jene Provinzen, wo die Gendarmen später die Armenier gnadenlos umbringen sollten.

Der deutsche Konsul vermutete in dem Einsatz noch ein »erstes Anzeichen für den Beginn der Reformen«. Das sahen die potentiellen Opfer realistischer. Nur zehn Tage später kabelte Anders: »Die Armenier behaupten, daß die neuen Gendarmen nur gegen ihre Landsleute verwandt würden.«

War es bei den Gendarmen theoretisch möglich, daß sie auch einen normalen Dienst versahen, so galt das für eine andere Kategorie mit Sicherheit nicht: die Tschettes. Sie wurden von Filibeli Ahmed Hilmi aufgebaut, dem Stellvertreter des obersten Armeniervernichters Behaeddin Schakir. Hilmi rekrutierte seine Mordtrupps unter professionellen Killern, aber auch unter Mitarbeit jenes Völkerstamms, der schon unter Abdul Hamid II. fast ganze Arbeit gegen die Armenier geleistet hatte: den Kurden.

Hilmi hatte Kontakt mit mehreren Kurdenführern. Einem, der ungenannt bleiben soll, weil die Kinder und Großkinder Schutz verdienen, schrieb er einen Brief – eines der äußerst seltenen Dokumente, die im Original im Westen vorhanden (und bis heute nicht veröffentlicht) sind. »Die Sache, über die wir uns in Ersindschan unterhalten haben, ist reif«, schrieb der Tschette-Anwerber in der schon sattsam bekannten Art, den Völkermord an den Armeniern zu umschreiben. »Obwohl wir davon gesprochen haben, von euch eine größere Anzahl von Leuten zu fordern, so betrachten wir es heute nicht als notwendig, so stark zu sein. Ich werde euch nur um 50 tapfere Kämpfer bitten. Sobald die erste Nachricht von uns eintrifft, macht ihr euch auf den Weg. Ich sende Dir ehrerbietige Wünsche und küsse Deine Augen.«

Unterzeichnet ist der Brief mit »der Beauftragte für Einheit und Fortschritt für die Provinz Erzurum«, (gezeichnet) Hilmi. Das Datum: 23. August 1330 osmanischer Zeitrechnung, entsprechend dem 5. September 1914 nach westlichem Kalender.

Offensichtlich hatten die Türken Mitte 1914 bereits genügend Handlanger zum Völkermord zusammengebracht, um auf weitere kurdische Söldner zu verzichten. »Hier und in (der Schwarzmeer-Küstenstadt) Rizeh«, meldete der österreichisch-ungarische Generalkonsul Ernst von Kwiatkowski am 8. November 1914 aus Trapezunt, »wurden mehrere Banden, zusammen einige hundert Mann behufs Insurgierung des Kaukasus ausgerüstet; die Teilnehmer sind mit Handgranaten versehen, die Operation erfolgt durch deutsche Offiziere, die in Rizeh selbst Häftlinge einreihten.«

Einen Tag darauf, meldete der Konsul, »wurden 169 hiesige Sträflinge in den Banden-Dienst eingereiht«, tagsdarauf »die vor vier Tagen angelangten Truppen in das Innere dirigiert; am gleichen Tag landeten hier 1000 Mann. Weitere Transporte sind im Zuge. Auch in anderen Küstenorten wurden Banden zu Operationen im Kaukasus gebildet. In Erzurum und Gebiet sind mehrere deutsche Offiziere tätig, auch das Festungskommando liegt in deutscher Hand.«

Der österreichische Konsul glaubte noch an die offizielle Darstellung, daß die Kriminellen militärische Aufgaben übernehmen sollten. Es dauerte noch einige Monate, bis auch ihm klar wurde, daß die angeblichen Soldaten schlichte Mörder waren. Sein Telegramm zeigt, daß alle Maßnahmen zum Genozid vor dem von den Briten angenommenen Entscheidungstermin Dezember 1914/Januar 1915 getroffen wurden – denn die Bereitstellung von Mannschaften folgt logischerweise nach dem Einsatzplan und nicht davor.

Wenn die Entscheidung zur Vernichtung der Armenier aber vor dem Eintritt der Türkei in den Ersten Weltkrieg erfolgt ist, erklärt das auch die Feststellung eines der bestinformierten Europäer in Konstantinopel, des langjährigen »k.u.k. Feldmarschalleutnant und Militärbevollmächtigten« in der Türkei, wie sein offizieller Titel lautete, des österreichischen Militärattachés Joseph Pomiankowski, der in seinen Erinnerungen im Zusammenhang mit der Armenierfrage schrieb: »Es dürfte keinem Zweifel unterliegen, daß die jungtürkische Regierung schon vor dem Kriege beschlossen hatte, die nächste sich darbietende Gelegenheit dazu zu benützen, die Fehler der früheren Sultane wenigstens zum Teil gutzumachen.« Und: »Es ist auch sehr wahrscheinlich, daß diese Erwägungen bzw. Absicht auf die Entscheidung der Pforte betreffs Anschluß an die Zentralmächte und Zeitpunkt der Eröffnung der Feindseligkeiten einen wichtigen Einfluß gehabt haben.«

Auch dem Schweizer Spitalleiter Jakob Künzler in Urfa, so geht aus einem britischen Dokument des Foreign Office hervor, habe ein türkischer Abgeordneter anvertraut, die Liquidierung der Armenier sei von den Ittihad-Deputierten des Parlaments bereits vor dem Krieg beschlossen worden.

Auch wenn die Deutschen die wahre Natur der Gendarmen- und Kriminellen-Rekrutierungen nicht durchschaut hatten, so konnte ihnen nicht entgangen sein, daß Leute wie der Tschette-Führer Kuşçubaşi die Aktionen gegen die Minderheit kurzerhand »Eroberungszüge« nannte. Wußten die Deutschen auch von den Vorbereitungen zum Völkermord? Hatten sie vielleicht sogar mitgeplant?

7
Die Ausrottung der Armenier gutgeheißen und offen verlangt

Die Rolle der Deutschen beim Genozid

»Die Masse des deutschen Volkes«, schrieb gleich nach dem ende des Ersten Weltkriegs der Herausgeber der *Welt am Montag*, Hellmut von Gerlach, ein überzeugter Pazifist, »hat nie erfahren, was sonst die ganze Welt wußte: daß die schlimmsten Menschenschlächter unsere Bundesgenossen, die Türken, gewesen sind.«

Für die Mehrzahl des deutschen Volkes stimmte das in der Tat, denn von den großen Zeitungen brachten während des Weltkriegs nur die *Chemnitzer Volksstimme* und die *Leipziger Volkszeitung* einige Artikel über die Ereignisse in den armenischen Provinzen des Osmanischen Reichs. Sonst mußten die Leser schon in politischen Fachzeitschriften und Missionsblättern suchen, um sich zu informieren.

Das Schweigen hatte seinen Grund in einer Zensur, die jede Kritik am Bündnispartner Türkei verhindern wollte. Zwar gab es nach der Verfassung keine politische Zensur, wohl aber eine militärische. »Jede politische Frage«, schrieb der Kritiker Kurt Mühsam, »konnte aber in diesem Krieg zu einer militärischen gemacht werden, wenn es der Zensor so wollte.«

Nach 43 Friedensjahren im Deutschen Reich war die Zensur freilich nicht so eingespielt, daß sie perfekt funktionierte, wie überhaupt die Zensurstellen oft unschlüssig waren, wie sie sich im Fall der Armeniermassaker verhalten sollten. Die Zensoren hatten beispielsweise nichts dagegen, daß Armenierfreund Lepsius am 5. Oktober 1915 ein Treffen mit führenden Verlegern organisierte, auf dem er ihnen ungeschminkt die Wahrheit sagen durfte.

Zwei Tage später fand eine der seit August 1914 eingerichteten ständigen Pressekonferenzen im Berliner Reichstag statt, und als Zensurvorschrift »über die Armeniergreuel« wurde ausgegeben: »Unsere freundschaftlichen Beziehungen zur Türkei dürfen durch diese innertürkische Verwaltungsangelegenheit nicht nur nicht gefährdet, sondern im gegenwärtigen, schwierigen Augenblick nicht einmal geprüft werden. Deshalb ist es einstweilen Pflicht zu schweigen. Später, wenn direkte Angriffe des Auslandes wegen ›deutscher Mitschuld‹ erfolgen sollten, muß man die Sache mit größter Vorsicht und Zurückhaltung behandeln und stets hervorheben, daß die Türken schwer von den Armeniern gereizt wurden.«

Die deutsche Regierung ging sogar so weit, Sammlungen für die deportierten Armenier zu verbieten. Nachdem allerdings die *Deutsche Tageszeitung* einen infamen Hetzartikel gegen die Armenier gebracht hatte, bekundete der Vertreter des Auswärtigen Amtes, Graf Wedel, vor der Pressekonferenz sein Bedauern über solche Verhöhnung der Wahrheit. Die Kollegen wüßten doch alle, wandte er ein, daß manches in der Türkei vorgehe, was nicht in Ordnung sei. »Wir sollten nicht die ganze Welt herausfordern, indem wir die Opfer noch anklagen.«

Am 23. Dezember 1915 lautete die Bestimmung des Zensurbuchs: »Über die armenische Frage wird am besten geschwiegen. Besonders löblich ist das Verhalten der türkischen Machthaber in dieser Frage nicht.«

Der einzige deutsche Abgeordnete, der öffentlich den Mord an den Armeniern anzuprangern versuchte, war der zu jener Zeit noch der sozialdemokratischen Fraktion angehörende spätere KPD-Gründer Karl Liebknecht. »Ist dem Herrn Reichskanzler bekannt«, fragte er am 11. Januar 1916, »daß im verbündeten türkischen Reiche die Armenier zu Hunderttausenden niedergemacht werden?« »Dem Kanzler ist (es) bekannt«, antwortete daraufhin der Dirigent der politischen Abteilung im Auswärtigen Amt, der kaiserliche Gesandte Karl Ferdinand von Stumm, »und wegen gewisser Rückwirkung dieser Maßnahme findet zwischen der deutschen und türkischen Regierung ein Gedankenaustausch statt.« Als sich Liebknecht dann auf Johannes Lepsius berief, der von einer Ausrottung der Armenier gesprochen hatte, unterbrach der Parlamentspräsident mit lautem Glockenklang die einzige Debatte über die Armenier in einem deutschen Hohen Haus.

Die Masse des deutschen Volkes erfuhr also nicht viel von dem, was hinten in der Türkei vor sich ging. Wer sich allerdings wirklich informieren wollte, hatte schon einige Möglichkeiten. So hatte Lepsius im Winter 1915/16 einen Bericht verfaßt, in dem er den Völkermord ungeschminkt schilderte und auch die türkischen Verantwortlichen beim Namen nannte. Zwar hatte er einige Probleme, eine Druckerei zu finden, nicht jedoch, die etwa 20000 Exemplare an Missionsfreunde, Pfarreien und Persönlichkeiten des öffentlichen Lebens zu verschicken. Die Zensur hielt zwar die Sendungen an die Abgeordneten zurück, nicht aber die an die übrigen Empfänger. Als sich der türkische Botschafter am 15. September 1916 darüber beschwerte, antwortete Außenamts-Unterstaatssekretär Arthur Zimmermann: Schon am 7. August sei eine Beschlagnahme der Schrift angeordnet worden – »eine Maßnahme«, so der Kirchenhistoriker Uwe Feigel, »von der bis dahin niemand etwas gemerkt hatte«.

Obgleich die Berichterstattung über die Armenier der Vorzensur unterlag, hatten kleine Missionsblätter über den Völkermord berichtet, wenngleich manchmal nur in Andeutungen. So hatte Schwester Laura Möhring in der Zeitschrift *Sonnenaufgang* im September 1915 geschrieben, daß die Armenier innerhalb von vier Stunden und ohne Vorräte ihre Heimat verlassen mußten und daß Vergewaltigungen üblich seien. *Der Christliche Orient* teilte seinen Lesern im Herbst 1915 sogar mit, daß die Armenier zur Zeit eine Katastrophe erleben würden und die Not »um ein Zehnfaches größer« sei als 1895/96. Jeder Bezieher der Zeitschrift verstand sofort die Tragweite dieser Information, denn die Zeitschrift war erst aufgrund der Massaker von 1895 und 1896 gegründet worden.

In Ost- und Westanatolien befänden sich keine Armenier mehr, erfuhren die Leser aus der Herbstnummer, und eine halbe Million Frauen und Kinder seien in der Wüste und würden dort den Tod erwarten. »Höchstens ein Drittel der Bevölkerung mag der Verschickung entgangen sein«, präzisierte Johannes Lepsius im Winter 1915/16 seinen Bericht im Blatt, und jeder Leser konnte selbst die Zahl der getöteten Armenier errechnen.

Manchmal gingen sogar Formulierungen durch die Zensur, die jedem das ganze Ausmaß des Völkermords an den Armeniern klarmachen mußte. So schrieb Mitte 1916 *Die Christliche Welt*: »Wir stehen erschüttert vor einer der größten Katastrophen, die die Geschichte kennt.« Etwa eine Million Armenier seien verschickt worden und Hunderttausende umgekommen.

Auch in Buchveröffentlichungen konnten sich die Deutschen informieren. So schrieb der damals vielgelesene schwedische Asienforscher Sven Anders von Hedin, der als Deutschen-, aber auch Türkenfreund bekannt war, in einem Reisebuch: »Die Verfolgungen der Armenier, vor allem die Grausamkeiten gegen unschuldige Frauen und Kinder, gehören zu den dunkelsten Kapiteln des Weltkrieges.« Und in einer Länderkunde des Autors Kurt Hassert erfuhren die Leser, daß die Türken unter den Armeniern »furchtbar aufgeräumt« hätten. Das war weit mehr, als heutzutage die Schüler aus bundesdeutschen und damit freien Lehrbüchern über den Völkermord an den Armeniern erfahren.

Selbst aus den Schriften der Türkenbewunderer – und sie überwogen eindeutig zur damaligen Zeit – konnten sich kritische Leser ein Bild von der Wirklichkeit machen. Für die Türken, schrieb der Braunschweiger Geographie-Professor Ewald Banse in seinem Buch, »gab es nur den einen Grundsatz, um die armenische Frage aus der Welt zu schaffen, muß man eben die Armenier aus der Welt schaffen«. Der Höhepunkt von Banses »makabrer Poesie« (so Historiker Feigel): »Armenien ist stumm, stumm wie eine tausendmal mißhandelte Hure.«

Proteste nützen nichts
Die deutschen Diplomaten

Die deutschen Bürger wußten während des Ersten Weltkriegs so gut wie nichts über den Völkermord. Die deutschen Diplomaten wußten so gut wie alles. Allerdings standen die lauen Reaktionen der höchsten deutschen Diplomaten lange Zeit in krassem Gegensatz zu ihrem hohen Informationsstand.

Über »die Vernichtung der Armenier in ganzen Bezirken« hatte Konsul Walter Rößler bereits am 10. Mai 1915 aus Aleppo berichtet. Sechs Tage später sprach sein Kollege aus Erzurum, Max Erwin von Scheubner-Richter, von »Maßnahmen grausamer Ausschließung«, und weitere zwei Tage darauf meldete Konsul Eugen Büge aus Adana ein »barbarisches Vorgehen« der Türken, während Scheubner am gleichen Tag darum bat, Schritte gegen die Armenierverfolgung unternehmen zu dürfen. Botschafter Hans Freiherr von Wangenheim hingegen schickte einen Tag darauf seinen Berliner Vorgesetzten eine Falschmeldung: Armenische Aufständische in Van hätten auf einen Boten der Türken für die dortige deutsche Anstalt geschossen.

Erstmals am 29. Mai sprach der für die armenischen Angelegenheiten zuständige Dolmetscher Johannes Mordtmann beim osmanischen Innenminister Talaat Pascha vor und bat um Milderung der Maßnahmen gegen die Armenier von Erzurum. Talaat lehnte ab und sagte lediglich zu, die Armenier vor Massakern zu schützen, womit sich die Deutschen zufriedengaben. Mehr noch: Zwei Tage später funkte Botschafter Wangenheim nach Berlin, Deutschland dürfe die Maßnahmen gegen die Armenier »wohl in ihrer Form mildern, aber nicht grundsätzlich hindern«, denn der Bestand der Türkei sei bedroht.

Daß Talaat die Deutschen belogen hatte, machten die nächsten Berichte der Konsuln klar. Nur einen Tag nach Wangenheims Mahnung meldete Scheubner aus Erzurum, die Aussiedlung sei gleichbedeutend mit Massakern und von den Deportierten »wird kaum die Hälfte ihren Bestimmungsort lebend erreichen«. Am 10. Juni sprach auch Konsul Walter Holstein aus dem fernen Mossul erstmals von »Verbrechen«, zwei Tage darauf Rößler aus Aleppo von »Vernichtung wichtiger Teile der Bevölkerung«, und Holstein forderte energisch: »Die Armeniermassaker müssen unbedingt aufhören.« Erst jetzt, am 17. Juni, meldete auch Wangenheim nach Berlin »schonungslose« Aussiedlungen der Armenier.

Kurz darauf sprach Scheubner-Richter von »Abschlachtungen«, sein Kollege Bergfeld aus Trapezunt von »ungeheuren Opfern« und von »Massenmord«. Botschafter Wangenheim kabelte nunmehr nach Berlin, »daß die Regierung tatsächlich den Zweck verfolgt, die armenische Rasse im türkischen Reich zu vernichten«. Er habe deshalb dem Großwesir ein Memorandum überreicht, das auch dem Innenministerium (unter Talaat) zugestellt sei.

In diesem Memorandum freilich ging Wangenheim nur pflaumenweich auf die Verfolgungen ein, die er, genau wie die Türken, »bedauernswerte Vorkommnisse« nannte, wie er überhaupt die türkische Argumentation übernahm und beispielsweise versicherte, die deutsche Regierung sei »weit davon entfernt, sich Maßnahmen zu widersetzen, die durch militärische Gründe legitimiert seien«. Wangenheim bat lediglich darum, »Maßnahmen zu ergreifen, damit das Leben und der Besitz der expatriierten Armenier während des Transports und an den neuen Siedlungsorten gesichert« sei.

Durch keinen Notenwechsel belegt ist Wangenheims Behauptung an seine Berliner Vorgesetzten zwölf Tage später, die osmanische Regierung fahre »trotz der wiederholten eindringlichen Vorstellungen, die wir dagegen erhoben haben, fort, die Armenier zu deportieren und durch die Ansiedlung in unwirtlichen Gegenden der Vernichtung preiszugeben«. Es sei denn, Wangenheim betrachtete sein ängstliches Memorandum als »wiederholte eindringliche Vorstellungen«.

Seine »Einwirkungen« auf die osmanische Regierung »versprächen leider nur geringen Erfolg«, meldete Deutschlands Botschafter am 16. Juli nach Berlin, ohne zu erläutern, worin die Einwirkungen bestanden hätten, und fügte einen Bericht des Wahlkonsuls M. Kuckhoff aus der Schwarzmeerstadt Samsun bei, daß auch dort die Deportationen begonnen hätten: »Nachrichten aus dem Innern melden bereits das Verschwinden der abgeführten Bevölkerung ganzer Städte.«

Der Botschafter wußte also ganz genau, was im Osten vor sich ging. Doch das einzige, was ihn wirklich an der armenischen Tragödie zu interessieren schien, war der Imageverlust für sein Land. Das Schlimmste sei, jammerte Wangenheim in seinen Schreiben nach Berlin, »daß die ganze Welt die Schuld dafür auf Deutschland abwälzen wird, da Freund und Feind glaubt, die Macht bei der Hohen Pforte liege ganz in unseren Händen und daß eine so tiefgehende Maßregel nur mit deutscher Zustimmung ausgeführt werden konnte«.

Wangenheims Nachfolger, Ernst Wilhelm Friedrich Fürst zu Hohenlohe-Langenburg, berichtete noch Betrüblicheres: »Unter der türkischen Bevölkerung im Innern besteht vielfach die Auffassung«, kabelte er an Kanzler Bethmann Hollweg, »daß die deutsche Regierung mit der Ausrottung der Armenier einverstanden sei und sie sogar geradezu veranlaßt habe.« Er empfahl dem deutschen Kanzler, keineswegs auf die türkische Regierung Druck auszuüben, sondern lediglich »zu geeignetem Zeitpunkt auch in der deutschen Presse darauf hinzuweisen, daß wir den Zwangsmaßregeln der türkischen Regierung gegen die Armenier durchaus fernstehen«.

Als Lepsius im Herbst 1915 von einer Reise in die Türkei zurückkehrte, erstattete er in Berlin Bericht. »Ich überzeugte mich«, schrieb er, »daß man sich im Auswärtigen Amt über den Charakter und die Tragweite der Vernichtungsmaßregeln gegen die Armenier keinen Illusionen hingab. Mein Verlangen, daß Deutschland auf die türkische Regierung einen stärkeren Druck ausüben müsse, wurde als unmöglich hingestellt, wenn wir das Bündnis nicht aufgeben wollen. Man habe es an Protesten nicht fehlen lassen, aber die jungtürkischen Machthaber seien für jede Mahnung und Warnung unzugänglich.«

»Was sollen wir tun?« habe ihn AA-Unterstaatssekretär Arthur Zimmermann gefragt, »unser Bündnis mit der Türkei steht auf den sechs Augen von Talaat, Enver und (Außenminister) Halil. Wenn die drei nicht auf uns hören, bliebe uns nur, das Bündnis aufzulösen. Und das können wir nicht.«

Anfang November 1915 kam der türkische Heerführer Halil, ein Onkel Envers, in die Euphratstadt Mossul. »Ein Oberst seines Stabes erklärte mir soeben«, meldete Konsul Holstein am 4. November 1915, »man müsse auch in Mossul die Armenier niedermachen.« Außergewöhnlich schnell reagierte der deutsche Geschäftsträger in Konstantinopel, Konstantin Freiherr von Neurath, und beschied seinen Konsul tagsdarauf: »Kriegsminister ist sofort vom Minister des Auswärtigen ersucht worden, die dortige Militärbehörde telegraphisch anzuweisen, sie solle nichts gegen die Armenier unternehmen.« Der Freiherr kannte offensichtlich das Spiel der Befehle und Gegenbefehle noch nicht, denn in nur zwei Nächten brachten Kurden und Freischärler in Mossul 15 000 Armenier um.

Erstmals am 10. November 1915 reagierte Kanzler Bethmann Hollweg, nachdem ihm protestantische Pastoren und Professoren sowie die deutschen Katholiken, darunter der Zentrumsabgeordnete Matthias Erzberger, mächtig zugesetzt hatten, mit einem Schreiben an seinen Botschafter, den er anwies, »mit allem Nachdruck« seinen Einfluß bei der türkischen Regierung »zugunsten der Armenier geltend zu machen«, insbesondere aber darauf zu dringen, »daß die Maßregeln der Pforte nicht etwa noch auf andere Teile der christlichen Bevölkerung in der Türkei ausgedehnt werden«. Damit meinte der Kanzler besonders die Griechen, die dem deutschen Kaiser deshalb so am Herzen lagen, weil seine Schwester Sophie Königin der Hellenen war.

Als einziger deutscher Botschafter legte sich Paul Graf Wolff-Metternich, der seinen Posten am 15. November 1915 in Konstantinopel bezog, ernsthaft mit den Türken an, nachdem ihm der Staatssekretär im Auswärtigen Amt, Gottlieb von Jagow, angewiesen hatte, »gegen die grausame Behandlung der Armenier Verwahrung einzulegen«, und von einer »Ausrottungspolitik« gesprochen hatte.

Anfang Dezember 1915 sprach Wolff-Metternich erstmals mit Enver, Dschemal und Außenminister Halil Fraktur. »Sie verschanzten sich hinter Kriegsnotwendigkeiten«, berichtete er Bethmann Hollweg, »daß Anführer bestraft werden müssen, und gehen der Anklage aus dem Wege, daß Hunderttausende von Frauen, Kindern und Greisen ins Elend gestoßen werden und umkommen.« Dschemal habe von schlechter Organisation gesprochen und Linderung zugesagt. »Ich habe eine äußerst scharfe Sprache geführt«, meldete der deutsche Botschafter und gab auch gleich seine Einschätzung zur Demarche: »Proteste nützen nichts, und türkische Ableugnungen, daß keine Deportationen mehr vorgenommen werden sollen, sind wertlos.«

Möglicherweise hatte seine Intervention einen Teilerfolg, denn die vorgesehene Deportation weiterer 80 000 Armenier aus der Hauptstadt Konstantinopel, aus der bereits 30 000 Armenier verschleppt und 30 000 geflohen waren, fand nicht mehr statt. Allerdings war dem Botschafter auch klar, daß weitere Erfolge nur dann möglich seien, wenn »wir der türkischen Regierung Furcht vor den Folgen einflößen. Wagen wir aus militärischen Gründen kein festeres Auftreten, so bleibt nichts anderes übrig als zuzusehen, wie unser Bundesgenosse weiter massakriert.« Wohl wahr, wie der einzige tapfere Streiter unter den deutschen Diplomaten in Konstantinopel sehr bald erfahren sollte.

Am 9. Dezember 1915 machte Wolff-Metternich einen erneuten Vorstoß, diesmal beim Großwesir, von dem der Botschafter zu wissen glaubte, »daß er die Armenierverfolgungen mißbilligt«. Übermäßige Hoffnungen auf den Regierungschef machte sich der Deutsche allerdings nicht: »Er hat zwar nicht die Macht, sie (die Armenierverfolgungen) einzustellen, es wird ihm aber ganz erwünscht sein, meine Vorstellungen bei seinen Kollegen zu verwerten«, hoffte Wolff-Metternich, verschwieg aber, daß ihn der Großwesir gefragt hatte, ob er der deutsche oder der armenische Botschafter sei.

Wolff-Metternich war den Türken sehr bald ein Dorn im Auge – und nicht nur ihnen. »Auch die deutschen Kreise waren mit Metternich nicht zufrieden«, berichtete k.u.k. Militärattaché Joseph Pomiankowski nach Wien, »und trachteten, dessen Position in Berlin durch geheime Berichte zu untergraben, was ihnen auch in kurzer Zeit vollkommen gelang.« Im September 1916 verlangte Kriegsminister Enver formell die Abberufung des streitbaren Grafen. »Er hat die armenische Sache völlig zu seiner eigenen gemacht«, hatte er sich in Berlin beim AA-Unterstaatssekretär Zimmermann beschwert: am 3. Oktober mußte Wolff-Metternich Konstantinopel verlassen.

Für ihn kam Richard von Kühlmann, der seinem österreichisch-ungarischen Kollegen Johann Markgraf von Pallavicini sogleich mitteilte, er »werde es jedenfalls vermeiden, seine Tätigkeit in Konstantinopel und seine Konversation mit den türkischen Ministern damit zu beginnen, daß er sich für die Armenier einsetze«.

Wer die von Pomiankowski angesprochenen deutschen Kreise waren, die Wolff-Metternichs Eintreten für die Armenier so sehr störte, mußte der mutige deutsche Botschafter geahnt haben, als er mit Talaat über die Ausrottung der Armenier sprach. »Im Laufe der Unterhaltung ergab sich die merkwürdige Auffassung bei Talaat Bey, die ich auch schon bei seinen Kollegen gefunden habe«, berichtete der deutsche Botschafter seinem Kanzler Bethmann Hollweg, »daß wir im ähnlichen Falle ebenso gehandelt hätten und eine revolutionäre Bewegung in Deutschland mit Gewalt ausrotten würden.«

Wolff-Metternich wußte, daß sich Talaat auf Meinungen leibhaftiger Deutscher berufen konnte: die ins Osmanische Reich entsandten Generäle und Offiziere, in denen die Türken – zu Recht – die wirklichen Machthaber des Deutschen Kaiserreichs sahen.

Der Armenier ist wie der Jude
Die deutschen Militärs

Deutsche Offiziere in der osmanischen Armee und sogar an ihrer Spitze hatten eine gewisse Tradition. Schon 1880 hatte Sultan Abdul Hamid II. um die Entsendung deutscher Ausbilder gebeten. Es kam jener Mann, der noch heute bei den türkischen Militärs einen guten Namen hat: Colmar Freiherr von der Goltz, in der Türkei stets Goltz Pascha genannt.

Von der Goltz stieg schließlich zum Stellvertretenden Stabschef der osmanischen Armee auf. Vor allem aber reformierte er die Ausbildung und machte aus den Kriegsschulen Eliteanstalten, die junge Türken anzog, besonders die Jungtürken. Enver war nur der prominenteste der Schüler von Goltz Pascha, der mit seinen Schülern gern über die Rückeroberung verlorener osmanischer Gebiete sprach, beispielsweise Zyperns, aber auch Ägyptens.

Mitte 1913 hatte der Kaiser – auf dringenden Wunsch der osmanischen Regierung – erneut deutsche Militärführer für die Türkei bestimmt und den damaligen Kommandeur der 22. Division in Kassel, Otto Liman von Sanders, zum Chef einer Militärmission in Konstantinopel ernannt. Ende 1913 hielt der deutsche General (der, wie alle deutschen Offiziere, in der Türkei einen Rang höher stieg und zum Marschall der osmanischen Armee ernannt wurde) mit den ersten 42 deutschen Offizieren Einzug in Istanbul. Zum Kriegsende sollten ihm mehr als 800 deutsche Offiziere unterstehen.

Anders als der inzwischen als Generalinspektor der türkischen Truppen tätige von der Goltz, wurden Liman und seine Offiziere mit allen erdenklichen Vollmachten in die höchsten Positionen eingesetzt. Liman selbst wurde nicht nur Chef aller Kriegsschulen und Ausbildungslager, sondern »hatte durch seine Stimme im Obersten Kriegsrat die Möglichkeit«, wie der Historiker Fritz Fischer schreibt, »auf alle militärischen Entscheidungen der Türkei Einfluß zu nehmen«. Darüber hinaus übernahm er selbst das Kommando des in Konstantinopel stationierten 1. Armeekorps, das auch für die Meerengen zuständig war. Erst auf Proteste der Russen wechselte er im März 1915 zum Chef der V. Armee, der immerhin noch die Dardanellen, die südliche der beiden Meerengen, unterstanden.

Neben Liman bekleideten auch andere hohe deutsche Offiziere Spitzenstellungen zumeist im Generalstab. Mehr noch. Einige von ihnen wurden zu den engsten Mitarbeitern der jungtürkischen Mitglieder des Triumvirats. Besonders Enver hörte auf die deutschen Offiziere: Neben seinem Generalstabschef Fritz Bronsart von Schellendorf beriet ihn hauptsächlich der Marineattaché Hans Humann, den der amerikanische Botschaftsangestellte Lewis Einstein in Konstantinopel »den einflußreichsten Deutschen hier« und »Envers Busenfreund« nannte.

Welchen Einfluß die deutschen Offiziere auf ihre türkischen Kollegen hatten, ist dank der gründlichen Forschungsarbeit des Schweizer Historikers Christoph Dinkel nachzuzeichnen. Weil die Archive der deutschen Militärs durch Bombenangriffe im Zweiten Weltkrieg verbrannten, mußte Dinkel in mühevoller Kleinarbeit die Mosaiksteine der Denkungsart der im türkischen Generalstab tätigen deutschen Offiziere zusammentragen. Sein Fazit: »Die Ausrottung der Armenier wurde von ihnen gutgeheißen und manchmal offen verlangt.«

Liman war zwar der mächtigste der deutschen Militärs, aber sein Verhältnis zum Kriegsminister Ismail Enver war äußerst schlecht. Der deutsche General nervte den Kriegsminister nicht nur mit Klagen über den miserablen Zustand der türkischen Armee (bei den ersten Inspektionen salutierten die Soldaten zum Teil barfuß, später wurden ihnen, wenn Liman seinen Besuch angekündigt hatte, Uniformen und Schuhe zugeschickt, die sie sofort nach Limans Abreise wieder ans Hauptquartier zurücksenden mußten), sondern berief sich auch bei allen Gelegenheiten auf seine vertraglichen Rechte.

Nicht die geringsten Schwierigkeiten mit dem türkischen Kriegsherrn hatte hingegen Fritz Bronsart von Schellendorff. Er war Envers Stabschef und die graue Eminenz unter den deutschen Spitzenmilitärs. »Bei ihm liefen alle Fäden zusammen«, schrieb sein Offizierskollege Felix Guse, selbst Chef des Generalstabs der III. Armee, die im Osten stationiert war und in deren Bereich die meisten Armenier siedelten. »Sein Verdienst«, schrieb Guse über Bronsart ein wenig verdreht, »ist doch die Kraftäußerung der Türkei in erster Linie.« Bronsart war, so Guse, »uns anderen Chefs der Generalstäbe ein Vorbild des ›Viel leisten, wenig hervortreten‹«.

Guse selbst schrieb, daß er Enver vor dem Rußlandfeldzug kaum kannte, dann aber täglich mit ihm zusammenarbeiten mußte und unter der Sprunghaftigkeit des obersten Kriegsherrn nicht wenig litt. Der Deutsche war zumindest militärisch der eigentliche Chef der III. Armee, »die Seele des obersten Kommandos«, wie Liman ihn nannte. Der nominelle Chef der III. Armee während der ersten zwei Jahre, Mahmud Kiamil Pascha, »überzeugte sich bald von der eigenen Unfähigkeit«, wie der venezuelische Offizier in osmanischen Diensten, Rafael de Nogales, schrieb, »und ließ seinen Generalstabschef schalten und walten«. Nur der »staunenswerten Leistungsfähigkeit« Guses verdankten es die Türken, daß sie eineinhalb Jahre lang die 1500-Kilometer-Front gegen die Russen hielten.

Colmar Freiherr von der Goltz war fraglos der bekannteste der Berater Envers, dem er seit Februar 1915 zur Seite stand, doch vermutlich auch der mit dem geringsten Einfluß. Für Liman stand er völlig außen vor, und auch der britische Historiker Ulrich Trumpener glaubt nicht daran, daß der Rat des großen alten Mannes sehr gefragt war.

Ganz anders war die Rolle des Korvettenkapitäns und Marineattachés Hans Humann. Er war der böse Geist unter den deutschen Offizieren. Ein deutscher Diplomat habe ihm gesagt, schrieb der amerikanische Botschafter Henry Morgenthau, daß Humann mehr Türke sei als Enver oder Talaat. Schon Wangenheims zaghafte Proteste gegen die Armeniermassaker gingen dem Enver-Freund zu weit, und den Botschafter Wolff-Metternich bezeichnete Humann, genau wie der Großwesir, als »einen Deutschen, der aber armenischer Botschafter« sei. »Am Rückruf Paul Graf Wolff-Metternichs im Herbst 1916 nach Deutschland«, schreibt Christoph Dinkel, »hatte Humann maßgeblichen Anteil.«

Der Schweizer fand Dokumente, die belegen, daß Humann über die Maßnahmen gegen die Armenier »genauestens orientiert« war. Schon im Oktober 1914 hatte er mit Enver die Bildung von Arbeiterbataillonen diskutiert, in denen Griechen und Armenier zerniert wurden. Im November 1914 sprach Humann bereits von »umfassenden Maßnahmen zur Überwachung armenischer Führer und verdächtiger armenischer Personen«.

Die Deutschen verdächtigten die Armenier nicht nur, sie verfolgten sie auch. Vor dem Berliner Schwurgericht, wo er als

Zeuge im Tehlerjan-Prozeß aussagte, hatte sich Liman noch damit gebrüstet, durch seine Intervention (und den Protest Wolff-Metternichs) die Deportation der Armenier (und Juden) aus der Stadt Adrianopel (Edirne) vereitelt zu haben. Ein anderes Mal hätte der Wali von Smyrna (Izmir) 600 Armenier »in der Nacht aus den Betten holen lassen, in Waggons gesetzt, um sie deportieren zu lassen«. Auch diesmal habe er interveniert und dem Wali gesagt: »Wenn noch ein Armenier angerührt wird, lasse ich die Gendarmen durch meine Soldaten erschießen.« Daraufhin sei die Deportation gestoppt worden.

Liman, der niemals in den Ostprovinzen war, behauptete, nie »von türkischer Seite zu irgendeiner Maßregel gegen die Armenier gehört oder gefragt worden« zu sein. Das ist zwar unwahrscheinlich, könnte aber stimmen. Kaum glaubhaft war seine weitere Behauptung: »Alles wurde vor uns verheimlicht, damit wir nicht einen Einblick in die innenpolitischen Verhältnisse gewinnen konnten.« Und schlicht falsch war seine Aussage: »Es ist eine der größten Verleumdungen, daß wir in irgendeiner Weise – die deutschen Offiziere, und ich glaube, ich kann das auch für alle Beamten sagen – an irgendeiner derartigen Maßregel beteiligt gewesen sind. Im Gegenteil, wir sind unserer Pflicht gemäß für die Armenier eingetreten, wo wir nur konnten.«

Nicht nur sind deutsche Offiziere – dank Dinkels Forschungen – erwiesenermaßen gegen die Armenier eingetreten, sie haben auch mitgeschossen und sogar Deportationen veranlaßt. Relativ harmlos, wenn auch ziemlich wirkungsvoll, mögen noch die Artillerieeinsätze des Eberhard Graf Wolffskeel von Reichenberg gewesen sein, der in Urfa die Armenier zusammenschoß und auch in Zeitun und am Musa Dagh mitmischte. Verheerender waren da schon die schlechten Ratschläge, die andere hohe Offiziere den türkischen Genozidplanern gaben. »Es soll nicht geleugnet werden«, gestand der damalige Operationschef im türkischen Generalhauptquartier, Otto von Feldmann, nach dem Krieg ein, »daß deutsche Offiziere – und ich gehöre auch dazu – gezwungen waren, ihren Rat dahin zu geben, zu bestimmten Zeiten gewisse Gebiete im Rücken der Armee von Armeniern frei zu machen.«

Alle deutschen Offiziere, Liman von Sanders eingeschlossen, beteten die türkischen Anschuldigungen gegenüber den Armeniern nach, obgleich sie genügend Informationen haben mußten, um die Haltlosigkeit ihrer Behauptungen zu erkennen.

»Ohne jeden Zweifel erwiesen« war für Liman, »daß die Armenier auf seiten der Russen gegen die Türken angetreten sind«. Liman beschuldigte nicht einige Armenier oder auch einige Tausend, was den Tatsachen entsprochen hätte, sondern »die Armenier«. Auch die anderen deutschen Offiziere verurteilten die Armenier unisono. »Das ganze armenische Volk hat sich schuldig gemacht«, schrieb Felix Guse, der ranghöchste deutsche Offizier an der kaukasischen Front.

Die Armenier hätten, behauptete Bronsart von Schellendorf, »einen Aufstand von langer Hand« vorbereitet, um »unter der wehrlosen Bevölkerung eine entsetzliche Metzelei anzurichten«. Der Aufstand hätte sich immer mehr ausgebreitet, »sogar in entfernteren Gegenden des türkischen Reiches«. »In dieser kritischen Lage«, so Bronsart, hätte die Regierung »den schweren Entschluß« gefaßt, »die Armenier für staatsgefährlich zu erklären«. Die armenische Bevölkerung sollte »in eine fruchtbare Gegend überführt werden«. Talaat, »ein weitblikkender Staatsmann«, sei davon ausgegangen, daß es den Armeniern »in den neuen fruchtbaren Wohnsitzen gelingen würde, diese zukunftsreiche Gegend durch ihren Fleiß und ihre Intelligenz zu hoher Blüte zu bringen«.

Doch habe die Umsiedlung »die Kräfte der wenigen vorhandenen und noch dazu ungeschulten Beamten« überstiegen. »Hier griff Talaat mit größter Tatkraft und allen Mitteln ein«, fuhr Bronsart fort, und hätte »zweckmäßige Anweisungen« erlassen und Hilfe von der Armee verlangt. »Sie wurde gewährt. Nahrungs- und Beförderungsmittel, Unterkunftsräume, Ärzte und Arzneimittel wurden zur Verfügung gestellt.«

Daß viele Armenier ums Leben kamen, leugnet Bronsart nicht, doch seine Erklärung ist so dumm wie falsch: Die Gendarmerie sei schließlich von den Franzosen ausgebildet worden. Außerdem hätten die Deportierten durch Kurdistan ziehen müssen, denn »es gab keinen anderen Weg nach Mesopotamien«. Die Kurden aber hätten »die seltene, vielleicht nie wiederkehrende Gelegenheit benutzt, die verhaßten Armenier bei ihrem Durchmarsche auszuplündern und gegebenenfalls totzuschlagen«. Bronsarts Resümee: »Es war Krieg, und die Sitten waren verwildert.«

Die deutschen Offiziere übernahmen voll die türkische Version, der eigentliche Anlaß für die Deportationen sei der Aufstand in Van gewesen und schreckten nicht vor den absurdesten Übertreibungen zurück. Allen voran auch hier Humann, als er nach einem Gespräch mit Enver am 6. August 1915 behauptete: »Die Armenier, verleitet und aufgestachelt durch russische Agenten, haben so gründlich gegen die ottomanische Bevölkerung gewütet, daß von den 150 000 Türken, die früher das Vilajet Van aufzuweisen hatten nur noch 30 000 Mohammedaner am Leben sind.« Befriedigt notierte der deutsche Chef der türkischen Schwarzmeerflotte, Vizeadmiral Wilhelm Souchon, am 4. Mai 1915 in sein Tagebuch, die »armenische Aufstandsbewegung in Van« sei »energisch unterdrückt« worden (was zu dem Zeitpunkt keineswegs der Fall war).

So mag es auch nicht verwundern, daß die deutschen Spitzenoffiziere in die jungtürkischen Haßtiraden gegen die Armenier einstimmten und den Genozid sogar offen guthießen. »Der Armenier«, schrieb Bronsart von Schellendorf nach dem Krieg, »ist, wie der Jude, außerhalb seiner Heimat ein Parasit, der die Gesundheit eines anderen Landes, in dem er sich niedergelassen hat, aufsaugt.« Und: »Dieses Volk ist 9mal schlimmer im Wucher als die Juden.« »Die im Lande lebenden Armenier sind alle reich«, faßte Vizeadmiral Souchon seine Kenntnisse zusammen, »die Türken alle arm.«

Die deutschen Offiziere standen voll hinter ihren türkischen Waffengefährten, wenn es gegen die Armenier ging. Aber kannten sie auch das ganze Ausmaß des Völkermords? Und vor allem: Hatten sie am Völkermord mitgewirkt, ihn vielleicht sogar initiiert?

»Aus gewöhnlich zuverlässiger deutscher Quelle erfahre ich«, hatte der österreichische Generalkonsul in Trapezunt, Ernst von Kwiatkowski, am 22. Oktober 1915 an seinen Außenminister Stephan Freiherr Burián von Rajecz telegraphiert, »daß die erste Anregung zur Unschädlichmachung der Armenier – allerdings nicht in der tatsächlich durchgeführten Weise – von deutscher Seite erfolgt sei.« Und der franziskanische Priester P. Liebl aus Wien sagte dem deutschen Zentrumspolitiker Matthias Erzberger, Deutschlands Botschafter von Wangenheim habe die Deportationen »angeregt«.

Die deutschen Spitzenoffiziere, das weist Dinkel eindeutig nach, wußten von der Vernichtung der Armenier. Und sie billigten sie. An Holsteins Telegramm aus Mossul, in dem der Deutsche die Ermordung von 614 Armeniern berichtete und hinzufügte, daß er gegenüber der dortigen Regierung »seinen tiefsten Abscheu über diese Verbrechen zum Ausdruck brachte«, schrieb Humann als Randnotiz: »Die Armenier wurden jetzt mehr oder weniger ausgerottet. Das ist hart, aber nützlich.« Und Wilhelm Souchon notierte Mitte August in seinem Tagebuch: »Gegen die Armenier geht die Türkei möglichst verschwiegen und radikal vor. Drei Viertel der in der Türkei lebenden Armenier sollen bereits beiseite geschafft worden sein. Hoffentlich kommt dies Drama bald zu Ende.« Wenige Tage später kam der oberste Flottenchef zu folgendem abschließendem Urteil: »Für die Türkei wird es eine Erlösung sein, wenn sie den letzten Armenier umgebracht hat.«

Und an der Erlösung, die die Gesinnungsgenossen ein Vierteljahrhundert später die »Endlösung« nannten, hatten die deutschen Offiziere, wie Dinkel nachweist, aktiven Anteil. Mag sein, daß sich einige der Offiziere täuschen ließen. In den diplomatischen Akten geistert immer wieder ein quasioffizieller Deportationsbefehl, den die osmanische Regierung am 27. Mai 1915 erlassen hatte. Es war eines jener Tarnmanöver, das die Jungtürken so meisterhaft beherrschten. Noch heute gehen die nationalistischen türkischen Historiker mit dem Text auf Bauernfang, indem sie mit seiner Hilfe die Harmlosigkeit der jungtürkischen Absichten beweisen wollen.

Nach diesem »Gesetz über die Deportation suspekter Personen«, wie der Verschleierungsartikel offiziell hieß, hätten die »Armee-, Armeecorps- und Divisionskommandanten sowie ihre Stellvertreter und die Kommandanten unabhängiger Militärposten in Kriegszeiten das Recht und die Verpflichtung, im Falle eines Angriffs oder eines bewaffneten Widerstands oder sonstiger Opposition gegen Anordnungen der Regierung oder Maßnahmen zur Verteidigung des Landes oder die Aufrechterhaltung der öffentlichen Ordnung sofort und energisch alle militärischen Maßnahmen zu ergreifen, um Angriff oder Widerstand energisch zu brechen«. Artikel zwei des vorgeblichen Gesetzes stipuliert, daß sie selbst »die Bevölkerung von Städten oder von Dörfern, die sie des Verrats oder der Spionage für verdächtig halten, getrennt oder gemeinsam deportieren und an anderer Stelle ansiedeln können«.

Das hätte zur Not auch in einem preußischen Militärgesetz stehen können, wenngleich der Spielraum für die türkischen Kommandanten ziemlich groß war. Dieser Gesetzestext soll dem Freiherrn von der Goltz vorgelegt worden sein und der deutsche General habe ihm zugestimmt, behaupteten Lepsius und seine Freunde nach dem Krieg, zumal ein Zusatz das Eigentum der betroffenen Armenier schützen und ihnen Land um Bagdad zugewiesen werden sollte.

Allerdings ist sehr unwahrscheinlich, daß der sehr gute Türkenkenner von der Goltz das Täuschungsmanöver nicht erkannt hatte. Er konnte und mußte über das wahre Vorgehen der Türken informiert gewesen sein, denn zu viele deutsche Soldaten und Offiziere waren Zeugen der Deportationen geworden. Aber »sie wollten nichts sehen und nichts hören«, wie Armin Wegner über seine Offizierskollegen berichtete. Und das galt wohl auch für von der Goltz.

Aber die Mitwirkung deutscher Offiziere ging noch weiter, denn sie stimmten Plänen nicht nur zu, sondern unterzeichneten auch Deportationsbefehle. Der einzige, der dies zugab, war der im türkischen Hauptquartier tätige Otto von Feldmann. »Dieser bezeichnete einzelne deutsche Offiziere als Ratgeber, welche die Deportationen ebenfalls gefordert hätten«, so Christoph Dinkel.

Liman selbst wußte nur zu genau, daß Deutsche Deportationsbefehle ausgaben, denn er hatte sich bei Wolff-Metternich darüber beschwert. Sein – freilich von ihm gehaßter – Kollege Bronsart von Schellendorff hatte nicht nur Deportationen in Urla, einem Ort etwa 20 Kilometer westlich von Smyrna, verlangt, sondern den Evakuierungsbefehl auch selbst unterzeichnet. Freilich handelte es sich nicht um Armenier, sondern um Griechen. Aber die hatten, so Bronsart, »nur Spionage« getrieben, was ihnen schon die Deportation einbrachte. Die Armenier hingegen hatten sich nach Bronsarts Meinung eines »gefährlichen Aufruhrs« schuldig gemacht, was in der Logik des Deutschen weit härtere Maßnahmen rechtfertigte.

»Es ist zu beachten«, schreibt Dinkel, »daß Bronsart von Schellendorf den Deportationsbefehl zu einem Zeitpunkt unterzeichnete, als Zielsetzung und Konsequenzen derartiger

Maßnahmen eindeutig ersichtlich waren.« Immerhin mußte Liman nun wissen, wenn er es nicht längst wußte, daß Bronsart auch Deportationsbefehle selbst erteilte.

Aber auch Liman ließ deportieren. »Vor einigen Tagen«, kabelte Botschafter Richard von Kühlmann am 7. April 1917 nach Berlin, »hat Marschall Liman von Sanders auf neue gravierende Spionagefälle hin die Räumung des (der von den Alliierten gehaltenen griechischen Insel Lesbos gegenüberliegenden) Ortes Aiwalyk angeordnet. Liman erklärte, alle Mittel der Nachsicht seien erschöpft.« Etwa 12 000 bis 20 000 Einwohner seien betroffen, meldete der Botschafter und sprach von »der von Liman vertretenen unbedingten militärischen Notwendigkeit der Maßregel«. Daraufhin beschied AA-Chef Arthur Zimmermann den griechischen Gesandten, es fehle ihm aufgrund der Limanschen Einschätzung »an jedem Mittel der Einmischung« bei der türkischen Regierung. »Die Evakuierung Ayvaliks wurde sachgemäß ausgeführt«, meldete Limans Untergebener, der Kommandant der schweren Artillerie, Major Schmidt-Kolbow. In Wahrheit starben etwa 200 der ersten rund 2500 Deportierten auf ihrem 42tägigen Marsch ins Innere Anatoliens.

Im Juli 1917 ließ Liman dann die Geschäftsleute unter den Vertriebenen zurückkommen, weil sonst die Wirtschaft zusammengebrochen wäre, und gab zu, daß die Maßnahmen übertrieben gewesen waren. Freilich handelte es sich auch in diesem Fall nicht um Armenier, sondern um Griechen, wie überhaupt in Limans Militärbezirk hauptsächlich Griechen siedelten. Die wenigen Armenier im Bereich der von ihm befehligten V. Armee – Liman sprach von etwa 7000 in Smyrna – seien von ihm beschützt worden, behauptete er.

Der Deportationsbefehl, den Bronsart für Urla unterschrieb, war mit großer Wahrscheinlichkeit nicht der einzige der deutschen grauen Eminenz, denn es war bekannt, daß Enver oft Befehle abzeichnete, die sein deutscher Generalstabschef für ihn aufsetzte. Das ist mehrfach belegt für Befehle, die Bronsarts Nachfolger, der in der Weimarer Republik wegen seiner Rechtslastigkeit berüchtigte Reichswehrchef Hans von Seeckt, für seinen türkischen Dienstherrn formulierte und auch selbst unterschrieb. Von Seeckt wurde freilich erst im Januar 1918 Stabschef des türkischen Heeres, als der Völkermord an den

Armeniern bereits Geschichte war. Aber auch schon in den Anfangsjahren wurde vieles, so Liman von Sanders, »durch Envers Unterschrift gedeckt«.

Bronsart von Schellendorf kümmerte sich selbst um Details, um sicherzustellen, daß die Deportationen der Armenier auch zu dem erklärten Ziel führten: ihrer Vernichtung. So beklagte er in einer handschriftlichen Notiz, daß der deutsche Vizekonsul (und Offizierskollege) Scheubner-Richter in Erzurum Brot an die hungernden Frauen und Kinder der Deportiertenzüge verteilt hatte, Daraufhin forderte Botschafter Wangenheim die deutschen Konsuln auf, künftig dergleichen Hilfsakte zu unterlassen.

Christoph Dinkel führt in seiner Arbeit mehrere Fälle von deutschen Soldaten und Offizieren unterer Ränge auf, die gegen die Armeniermassaker protestierten und von der kaiserlich-deutschen Konstantinopler Kamarilla prompt heim ins Reich geschickt wurden. Einen konnten sie nicht mundtot machen: den bayrischen Major und Militärarzt Georg Mayer, den obersten Sanitätsoffizier der Deutschen. Dieser beschwerte sich offen darüber, daß praktisch alle Männer bei den Deportationen ums Leben kamen und Tausende Frauen und Kinder am Flecktyphus zugrunde gingen. Als er von einem Plan hörte, die Frauen und Kinder in der Nähe des Toten Meers anzusiedeln, machte er Enver darauf aufmerksam, daß damit die Heeresstraßen verseucht würden mit all den Konsequenzen, die das für die türkische Armee hätte.

Der wackere Bayer hatte damit gehofft, weitere Deportationen zu verhindern. In Wirklichkeit trug er mit seiner Demarche dazu bei, daß den in Aleppo angekommenen Armeniern einer der wenigen Wege – nach Damaskus und in den Süden Palästinas – versperrt wurde, der relative Sicherheit bedeutete. Das war der Fluch der einzigen guten Tat eines deutschen Offiziers.

8

Warum hängt ihr diese Mischpoke denn nicht auf?

Der Aufstieg der Profiteure des Genozids

Als die französische Balkanarmee unter ihrem Befehlshaber François Franchet d'Esperey am 26. September 1918 das mit Deutschland, Österreich-Ungarn und dem Osmanischen Reich verbündete Bulgarien zum Waffenstillstand zwang, empfahl der oberste deutsche Feldherr Erich Ludendorff Friedensverhandlungen mit der Entente aufzunehmen, und auch die Türken bereiteten sich auf die Niederlage vor: Am 13. Oktober 1918 trat die jungtürkische Regierung zurück, und der unvorbelastete alte Marschall Ahmed Izzet Pascha, der sich 1914 vehement gegen den Kriegseintritt des Osmanischen Reichs ausgesprochen hatte, wurde zum Großwesir bestellt.

Am 30. Oktober stimmten die osmanischen Vertreter an Bord des im griechischen Hafen Mudros ankernden britischen Flaggschiffs »Agamemnon« des britischen Kommandeurs der englischen Mittelmeerflotte zum erstenmal in ihrer fast 600jährigen Geschichte einer nahezu bedingungslosen Kapitulation zu, die den Alliierten in Artikel 7 das Recht vorbehielt, ganze Regionen des Reiches zu besetzen.

Nur vier Tage später, am 3. November 1918, empfing der Großwesir den österreichischen Militärbeauftragten Joseph Pomiankowski. »Die Paschas sind weg«, habe der neue Regierungschef »in heller Verzweiflung« gerufen, »trotz aller Überwachung!« Zwar waren die wichtigsten jungtürkischen Führer Talaat, Enver, Dschemal, die Ärzte Nazim und Schakir sowie die früheren Polizeichefs Bedri und Azmi wirklich verschwunden, aber so hell kann des Großwesirs Verzweiflung nun auch wieder nicht gewesen sein, denn er war zuvor bestens informiert worden.

Schon am 20. Oktober hatte der letzte Generalstabschef der osmanischen Armee, der deutsche Generaloberst Hans von Seeckt, den jungtürkischen Führern Fluchthilfe versprochen.

Am 2. November trafen sich die prominenten Jungtürken im Haus von Envers Adjutanten Kazim und ein deutsches Torpedoboot brachte sie am nächsten Tag nach Odessa. Als dort ein von den Osmanen nachgeschicktes Kriegsschiff ankam, waren die Paschas – zum Teil verkleidet – bereits auf dem Landweg nach Berlin, wo sie allerdings erst im Dezember eintrafen.

Großwesir Izzet protestierte bei der deutschen Botschaft und gab vor, die jungtürkischen Führer würden wegen »Amtsanmaßung« und ihrer Verwicklung »in der armenischen Affäre« gesucht. Er drohte damit, die insgesamt etwa 12 000 deutschen Soldaten als Geiseln zu nehmen, wenn nicht wenigstens die beiden Militärs Enver und Dschemal zurückkämen. Doch die Deutschen zogen die gleiche Schau ab wie der Großwesir, wußten sie doch, daß die Proteste nur die Ententemächte beruhigen sollten. Der osmanische Botschafter in Berlin, Rifat, hielt sein Protestschreiben so lange zurück, bis die kaiserlich-deutsche Regierung abgetreten war. Immerhin überstand der alte Marschall die Flucht der Paschas nicht, und am 10. November 1918 ernannte der Sultan den über 80 Jahre alten Tewlik Pascha zum neuen Großwesir.

Arrogant wie eh und je
Die Kriegsverbrecherprozesse

Nur zwei Wochen nach dem Waffenstillstand waren britische Truppen in Istanbul gelandet und hatten die Stadt, die Dardanellen und alle wichtigen Eisenbahnknotenpunkte besetzt. Sie landeten im Schwarzmeerhafen Samsun und okkupierten im Osten die Stadt Aintab. Im Dezember 1918 marschierten die Franzosen von Syrien aus in Kilikien ein. Anfang 1919 besetzten die Griechen Schlüsselstellungen in Ostthrakien, und am 8. Februar 1919 ritt der spätere französische Marschall Franchet d'Esperey unter dem Jubel der Christen auf einem Schimmel – einem Geschenk der ansässigen Griechen – durch die Straßen von Konstantinopel, wie fast ein halbes Jahrtausend zuvor der osmanische Eroberer Muhammad II.

Die osmanischen Führer waren in einer Zwickmühle. Wollten sie günstige Friedensbedingungen erreichen, mußten sie die Kriegsverbrecher vor Gericht stellen. Die Jungtürken aber beherrschten noch immer das politische Leben in der Türkei. Nach einem Bericht der amerikanischen Orientalistin Barnette Miller vom Dezember 1918 aus Konstantinopel war die überwiegende Mehrheit der Parlamentarier Anhänger der Ittihad-Partei, ebenso die gesamte Polizei und Gendarmerie.

Die siegreichen Ententemächte waren ebenfalls in einer Zwickmühle, einer selbstgemachten freilich. Denn ihr Hauptinteresse bestand darin, die arabischen Provinzen des Osmanischen Reichs zu beerben, wobei Frankreich auf die nordafrikanischen Maghreb-Staaten Marokko, Algerien und Tunesien aus war, sowie auf Syrien, während die Briten Ägypten, Palästina und Mesopotamien für sich beanspruchten.

Italien interessierte sich außer für Tripolitanien auch noch für den Süden Anatoliens, und Griechenland beanspruchte neben Zypern und mehreren Inseln auch die Region um die mehrheitlich von Griechen bewohnte Stadt Smyrna, das heutige Izmir. Für Armenien interessierte sich nur Rußland. Aber Rußland befand sich nach der bolschewistischen Oktoberrevolution von 1917 im Bürgerkrieg.

Besonders in Amerika, das sich freilich nicht im Kriegszustand mit der Türkei befand, und England war die Empörung über den Völkermord an den Armeniern so groß, daß Politiker und Publizisten eine Abrechnung mit den Verantwortlichen verlangten. »Die Scheußlichkeiten in Armenien waren nicht das Ergebnis zufälliger Grausamkeiten von isolierten Verbrechern oder Untaten lokaler Stellen«, wetterte der spätere Friedensnobelpreisträger und Kriegsminister Robert Vicomte Cecil of Chelwood bei einer Diskussion über die Armeniergreuel im britischen Unterhaus, »sondern wurden in jedem Einzelfall aus Konstantinopel angeordnet.« Die Forderung der Briten: die verantwortlichen Minister, ZK-Mitglieder, Gouverneure und Spitzenmilitärs vor Gericht zu stellen.

Nur hatten die Alliierten keine juristische Handhabe gegen die des Massenmords verdächtigten Türken, denn das Völkerrecht war auf einen Genozid am eigenen Volk noch nicht vorbereitet. Zwar waren seit der Genfer Konvention von 1864 mehrere völkerrechtliche Grundsätze für die Zivilbevölkerung im Falle eines Krieges ausgearbeitet worden, doch bezogen sie sich ausschließlich auf die feindliche Bevölkerung. Den ungeheuerlichen Fall, daß ein Staat einen Krieg dazu nutzt oder ihn gar deshalb führt, einen Teil seiner eigenen Bürger umzubringen, hatten die Juristen nicht bedacht.

Lediglich aus der zweiten Haager Konferenz von 1907, die militärische Vorwände für ein Vorgehen gegen die Zivilbevölkerung ausschließt, konnte abgeleitet werden, daß dieses Verbot auch gilt, wenn die eigenen Staatsbürger betroffen waren. Doch das war zuwenig Handhabe für die Juristen, weshalb sich die Alliierten erst auf der Pariser Friedenskonferenz ausgiebig mit dem Thema der Bestrafung von Kriegsverbrechern auseinandersetzten. Aber die dort erarbeiteten Bestimmungen hätten nach Unterzeichnung des Friedensvertrags nicht rückwirkend auf die Jungtürken angewendet werden können, da dies gegen den heiligen juristischen Grundsatz »nulla poena sine lege« – keine Strafe ohne Gesetz – verstoßen hätte.

So blieb den Alliierten vorerst nur übrig, Druck auf die Osmanen auszuüben, die Verantwortlichen vor türkische Gerichte zu stellen. Doch die osmanischen Politiker sperrten sich und versuchten mit rhetorischen Kraftakten, das Unheil einer unvorteilhaften Friedensregelung abzuwenden. So sprach der osmanische Vertreter vor der Pariser Friedenskonferenz von »einem monströsen Verbrechen«, von »Völkerschlächtern« und »einer Handvoll von Schurken, die sich durch Verbrechen an der Macht gehalten« hätten. Allerdings seien die »scheußlichsten Untaten erst nach dem Krieg bekanntgeworden«.

Auch die weitere Mißachtung der Armenier im Land ließ nichts Gutes ahnen. Zwar hatte Großwesir Damad Ferid Pascha gleich nach seinem Amtsantritt ein Rundschreiben an alle Provinzen verschickt und verkündet: »Von heute an ist jede Form von Tyrannei, Ungerechtigkeit, Greueltaten, Deportationen und Massakern in unserem Land verboten. Die Autoren all dieses Unglücks sehen wir nicht als Angehörige unserer Nation an.« Doch im Januar 1919 stellte das britische Kriegsministerium fest: »Die Behandlung der Armenier ist so empörend wie immer, und die Kabinettsbefehle werden nicht befolgt.« Und die amerikanische Botschaft in Konstantinopel meldete nach Washington: »Die moslemische Bevölkerung und die Beamten sind so arrogant wie eh und je. An vielen Orten sind die für die an der Bevölkerung begangenen Verbrechen Verantwortlichen noch immer auf ihren alten Posten.«

Immerhin hatte die osmanische Regierung eine Untersuchungskommission unter dem früheren Gouverneur von Ankara, Hasan Mazhar Bey, der sich 1915 geweigert hatte, die antiarmenischen Maßnahmen durchzuführen, damit beauftragt, die Unterlagen für die Prozesse zusammenzutragen. Allein in der Provinz Ankara konnte Mazhar 42 chiffrierte Telegramme sicherstellen. Schließlich kamen 130 Dossiers zusammen, »wovon jedes einzelne eine strafrechtliche Verfolgung der betreffenden Person rechtfertigte«, wie die Wiener Historikerin Annette Höss schreibt. Aber die britischen Behörden, so die Österreicherin, »waren in all ihren Bestrebungen nach Strafverfolgung mit einer äußerst destruktiven türkischen Verhaltensweise konfrontiert gewesen. So wurde zum Beispiel die Einsicht in möglicherweise belastendes Material von den Türken nicht zugelassen.«

Anfangs begnügten sich die Türken damit, eher untergeordnete Funktionäre zu verhaften, beispielsweise für den Yozgat-Prozeß, der am 5. Februar startete. Erst nachdem der neue Großwesir Damad Ferid am 5. März sein Amt angetreten hatte, wurden auf seine Anordnung hin die ersten prominenten Jungtürken verhaftet, darunter auch der Weltkriegs-Großwesir Prinz Said Halim Pascha. »Um tatsächlich alle Straffälligen zu belangen«, schreibt Annette Höss, »hätten Massenverhaftungen stattfinden müssen.«

Immerhin kam es zu Prozessen zumeist vor Militärgerichten. Obgleich das für Kriegsgerichtsverfahren unüblich war, wurden die Verhandlungen öffentlich geführt, »um die Absicht des Gerichts zu demonstrieren«, wie einer der Gerichtspräsidenten sagte, »die Verfahren unvoreingenommen und im Sinne erhabener Gerechtigkeit zu führen«. So verdankt die Nachwelt dieser Offenheit ein unschätzbares Beweismaterial.

»Erstmals in der osmanischen Geschichte«, schreibt der armenische Historiker Vahakn N. Dadrian, »wurden hochrangige Zivilisten und Militärs für kriminelle Vergehen gegen die Armenier vor Gericht gestellt.«

Keiner der Angeklagten wollte freilich etwas mit den Massakern an den Armeniern zu tun haben. »Wir sahen nichts, wir wußten nichts, wir hörten nichts«, glossierte der türkische Schriftsteller Aka Gündüz (Enis Avni) ihre Haltung.

Lediglich die ersten Verfahren – der Yozgat-Prozeß (5. Februar bis 8. April 1919), der Trapezunt-Prozeß (26. März bis

22. Mai 1919), der Jungtürken-Prozeß (28. April bis 17. Mai 1919) und der Kabinettsminister-Prozeß (28. April bis 25. Juni 1919) – fanden noch unter rechtsstaatlich einigermaßen befriedigenden Bedingungen statt. Dann bestimmte jener Mann immer mehr die türkische Politik, der schließlich die Abrechnung mit der Vergangenheit endgültig beendete: Mustafa Kemal, genannt Atatürk.

Mitstreiter mit Zirkel ausgemessen
Kemals Aufstieg zur Macht

Mustafa stammte aus Saloniki, wo er nach einem alten türkischen Brauch von seinem Lehrer den Zunamen Kemal (»der Wissende«) bekam. Auf der Kriegsakademie in Konstantinopel lernte Mustafa Kemal dann die jungtürkischen Verschwörer kennen, mit denen er auch in Kontakt blieb, als er nach Damaskus versetzt wurde.

Im Krieg zeichnete sich Mustafa Kemal besonders in der Dardanellenschlacht aus, was ihm den Rang eines Brigadegenerals einbrachte. Einige Monate kämpfte er im Kaukasus, die meiste Zeit aber im arabischen Teil des Osmanischen Reichs, und nach dem Ende des Krieges war er der einzige türkische General, der mit keiner größeren Niederlage belastet war.

Nach der Demobilisierung lebte Mustafa Kemal mehrere Monate in Konstantinopel, wo er sich häufiger mit Jungtürken traf, wie dem Gründer und Ex-Parlamentspräsidenten Ahmed Riza Bey, obgleich die kemalistische Legende will, daß er ein Feind der Jungtürken war. Tatsächlich konnte er besonders Enver nicht ausstehen und betrachtete dessen Engagement für die Deutschen, die er ebenso haßte, als größten außenpolitischen Fehler des Triumvirats.

Seine Hauptaufgabe in Konstantinopel sah er darin, eine nationale Widerstandsbewegung aufzubauen, die sich nur im Innern Anatoliens bilden konnte, weil bis dort der Arm der Alliierten nicht reichte. Am 30. April 1919 wurde er zum Inspektor der in Ostanatolien stehenden IX. Armee ernannt. Sein Inspektionsgebiet – eines von dreien in der Türkei – umfaßte Zentral- und Ostanatolien. Die Verantwortlichen im Großen Generalstab, berichtete Kemal, »ahnten meine Absicht. Sie erfanden das Inspektionsamt, und ich selbst diktierte die Anweisungen für die Vollmacht.«

Dazu gehörten auch Weisungsbefugnisse über zivile Stellen, durch die er nahezu unbeschränkte Herrschaft über den größten Teil Anatoliens ausüben konnte, sowie der Kontakt zu den angrenzenden Staaten. Nach Kemals eigener Lesart hatte die Regierung in Konstantinopel gar nicht begriffen, mit welchen Vollmachten er ausgestattet war. Tatsächlich hatten ihn aber Mitarbeiter des Kriegsministerium nicht nur mit Geldmitteln, sondern sogar mit einem Chiffrierschlüssel versehen, den die Alliierten nicht knacken konnten. Den Besatzungsmächten versicherten die Osmanen in Konstantinopel immer wieder, sie hätten Mustafa Kemal nur in den Osten geschickt, um Informationen aus erster Hand über angebliche Massaker von Marodeuren an Griechen zu bekommen und die Ordnung wiederherzustellen.

Von Konstantinopel aus war Mustafa Kemal am 15. Mai 1919 mit dem Dampfer »Bandirma« zum Schwarzmeerhafen Samsun abgefahren, der von den Briten besetzt war. Am selben Tag besetzten die Griechen, von Englands Premier David Lloyd George unterstützt, das mehrheitlich von ihren Landsleuten bewohnte Smyrna. Es sollte die Wende in der Einstellung der Türken zu den Ententemächten werden und das endgültige Aus aller armenischen Träume. Denn die Griechen bemächtigten sich nicht nur der wichtigen Handelsstadt, sondern zogen weiter ins Innere Anatoliens und bedrohten damit das letzte Refugium der Türken.

Gleich nach seiner Ankunft in Samsun hatte sich Kemal ins Landesinnere begeben und dort Kontakt zu patriotischen (zumeist jungtürkischen) Gesellschaften aufgenommen. Zwar lehnte Mustafa Kemal den Pantürkismus ab, aber mehr aus praktischer Vernunft: Eine Eroberung anderer Turkstaaten hätte die militärischen Möglichkeiten der Türken gleich nach dem Krieg überfordert.

Kemal hatte sich mehrmals gegen Armeniermassaker und Jungtürken ausgesprochen. Im November 1918 lamentierte er gegenüber dem französischen Korrespondenten des *Petit Parisien*, Maurice Prax: »Warum hängt ihr denn diese Mischpoke von Enver, Talaat und Dschemal nicht auf?«

Aber eine Schwäche für die Armenier hatte Mustafa Kemal

sicher nicht, denn er sollte sie in der Folgezeit militärisch bekämpfen und besiegen. Ihm ging es darum, mit dem Westen ins reine zu kommen, und die Völkermord-Vergangenheit stand dem im Wege. Denn der spätere Staatsgründer war zwar ein fanatischer Gegner des Islam, aber ein ebenso eingefleischter Rassist. Stets trug er einen Stechzirkel bei sich, mit dem er seine Mitstreiter daraufhin kontrollierte, ob sie auch türkische Körpermaße hätten. Diese hatte er von dem berühmtesten aller osmanischen Baumeister, Sinan, abnehmen lassen, der im 16. Jahrhundert 81 Moscheen, 55 Schulen und 33 Paläste erbaut hatte und dessen sterbliche Überreste ausgegraben und vermessen worden waren. Freilich war Sinan ein Janitschar, aller Wahrscheinlichkeit nach kein Türke, möglicherweise ein Grieche.

»Das kemalistische Programm ist im Grunde eine Fortführung des jungtürkischen«, schrieb später der überaus türkenfreundliche deutsche Historiker Kurt Ziemke, »die Stabilisierung der absoluten Vorherrschaft des türkischen Elements wurde mit gewaltsamen Mitteln und gewollter Rücksichtslosigkeit gegen die andersstämmigen Rassen, Armenier, Griechen und später die Kurden, durchgeführt.«

Völkermörder als Märtyrer gefeiert
Der nationale Umschwung

Das Verhältnis zwischen der osmanischen Regierung in Konstantinopel und Mustafa Kemal war von Anfang an ambivalent. Sicher gab es liberale Osmanen, die eine Rückkehr der Nationalisten nicht wünschten, aber sie blieben eine Minderheit. Das zeigte sich sehr bald in den Prozessen und mehr noch im Verhalten gegenüber den Beschuldigten.

Die meisten der Angeklagten in Konstantinopel saßen im Serasker-Gefängnis ein. Dort lebten sie wie heute die kolumbianischen Kokainhändler vom Medellín-Kartell. »Die Gefangenen haben Freunde in nahezu allen Ministerien«, stellten die britischen Diplomaten in einem Schreiben nach London fest, »und genießen weitgehende Freiheiten, ihre Freunde und Sympathisanten zu treffen.« Und: »112 der Gefangenen ist es erlaubt, sich frei im Gefängnis zu bewegen und zu treffen, wen sie wollen. Niemand wird beim Betreten des Gefängnisses kontrolliert, und oft sieht man Leute mit großen Paketen mit Nahrungsmitteln oder auch anderen Dingen. Frauen können tagsüber jederzeit kommen, und niemand kontrolliert sie.« Auch der Großwesir Izzet Pascha mußte schließlich die Kumpanei eingestehen: »Alle Polizeioffiziere waren Anhänger der Ittihad oder agierten so.«

»Die Kabinettsmitglieder (unter den Gefangenen) trafen sich in großen Räumen und sprachen ihre Verteidigung ab«, schreibt Dadrian, »sie konsultierten sogar Osman, den Rechtsberater des Innenministeriums.« Der türkische Historiker Ahmed Emin Yalman nannte die Besprechungen in den Gefängnissen schlicht »Kabinettsratssitzungen«. Nach den Beratungen gingen besonders die bekannten Ittihad-Mitglieder ungeniert ihren immer noch umfangreichen Geschäften nach.

»Das Verhalten der Inhaftierten gegenüber den (sie bewachenden) Beamten zeigte«, so Historikerin Annette Höss, »daß sie sich äußerst sicher wähnten, denn sie prophezeiten ihnen, daß sie – die Beamten – sich bald selbst im Gefängnis wiederfinden würden.«

Weil viele Beamte mit den Gefangenen kooperierten, war es kein Wunder, daß wichtige Angeklagte fliehen konnten. Schon Ende Januar 1919 war einer der übelsten Schlächter, der Ex-Gouverneur von Diyarbakir, Reschid Pascha, aus dem Gefängnis entwichen, ihm folgten der Kommandeur der VI. Armee, Halil, sowie das ZK-Mitglied der Ittihad, Kütschük Talaat. Andere Gefangene reisten schlicht mit von der Regierung gestellten Papieren ins Ausland, so der Ittihad-Regionalsekretär Trapezunts, Yenibahçeli Nail, der Erzurumer Ittihad-Inspektor Filibeli Ahmed Hilmi und der Leiter der dortigen Spezialorganisation, Ebdulhindili Cafer, allesamt Hauptverantwortliche des Völkermords.

So war es kein Wunder, daß die Briten eine Internierung der noch nicht entwichenen Topgefangenen veranlaßten. Am 28. Mai 1919 wurden die ersten 67 Häftlinge an Bord des britischen Schiffes »Princess Ena« nach Malta oder auf die Insel Lemnos gebracht. Später folgten weitere.

Der Umschwung zeigte sich auch in der Reaktion der Bevölkerung auf die Urteile. Am 8. April 1919 war der Hauptangeklagte im Yozgat-Prozeß, der Regionalgouverneur Mehmed

Kemal, zum Tode verurteilt und zwei Tage später am Bajasid-Platz in Konstantinopel öffentlich gehängt worden. Zu seiner Beisetzung hatten die Jungtürken über tausend Einladungen verschickt, was bei islamischen Trauerfeiern unüblich ist, und eine riesige Menschenmenge begleitete den Zug. Eine der Trauerschleifen verkündete: »Dem unschuldigen Opfer der Nation«. Die türkische Zeitung *Tasviri Efkâr* schrieb sogar eine öffentliche Subskription aus und überwies die gesammelten 20 000 Pfund der Familie.

»Nicht einer von 1000 Türken wird es für gerechtfertigt halten«, telegraphierte der zuständige britische Offizier nach der Hinrichtung an seine Regierung, »daß ein Türke dafür gehängt wird, Christen massakriert zu haben.«

Neben dem relativ kleinen Fisch Kemal hängten die Osmanen noch den Gendarmen Abdullah Avni aus Ersindschan, dessen Bruder Abdul Gani als Gauleiter von Sivas und Adrianopel ein weit höheres Tier bei den Jungtürken war, sowie den Landrat von Bayburt und späteren Regierungspräsidenten von Urfa, Behramsade Nusret, wegen seiner Taten in Bayburt.

Nachdem das Kabinett von Großwesir Ferid am 2. Oktober 1919 unter dem Druck der wiedererstarkten Nationalisten zurücktreten mußte, »ließ der Eifer der Anklage mächtig nach«, wie Dadrian schreibt. Als im Februar 1920 ein neues Kabinett gebildet wurde, waren nach den Wahlen zu Anfang des Jahres unter den 164 Abgeordneten bereits wieder 24 Deputierte, die an den Armeniermassakern beteiligt waren. Als im Herbst des gleichen Jahres Ferids letztes Kabinett am aufkommenden Kemalismus scheiterte, »hörten die Kriegsgerichtsverhandlungen auf zu funktionieren«.

Nusret war am 20. Juli 1920 verurteilt und am 5. August gehängt worden, aber schon am 8. Mai 1920 hatte die in Ankara tagende Nationalversammlung eine Amnestie erlassen und kassierte am 7. Januar 1921 das Urteil. Sowohl Kemal als auch Nusret wurden zu »nationalen Märtyrern« erhoben, und Nusrets Familie bekam eine lebenslange Rente.

Auch gegen einen der übelsten Armenierschlächter, Abdulahad Nuri, der in Aleppo sein Unwesen getrieben hatte, war ein Prozeß eingeleitet worden, fand aber nicht statt. Denn Nuris Bruder Yusuf Kemal Tengirsek war inzwischen zum Wirtschaftsminister der Kemalisten aufgestiegen und drohte nun offen mit Repressalien für den Fall, daß Bruder Nuri sich für seine Taten verantworten müßte. Er würde 2000 bis 3000 Armenier umbringen lassen, ließ Atatürks Minister über den armenischen Erzbischof von Kastamuni, Zaven, den Briten mitteilen, wenn Nuri vor Gericht gestellt und dann angesichts der Sachlage mit großer Wahrscheinlichkeit zum Tode verurteilt würde. So half der kemalistische Erpresser, der bald darauf zum Außenminister ernannt wurde, seinem jungtürkischen Mörder-Bruder aus der Klemme.

Alle Kriegsgerichte wurden am 13. Januar 1921 von der Regierung Atatürks aufgelöst, mehrere Richter angeklagt und später verurteilt. Am 31. März 1923 amnestierten die neuen Herren der Türkei, die sich am 21. Juni 1919 bei ihrem Gründungskongreß in Sivas feierlich »jeder Unterstützung der Ittihad abgeschworen« hatten, schließlich alle Armeniermörder.

Aber noch gab es die Gefangenen der Briten, die am 16. März 1920 Konstantinopel unter alliierte Kontrolle gestellt und weitere türkische Politiker verhaftet und nach Malta gebracht hatten. Allerdings wurden die Briten immer mehr isoliert. Zuerst von den Franzosen, die mit Atatürk einen Rückzug ihrer Truppen aushandelten, dann von den Amerikanern, die zur Politik der Splendid isolation zurückkehrten, und schließlich auch von den eigenen Politikern, die nicht mehr zulassen wollten, daß britische Soldaten in der Türkei Dienst taten.

Mit drei Demarchen setzte die Regierung in Ankara 1921 den Briten zu, Ittihad-Führer aus Malta zu entlassen, damit sie für die Deportationen der Armenier in der Türkei abgeurteilt werden könnten. Die Briten ließen sich darauf ein, aber keiner der Entlassenen wurde je vor Gericht gestellt, nicht einmal ein Ermittlungsverfahren wurde eröffnet.

Am 23. Oktober 1921 schlossen schließlich auch die Briten einen Vertrag mit den Kemalisten, der die Scharmützel zwischen den Truppen beider Länder beenden sollte. Sie hielten zu diesem Zeitpunkt aber immer noch 53 Gefangene für einen späteren Prozeß zurück, und zwar die hochkarätigsten. Aber die Gesandten Atatürks übertölpelten die Engländer einmal mehr. Sie machten die Freilassung britischer Gefangener davon abhängig, daß auch die letzten Ittihad-Internierten in die Türklei zurückkehren durften.

Einer der britischen Gefangenen war der Sohn des englischen Generals Campbell, der mit einem Brief seines Youngsters zum Premier Lloyd George ging. »Ich bin doch mehr wert als ein paar dieser miserablen Türken«, hatte der Sohn geschrieben, und auch »die Mitglieder des britischen Parlaments waren der Meinung«, schreibt der französische Armenien-Spezialist Yves Ternon, »daß ein britischer Gefangener allemal eine Wagenladung Türken aufwiegt«.

So ließen sich die Briten auf den Austausch ein, denn sie erhofften die Heimkehr von 140 britischen und indischen Soldaten. Es kamen neben Campbell junior nur ein weiterer britischer Offizier sowie sechs maltesische Arbeiter mit ihren griechischen Frauen und ihren Kindern.

Einer der aus Malta Freigelassenen war Mustafa Abdulhalik Renda, der in Aleppo die Vernichtung der Armenier organisiert hatte. Sofort schloß sich der Schwager Envers der kemalistischen Bewegung an und wurde Gouverneur von Smyrna, dem heutigen Izmir, nachdem Atatürks Truppen die Stadt 1922 erobert hatten. Abdulhalik übernahm sofort eine Aufgabe, in der er Spezialist war: Er deportierte die letzte Armenierkolonie der Provinz, die 1915 verschont geblieben war.

Der Dank der Kemalisten war ihm sicher. Erst wurde er Finanzminister der Republik, dann Erziehungsminister und schließlich Kriegsminister. Als Atatürk starb, übernahm er die Präsidentschaft der Großen Nationalversammlung und ging sogar – wenngleich nur für einen Tag – in die Annalen als einer der Präsidenten der Türkischen Republik ein.

Er war nicht der einzige Jungtürke, der zu höchsten Ehren aufstieg, und nicht der einzige Armeniervernichter, dem eine glänzende Zukunft bevorstand. Mehr noch: Die großen und kleinen Verantwortlichen für den ersten Völkermord dieses Jahrhunderts wurden die wichtigste Stütze des kemalistischen Regimes.

Entsetzliches Bild
Die Armeniermörder als Stützen des Staates

Gleich nach dem Waffenstillstand vom November 1918 wurden überall im Land Vereine zum Schutz der Rechte (Müdafa-i Hukuk) gegründet, »die zu den Trägern des nationalen Kampfes werden sollten«, wie der türkische Nationalismus-Forscher Taner Akçam schreibt. Sehr bald stellte sich heraus, daß sie nicht Rechte schützen, sondern mißachten wollten. Denn der Hauptzweck der Vereine war es, die noch verbliebenen Griechen zu bekämpfen und eine eventuelle Rückkehr von Armeniern zu verhindern. Deshalb entstanden die Vereine »überall dort«, so der türkische Politikwissenschaftler Baskin Oran, »wo eine armenische oder griechische Bedrohung war«. Der sehr früh gegründete »Verein zum Schutz des Nationalen Rechts in Trabzon« schrieb in seine Statuten ausdrücklich den »bewaffneten Widerstand gegen die Minderheiten« hinein – ausgerechnet in jener Stadt Trapezunt, wo die Völkermörder 1915 unbarmherziger getötet hatten als anderswo.

Von den ersten fünf Vereinen waren drei gegen die Griechen und zwei gegen die Armenier gerichtet. Darin folgten sie Mustafa Kemal, der in seinem offiziellen Rücktrittsschreiben »den nationalen Kampf« eröffnet hatte mit der Zielsetzung, das Land »nicht den griechischen und armenischen Machenschaften zu opfern«.

Zwar gab sich Kemal Atatürk als Gegner der Jungtürken, doch das war mehr an die Adresse der Franzosen, Engländer und Amerikaner gerichtet, gegen die er einen neuen Waffengang nicht wagen wollte. Tatsächlich gab er Order, die durch das Land reisenden Offiziere der Ententemächte nicht anzugreifen. Nur einmal kam es zu kriegerischen Verwicklungen mit den Franzosen, doch der Grund waren Armenier, die unter der Trikolore nach Kilikien zurückgekehrt waren.

In Wahrheit hatte der spätere Staatsgründer sehr schnell Kontakt auch zu den nach Deutschland geflohenen Jungtürkenführern aufgenommen, und Talaat stellte dem neuen Herrn der Türkei das noch intakte Inlandsspionagenetz aus treuen Ittihad-Mitgliedern zur Verfügung, wofür sich Mustafa Kemal schriftlich bedankte.

Außenpolitisch bekämpfte der spätere Vater der Nation alle Pläne, die eine Selbständigkeit Armeniens zum Ziel hatten, und war sogar bereit, ein amerikanisches Mandat über die gesamte Türkei zu akzeptieren, um eine Loslösung armenischen Territoriums zu verhindern. Der Krieg gegen die Griechen gab ihm dann die Möglichkeit, erst die Italiener (die durch den griechischen Einmarsch um das ihnen zugesprochene Gebiet gekommen waren), dann die Franzosen und schließlich auch die Briten und Amerikaner zu bezwingen oder für sich zu gewinnen.

Innenpolitisch brauchte er die jungtürkische Hilfe, weil sich einzig die von ihnen aufgestellten Truppen der Spezialorganisation den Demobilisierungsbefehlen entzogen hatten, indem sie in den Untergrund abgetaucht waren. Kemals nationale Streitkräfte (Kuvayi Milliye), die nach der Erlangung der Unabhängigkeit zu nationalen Helden hochstilisiert wurden und bis heute auf diesem Sockel stehen, waren also nichts anderes als die Jungtürken-SS, die den Völkermord an den Armeniern durchgeführt hatte. Von diesem schweren Geburtsfehler hat sich die Türkische Republik bis heute nicht befreit. Denn auch nach dem Militärputsch von 1971 sahen sich die neuen Organisationen wie die (bis 1980 bestehende) Türkische Volksbefreiungsarmee oder die Türkische Volksbefreiungspartei-Front ausdrücklich in der Tradition der Kuvayi-Milliye-Einheiten. Und selbst nach dem Militärputsch von 1980 beriefen sich einige Führer linker Organisationen auf die Helden Atatürks.

Die aber waren zum Teil steckbrieflich gesuchte Armeniermörder, wie »Topal« (der Hinkende) Osman Ago, der die Killertrupps in den Bergen Trapezunts leitete und später zum Kommandanten des Leibwachenregiments Atatürks ernannt wurde. Und auch die anderen Nationalhelden hatten eine finstere Vergangenheit, wie »Dayi« (der Draufgänger) Mesut, Yahya »Kaptan« (der Kapitän), »Kara Arslan« (der schwarze Löwe) oder »Ipsiz« (der Haltlose). Es ist, als wären Horst Wessel & Co. die Leitbilder der deutschen Bundeswehr. »Ein entsetzliches Bild«, schreibt Taner Akçam, »und ein wichtiger Grund, warum man die Diskussion des Völkermordes scheut.«

Nicht besser stehen die übrigen Kemalisten da, unter denen sich auch die Völkermörder wiederfanden. Mehr noch: Atatürks Erhebung geht auf ihre Initiative zurück. »Der nationale Kampf«, schreibt Akçam, »wurde nach einem vorbereiteten Plan im wesentlichen durch die Ittihad-Politiker organisiert.« Eine der wichtigsten Widerstandsorganisationen war die von Talaat gegründete »Karakol«, die teilweise identisch war mit der Spezialorganisation.

Jungtürken beherrschten die sogenannten Schutzvereine. Oft waren es örtliche Honoratioren, die sich auf Kosten der ermordeten und vertriebenen Armenier bereichert hatten. »Es hat die türkischen Honoratioren beunruhigt«, schreibt der türkische Politologe Baskin Oran, »daß sie sich des Besitzes der Armenier bemächtigt hatten. Dies war ein wichtiger Grund für die Annäherung an die Regierung in Ankara.« »Mittäterschaft am Völkermord und Plünderungen«, so Akçam, »war die Basis der Koalition des Befreiungskrieges.«

Eine besonders unansehnliche Koalition hatte sich in Erzurum gebildet, deren Schutzverein Filibeli Ahmed Hilmi, die rechte Hand Behaeddin Schakirs, Ebdulhindili Cafer, der Leiter der Spezialorganisation und sein ebenfalls als Armeniermörder berüchtigter Parteigenosse »Deli« (der Verrückte) Halit Pascha angehörten. Schon bei seinem Einzug in die einstige Armeniermetropole war Atatürk dort von einem der berüchtigsten Armenierkiller, dem Offizier Küçük Kazim, empfangen worden.

Nicht nur Mustafa Abdulhalik Renda stieg zu den höchsten Posten in der kemalistischen Türkei auf, auch andere Hauptverantwortliche besetzten bald Schlüsselstellungen. Mustafa Reschad von der Politischen Sektion der Konstantinopler Polizeiabteilung wurde Präsident des Staatsrats, Tevfik Hadi, Leiter der Sicherheitssektion der gleichen Abteilung, Gouverneur von Mardin, wo sich noch bedeutende Reste der assyrischen Christen befanden. Pirincizade Feyzi, den die Briten wegen der schweren Vorwürfe gegen ihn in Malta interniert hatten, stieg zum Minister für öffentliche Arbeiten auf und sein Malteser Kollege Ali Cenani zum Handelsminister.

Zum Innenminister ernannte Atatürk Şükrü Kaya, den früheren Generaldirektor für Deportationen, der den deutschen Konsul Rößler belehrt hatte: »Sie scheinen unsere Absicht nicht zu verstehen. Wir wollen ein Armenien ohne Armenier.« Und Außenminister wurde Tevfik Rüdü Aras, der während des Völkermords für die Beseitigung der Leichen zuständig war.

»Die Gründung des türkischen Staates beruht auf der Ermordung der Armenier«, schreibt Taner Akçam, »dadurch wird verständlich, daß die Diskussion über den Völkermord zu einem Tabu erklärt wurde.«

Endlich waren sie in der Hölle
Die armenischen Rächer

Während ein Teil der Mörder in der Türkei Karriere machte, lebten die Hauptschuldigen im Exil. Zwar waren sie fast ausnahmslos in Abwesenheit zum Tode verurteilt worden, aber ihre Gaststaaten weigerten sich, sie auszuliefern. So übernahmen es armenische Rächer, die türkischen Urteile zu vollstrecken und schlüpften in die Rolle der Henker.

Gleich nach Kriegsende hatten die Daschnaken ein »Büro der Exekutionen« gegründet, das seinen Sitz im Konstantinopler Gebäude der Daschnaken-Zeitung *Dschagadamard* (Kriegsfront) hatte, »das in absentia die jungtürkischen Führer und die armenischen Verräter zum Tode verurteilt«, wie Archivar Schiragian schreibt, einer der erfolgreichsten Rächer.

An erster Stelle der Hinrichtungsliste standen die armenischen Verräter, vor allem M. Haruturian, der die Listen für die Verhaftungen am 24. April 1915 in Konstantinopel zusammengestellt hatte, sowie Hemajag Aramiantz, der die Besucher des Patriarchen Sawen registriert hatte und jene 17 Hintschaken an den Galgen lieferte, die im Sommer 1915 öffentlich hingerichtet worden waren. Ein weiterer Armenier auf der Liste war Vahe Ihssan, der seinen armenischen Familiennamen Jessaian abgelegt hatte. Er war vor allem für die Verfolgung der armenischen Flüchtlinge in Konstantinopel zuständig. Seine Hinrichtung war für Schiragian, der sich den Namen Torcom Ghazarian zugelegt hatte, sozusagen die Generalprobe für spätere Taten.

Am 27. März 1920 hatte Schiragian seinen verräterischen Landsmann Ihssan gestellt. Mit seinem ersten Schuß streifte er nur den Hals, mit seinem zweiten den Arm, woraufhin Ihssan seinen Revolver fallen ließ, nach der dritten und vierten Kugel stürzte Ihssan und versuchte, nach seiner Pistole zu greifen, woraufhin sich Schiragian auf ihn warf und ihm seine beiden letzten Kugeln in den Kopf schoß. Schiragian empört über sich: »Schlechte Arbeit.«

Als nächstes schickten die Daschnaken Schiragian nach Rom, wohin sich einige Spitzenpolitiker der Ittihad geflüchtet hatten. Alle Mordkommandos bekamen die Fotos der zehn berüchtigsten Armeniermörder, auf denen allerdings die potentiellen Opfer in türkischen Uniformen und mit Fez abgebildet waren und von Schiragian anfangs schwer in Zivil wiederzuerkennen waren.

Eine andere Delegation reiste nach Berlin. Ihr wichtigster Mann wurde der Armenier Huratsch Papasian, der fließend türkische Dialekte sprach, sich unter dem Namen Mehmed Ali als Sohn eines sehr reichen Türken aus Kayseri in die Kreise der türkischen Topleute eingeschlichen und sehr enge Freundschaft mit Ekmel geschlossen hatte, dem Sohn des Gouverneurs von Trapezunt, Dschemal Asmi Pascha, der ebenfalls auf der Abschußliste des Hinrichtungsbüros stand. Um in einem türkischen Bad nicht entdeckt zu werden, hatte sich der Christ sogar beschneiden lassen. Papasian, der immer wieder mitanhören mußte, wie die Türken sich der größten Scheußlichkeiten an den Armeniern rühmten, konnte den armenischen Rächern, unter ihnen Tehlerjan, wichtige Tips geben. Er hatte ausgekundschaftet, daß Talaat sich unter dem Namen Ali Saly Bey verbarg und eine Neunzimmerwohnung im einer der besten Gegenden bewohnte. Mit einer deutschen Armeepistole, vom Typ Parabellum, in die das symbolträchtige Jahr »1915« eingraviert war, erschoß Tehlerjan am 15. März 1921 den früheren türkischen Innenminister und Großwesir. Als Talaat auf dem islamischen Friedhof in Berlin beigesetzt wurde, kam vom deutschen Auswärtigen Amt der nunmehr demokratischen Weimarer Republik ein Kranz mit der Widmung: »Einem großen Staatsmann und treuen Freund«.

In Rom mußte Schiragian die Vorarbeiten selbst erledigen, und es gelang ihm erst nach wochenlangen Recherchen, die Treffpunkte der Türken ausfindig zu machen. Beim Belauschen wurde er Zeuge, wie Mustafa Kemals Außenminister Bekir Sami Bey vom Ex-Großwesir Said Halim Pascha Waffen und Geld erbat, über das die Jungtürken in Massen verfügten. Der frühere Regierungschef war auch dazu bereit, wenn die Kemalisten ihrerseits den Jungtürken die Rückkehr nach Anatolien gestatteten.

Schiragian machte im Laufe der Zeit Enver, die Ärzte Behaeddin Schakir und Mehmed Nazim aus, kam aber nicht nahe genug an seine Opfer heran. Das gelang ihm erst am 5. Dezember 1921, als Ex-Premier Said Halim mit der Kutsche nach Hause fuhr. Schiragian hielt die Pferde an, sprang auf das

Trittbrett, was weder der Kutscher noch der Leibwächter mitbekam, wohl aber der Großwesir. »Yeren!« rief er. »Lieber Herr!« »Es war sein letztes Wort«, schrieb Schiragian, »der Schrecken stand in seinen Augen, als ich die Pistole auf seine rechte Schläfe richtete. Ich schoß, und diesmal genügte eine Kugel.« In der Dunkelheit entkam der armenische Rächer.

Der griechische Konsul in Rom dekorierte Schiragian und gab ihm ein Empfehlungsschreiben für die nächste Mission mit. Die führte den Armenier nach Berlin, wo sich inzwischen die Creme der Jungtürken versammelt hatte oder besser ihr Abschaum. Zum Said-Halim-Mörder Schiragian stießen Schahan Natali, der US-Vertreter des Rächerbüros, der in Berlin schon Tehlerjan beim Attentat an Talaat sekundiert hatte, sowie Schiragians Uraltfreund Aram Erkanian.

Die Armenier hatten dank der Informationen ihres Spitzenmannes Papasian gehofft, alle verantwortlichen türkischen Politiker auf einer Versammlung erschießen zu können, doch die inzwischen sehr vorsichtigen Türken wußten das zu verhindern. Am 17. April 1922 kurz vor Mitternacht verfolgten Schiragian und Aram dann Behaeddin Schakir und den Ex-Gouverneur von Trapezunt, Dschemal Asmi, die mit ihren Ehefrauen und Leibwächtern auf dem Nachhauseweg waren. Schiragian stürzte sich als erster auf die Gruppe, Talaats Witwe sah die Gefahr und sprang ihn an, aber der Armenier schlug sie nieder. Dann drehte sich Dschemal Asmi um. Schiragian zielte auf sein linkes Auge und drückte ab. Der Türke war sofort tot. Als Schakir die Pistole auf sich gerichtet sah, rief er: »Ah! ah! ah!«, der Rächer antwortete: »Ja! ah!« und schoß. Aber die Kugel traf den Mörder-Arzt nur an der Wange. Aram Erkanian schoß genauer, und auch Schakir brach zusammen. Schiragian: »Die beiden Leichen formten ein scheußliches Kreuz, und endlich waren sie in der Hölle.«

Trotz Verfolgung durch Zivilisten konnten beide untertauchen, und Schiragian kehrte sogar zum Schauplatz des Gemetzels zurück. »Mögen dieser Schmerz und dieser Schrecken sie nie verlassen«, habe er gedacht, als er die türkischen Ehefrauen sich klagend auf die Leichen ihrer Männer werfen sah. »Ein christlicher Armenier hatte ihre Ehemänner getötet. Aber ein Türke hätte niemals die Frauen ausgespart. Auch sie wären jetzt entstellte Leichen.«

Bei der Beerdigung mußte der Armenier Papasian, als vermeintlich enger Freund der Familie, den Sarg des Gouverneurs tragen, der als Schlächter von Trapezunt in die Geschichte einging. Die beiden armenischen Rächer Schiragian und Erkanian konnten auch deshalb leicht aus Berlin entkommen, weil Schiragian zufälligerweise bei einem deutschen Kriminalbeamten wohnte, der just mit dem Mord befaßt war und seinen Untermieter ungewollt auf dem laufenden hielt.

Nur drei Monate später, am 22. Juli 1922, erwischte es den zweiten im Triumvirat, Dschemal Pascha, in der georgischen Hauptstadt Tiflis, wo ihn die beiden Armenier Bedros Der Bohossian und Artaches Kevorkian, ebenfalls Mitglieder der Hinrichterorganisation, mit Pistolenschüssen niederstreckten. Und am 4. August 1922 schließlich traf es Enver, den der armenische Rächer Agabekof, der für den kommunistischen Geheimdienst in der sowjetischen Provinz Buchara arbeitete, mit Bajonettstichen ins Jenseits beförderte.

Auch der letzte der großen Armeniervernichter, Mehmed Nazim, fand seinen Rächer, einen ungewöhnlichen freilich. Am 26. August 1926 ließ ihn Atatürk zusammen mit den anderen Jungtürkenbossen Mehmed Dschavid, Kara Kemal und Ismail Dschambolat aufknüpfen, freilich nicht wegen seiner Untaten gegen die Armenier, die längst dem Tabu unterlagen, sondern weil sie versucht hatten, Atatürk umzubringen.

Was die Kemalisten und ihre Nachfolger in Wahrheit von den wegen ihrer Verbrechen in Abwesenheit zum Tode verurteilten Jungtürken hielten, bewiesen sie im Zweiten Weltkrieg und in der Nachkriegszeit. Mit allen militärischen Ehren ließen sie Ende Februar 1943 die von den Nazis übergebenen sterblichen Überreste Talaats auf dem »Hügel der Freiheit« in der Weltstadt Istanbul bestatten. Eine der Hauptstraßen der Landeshauptstadt Ankara wurde nach Talaat benannt und 1960 in Istanbul ein Mausoleum eingeweiht, in dem auch der Hauptverantwortliche des Ersten Völkermords dieses Jahrhunderts ruht. Einmal im Jahr verneigt sich der Präsident der Türkischen Republik vor den dort beigesetzten Toten.

9
Wer redet heute noch von der Vernichtung der Armenier?

Der Genozid und die Gegenwart

Im Frühjahr 1985 fand in Bremen eine Ausstellung statt, eine sehr normale, kleine Ausstellung in der Landeszentrale für politische Bildung. Doch über diese Veranstaltung, die keine Zeitung für ankündigenswert hielt, sollte fast der Kultursenator der Hansestadt stürzen.

Das Thema der Ausstellung war der Völkermord an den Armeniern. Fast 70 Jahre nach dem schrecklichen Ereignis war der lange Arm der Türkei – via Bonner Botschaft und Auswärtiges Amt – noch stark genug, um Bildungssenator Horst-Werner Franke dazu zu bewegen, die 750 Exemplare einer Broschüre zum Völkermord einstampfen zu lassen und darüber hinaus den ihm unterstehenden Leiter der Landeszentrale, Frank Boldt, der auch noch mit einer Armenierin verheiratet war, von einer angesetzten Pressekonferenz auszuschließen und damit mundtot zu machen.

In der Bremer Bürgerschaft kam es daraufhin zu einer der seltsamsten Debatten in der deutschen Nachkriegsgeschichte. Die sozialdemokratischen Sprecher, die eigentlich ihren Senator verteidigen mußten, hatten sich zwischenzeitig zum Thema kundig gemacht und plädierten für eine offene Diskussion in Sachen Armenien. »Was würden viele Deutsche von Auschwitz wissen«, fragte SPD-Redner Hermann Stichweh, »wenn diese braune Verbrecherbande nach dem Zweiten Weltkrieg an der Regierung geblieben wäre?« Die Christdemokraten hingegen, die den Senator zum Autodafé angestiftet hatten, versuchten erschreckt, ihre Aufregung zu minimieren. »Hier hätte eine gründliche wissenschaftlich exakte Vorbereitung erfolgen müssen«, argumentierte ihr Sprecher Bernt Schulte, wie es kasuistischer gar nicht mehr geht, »unter Berücksichtigung der politischen Emotionen und eventuellen zwischenstaatlichen Komplikationen und bei Abwägung zwischen wissenschaftlicher Informationspflicht und politischem Nutzeffekt.« Einen »unglaublichen Eiertanz« nannte der Grünen-Abgeordnete Peter Willers die Debatte mit verdrehten Fronten.

Ein Eiertanz mit Folgen, denn der Bremer Bildungssenator Franke stellte im Hohen Haus klipp und klar fest: »Der Völkermord an Millionen armenischer Christen ist geschichtliche Realität.« Das hatte nie zuvor ein deutscher Minister gesagt und – bislang – auch keiner nach ihm.

Lehrstück für Hitler?
Die Deutschen und der Genozid

Es war nicht das erste und nicht das letzte Mal, daß oberste deutsche und türkische Stellen versuchten, eine Diskussion über den Völkermord an den Armeniern im Keim zu ersticken. Schon gleich nach dem Ende des Ersten Weltkriegs ist die deutsche diplomatische Korrespondenz – besonders von den Reichsvertretern in der Schweiz, wohin sich viele prominente Jungtürken erst einmal geflüchtet hatten – voll mit Rechtfertigungen des Völkermords, die von türkischen Autoren verfaßt und von den deutschen Überbringern als politische Argumentationslinie befürwortet worden waren.

Auch im Berliner Tehlerjan-Prozeß hatte das deutsche Auswärtige Amt anfangs überlegt, die Öffentlichkeit auszuschließen und die Pressevertreter zum Schweigen zu verpflichten, rückte dann aber davon ab. Daraufhin machten die Türken eine Eingabe, die das Auswärtige Amt an den Generalstaatsanwalt weiterleitete. Die Regierung in Ankara wollte wissen, »aus welchen Erwägungen der Sitzungsvertreter der Staatsanwaltschaft davon Abstand genommen hat, bei der Erörterung der sogenannten Armeniergreuel den Ausschluß der Öffentlichkeit zu beantragen«. In Absprache mit der deutschen Regierung hatten die Berliner Richter den Prozeß ohnehin auf ein Minimum reduziert, damit keine wirkliche Diskussion über Schuld und Schuldige aufkam.

Zwar nannte der sozialdemokratische *Vorwärts* das Verfahren den »ersten echten Kriegsverbrecherprozeß«, und auch der als Jurastudent dem Spektakel als Zuschauer beiwohnende spätere amerikanische Stellvertretende Hauptankläger im

Nürnberger Kriegsverbrecherprozeß, Robert M. W. Kempner, sprach davon, daß »zum erstenmal in der Rechtsgeschichte der Grundsatz zur Anerkennung kam, daß grobe Menschenrechtsverletzungen, insbesondere Völkermord, durchaus von fremden Staaten bekämpft werden können und keine unzulässige Einmischung in innere Angelegenheiten eines anderen Staates bedeuten«.

Doch die bürgerliche Presse sah in dem Prozeß einen Justizskandal. Die protürkische Einstellung änderte sich erst recht nicht unter den Nazis, die schon deshalb dem einstigen Alliierten huldigten, weil Staatsgründer Atatürk sich als ein glühender Bewunderer Hitlers entpuppte. Hatten die deutschen Völkermörder das Muster des Holocaust an den Juden im Genozid an den Armeniern gefunden? Besonders armenische Wissenschaftler sind dieser Meinung und zitieren Adolf Hitler. »Dschingis-Khan hat Millionen Frauen und Kinder in den Tod gejagt«, soll der Führer am 22. August 1939 vor den obersten Wehrmachtschefs auf dem Obersalzberg gesagt haben, die er auf den Krieg gegen Polen einstellte, und: »Wer redet heute noch von der Vernichtung der Armenier?«

Von der vierstündigen Ansprache Hitlers gibt es fünf Aufzeichnungen, doch nur in einer kommen die Armenier vor. Sie stammt von dem amerikanischen Journalisten und Pulitzerpreisträger Louis Paul Lochner, der kurz vor dem Krieg in Berlin das Büro der *Associated Press* leitete. Lochner hatte das Schriftstück am 25. Oktober der britischen Botschaft in Berlin übergeben. Sein Informant war, nach eigenem Bekunden, der Jugendführer Hermann Maß, der ihm das Dokument auf Veranlassung des gerade als Heeres-Generalstabschef zurückgetretenen Generaloberst Ludwig Beck zukommen ließ. Aber auch Beck war nicht der Autor der Niederschrift, sondern hatte sie von einem ungenannten Offizier. Aller Wahrscheinlichkeit nach war dieser ungenannte Offizier Abwehrchef Wilhelm Canaris. Alle Lochner-Informanten gehörten zur Hitler-Opposition und wurden nach dem Attentat am 20. Juli 1944 umgebracht. So konnte keiner nach dem Kriegsende Zeugnis ablegen. In der später publizierten Mitschrift des Admirals Canaris aber kommt die Anspielung auf das Schicksal der Armenier nicht vor.

Als möglicher Informant Hitlers wird immer wieder einer

der besten Kenner der Greuel an den Armeniern, Deutschlands Vizekonsul in Erzurum, Max Erwin von Scheubner-Richter, angesehen, der zu einem der frühesten Anhänger des deutschen Diktators geworden war. Der stramm national eingestellte baltische Offizier marschierte am 8. November 1923 an der Seite Hitlers und Ludendorffs an der Spitze des Zuges zur Münchner Feldherrenhalle, wo ihn bayrische Landespolizisten erschossen. »Er fiel an der Seite Adolf Hitlers«, schreibt Scheubner-Richters Biograph Paul Leverkuehn, »im Kleide des Soldaten, das eiserne Kreuz auf der Brust.«

Doch das nationale Pathos täuscht. Scheubner-Richter war nicht nur, wie seine Berichte aus Erzurum beweisen, entsetzt über den Völkermord an den Armeniern und versuchte zu helfen, wo er konnte. Er war auch nur wenige Male mit Hitler zusammen. Zwar hatte er diesen bereits im Oktober 1920 kennengelernt, doch erst im Frühjahr 1923 kam es zu engerem Kontakt, als Hitler ihn zum Chef der bayrischen Kampfbünde machte. Ratgeber in Sachen Völkermord war Scheubner-Richter aller Wahrscheinlichkeit nach nicht. Die Rolle könnten gut andere übernommen haben: Deutschlands Offiziere im Osmanischen Reich, von denen mehrere in der braunen Hierarchie aufstiegen.

Wenngleich über die Authentizität der Hitlerschen Anspielungen auf die Armenier gestritten werden kann, ist unstrittig, daß die Folgenlosigkeit des jungtürkischen Genozids an den Armeniern die deutschen Völkermordsplaner in ihrem Vernichtungswahn nur bestärken konnte.

Jedes Mittel eingesetzt
Ächtung des Genozids an den Armeniern

Erst der Holocaust an den Juden führte dazu, Völkermord als Straftat des internationalen Rechts einzustufen. Im Londoner Statut des Internationalen Gerichtshofs vom 8. August 1945 (zur Aburteilung des Naziverbrecher) wurde erstmals der staatlich verordnete Völkermord zu einer durch überstaatliches Recht anerkannten Straftat erklärt. Am 9. Dezember 1948 nahm die Uno-Vollversammlung einstimmig eine Konvention an, in der der Völkermord als ein Delikt gegen das

Völkerrecht festgelegt und die Vertragsstaaten verpflichtet wurden, ihn unter Strafe zu stellen, was die Bundesrepublik Deutschland 1954 mit dem Strafgesetzparagraphen 220a tat. Auch die Türkische Republik unterzeichnete die Konvention. Eine Verjährung für Völkermord, darauf verständigte sich die Weltgemeinschaft, gibt es nicht.

»Völkermord«, so definierte die Uno, »ist eine der folgenden Handlungen, die absichtlich oder teilweise eine ethnische, rassische oder religiöse Gruppe vernichten soll: Tötung von Mitgliedern einer Gruppe; Verursachung von schweren körperlichen oder seelischen Schäden an Mitgliedern der Gruppe; vorsätzliche Auferlegung von Lebensbedingungen für die Gruppe, die geeignet sind, ihre körperliche Zerstörung ganz oder teilweise herbeizuführen.«

Für Kenner der Ereignisse von 1915 in der Türkei war es keine Frage, daß diese Völkermorddefinition gleich in mehreren Teilen auf die Vernichtungsaktion gegen die Armenier zutrifft. Um die Definition aber nicht nur den Kennern zu überlassen, gab die Menschenrechtskommission der Uno 1971 eine Studie in Auftrag.

Im September 1973 legte der damalige Sonderberichterstatter Nicodème Ruhaschyankiko aus Uganda einen Entwurf vor, dessen Paragraph 30 lautete: »Wenn wir uns der zeitgenössischen Geschichte zuwenden, so kann auf eine verhältnismäßig umfassende Dokumentation über das Massaker an den Armeniern hingewiesen werden, das als der erste Völkermord des 20. Jahrhunderts betrachtet wurde.« Sofort protestierten die Türken und verhinderten, daß der Entwurf angenommen wurde. Die Diplomaten begannen zu verhandeln, aber sie kamen kaum voran.

Am 23. Januar 1973 betrat der 78jährige Armenier Kurken Janikian das Restaurant des Hotels Baltimore in Los Angeles und steuerte einen Tisch an, an dem der türkische Konsul Mehmet Baydar mit seinem Vize Behadir Demir zu Abend aß. Janikian zog seinen Revolver und erschoß die beiden Diplomaten. Es war der Beginn eines armenischen Rachefeldzugs, auf dessen Konto mehr als 200 Attentate gingen, denen 46 türkische Diplomaten und viele Zivilisten zum Opfer fielen. Trauriger Höhepunkt der Terrortaten war ein Anschlag am 7. August 1982 auf Passagiere im Flughafen von Ankara, bei dem neun Personen starben und 71 verletzt wurden – die meisten von ihnen Gastarbeiter vor ihrem Rückflug in europäische Länder.

Als Verantwortliche zeichneten mehrere armenische Terrorgruppen, deren bekannteste die im Libanon beheimatete »Armenische Geheimarmee für die Befreiung Armeniens« (ASALA) war. Sie alle zeichnete der Geist der bundesdeutschen Rote Armee Fraktion aus: Erst Terror gegen Repräsentanten eines Regimes, dann Terror schlechthin. Keines der Opfer hatte etwas mit dem Völkermord zu tun. Ihr einziges »Verbrechen«: Türken zu sein.

1984 war der türkische Botschafter in Kanada, der sich aus dem Fenster rettete und dabei Arm und Beine brach, das letzte Opfer der Gewaltkette. Die armenischen Terroristen stellten ihre Mordaktionen ein. Weder waren sie von irgend jemanden als Revolutionsarmee anerkannt, was sie stets gefordert hatten, noch hatten die Türken, wie von den Bombenwerfern verlangt, den Armeniern das gestohlene Land zurückgegeben. Im Gegenteil: Auch Armenier wurden wieder Opfer der Gewalt.

Am 6. November 1975 hatte der Sohn des Archag Baghdassarian, der armenische Zahnarzt Said Yünkes – er hatte einen türkischen Namen angenommen, wie die meisten überlebenden Armenier im Osten –, vor dem Gerichtshof von Urfa die Herausgabe der Ländereien seiner vertriebenen Eltern verlangt und als einer von ganz wenigen Klägern schließlich am 20. August 1985 Recht bekommen. Das Gericht hatte am Vormittag sein Urteil gesprochen, um zwei Uhr mittags war Yünkes alias Baghdassarian tot. Der Türke Ahmet Özkan hatte ihm alle sechs Kugeln seines Revolvers in den Kopf geschossen. »Die Familie hat das entschieden, und ich habe getötet«, verteidigte er sich. Vor Gericht kam der Mörder nicht, denn er war angeblich erst 13 Jahre alt und damit schuldunfähig.

Die armenischen Terroristen waren gescheitert, aber sie hatten, wie so oft in der von den Medien dominierten Welt der zweiten Hälfte des 20. Jahrhunderts, mit ihren Gewaltaktionen die Aufmerksamkeit der Öffentlichkeit erregt und den friedfertigen Aufklärern den Weg bereitet – einen mühsamen Weg freilich mit sehr unterschiedlichem Erfolg.

In Kalifornien, wo die Mehrzahl der 600 000 amerikanischen Armenier leben, beschloß die gesetzgebende Versammlung des Bundesstaats 1981, den (damals US-armenischen) Gouverneur aufzufordern, künftig den 24. April eines jeden Jahres »der Erinnerung für alle Opfer von Völkermorden, besonders für die armenischen Opfer des im Jahr 1915 begangenen Völkermords zu beachten«. Im Herbst 1984 befürworteten erstmals Abgeordnete des US-Kongresses, den 24. April zum Gedenktag an das »unmenschliche Verhalten des Menschen gegenüber seinem Mitmenschen« auszurufen. Über eine Million habe sich das Entwicklungsland Türkei die Lobbyarbeit gegen einen Beschluß kosten lassen, vermutete der demokratische Abgeordnete für den Bundesstaat Michigan, William Ford, nachdem das Repräsentantenhaus im August das Begehren abgelehnt hatte. Auch Präsident Ronald Reagan und sein Außenminister George Shultz hatten sich gegen den Vorschlag ausgesprochen, um den Nato-Partner Türkei zu schonen. Im Oktober 1989 unternahm der Rechtsausschuß des US-Senats einen neuen Anlauf, den Feiertag einzuführen. Bislang ohne Ergebnis.

Im März 1985 verlangte der Auswärtige Ausschuß des Abgeordnetenhauses Argentiniens, wohin sich inzwischen mehr als 100 000 Armenier geflüchtet hatten, in der Uno die notwendigen Maßnahmen zur Anerkennung des Völkermords an den Armeniern zu ergreifen. Er hatte mehr Erfolg: Am 29. August 1985 stimmte der UN-Unterausschuß für den Schutz von Minderheiten einer Studie über die Verhütung von Völkermorden und Bestrafung der Mörder zu. Der Völkermord an den Armeniern war in dieser Fassung allerdings nicht nur bis zur Unkenntlichkeit verstümmelt worden und hieß nur noch »Massaker«, sondern war auch in einem Sammelsurium von anderen Verbrechen aufgegangen.

Der neue Paragraph 24 hieß: »Die nazistische Verirrung war unglücklicherweise nicht der einzige Fall von Völkermord im 20. Jahrhundert. Man kann ferner das Massaker an den Hereros durch die Deutschen im Jahr 1904 nennen, das Massaker durch die Osmanen 1915/16, das ukrainische Pogrom von 1919 gegen die Juden, das Massaker an den Hutti durch die Tsutti in Burundi, das Massaker an den Achee-Indianern in Paraguay von 1974, die von den Roten Khmer in Kampuchea 1975 und 1978 begangenen Massaker und gegenwärtig das Massaker an den Bahais durch die Iraner.«

Weder das Wort »Völkermord« kam vor, noch wurden die Türken erwähnt. Sie hatten die Formulierung »Osmanen« durchgesetzt, mit denen sie sich nicht zu identifizieren brauchten. »Die schamvoll lange Zeit von 14 Jahren, die der Bericht bis zu seiner Verabschiedung benötigte«, schrieb Tessa Hofmann von der Gesellschaft für bedrohte Völker, die sich wie niemand sonst in Deutschland für die Rechte der Armenier einsetzt, »verleihen der Verabschiedung einen bitteren Beigeschmack.«

Auch das Europaparlament in Straßburg machte sich für die Armenier stark, was um so einfacher war, als ihm die Türken nicht angehörten – so jedenfalls schien es. Trotzdem »begriff ich schnell«, sagte der Beauftragte des Politischen Ausschusses, der belgische Historiker Jaak H. Vandemeulebroucke, »daß ich mit jenen Widerständen rechnen mußte, die dem armenischen Volk seit jeher entgegengetreten sind. Jedes Mittel wurde eingesetzt – bis hin zu Morddrohungen –, um mich einzuschüchtern und zu beeinflussen.«

Mit einem simplen Geschäftsordnungstrick gelang es den Konservativen im EG-Parlament, den Völkermord von der Tagesordnung zu streichen, und Vandemeulebroucke mußte den damaligen französischen Parlamentspräsidenten Pierre Pflimlin einschalten, um den Antrag doch noch ins Parlament zu bringen. Am 18. Juni 1987 verabschiedete es mit 68 gegen immerhin 60 Stimmen (bei 48 Enthaltungen und 348 abwesenden Abgeordneten) eine Resolution, die den Völkermord an den Armeniern als Völkermord im Sinne der UN-Konvention von 1948 bezeichnet.

Der Europäische Rat wurde vom Parlament aufgefordert, von der türkischen Regierung »die Anerkennung des an den Armeniern 1915 bis 1917 verübten Völkermordes zu verlangen«, ohne daß daraus »weder politische noch rechtliche oder materielle Forderungen (der Armenier) an die heutige Türkei abgeleitet werden können«. Allerdings sei das Europaparlament »der Ansicht, daß die Weigerung der jetzigen türkischen Regierung, den damals begangenen Völkermord am armenischen Volk anzuerkennen, unüberwindbare Hindernisse für die Prüfung eines etwaigen Beitritts der Türlei zur Gemeinschaft darstellt«.

»Wer die Menschenrechte ernst nimmt«, sagte der französische Sozialist Henry Saby in der Debatte, »muß zugeben, daß damals ein Völkermord stattgefunden hat.« Deutschlands CDU-Abgeordneter Gerd Lemmer stimmte gegen die Resolution, weil »die historische Aufarbeitung der Vergangenheit nicht Aufgabe eines Parlaments sein kann und darf«. Darin waren sich die Bundesdeutschen mit den Republiktürken so einig wie die Kumpane 70 Jahr zuvor. Doch durch den Parlamentsentschluß wurde auch die Bundesrepublik Deutschland in die Pflicht genommen. »Etwas Historisches war geschehen«, sagte Vandemeulebroucke zum Parlamentsbeschluß, »erstmals war der Völkermord an dem armenischen Volk offiziell in Europa anerkannt worden.«

»Vielleicht wird das Europäische Parlament«, erregte sich der türkische Beobachter, »in nächster Zeit Ronald Reagan zu dem Bekenntnis auffordern, die Regierung in Washington habe im vergangenen Jahrhundert einen Völkermord an den nordamerikanischen Indianern gebilligt.« Der Abteilungsleiter im türkischen Außenministerium, Nuezhet Kandemir, ließ die EG-Botschafter zu sich kommen und belehrte sie: Die Darstellung von Todesfällen unter Armeniern, die wegen Parteinahme für Rußland während des Ersten Weltkriegs deportiert wurden, sei verzerrt. Verharmlosender geht es nicht mehr.

»Kommunisten, einige Sozialisten und die Grünen«, vermutete der damalige türkische Regierungschef Turgut Özal hinter den Befürwortern der Entschließung, und Staatspräsident Kenan Evren prophezeite: »Europa wird den sinnlosen Beschluß annullieren.« Europa annullierte ihn nicht.

Aus der Sackgasse raus
Der Genozid in der heutigen Publizistik

Am 21. April 1986 brachte die ARD zur besten Sendezeit um 21.05 Uhr einen Einstundenfilm über den Völkermord an den Armeniern 1915, in dem vor allem die deutsche diplomatische Korrespondenz den Genozid belegte. Autor war der Schriftsteller Ralph Giordano, und er sagte seine Sendung persönlich an: »Das Geschehen ist bei uns nicht etwa vergessen, es ist nie wirklich bekannt geworden.«

Zum erstenmal in der Geschichte erfuhr ein breites deutsches Publikum von der Vernichtung der Armenier im Ersten Weltkrieg. Giordanos Sendung war ein Wendepunkt in dem jahrzehntelangen publizistischen Schauerstück von Nichtwissen und Nichtwissenwollen. Diese unheilige Allianz aus Schweigen und Verschweigen hatte ihren Anfang just bei jenem Mann genommen, der sich für die Armenier eingesetzt hatte wie kein anderer und von ihnen bis heute fast als Heiliger betrachtet wird: Johannes Lepsius.

Lepsius war Pfarrer, und wie das so ist in seiner Zunft, kannte er nur einen Gott, und der war Deutscher. Für die Geschichtswissenschaft war es ein kleines Unglück, daß ausgerechnet er die diplomatischen Akten zum Armeniermord herausgab, denn er schreckte vor Unterlassungen und sogar Fälschungen nicht zurück, um Schuld von seinen geliebten (Groß-) Deutschen zu nehmen.

Und wie es manchmal so kommt, hatte der einzige prominente Historiker, Ulrich Trumpener, der die Rolle der Deutschen in der Türkei des Ersten Weltkriegs untersuchte, auch nicht nur die reine Wahrheit im Sinn. Dem Engländer, der die deutschen Archive durchforstete, ging es in erster Linie darum, seinem deutschen Konkurrenten Fritz Fischer eins auszuwischen, der den Mut hatte, seine Landsleute für den Ausbruch des Ersten Weltkriegs verantwortlich zu machen. Bei Fischer aber kommt das Schicksal der Armenier nur ganz am Rande vor.

Bis heute hat kein deutscher Historiker über den Völkermord an den Armeniern 1915 ein Buch verfaßt, obgleich aus deutschen Archiven, solange die türkischen nicht zur Verfügung stehen, mit Sicherheit viel herauszuholen ist, um die Wahrheit von damals an den Tag zu bringen. Die wenigen neueren deutschsprachigen Arbeiten stammen fast ausschließlich von armenischen, österreichischen oder Schweizer Historikern. Wer unter den deutschen Geschichtswissenschaftlern sich mit Verbrechen an der Menschheit auseinandersetzen wollte, befaßte sich mit dem Holocaust an den Juden. Nur vorsichtig nähern sich junge deutsche Wissenschaftler dem Armenier-Genozid. Einer der ersten war der Kirchengeschichtler Uwe Feigel, der über das evangelische Deutschland und Armenien promovierte, ein weiterer sitzt noch an seiner Doktorarbeit.

Sie alle müssen sich nicht nur mit türkischen Argumenten auseinandersetzen, sondern oft auch mit den unqualifiziertesten Anschuldigungen, wenn nicht mit mehr. Fernsehautor Ralph Giordano kann es bezeugen. Er hatte sich vor der Sendung mit dem Pressechef der türkischen Botschaft unterhalten, dessen Freundlichkeit nur von seiner Unwissenheit über die Ereignisse von 1915 übertroffen wurde. »Zehn Tage nach meinem Besuch«, berichtet Giordano, »bekam ich die erste telefonische Morddrohung, der viele andere folgten.« Schließlich übte auch die türkische Botschaft direkten Druck auf den Intendanten aus, und Giordano hatte alle Mühe, seine Sendung durchzubringen. Als sie dann gesendet worden war, ging es erst richtig los. Giordano sah bei den türkischen Demonstrationen gegen seine Dokumentarsendung »junge Gesichter, haßerfüllt, schreiend, ekstatisch nationalistisch und gänzlich unwissend, was die von ihnen bestrittene armenische Tragödie selbst betrifft«.

Besonders das Wort »Völkermord« brachte und bringt die Türken in Rage, und Giordano gebrauchte es bewußt gleich mehrmals in seiner Sendung. Der Hauptgrund ist, daß nach einem Dreivierteljahrhundert Verschleierungs- und Verleumdungspolitik kein normaler Türke und vermutlich auch keiner der Politiker heute die wirklichen Ereignisse von damals kennt.

Zu welcher Hysterie Berichte über den Armeniergenozid in der Türkei führen, machte die Zeitung *Süper Tanin* klar, als *DER SPIEGEL* im Frühjahr 1992 eine vom Autor dieses Buches verfaßte Serie über Berg-Karabach und den Völkermord von 1915 brachte. Es sei schade, schrieb das Boulevard-Blatt unter der Überschrift (in deutsch) »Hurenkinder«: »Wäret ihr Deutschen doch nach dem Zweiten Weltkrieg mit Stumpf und Stil ausgerottet worden, dann wäre die Welt friedlicher.«

»Ich kann und ich will nicht der Feind eines ganzen Volkes sein«, war Giordanos Antwort auf die Erregung nach seiner Sendung. Aber eine Gruppe klagte er besonders an: »Das sind die türkischen Intellektuellen aller Generationen seit 1915.« Wohl wahr, denn nicht einer von ihnen hatte bis dato seine Stimme gegen den Völkermord erhoben. Nicht der Dichter Bülent Ecevit, aber der war ja auch Spitzenpolitiker der Sozialdemokraten, die sich als Nachfolger der Kemalisten verstehen.

Doch auch die anderen Schriftsteller, Gelehrten und Wissenschaftler der Türkei schweigen, vielleicht manche gegen ihr Gewissen.

Am 5. Mai 1992 um 14 Uhr fand in den Räumen des »Hamburger Instituts für Sozialforschung« eine historische Sitzung statt. Armenier waren eingeladen, und Gastgeber war der Türke Taner Akçam. Zwar hatten sich Armenier und Türken schon oft getroffen, auch nach dem Ersten Weltkrieg. Aber diesmal lud Akçam zu einem Thema, das in dieser Zusammensetzung noch nie diskutiert worden war: den Völkermord des Osmanischen Reichs an den Armeniern.

Taner Akçam ist nicht nur der Sohn eines in der Türkei bekannten Schriftstellers. Er hat selbst eine aufregende politische Vergangenheit hinter sich. Mitte der siebziger Jahre gehörte er zu den türkischen Studentenführern und wurde festgenommen. Der Staatsanwalt verlangte 700 Jahre Haft für ihn, doch die Richter ließen es bei knapp neun Jahren bewenden. Akçam konnte nach einem Jahr fliehen und nach Deutschland entkommen, wo er sogleich wieder wegen illegalen Grenzübertritts eingekerkert wurde. Er verschwieg aber anfangs seine Identität, um nicht sofort wieder ausgeliefert zu werden. Amnesty international holte ihn dann aus dem deutschen Gefängnis, und Akçam erhielt dank der Hilfe der Menschenrechtsfreunde politisches Asyl.

Im Mai trug Akçam seine Thesen zum Völkermord vor, die von den Armeniern nicht einstimmig akzeptiert wurden. Aber alle waren sich darüber im klaren, daß Akçams Thesen, die den Völkermord in keiner Weise leugneten, für türkische Verhältnisse revolutionär sind. Der beteiligte armenische Genozid-Forscher Vahakn Dadrian machte sich anheischig, Akçams Thesen in englischer Sprache zu verbreiten, wenn sie ausformuliert seien.

»Wir müssen endlich aus der Sackgasse herauskommen«, verlangte Akçam, »einerseits zu versuchen, den Völkermord an den Armeniern rechtfertigen zu wollen und ihn andererseits zu leugnen.« Besonders die Lage der Menschenrechte in der Türkei beschäftigt den Nationalismus-Forscher und darin traf er sich mit Giordano. »Es ist die Haltung der Unbelehrbarkeit«, hatte dieser gefürchtet, »die den Verdacht nahelegt, daß ein abermaliges türkisches Massaker an Minderheiten jederzeit möglich ist.« Eine Mahnung, die angesichts des Kampfes der türkischen Militärs gegen die Kurden nicht ernst genug genommen werden kann.

Giordanos Sensibilität dem Thema Völkermord gegenüber rührt auch aus seiner eigenen Geschichte, denn seine Mutter war Jüdin. »Nach einem Jahr Studium einer der größten Völkertragödien unseres Jahrhunderts«, so Giordano, »erkläre ich als überlebendes Opfer des nationalsozialistischen Rassenwahns: Wenn es überhaupt etwas gibt, was mit dem jüdischen Holocaust verglichen werden kann, dann ist es das türkische Massaker an den Armeniern während des Ersten Weltkriegs.« Ein Anstoß, den Holocaust an den Armeniern in eine nun schon beängstigende Reihe von Völkermorden einzubeziehen, die über Auschwitz und den Gulag bis nach Kambodscha und – wer weiß – zum Balkan reicht.

Jeder Deutsche muß auf der Hut davor sein, daß er Beifall für Aufklärungsarbeit zum Thema Völkermord an den Armeniern nicht von der falschen Seite bekommt, von denen, die Hitlers Verbrechen relativieren wollen. Um so dringlicher ist es, eine Geisteshaltung zu untersuchen, die zu Pogromen und zum Völkermord geführt hat und wieder führen kann. Und verdächtig sind in solchen geschichtlichen Situationen die Vertuscher von Zusammenhängen, nicht die Aufklärer.

Die deutschen Archive stehen den vielen jungen Türken, die die deutsche Sprache beherrschen, in gleichem Maße offen wie jedem anderen auch. Sie sind in der privilegierten Lage, ihren Landsleuten die Kenntnisse zu vermitteln, damit sie sich mit einem traumatischen Abschnitt ihrer Geschichte auseinandersetzen können. Es ist zu hoffen, daß Akçams Arbeiten für die Wahrheitssuche der Türken die gleiche Eisbrecherfunktion haben wie einst das Werk von Johannes Lepsius für die Offenlegung des an den Armeniern verübten Unrechts und die Sendung von Ralph Giordano für die Verbreitung.

Wie einsame Wölfe schleichen heute die Dadrians und Dinkels durch die Archive, immer auf der Hut vor den anderen Wölfen, den grauen, oder auch den Grauen verbreitenden. Noch sind es diese Einzelkämpfer, die der Menschheit ein mit Tricks und Gewalt verschleiertes Verbrechen dokumentieren wollen, auf daß vielleicht als Ergebnis ihrer Mühen mehr Menschlichkeit entstehe.

Möglicherweise erscheint dieses Buch zu einem Zeitpunkt, wo Christen oder gar Armenier nicht die Gejagten sind, sondern die Jäger. Aber es gibt keinen falschen Zeitpunkt, um einen Völkermord einen Völkermord zu nennen. Der Genozid an den Armeniern war dabei, zu einem fast perfekten Völkermord zu werden – straffrei für die Täter und dem Vergessen preisgegeben: der Traum fanatischer Politiker, das Trauma machtloser Völker.

Solange es noch kein internationales Gericht gibt, das internationale Verbrechen aburteilen kann, und nicht einmal eine Strafverfolgungsbehörde, die derlei Verbrechen aufspürt, sind die Publizisten in der Pflicht, Morde vor dem Vergessen zu bewahren, erst recht Völkermorde.

Sie alle, die Pol Pots in Kambodscha und Karadzics in Bosnien, müssen wissen, daß ihre Untaten registriert werden, um sie vor der Welt und eines Tages vielleicht sogar vor Gericht zu dokumentieren. Das mag wirksamer sein, als Soldaten und Panzer, vor allem schafft es nicht neue Gewalt. Wer einen Hitler ehrt oder einen Talaat, muß wissen, daß er Verbrecher ehrt und Verbrechen Vorschub leistet.

So, und nur so ist die Warnung des ehemaligen italienischen Staatspräsidenten Francesco Cossiga zu verstehen, der bekannt dafür war, seinen Landsleuten und auch anderen gelegentlich Unangenehmes vorzuhalten. »Wer die Wahrheit verheimlicht«, sagte einmal der Mahner aus dem Quirinal, »ist schlimmer als ein Mörder.«

Literaturverzeichnis

Rouben ADALIAN: Father Krikor Guerguerian – The Scribe of the Armenian Genocide; Armenian Assembley Journal; Washington, 1990.

Taner AKÇAM: Türk Ulusal Kimligi ve Ermeni Sorunu; Iletisim Yayinlari; Istanbul, 1992.

Jean-Paul ALEM: L'Arménie (Reihe »que sais-je?«); Paris, 1959.

Aram ANDONIAN: Documents officiels concernant les massacres; Paris, 1920.

Michael ARLEN: Embarquement pour l'Ararat; Paris, 1977.

ARMENIEN – Kleines Volk mit großem Erbe; Katholische Akademie Hamburg; Hamburg, 1989.

ARMENISCH-APOSTOLISCHE KIRCHENGEMEINDE zu Berlin (Hg.): Armenische Frage – türkisch behandelt; 1988.

ARMENISCHER KULTURVEREIN Hamburg (Hg.): Der Völkermord an den Armeniern; Bremen, 1986.

Harold Courtenay ARMSTRONG: Grey Wolf – Mustafa Kemal; London, 1932.

Kévork ASLAN: Études historiques sur le peuple arménien; Paris, 1928.

ASPITATIONS et agissement révolutionaires des Comités Arméniens avant et après la proclamation de la Constitution Ottomane; Constantinople, 1917.

Dogan AVCIOGLU: Milli Mücadele Tariki; Band 3; Istanbul, 1979.

Libarid AZADIAN/Armen DONOYAB: The Armenian Genocide; Glendale (Kalifornien), 1987.

Kévork K. BAGHDJIAN: Le Problème arménien: Du négativisme turc à l'activisme arménien – où est la solution?; Montréal, Québec, Canada, 1985.

Kévork K. BAGHDJIAN: La confiscation, par le gouvernement turc, des biens arméniens...dits abandonnés; Montreal und Québec, 1987.

Kevork B. BARDAKJIAN: Hitler and the Armenian Genocide; Cambridge/Massachusetts, 1985.

Armenag S. BARONIGIAN: Armenien und die Türkei – Erzählungen und Erlebnisse aus Armeniens jüngster Martyriumsgeschichte; Lößnitzgrund, 1921.

Celal BAYAR: Ben de Yazdim; Band 5; Istanbul, 1966.

Jacques BENOIST-MÉCHIN: Mustapha Kemal – Begründer der neuen Türkei; Köln 1955.

Victor BÉRARD: La Politique du Sultan; Paris, 1897.
Arthur BEYLERIAN (Hg.): Les grandes puissances, l'empire ottoman et les Armeniens dans les archives françaises (1914–1918); Paris, 1983.
Wolfdieter BIHL: Die Kaukasus-Politik der Mittelmächte, Teil I: Ihre Basis in der Orient-Politik und ihre Aktionen 1914–1917; Wien, 1975.
Roupen BOGHOSSIAN: Le conflit turco-armenien; Beyrouth, 1987.
Frank BOLDT (Hg.): Artikel über die Armenier und andere Minderheiten in der Türkei in den großen in der Bundesrepublik verbreiteten türkischen Tageszeitungen; Berlin, 1985.
Burchard BRENTJES: Drei Jahrtausende Armenien; Leipzig, 1973.
Ferdinand BROCKES: Quer durch Klein-Asien; Gütersloh, 1910.
Viscount BRYCE (Hg.): The Treatment of the Armenians in the Ottoman Empire; London, 1916.
Viscount BRYCE (Hg.): The Treatment of Armenians in the Ottoman Empire 1915–1916 (Schlüssel zum Blaubuch); Beirut, 1979.
Jean-Marie CARZOU: Un génocide exemplaire – Arménie 1915; Paris, 1975.
Gérard CHALIAND (Hg.): Tribunal Permanent des Peuples – Le crime de silence – Le génocide des Arméniens; Paris, 1984.
Archavir CHIRAGIAN: La dette de sang; Brüssel, 1984.
Vahakn N. DADRIAN: Genocide as a Problem of National and International Law – The World War I Armenian Case and its Contemporary Legal Ramifications; Yale Journal of International Law, Band 14, Nr. 2; 1989.
Vahakn N. DADRIAN: The Documentation of the World War I Armenian Massacres in the Proceedings of the Turkish Military Tribunal; erschienen im »International Journal of Middle East Studies«, Band 23, Nr. 4, November 1991.
Vahakn N. DADRIAN: A textual Analysis of the Key Indictment of the Turkish Military Tribunal Investigating the Armenian Genocide; Armenian Review, Band 44, Nr. 1, Frühjahr 1991.
Vahakn N. DADRIAN: The Secret Young-turk Ittihadist Conference and the Decision for the World War I Genocide of the Armenians; Vortrag auf der Internationalen Konferenz der Universität Amsterdam; 28. April 1992.
Vahakn N. DADRIAN: The Role of Turkish Physicians in the World War I Genocide of Ottoman Armenians (aus: »Holocaust and Genocide Studies«, Band 1, Nr. 2); Oxford, New York, 1986.
DASCHNAKTZUTIUN: Die Ereignisse in Armenien und die Tätigkeit der armenischen S.R. Partei »Daschnaktzutiun« 1914–23; Bericht, vorgelegt dem Int. Soz. Kongress; Hamburg, 1923.
Hratch DASNABEDIAN: Histoire de la Fédération révolutionnaire armenienne Dachnaktsoutioun 1890/1924; Mailand, 1988.

G. DEDEYAN (Hg.): Histoire des Arméniens; Toulouse, 1982.
Christoph DINKEL: German Officers and the Armenian Genocide; Armenian Rewiew, Band 44, Nr. 1; Frühjahr 1991.
Ahmed DSCHEMAL Pascha: Erinnerungen eines türkischen Staatsmannes; München, 1922;
Bruno ECKART: Meine Erlebnisse in Urfa; Potsdam, 1922.
Käthe EHRHOLD: Flucht in die Heimat; Dresden/Leipzig 1937.
Uwe FEIGEL: Das evangelische Deutschland und Armenien – Die Armenierhilfe deutscher evangelischer Christen seit dem Ende des 19. Jahrhunderts im Kontext der deutsch-türkischen Beziehungen; Göttingen, 1989.
Erich FEIGL: Ein Mythos des Terrors – Armenischer Extremismus, seine Ursachen und Hintergründe; Freilassing, Salzburg, 1986.
Fritz FISCHER: Griff nach der Weltmacht – Die Kriegsziele des kaiserlichen Deutschland 1914/18; Düsseldorf, 1961.
Fritz FISCHER: Krieg der Illusionen – Die deutsche Politik von 1911 bis 1914; Düsseldorf, 1969.
Hellmut von GERLACH: Die große Zeit der Lügen; Charlottenburg, 1926.
Faiz El-GHASSEIN: Die Türkenherrschaft und Armeniens Schmerzensschrei; Zürich, 1918.
Herbert Adams GIBBONS: Armenia in the World War; New York, 1923.
Wladimir GIESL: Zwei Jahrzehnte im Nahen Osten – Aufzeichnungen des Generals der Kavallerie Baron Wladimir Giesl; Berlin, 1927.
G.P. GOOCH und Harold TEMPERLEY (Hg.): Die Britischen Amtlichen Dokumente über den Ursprung des Weltkrieges 1898–1914, Band V: Der Nahe Osten – 1903–1909; Stuttgart, Berlin und Leipzig, 1931.
G.P. GOOCH und Harold TEMPERLEY (Hg.): Die Britischen Amtlichen Dokumente über den Ursprung des Weltkrieges 1989–1914, Band VI: Die Englisch-Deutsche Spannung; Stuttgart, Berlin und Leipzig, 1931.
René GROUSSET: L'Empire du Levant – Histoire de la Question d'Orient; Paris, 1946.
Kamuran GÜRÜN: The Armenian File – The Myth of Innocence Exposed; London, Nicosia, Istambul, 1985.
Archaud HAMELIN und Jean-Michel BRUN: La mémoire retrouvée; Paris, 1983.
Joan HASLIP: Der Sultan – Das Leben Abd ul-Hamids II.; München, 1968.
Annette HÖSS: Die türkischen Kriegsgerichtsverhandlungen 1919–1921; Dissertation, Universität Wien, Institut für Geschichte, Wien, 18. April 1991.
Tessa HOFMANN/Gerayer KOUTCHARIAN (Hg.): Armenien – Völker-

mord, Vertreibung, Exil, Menschenrechtsarbeit für die Armenier 1979–1987; Göttingen und Wien, 1987.
Tessa HOFMANN (Hg.): Der Völkermord an den Armeniern vor Gericht – Der Prozeß Talaat Pascha; Göttingen, 1985.
Tessa HOFMANN (Hg.): Das Verbrechen des Schweigens – die Verhandlungen des türkischen Völkermords an den Armeniern vor dem Ständigen Tribunal der Völker; Göttingen und Wien, 1985.
Tessa HOFMANN: Die Armenier – Schicksal, Kultur, Geschichte; Nürnberg, 1993.
Richard G. HOVANNISIAN: The Armenian Genocide in Perspective; New Jersey (USA) und Oxford (U.K.), 1986.
Richard G. HOVANNISIAN: Armenia on the Road of Independence – 1918; Berkeley und Los Angeles, 1967.
Ernst JÄCKH: Der aufsteigende Halbmond – Auf dem Weg zum deutsch-türkischen Bündnis; Stuttgart und Berlin, 1915.
Ernst JÄCKH: Deutschland im Orient nach dem Balkankrieg; München, 1913.
Gotthard JÄSCHKE: Der Turanismus der Jungtürken – zur osmanischen Außenpolitik im Weltkriege; Leipzig, 1941.
Charles and Barbara JELAVICH: The Establishment of the Balkan National States 1804–1920; Seattle und London, 1977.
Nicolae JORGA: Geschichte des osmanischen Reiches (10 Bände); Gotha, 1908–1913; (Reprint: Frankfurt, 1990).
Wilhelm van KAMPEN: Studien zur deutschen Türkei-Politik in der Zeit Wilhelms II.; Dissertation an der Philosophischen Fakultät; Kiel, 1968.
Stanley Elphinstone KERR: The Lions of Marash – Personal Experiences with American Near East Relief, 1919–1922; Albany, 1973.
R. H. KÉVORKIAN / J.-M. MAHÉ et collaborateurs – Arménie: 3000 ans d'histoire; Marseille, 1988.
Gerayer KOUTCHARIAN: Der Siedlungsraum der Armenier unter dem Einfluß der historisch-politischen Ereignisse seit dem Berliner Kongreß 1878; Berlin, 1989.
Ara KRIKORIAN (Hg.): Justicier du génocide arménien – Le procès de Tehlirian; Paris, 1981.
Jakob KÜNZLER: Dreißig Jahre Dienst am Orient; Basel, 1933.
Jakob KÜNZLER: Im Lande des Blutes und der Tränen – Erlebnisse in Mesopotamien während des Weltkriegs; Potsdam, 1921.
Jacob LANDAU: Pan-Turkisme in Turkey – a Study of Irredentism; London, 1981.
Peter LANNE: Armenien: Der erste Völkermord des 20. Jahrhunderts; München, 1977.
Carl Friedrich LEHMANN-HAUPT: Armenien – Einst und Jetzt (3 Bände); Berlin und Leipzig, 1910, 1926, 1931.

Johannes LEPSIUS: Armenien und Europa: Eine Anklageschrift; Berlin, 1897.
Johannes LEPSIUS: Deutschland und Armenien 1914–1918 – Sammlung diplomatischer Aktenstücke; Potsdam, 1917 (Bremen, 1986).
Johannes LEPSIUS: Der Todesgang des armenischen Volkes – Bericht über das Schicksal des armenischen Volkes in der Türkei während des Weltkriegs; Potsdam, 1919.
LEPSIUS/BARTHOLDY/THIMME: Die Große Politik der Europäischen Kabinette 1871–1914; 38. Band: Neue Gefahrenzonen im Orient 1913–1914; Berlin, 1926.
Paul LEVERKUEHN: Posten auf ewiger Wache – aus dem abenteuerlichen Leben des Max (Erwin) von Scheubner-Richter; Essen, 1938.
Bernard LEWIS: The Emergence of Modern Turkey; London, New York, Toronto, 1961.
André MANDELSTAM: Le Sort de l'Empire ottoman; Lausanne, 1917.
André MANDELSTAM: Das Armenische Problem im Lichte des Völker- und Menschenrechts; Berlin, 1931.
General MAYEWSKI: Les Massacres d'Arménie (Auszug aus seinem Bericht »Statistique des Provinces de Van et de Bitlis«); St. Petersburg, 1916.
Anahide Ter MINASSIAN: La Question Arménienne; Roquevaire (Frankreich), 1983.
Henry MORGENTHAU: The Tragedy of Armenia; London, 1918.
Henry MORGENTHAU: Ambassador Morgenthau's Story; New York, 1918.
Kurt MÜHSAM: Wie wir belogen wurden – Die amtliche Irreführung des deutschen Volkes; München, 1918.
NAIM Bey: The Memories of Naim Bey – Turkish Official Documents relating to the Deportations and Massacres of Armenians; London, 1920.
Louise NALBANDIAN: The Armenian Revolutionary Movement: The Development of Armenian Political Parties through the Nineteenth Century; Berkeley und Los Angeles, 1963.
Fritjof NANSEN: Betrogenes Volk – eine Studienreise durch Georgien und Armenien als Oberkommissar des Völkerbundes; Leipzig, 1928.
Martin NIEPAGE: Ein Wort an die berufenen Vertreter des deutschen Volkes – Eindrücke eines deutschen Oberlehrers aus der Türkei; Berlin, 1916.
Rafael de NOGALES y Mendes: Vier Jahre unter dem Halbmond; Berlin, 1925.
Artem OHANDJANIAN: Armenien – der verschwiegene Völkermord; Wien, 1989.
Şinaşi OREL & Süreyya YUCA: Les »telegrammes« de Talât Pacha: Fait historique ou fiction?; Ankara, 1983.

POLITISCHES Archiv des Auswärtigen Amtes (PAAA), Bonn; Bände: R 1913–14, R 12501–03, R 13192–5, R 13201–02, R 13260–61, R 13566, R 13798–99, R 13929, R 14077, R 14083–85, R 14158, R 14160–62, R 14185, R 20171.

Joseph POMIANKOWSKI: Der Zusammenbruch des Ottomanischen Reiches; Wien, 1928.

Ernest Edmundson RAMSAUR Jr.: The Young Turks – Prelude to the Revolution of 1908; Princeton, 1957.

Alfred RENZ: Land um den Ararat: Osttürkei – Armenien; München, 1983.

Paul ROHRBACH: Balkan-Türkei – Eine Schicksalszone Europas; Hamburg, 1940.

Howard M. SACHAR: The Emergence of the Middle East – 1914–1924; New York, 1969.

Liman von SANDERS: Fünf Jahre Türkei; Berlin, 1920.

Ervand K. SARKISIAN und Ruben G. SAHAKIAN: Vital Issues in Modern Armenian History – a Document Exposé of Misrepresentations in Turkish Historiography; Watertown, Erewan, Haibedhrad, 1963.

Norbert SAUPP: Das deutsche Reich und die armenische Frage 1878–1914; Inaugural-Dissertation zur Erlangung des Doktorgrades der Philosophischen Fakultät der Universität zu Köln; Köln, 1990.

Amand Freiherr VON SCHWEIGER-LERCHENFELD: Armenien – Ein Bild seiner Natur und seiner Bewohner; Jena, 1878.

Stanford J. SHAW & Ezel Kural SHAW: History of the Ottoman Empire and Modern Turkey (2 Bände); Cambridge, 1978.

Ingeborg Maria SICK: Karen Jeppe; Stuttgart, 1930.

Elaine Diana SMITH: Turkey – Origins of the Kemalist Movement and the Government of the Grand National Assembly (1919–1923); Washington D.C., 1959.

Ernst SOMMER: Die Wahrheit über die Leiden des armenischen Volkes in der Türkei während des I. Weltkriegs; Frankfurt/M., 1918.

Harry STUERMER: Zwei Kriegsjahre in Konstantinopel: Skizzen Deutsch-Jungtürkischer Moral und Politik; Lausanne, 1917.

TALAAT Pascha: Posthumous Memoirs of Talât Pascha – Current History; New York, XV, November 1921;

Der Prozeß TALAAT Pascha. Stenographischer Bericht mit einem Vorwort von Armin T. Wegner und einem Anhang; Berlin, 1921.

Récit de TÉMOINS: Les massacres d'Adana et nos missionnaires; Lyon, 1909.

Yves TERNON: Enquète sur la négation d'un génocide; Marseille, 1989.

Yves TERNON: Tabu Armenien – Geschichte eines Völkermords; Berlin, Frankfurt, Wien, 1981.

Arnold Joseph TOYNBEE: Turkey – A past and a future; New York, 1917.

Arnold Joseph TOYNBEE: Armenian Atrocities – The Murder of a Nation; London, New York, Toronto, 1915.
Arnold Joseph TOYNBEE: The Western Question in Turkey and Greece; London, 1923;
Ulrich TRUMPENER: Germany and the Ottoman Empire 1914–1918; Princeton, 1968.
TÜRKIYE Prime Ministry, Directorate General of Press and Information: Documents of Ottoman-Armenians (2 Bände); Ankara 1983.
Albert VANDAL: Les Arméniens et la Réforme de la Turquie; Paris, 1897 und Genf, 1903.
Heinrich VIERBÜCHER: Armenien 1915 – Die Abschlachtung eines Kulturvolkes durch die Türken; Bremen, 1987.
Christopher J. WALKER: Armenia: The Survival of a Nation; London, 1980.
Jehuda L. WALLACH: Anatomie einer Militärhilfe – die preußisch-deutschen Militärmissionen in der Türkei 1835–1919; Düsseldorf, 1976.
Armin T. WEGNER: Offener Brief an den Präsidenten der Vereinigten Staaten von Nordamerika über die Austreibung des armenischen Volkes in die Wüste; Berlin-Schöneberg, 1919.
Armin T. WEGNER-Gesellschaft (Hg.): Armenier – deutsch behandelt; Bremen, 1985.
Franz WERFEL: Die vierzig Tage des Musa Dagh; Frankfurt/M., 1979.
Editha WOLF-CROME (Hg.): Aufbruch nach Armenien: Reise- und Forschungsberichte aus dem Lande Urartu-Armenien; Berlin, 1985.
ZAREVAND (Zaren und Vartouhie Nalbandian): United and Independent Turania: Aims and Designs of the Turks; Leiden (Niederlande), 1971.
Kurt ZIEMKE: Die neue Türkei: Politische Entwicklung 1914–1929; Stuttgart, Berlin und Leipzig, 1930.
Werner ZÜRRER: Kaukasien 1918–1921 – Der Kampf der Großmächte um die Landbrücke zwischen Schwarzem und Kaspischem Meer; Düsseldorf, 1978.

Namenregister

Schwarzes M
Edirne
(Adrianopel)
Istanbul
(Konstantinopel)
Adapazari
(Adabasar)
Lesbos
Ankara
(Angora)
Izmir
(Smyrna)
Konya
Antalya
(Adalia)
Tarsus
Mersin
Rhodos
Zypern
Mittelmeer